쉽게 읽는 **월인석보** 13

月印千江之曲 第十三 · 釋譜詳節 第十三

지은이 **나찬연**은 1960년에 부산에서 태어났다. 부산대학교 국어국문학과를 나오고(1986), 같은 학교 대학원에서 문학석사(1993)와 문학박사(1997)학위를 받았다. 지금은 경성대학교 국어국문학과에서 교수로 재직하고 있으면서 국어학, 국어 교육, 한국어 교육 분야의 강의를 맡고 있다.

* 홈페이지: '학교 문법 교실 (http://scammar.com)'에서는 이 책의 내용과 관련된 자료를 온라인으로 제공합니다. 본 홈페이지에 개설된 자료실과 문답방에 올려져 있는 다양한 정보를 자유롭게 이용할 수 있고, 이 책의 내용에 대하여 저자의 답변을 받을 수 있습니다.
* 전화번호 : 051-663-4212
* 전자메일 : ncy@ks.ac.kr

주요 논저

우리말 이음에서의 삭제와 생략 연구(1993), 우리말 의미중복 표현의 통어·의미 연구(1997), 우리말 잉여 표현 연구(2004), 옛글 읽기(2011), 벼리 한국어 회화 초급 1, 2(2011), 벼리 한국어 읽기 초급 1, 2(2011), 제2판 언어·국어·문화(2013), 제2판 훈민정음의 이해(2013), 근대 국어 문법의 이해-강독편(2013), 표준 발음법의 이해(2013), 제5판 현대 국어 문법의 이해(2017), 쉽게 읽는 월인석보 서, 1, 2, 4, 7, 8, 9, 10, 11, 13(2017~2024), 쉽게 읽는 석보상절 3, 6, 9, 11, 13, 19(2017~2020), 제2판 학교 문법의 이해 1, 2(2018), 국어 어문 규정의 이해(2019), 현대 국어 의미론의 이해(2019), 국어 교사를 위한 고등학교 문법(2020), 중세 국어의 이해(2020), 중세 국어 강독(2020), 근대 국어 강독(2020), 길라잡이 현대 국어 문법(2021), 길라잡이 국어 어문 규정(2021), 현대 국어 문법(2023), 국어 교육을 위한 학교 문법 1, 2(2024)

쉽게 읽는 **월인석보 13**(月印釋譜 第十三)

©나찬연, 2025

1판 1쇄 인쇄_2025년 02월 15일
1판 1쇄 발행_2025년 02월 25일

지은이_나찬연
펴낸이_양정섭

펴낸곳_경진출판

　　　등록_제2010-000004호
　　　이메일_mykyungjin@daum.net
　　　사업장주소_서울특별시 금천구 시흥대로 57길 17(시흥동) 영광빌딩 203호
　　　전화_070-7550-7776　팩스_02-806-7282

값 28,000원

ISBN 979-11-93985-48-9 94080
ISBN 978-89-5996-507-6(set) 94080

쉽게 읽는

월인석보 13

月印千江之曲 第十三·釋譜詳節 第十三

나찬연

경진출판
Kyungjin Publishing co.

▌머리말

『월인석보』는 조선의 제7대 왕인 세조(世祖)가 부왕인 세종(世宗)과 소헌왕후(昭憲王后), 그리고 아들인 의경세자(懿敬世子)를 추모하기 위하여 1549년에 편찬하였다.

『월인석보』에는 석가모니의 행적과 석가모니와 관련된 인물에 관한 여러 일화가 소개되어 있다. 따라서 이 책은 불교를 배우는 이들뿐만 아니라, 국어 학자들이 15세기 국어를 연구하는 데에도 매우 귀중한 자료가 된다. 특히 이 책은 국어 문법 규칙에 맞게 한문 원문을 번역되었기 때문에 문장이 매우 자연스럽다. 따라서『월인석보』는 훈민정음으로 지은 초기의 문헌임에도 불구하고, 당대에 간행된 그 어떤 문헌보다도 자연스러운 우리말 문장으로 지은 문헌이라고 할 수 있다.

이처럼『월인석보』가 중세 국어와 국어사 연구에 매우 중요한 역할을 하기 때문에, 일찍부터 이 책은 중세 국어 연구의 대상이 되었고 현대어로 옮기는 작업도 이루어졌다. 그 대표적인 성과가 '세종대왕기념사업회'에서 편찬한『역주 월인석보』의 모둠책이다. 『역주 월인석보』의 간행 작업에는 허웅 선생님을 비롯한 그 분야의 대학자들이 참여하였기 때문에,『역주 월인석보』는 그 차제로서 대단한 업적이다. 그러나 이『역주 월인석보』는 1992년부터 순차적으로 간행되었는데, 간행된 책마다 역주한 이가 달라서 내용의 번역이나 형태소의 분석, 그리고 편집 방법이 통일되지 못한 아쉬움이 있다. 지은이는 이러한 점을 감안하여 15세기의 중세 국어를 익히는 학습자들이『월인석보』를 쉽게 이해할 수 있도록, 현대어로 옮기는 방식과 형태소 분석 및 편집 형식을 새롭게 바꾸었다. 이러한 편찬 의도를 반영하여 이 책의 제호도『쉽게 읽는 월인석보』로 정했다.

이 책은 중세 국어 학습자들이『월인석보』를 쉽게 이해할 수 있는 책을 편찬하겠다는 원래의 취지를 살리기 위하여, 다음과 같은 방법으로 책의 내용과 형식을 구성하였다.

첫째, 현재 남아 있는『월인석보』의 권 수에 따라서 이들 문헌을 현대어로 옮겼다. 이에 따라서『월인석보』의 1, 2, 4, 7, 8, 9, 10 등의 순서로 현대어 번역 작업이 이루진다. 둘째, 이 책에서는『월인석보』의 원문의 영인을 페이지별로 수록하고, 그 영인 바로 아래에 현대어 번역문을 첨부했다. 셋째, 그리고 중세 국어의 문법을 익히는 이들에게 편의를 제공하기 위하여, 원문의 텍스트에 나타나는 어휘를 현대어로 풀이하고 각 어휘에 실현된 문법 형태소를 형태소 단위로 분석하였다. 넷째, 원문 텍스트에 나타나는 불교 용어를 쉽게 풀이함으로써, 불교의 교리를 모르는 일반 국어학자도『월인석보』의 내용을 이해할 수 있도록 하였다. 다섯째, 책의 말미에 [부록]의 형식으로 [원문과 번역문의 벼리]를 실었다. 여기서는 『월인석보』의 텍스트에서 주문장의 사이에 삽입되어 있는 협주문(夾註文)을 생략하여 본문 내용의 맥락이 끊기지 않게 하였다. 여섯째, 이 책에 쓰인 문법 용어와 약어(略語)의 정의와 예시를 책 머리의 '일러두기'와 [부록]에 수록하여서, 이 책을 통하여 중세 국어를 익히려는 독자에게 도움을 주었다.

이 책에 쓰인 문법 용어는 가급적『고등학교 문법』(2010)에서 사용되는 문법 용어를 그대로 사용하였다. 다만 일부 문법 용어는 허웅 선생님의 『우리 옛말본』(1975), 고영근 선생님의 『표준중세국어문법론』(2010), 지은이의 『중세 국어의 이해』(2020)에서 사용한 용어를 빌려 썼다. 중세 국어의 어휘 풀이는 대부분 '한글학회'에서 지은『우리말 큰사전 4-옛말과 이두 편』의 내용을 참조했으며, 일부는 남광우 님의 『교학고어사전』을 참조했다. 각 어휘에 대한 형태소 분석은 지은이가 2010년에 『우리말연구』의 제27집에 발표한 「옛말 문법 교육을 위한 약어와 약호의 체계」의 논문과 『중세 근대 국어의 강독』(2020)에서 사용한 방법을 따랐다.

그리고 불교와 관련된 어휘는 국립국어원의 인터넷판『표준국어대사전』, 인터넷판의 『두산백과사전』, 인터넷판의 『한국민족문화대백과』, 인터넷판의 『원불교사전』, 한국불교대사전편찬위원회의 『한국불교대사전』, 홍사성 님의 『불교상식백과』, 곽철환 님의 『시공불교사전』, 운허·용하 님의 『불교사전』 등을 참조하여 풀이하였다.

이 책을 간행하는 데에는 여러 사람의 도움이 있었다. 지은이는 2014년 겨울에 대학교 선배이자 독실한 불교 신자인 정안거사(正安居士, 현 동아고등학교의 박진규 교장)를 사석에서 만났다. 그 자리에서 정안거사로부터 국어학자뿐만 아니라 일반 사람들도 부처님의 생애를 쉽게 알 수 있는 책이 필요하다는 당부의 말을 들었는데, 이 일이 계기가 되어서 『쉽게 읽는 월인석보』의 모둠책이 세상에 나오게 되었다. 그리고 부산대학교 대학원에서 「중세국어 문법상 체계의 변화 연구」로 박사 학위를 취득한 나벼리 군은 『월인석보』의 원문의 모습을 디지털 영상으로 제작하고 편집하는 작업을 해 주었다. 이 책을 거친 원고를 수정하여 보기 좋은 책으로 편집·출판해 주신 경진출판의 양정섭 대표께 감사의 뜻을 전한다.

정안거사님의 뜻과 지은이의 바람이 이루어져서, 중세 국어를 익히거나 석가모니 부처의 일을 알고자 하는 일반인들에게 이 책이 조금이나마 도움이 되기를 바란다.

2024년 1월
나찬연

┃차례

▌일러두기

1. 이 책에서 형태소 분석에 사용하는 문법적 단위에 대한 약어는 다음과 같다.

범주	약칭	본디 명칭	범주	약칭	본디 명칭
품사	의명	의존 명사	조사	보조	보격 조사
	인대	인칭 대명사		관조	관형격 조사
	지대	지시 대명사		부조	부사격 조사
	형사	형용사		호조	호격 조사
	보용	보조 용언		접조	접속 조사
	관사	관형사	어말 어미	평종	평서형 종결 어미
	감사	감탄사		의종	의문형 종결 어미
불규칙 용언	ㄷ불	ㄷ 불규칙 용언		명종	명령형 종결 어미
	ㅂ불	ㅂ 불규칙 용언		청종	청유형 종결 어미
	ㅅ불	ㅅ 불규칙 용언		감종	감탄형 종결 어미
어근	불어	불완전(불규칙) 어근		연어	연결 어미
파생 접사	접두	접두사		명전	명사형 전성 어미
	명접	명사 파생 접미사		관전	관형사형 전성 어미
	동접	동사 파생 접미사	선어말 어미	주높	상대 높임의 선어말 어미
	조접	조사 파생 접미사		객높	주체 높임의 선어말 어미
	형접	형용사 파생 접미사		상높	객체 높임의 선어말 어미
	부접	부사 파생 접미사		과시	과거 시제의 선어말 어미
	사접	사동사 파생 접미사		현시	현재 시제의 선어말 어미
	피접	피동사 파생 접미사		미시	미래 시제의 선어말 어미
	강접	강조 접미사		회상	회상 표현의 선어말 어미
	복접	복수 접미사		확인	확인 표현의 선어말 어미
	높접	높임 접미사		원칙	원칙 표현의 선어말 어미
조사	주조	주격 조사		감동	감동 표현의 선어말 어미
	서조	서술격 조사		화자	화자 표현의 선어말 어미
	목조	목적격 조사		대상	대상 표현의 선어말 어미

---

* 이 책에서 쓰인 '문법 용어'와 '약어(略語)'에 대한 자세한 내용은 [부록]에 첨부된 '문법 용어의 풀이'를 참고하기 바란다.

2. 이 책의 형태소 분석에서 사용되는 약호는 다음과 같다.

부호	기능	용례
#	어절의 경계 표시.	철수가 # 국밥을 # 먹었다.
+	한 어절 내에서의 형태소 경계 표시.	철수 + -가 # 먹- + -었- + -다
( )	언어 단위의 문법 명칭과 기능 설명.	먹(먹다)- + -었(과시)- + -다(평종)
[ ]	파생어의 내부 짜임새 표시.	먹이[먹(먹다)- + -이(사접)-] + -다(평종)
	합성어의 내부 짜임새 표시.	국밥[국(국) + 밥(밥)] + -을(목조)
-a	a의 앞에 다른 말이 실현되어야 함.	-다, -나 ; -은, -을 ; -음, -기 ; -게, -으면
a-	a의 뒤에 다른 말이 실현되어야 함.	먹(먹다)-, 자(자다)-, 예쁘(예쁘다)-
-a-	a의 앞뒤에 다른 말이 실현되어야 함.	-으시-, -었-, -겠-, -더-, -느-
a(← A)	기본 형태 A가 변이 형태 a로 변함.	지(← 짓다, ㅅ불)- + -었(과시)- + -다(평종)
a(⟵ A)	A 형태를 a 형태로 잘못 적음(오기)	국빱(⟵ 국밥) + -을(목)
Ø	무형의 형태소나 무형의 변이 형태	예쁘- + -Ø(현시)- + -다(평종)

3. 다음은 중세 국어의 문장을 약어와 약호를 사용하여 어절 단위로 분석한 예이다.

> 불휘 기픈 남ᄀᆞᆫ ᄇᆞᄅᆞ매 아니 뮐씨 곶 됴코 여름 하ᄂᆞ니   [용가 2장]

① 불휘: 불휘(뿌리, 根) + -Ø(← -이: 주조)
② 기픈: 깊(깊다, 深)- + -Ø(현시)- + -은(관전)
③ 남ᄀᆞᆫ: 낡(← 나모: 나무, 木) + -ᄋᆞᆫ(-은: 보조사)
④ ᄇᆞᄅᆞ매: ᄇᆞ롬(바람, 風) + -애(-에: 부조, 이유)
⑤ 아니: 아니(부사, 不)
⑥ 뮐씨: 뮈(움직이다, 動)- + -ㄹ씨(-으므로: 연어)
⑦ 곶: 곶(꽃, 花)
⑧ 됴코: 둏(좋아지다, 좋다, 好)- + -고(연어, 나열)
⑨ 여름: 여름[열매, 實: 열(열다, 結)- + -음(명접)]
⑩ 하ᄂᆞ니: 하(많아지다, 많다, 多)- + -ᄂᆞ(현시)- + -니(평종, 반말)

4. 단, 아래의 경우에는 예외적으로 다음과 같은 방법으로 어절의 짜임새를 분석한다.

　가. 명사, 동사, 형용사는 특별한 경우가 아니면 품사의 명칭을 표시하지 않는다.
　　단, 의존 명사와 보조 용언은 예외적으로 각각 '의명'과 '보용'으로 표시한다.

　　① 부톄: 부텨(부처, 佛) + - ㅣ (← -이: 주조)
　　② 괴오쇼셔: 괴오(사랑하다, 愛)- + -쇼셔(-소서: 명종)
　　③ 올ᄒ시이다: 옳(옳다, 是)- + -ᄋ시(주높)- + -이(상높)- + -다(평종)

　나. 한자말로 된 복합어는 더 이상 분석하지 않는다.

　　① 中國에: 中國(중국) + -에(부조, 비교)
　　② 無上涅槃을: 無上涅槃(무상열반) + -을(목조)

　다. 특정한 어미가 다른 어미의 내부에 끼어들어서 실현될 때에는 다음과 같이 표기한
　　다. 이때 단일 형태소의 내부가 분리되는 현상은 '…'로 표시한다.

　　① 어리니잇가: 어리(어리석다, 愚: 형사)- + -잇(← -이-: 상높)- + -니…가(의종)
　　② 자거시늘: 자(자다, 宿: 동사)- + -시(주높)- + -거…늘(-거늘: 연어)

　라. 형태가 유표적으로 존재하지 않으면서도 문법적이 있는 '무형의 형태소'는 다음
　　과 같이 'Ø'로 표시한다.

　　① 가ᄆ라 비 아니 오는 짜히 잇거든
　　　• ᄀᄆ라: [가물다(동사): ᄀᄆᆯ(가뭄, 旱: 명사) + -Ø(동접)-]- + -아(연어)
　　② 바ᄅ 自性을 ᄉᄆᆺ 아ᄅ샤
　　　• 바ᄅ: [바로(부사): 바ᄅ다(바ᄅ다, 正: 형사)- + -Ø(부접)]
　　③ 불휘 기픈 남ᄀ
　　　• 불휘(뿌리, 根) + -Ø(← -이: 주조)
　　④ 내 ᄒ마 命終호라
　　　• 命終ᄒ(명종하다: 동사)- + -Ø(과시)- + -오(화자)- + -라(← -다: 평종)

　마. 무형의 형태소로 실현되는 시제 표현의 선어말 어미는 다음과 같이 표기한다.

① 동사나 형용사의 종결형과 관형사형에서 나타나는 '과거 시제 표현'의 무형의 선어말 어미는 '-∅(과시)-'로, '현재 시제 표현'의 무형의 선어말 어미는 '-∅(현시)-'로 표시한다.

  ㉠ 아들둘히 아비 죽다 듣고
    • 죽다: 죽(죽다, 死: 동사)- + -∅(과시)- + -다(평종)
  ㉡ 엇던 行業을 지서 惡德애 뻐러딘다
    • 뻐러딘다: 뻐러디(떨어지다, 落: 동사)- + -∅(과시)- + -ㄴ다(의종)
  ㉢ 獄은 罪 지슨 사롬 가도는 싸히니
    • 지슨: 짓(짓다, 犯: 동사)-+ -∅(과시)- + -ㄴ(관전)
  ㉣ 닐굽 히 너무 오라다
    • 오라(오래다, 久: 형사)- + -∅(현시)- + -다(평종)
  ㉤ 여슷 大臣이 힝뎌기 왼 둘 제 아라
    • 외(외다, 그르다, 誤: 형사)- + -∅(현시)- + -ㄴ(관전)

② 동사나 형용사의 연결형에 나타나는 과거 시제나 현재 시제 표현의 무형의 선어말 어미는 표시하지 않는다.

  ㉠ 몸앳 필 뫼화 그르세 다마 男女를 내ᅀᆞᆸ니
    • 뫼화: 뫼호(모으다, 集: 동사)- + -아(연어)
  ㉡ 고히 길오 놉고 고ᄃᆞ며
    • 길오: 길(길다, 長: 형사)- + -오(←-고: 연어)
    • 놉고: 높(높다, 高: 형사)- + -고(연어, 나열)
    • 고ᄃᆞ며: 곧(곧다, 直: 형사)- + -ᄋᆞ며(-으며: 연어)

③ 합성어나 파생어의 내부에서 실현되는 과거 시제나 현재 시제 표현의 무형의 선어말 어미는 표시하지 않는다.

  ㉠ 왼녁: [왼쪽, 左: 욀(오른쪽이다, 右)- + -은(관전▷관접) + 녁(녘, 쪽: 의명)]
  ㉡ 늘그니: [늙은이: 늙(늙다, 老)- + -은(관전) + 이(이, 者: 의명)]

『월인석보』의 해제

　　세종대왕은 1443년(세종 25년) 음력 12월에 음소 문자(音素文字)인 훈민정음(訓民正音)의 글자를 창제하였다. 훈민정음 글자는 기존의 한자나 한자를 빌어서 우리말을 표기하는 글자인 향찰, 이두, 구결 등과는 전혀 다른 표음 문자인 음소 글자였다. 실로 글자의 역사상 유래를 찾아볼 수 없는 매우 독창적인 글자이면서도, 글자의 수가 28자에 불과하여 아주 배우기 쉬운 글자였다.

　　훈민정음을 창제한 이후에 세종은 이 글자를 널리 보급하기 위하여 훈민정음의 제자 원리를 이론화하고 성리학적인 근거를 부여하는 데에 힘을 썼다. 곧, 최만리 등의 상소 사건을 통하여 사대부들이 훈민정음에 대하여 취하였던 부정적인 인식과 태도를 파악하였으므로, 이를 극복하는 적극적인 방법으로 훈민정음 글자에 대한 '종합 해설서'를 발간하기로 하였는데, 이것이 곧 『훈민정음 해례본』이다.

　　그리고 새로운 글자를 창제하고 반포하는 데에 그치는 것이 아니라, 실제로 백성들이 널리 사용할 수 있도록 하기 위하여 여러 가지 뒷받침 사업을 진행하였다. 이를 위하여 세종은 새로운 문자인 훈민정음을 이용하여 국어의 입말을 실제로 문장의 단위로 적어서 그 실용성을 시험하는 작업을 수행하였다. 그 첫 번째 노력으로 『용비어천가』(龍飛御天歌)의 노랫말을 훈민정음으로 지어서 간행하였는데, 이로써 훈민정음 글자로써 국어의 입말을 실제로 적을 수 있는 가능성을 보였다. 그리고 소헌왕후 심씨가 사망함에 따라서 세종은 왕후의 명복을 빌기 위하여 아들인 수양대군(首陽大君)으로 하여금 석가모니의 연보(年譜)를 훈민정음으로 번역하여 『석보상절』(釋譜詳節)을 편찬하게 하였다. 이어서 『석보상절』의 내용을 바탕으로 『월인천강지곡』(月印千江之曲)을 직접 지어서 간행하였다. 이로써 국어의 입말을 훈민정음으로써 완벽하게 구현할 수 있음을 보였다. 그리고 한문본인 『훈민정음 해례본』의 내용 중에서 '어제 서(御製 序)'와 예의(例義)를 훈민정음으로 번역한 것도 대략 이 무렵의 일인 것으로 추정된다.

　　세종이 승하한 후에 문종(文宗), 단종(端宗)에 이어서 세조(世祖)가 즉위하였는데, 1458년(세조 3년)에 세조의 맏아들인 의경세자(懿敬世子)가 요절하였다. 이에 세조는 1459년(세조 4년)에 부왕인 세종(世宗)과 세종의 정비인 소헌왕후 심씨, 그리고 요절한 의경세자의 명복을 빌기 위하여 『월인석보』(月印釋譜)를 편찬하였다. 그리고 어린 조카 단종을 폐위하고 왕위에 오른 후에, 단종을 비롯하여 자신의 집권에 반기를 든 수많은 신하를 죽인 업보에 대한 인간적인 고뇌를 불법의 힘으로 씻어 보려는 것도 『월인석보』

를 편찬한 간접적인 동기였다.

『월인석보』는 세종이 지은『월인천강지곡』(月印千江之曲)의 내용을 본문으로 먼저 싣고, 그에 대응되는『석보상절』(釋譜詳節)의 내용을 붙여 합편하였다. 합편하는 과정에서 책을 구성하는 방법이나 한자어 표기법, 그리고 내용도 원본인『월인천강지곡』이나『석보상절』과 부분적으로 차이를 보인다. 예를 들어서『월인천강지곡』에서는 한자음을 표기할 때 '씨_뼈'처럼 한글을 큰 글자로 제시하고, 한자를 작은 글자로써 한글의 오른쪽에 병기하였다. 반면에『월인석보』에서는 '時_씽'처럼 한자를 큰 글자로써 제시하고 한글을 작은 글자로써 한자의 오른쪽에 병기하였다. 그리고 종성이 없는 한자음을 한글로 표기할 때에『월인천강지곡』에서는 '씨_뼈'처럼 종성 글자를 표기하지 않았는데,『월인석보』에서는 '동국정운(東國正韻)식 한자음의 표기법'에 따라서 '時_씽'처럼 종성의 자리에 음가가 없는 'ㅇ' 글자를 종성의 위치에 달았다. 이러한 차이는『월인천강지곡』과『석보상절』을 합본하여『월인석보』를 편찬하는 과정에서 어쩔 수 없이 한자음을 표기하는 방법을 통일하였기 때문에 일어났다.

『월인석보』는 원간본인 1, 2, 7, 8, 9, 10, 12, 13, 14, 15, 17, 18, 23권과 중간본(重刊本)인 4, 21, 22권 등이 남아 있다. 그 당시에 발간된 책이 모두 발견된 것은 아니어서, 당초에 전체 몇 권으로 편찬하였는지 알 수가 없다.

『석보상절』,『월인천강지곡』,『월인석보』의 편찬은 세종 말엽에서 세조 초엽까지 약 13년 동안에 이룩된 사업이다. 따라서 그 최종 사업인『월인석보』는 석가모니의 일대기를 기술하는 사업을 완결 짓는 결정판이다. 따라서『월인석보』는『석보상절』,『월인천강지곡』과 더불어 훈민정음이 창제된 이후 제일 먼저 나온 불경 번역서로서의 가치가 있다. 그리고 세종과 세조 당대에 쓰였던 자연스러운 말과 글의 모습이 잘 반영되어 있어서, 중세 국어나 국어사를 연구하는 데에도 매우 귀중한 가치가 있는 문헌으로 평가받고 있다.

『월인석보 제십삼』의 해제

　이 책에서 번역한 『월인석보』 권 13은 세조 5년(1459)에 간행된 초간본으로서, 권 14와 합본되어 있다. 이 책은 1983년 5월 7일 대한민국의 보물 제745-4호로 지정되었다.(연세대학교 중앙도서관 소장) 권 13에는 운문으로 된 『월인천강지곡』의 제281장 하부에서 제282장까지가 실려 있으며, 『월인천강지곡』의 내용에 맞추어서 산문으로 된 『석보상절』의 내용이 실려 있다. 곧, 『월인석보』 권 13의 내용은 『묘법연화경』(妙法蓮華經) 제2권 제사(第四)의 〈신해품〉(信解品)과 제3권 제오(第五)의 〈약초유품〉(藥草喩品), 제3권 제육(第六)의 〈수기품〉(授記品)을 훈민정음으로 언해한 것이다.

　참고로 『묘법연화경』은 석가모니 부처가 가야성(迦耶城)에서 도를 이루고 난 뒤에, 영산회(靈山會)를 열어서 자신이 세상에 나온 본뜻을 말한 경전이다. 『묘법연화경』은 옛날로부터 모든 경전들 중의 왕으로 인정받았고, 초기 대승경전(大乘經典) 중에서도 가장 중요한 불경으로 인정받았다. 우리나라에서는 『화엄경』(華嚴經)과 함께 한국 불교 사상을 확립하는 데에 가장 크게 영향을 미친 경전이 되었다.

　『월인석보』 권13의 내용은 후진(後秦) 구자국(龜玆國)의 구마라집(鳩摩羅什)이 한문으로 번역한 『묘법연화경』(妙法蓮華經)을 저본(底本)으로 하고 있다.(전7권 28품)

제2권 제4품 〈신해품〉

　〈신해품〉(信解品)은 『묘법연화경』의 제2권의 제4에 해당하는 품(品)인데, 불법(佛法)을 바르게 이해했을 때에 바른 믿음이 일어나는 이치를 설법한 내용이다.

　부처님께서는 중생의 근기(根機)에 알맞게 법을 설하시는데, 어리석은 수행자는 그 법을 이해하지 못하지만 지혜 있는 수행자는 그를 알고 이해하며 믿고 받아서 지닌다. 〈신해품〉에서는 이와 같은 사실을 '아버지(長者)를 떠난 아들(窮子)'에 비유하여 설하였다. 곧, '장자와 궁자의 비유(장자궁자유, 長者窮子喩)'는 부자인 아버지가 잃어버린 가난한 아들을 만나서 그에게 천천히 단계를 밟아서 자신의 전 재산을 상속한다는 내용이다.

　장자가 궁자에게 방편(方便)을 써서 믿음과 이해를 길러가듯이, 중생(衆生)들이 부처님의 가르침을 따라 믿고 닦아 나가면 일불승(一佛乘)에 이르게 된다. 이승(二乘)이나 삼승(三乘)은 오직 중생들이 자신들의 성품이 그것에 집착하기 때문에 나타난 것일 뿐이다. 그러므로 이 사실을 바르게 이해하면 이승(二乘)과 삼승에 대한 집착을 버리고 일불승(一佛乘)에 대한 믿음을 확고히 할 수 있다.

제3권 제5품 〈약초유품〉

〈약초유품〉(藥草喩品)에서는 삼승(三乘)의 근성(根性)을 초목(草木)에 비유하고, 부처님이 도리로써 중생을 교화하신 것을 한 (줄기의) 비(雨)에 비유하였다. 비가 비록 한 맛(味)이나 그 씨(種)가 제각각이므로, 뿌리와 줄기가 크며 작은 것이 같지 아니하다. 이와 마찬가지로 법(法)이 비록 한 상(相)이지만, 중생들이 근기(根機)가 날카로운 이와 무딘 이가 있으므로 그들이 도과(道果)를 깨닫는 것이 각각 다르다는 것이다.

나무, 풀, 약초 등이 그 종류와 성질에 따라 땅과 물에서 섭취하는 영양분이 다르듯이, 중생도 근기와 성질에 따라 부처님의 말씀을 이해하고 믿는 과정이 다르다. 부처님께서는 중생들의 근기와 성질을 통찰하시는 능력이 있으시어, 모든 중생들의 근기를 이미 아셨다. 이에 부처님께서는 중생들 각자에게 알맞은 법을 설(說)하여 그들이 법을 이해하고 믿고 실천하게 하였다. 이는 중생들이 각자의 근기와 성질에 알맞은 수도(修道)의 결과를 얻게 하고자 함에 그 뜻이 있는 것이다.

제3권 제6품 〈수기품〉

석가모니 부처님께서는 〈방편품〉, 〈비유품〉, 〈신해품〉, 〈약초유품〉을 통해서 모든 사람들에게 불법의 뜻을 자세히 설법하였다. 이에 석가모니 부처의 4대 제자인 '마하가섭(摩訶迦葉), 수보리(須菩提), 가전연(迦旃延), 목건련(目犍連)' 등은 그 전에 소승(小乘)에 집착하던 태도를 버리고 대승(大乘)에 들게 되었고, 원만한 원인이 갖춰져서 그 과(果)를 초래(招來)하였다. 이에 따라서 부처님께서는 이들 제자에게 기별(記別)을 주면서 그들이 앞으로 성불(成佛)할 것이라고 수기(授記)하였다.

수기품(授記品)의 내용은 크게 둘로 나누어 진다. 첫째는 중근기(中根機)의 능력과 자질을 갖춘 이에게 수기(授記)하신 일이고, 둘째는 경전의 끝부분에서 하근기(下根機)의 능력과 자질을 갖춘 이들을 위해서 숙세(宿世)의 인연(因緣)에 관하여 설법을 허락하신 것이다.

부처님께서는 마하가섭에게 수기를 먼저 주시고, 이어서 수보리, 가전연, 목건련의 세 제자에게 수기를 주셨다. 부처님께서는 4대 제자에게 수기를 마친 뒤에, 또다시 여기에 들지 않은 오백 명의 성문(聲聞)에게도 수기(授記)할 것을 설하였고, 그 숙세(宿世)의 인연(因緣)을 설(說)하겠다고 밝히셨다.

月印千江之曲(월인천강지곡) 第十三(제십삼)*

釋譜詳節(석보상절) 第十三(제십삼)

---

* 『월인석보』제13권의 1장의 앞뒤 면이 낙장(落張)되어서 그 내용을 알 수가 없다. 따라서 『월인석보』의 [1 앞]부터 [1 뒤]에 해당하는 두 쪽을 공백으로 비워 둔다.

其二百八十一(끠이백팔십일)

아버지의 方便(방편)에 □옷을 입거늘, 아들이 親(친)히 여겼으니
부처의 方便(방편)에 三乘(삼승)을 이르시거늘, 聲聞(성문)이 쉽게 여겼으니

其二百八十二(끠이백팔십이)

命終(명종)이 거의 가까이 되거늘, 보배를 다 주□□□□ 기뻐하였으니

月_윓印_힌千_쳔江_강之_징曲_콕 第_똉十_씹三_삼

釋_셕譜_봉詳_썅節_졇 第_똉十_씹三_삼

其_끵二_싱百_빅八_밣十_씹一_힗

아비¹⁾ 方_방便_뻔에²⁾ □오슬³⁾ 니버늘⁴⁾ 아들이 親_친히 너기니⁵⁾

부텻 方_방便_뻔에⁶⁾ 三_삼乘_씽을⁷⁾ 닐어시늘⁸⁾ 聲_셩聞_문이⁹⁾ 수비¹⁰⁾ 너기니

其_끵二_싱百_빅八_밣十_씹二_싱

命_명終_즁이 거싀어늘¹¹⁾ 보비를¹²⁾ 다 주□□□□ 깃그니¹³⁾

---

1) 아비: 압(← 아비: 아버지, 父) + -이(-의: 관조)

2) 方便에: '방편'은 교묘한 수단과 방법이다. 불보살이 중생을 깨달음으로 인도하기 위해 일시적인 수단으로 설한 가르침이다. ※ '아비 方便에'는 '아버지가 방편으로'로 의역할 수 있다.

3) □오슬: 이 구절은 『묘법연화경』에 나오는 '弊垢依(낡고 때묻은 옷)'를 번역한 것으로 보인다.

4) 니버늘: 닙(입다) - + -어늘(-거늘: 연어, 상황)

5) 너기니: 너기(여기다, 思) - + -Ø(과시) - + -니(평종, 반말) ※ '너기니'는 '너기니이다'에서 '-이(상높, 아높) - + -다(평종)'가 생략된 형태이다.

6) 부텻 方便에: '부처가 방편으로'로 의역할 수 있다.

7) 三乘: 삼승. 중생을 열반에 이르게 하는 세 가지 교법(敎法)으로서, '성문승(聲聞乘), 독각승(獨覺乘), 보살승(菩薩乘)'이다.

8) 닐어시늘: 닐(← 니르다: 이르다, 說) - + -시(주높) - + -어…늘(-거늘: 연어, 조건)

9) 聲聞: 성문. 설법을 듣고 사제(四諦)의 이치를 깨달아 아라한이 되고자 하는 불제자이다.

10) 수비: [쉬이, 쉽게, 易(부사): 숩(← 쉽다, ㅂ불: 쉽다, 易, 형사) - + -이(부접)]

11) 거싀어늘: 거싀(거의 가깝게 되다, 幾: 자동) + -어늘(← -거늘: 연어, 상황) ※ '거싀어늘'는 '거의 가깝게 되거늘'로 의역할 수 있다.

12) 보비를: 보비(보배, 寶) + -를(목조)

13) 깃그니: 깄(기뻐하다, 歡) - + -Ø(과시) - + -니(평종, 반말) ※ '깃그니'는 '깃그니이다'에서 '-이(상높, 아높) - + -다(평종)'가 생략된 형태이다. ※ 『묘법연화경』에 따르면, 장자가 죽음이 거의 가깝게 되었을 적에 자기가 가졌던 보배를 다 아들에게 주었으니, 아들이 기뻐하였다는 것이다. 이를 감안하면 '주□□□□'는 '주니 아드리'로 추정할 수가 있다.

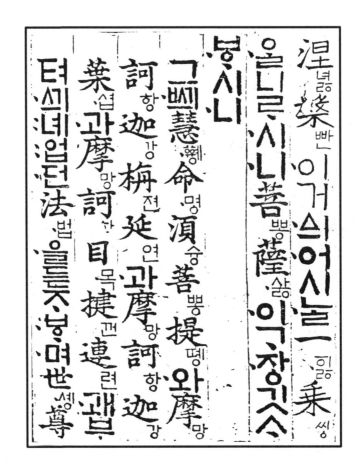

涅槃(열반)이 거의 가까이 되시거늘 一乘(일승)을 이르시니, 菩薩(보살)이 매우 기뻐하셨으니

〈 묘법연화경(妙法蓮華經) 제2권, 제4(第四) 신해품(信解品) 〉

그때에 慧命須菩提(혜명수보리)와 摩訶迦栴延(마하가전연)과 摩訶迦葉(마하가섭)과 摩訶目揵連(마하목건련)이 부처께 옛날에 없던 法(법)을 들으며, 世尊(세존)이

涅녕槃빤¹⁴⁾이 거싀어시늘¹⁵⁾ 一힗乘씽¹⁶⁾을 니르시니 菩뽕薩삻¹⁷⁾이 ㄱ
장¹⁸⁾ 깃스ᄫᅵ시니¹⁹⁾

그 ᄢᅵ²⁰⁾ 慧ᅘᅱᆼ命명²¹⁾須슝菩뽕提똉²²⁾와 摩망訶항²³⁾迦강栴전延연²⁴⁾과 摩망訶항
迦강葉섭²⁵⁾과 摩망訶항目목揵껀連련괘²⁶⁾ 부텨씌²⁷⁾ 녜²⁸⁾ 업던 法법을 듣
ᄌᆞᄫᅡ며 世솅尊존이

---

14) 涅槃: 열반. 모든 번뇌의 얽매임에서 벗어나고, 진리를 깨달아 불생불멸의 법을 체득한 경지다.

15) 거싀어시늘: 거싀(거의 가깝게 되다, 幾: 자동) + -시(주높) + -어…늘(← -거늘: 연어, 상황)

16) 一乘: 일승(eka-yāna). 승(乘)은 중생을 깨달음으로 인도하는 부처의 가르침을 뜻한다. '일승
(一乘)'은 깨달음에 이르게 하는 오직 하나의 궁극적인 부처의 가르침이다.

17) 菩薩: 보살. 부처가 전생에서 수행하던 시절, 수기를 받은 이후의 몸이다.

18) ᄀᆞ장: 매우, 가장, 深, 最(부사)

19) 깃스ᄫᅵ시니: 깃(← 깄다: 기뻐하다, 歡)- + -ᅀᆞᇦ(← -ᅀᆞᆸ-: 객높)- + -ᄋᆞ시(주높)- + -Ø(과시)- +
-니(평종, 반말) ※ '깃스ᄫᅵ시니'는 '깃스ᄫᅵ시니이다'에서 '-이다'가 생략된 형태이다.

20) ᄢᅵ: ᄠᅢ(← ᄢᅵ: 때, 時, 의명) + -의(-에: 부조, 위치)

21) 慧命: 혜명. 수행과 지혜가 뛰어난 수행자를 높여 일컫는 말이다.

22) 須菩提: 수보리. 석가모니의 십대 제자 중 한 사람이며 십육 나한(十六羅漢)의 한 사람이다.
사위성(舍衛城)의 장자(長者)로서 어려서는 성질이 사나웠으나 출가(出家)해서는 늘 선업(善
業)을 행했다. 석가의 명을 받아 반야(般若)의 공(空)의 이치를 설교하여 해공제일(解空第一)로
불린다.

23) 摩訶: 마하. 보살(菩薩)을 아름답게 이르는 말이다.

24) 摩訶迦栴延: 마하가전연(Mahākauṣṭhila). 서인도 아반티국의 수도 웃제니에서 태어났다. 왕명
으로 석가모니 부처를 초청하러 갔다가, 출가한 뒤에 왕과 많은 사람들을 불교에 귀의시켰다.
부처의 말을 논리 정연하게 해설하여 논의제일(論議第一)이라는 말을 들었다. 인도 전역을 돌
아다니며 중생 교화에 힘쓴 포교사이기도 하다.

25) 摩訶迦葉: 마하가섭. 산스크리트어의 '마하카시아파(Mahā Kāsyapa)'를 음차한 말이다. 석가모
니의 10대 제자의 한 사람이다.(?~?) 욕심이 적고 엄격한 계율로 두타(頭陀)를 행하였고 교단
의 우두머리로 존경을 받았다.

26) 摩訶目揵連괘: 摩訶目揵連(마하목건련) + -과(접조) + -ㅣ(← -이: 주조) ※ '摩訶目揵連(마하목
건련)'은 산스크리트어의 '마우드갈리아야나(Maudgalyayana)'를 음차한 말이다. 석가모니의 십
대 제자 가운데 한 사람이다. 마가다의 브라만 출신으로, 부처의 교화를 펼치고 신통(神通) 제
일의 성예(聲譽)를 얻었다.

27) 부텨씌: 부텨(부처, 佛) + -씌(-께: 부조, 상대, 높임)

28) 녜: 옛날, 昔.

존이 舍·샹利·링弗·붏·의게 阿항耨·녹多당
羅랑 三삼藐·막 三삼菩뽕提똉 記·긩
·심·기·거시·뇌 希·힁有·융心심을 ·내·야 :
·거·느·쇼·셔 須슝菩뽕提똉 ·한 ·사·루·미 慧·휑
·룽·이 ·사·루·미 佛·뿛法·법 中듕·에 智·딩慧·휑
命·명 ·을 ·잘 得·득·호·ᄃ 長·댱 老:·롤
·혜命·명을 ·잘 得·득·호·ᄃ 홀·ᄊ·니·라 大·땡迦강 ·葉·셥
·슈·명·을 ·몯·져 버·류·ᄃ·ᄂ·니라 ·슈·菩뽕
:·몃·룰·몬·져 닐·어·오·ᄆ·ᄂ·ᄃ當당호·ᄂ 機긩·를
·셩·셩聞·문 ·호·오·ᄆ·ᄃ偏편空콩·을

舍利弗(사리불)에게 阿耨多羅三藐三菩提(아뇩다라삼먁삼보리)의 記(기)를 전하시거늘, (혜명수보리, 마하가전연, 마하가섭, 마하목건련 등이) 希有心(희유심)을 내어 기뻐하여 솟아날아【須菩提(수보리)가 나이와 德(덕)이 (다른) 많은 사람보다 높으므로, 長老(장로)라고 하였느니라. 또 (수보리를) 慧命(혜명)이라고 하나니, 이 사람이 佛法(불법) 中(중)에서 智慧命(지혜명)을 잘 得(득)하였기 때문이니라. 大迦葉(대가섭)을 먼저 열거할 것이거늘 (오히려) 須菩提(수보리)를 먼저 이른 것은 (수보리가) 當(당, 적당)한 機(기)이기 때문이니, 聲聞(성문)이 오직 偏空(편공)을 念(염)하고

舍샹利링弗붏[29]의 게[30] 阿항耨녹多당羅랑三삼藐막三삼菩뽕提똉[31] 記긩[32] 심기거시ᄂᆞᆯ[33] 希힁有ᅌᅮᇢ心심[34]을 내야 깃거 ᄂᆞ소사[35]【須슝菩뽕提똉 나콰[36] 德득괘 한 사ᄅᆞᄆᆡ 게[37] 노ᄑᆞᆯ씨 長댱老롷ㅣ라 ᄒᆞ니라 또 慧ᅘᅰᆼ命명이라 ᄒᆞᄂᆞ니 이 사ᄅᆞ미 佛뿛法법 中듕에 智딩慧ᅘᅰᆼ命명[38]을 잘 得득ᄒᆞᆯ씨니라[39] 大땡迦강葉셥을 몬져 버륧[40] 디어늘[41] 須슝菩뽕提똉ᄅᆞᆯ 몬져 닐오ᄆᆞᆫ 또 當당ᄒᆞᆫ[42] 機긩ㄹ씨니[43] 聲셩聞문[44]이 오직 偏편空콩[45]ᄋᆞᆯ 念념ᄒᆞ고[46]

---

29) 舍利弗: 사리불(śāriputra). 석가모니의 십대제자(十大弟子)의 하나이다. 마가다국의 바라문 출신으로, 지혜가 뛰어나 지혜 제일(智慧第一)이라 일컫는다.

30) 舍利弗의 게: 舍利弗(사리불) + -의(관조) # 게(거기에: 의명) ※ '舍利弗의 게'는 '舍利弗에게'로 의역하여 옮긴다.

31) 阿耨多羅三藐三菩提: 아뇩다라삼먁삼보리. 일체의 진상(眞相)을 모두 아는 부처님의 무상(無上)의 승지(勝地), 곧 무상정각(無上正覺)이다. 부처님의 지혜는 가장 뛰어나고 그 위가 없으며 평등한 바른 이치를 깨닫는 것이라는 뜻을 나타낸 말이다.

32) 記: 기. 문답식 또는 분류적 설명으로 되어 있는 부처의 설법(= 授記)이다.

33) 심기거시ᄂᆞᆯ: 심기(주다, 전하다, 건네다, 傳)- + -시(주높)- +-거…ᄂᆞᆯ(-거늘: 연어, 상황)

34) 希有心: 희유심. 일찍이 보지 못했던 일에 대해 놀라워하는 마음이다. 곧, 불가사의하다고 여기는 마음이다.

35) ᄂᆞ소사: ᄂᆞ솟[솟아서 날다, 踊躍: ᄂᆞ(← ᄂᆞᆯ다: 날다, 飛)- + 솟(솟다, 踊)-]- + -아(연어)

36) 나콰: 나ㅎ(나이, 齡) + -과(접조)

37) 사ᄅᆞᄆᆡ 게: '사람의 거기에'로 직역되는데, 여기서는 '사람보다'로 의역하여 옮긴다.

38) 智慧命: 지혜명. 지혜(智慧)의 원리와 법칙이다.

39) 得ᄒᆞᆯ씨니라: 得ᄒᆞ[득하다(얻다): 得(득: 불어) + -ᄒᆞ(동접)-]- + -ㄹ씨(-므로: 연어) + -ㅣ(← -이-: 서조)- + -Ø(현시)- + -니(원칙)- + -라(← -다: 평종)

40) 버륧: 버리[벌이다, 시작하다, 列: 벌(나열하다, 列)- + -이(사접)-]- + -우(대상)- + -ㅭ(관전)

41) 디어늘: ㄷ(← ᄃᆞ: 것, 者, 의명) + -이(서조)- + -어늘(← -거늘: 연어, 상황)

42) 當ᄒᆞᆫ: 當ᄒᆞ[당하다, 적당하다: 當(당) + -ᄒᆞ(형접)-]- + -Ø(현시)- + -ㄴ(관전)

43) 機ㄹ씨니: 機(기) + -Ø(← -이-: 서조)- + -ㄹ씨(-므로: 연어, 이유) + -Ø(← -이-: 서조) + -니(연어, 설명 계속) ※ '機(기)'는 근기(根機)인데, 교법(敎法)을 받을 수 있는 중생의 능력이다.

44) 聲聞: 성문. 설법을 듣고 사제(四諦)의 이치를 깨달아 아라한(阿羅漢)이 되고자 하는 불제자이다.

45) 偏空: 편공. 공(空)에 편중하여 그것에 얽매이는 것이다.

46) 念ᄒᆞ고: 염하고. 『법화경언해』(2:176)의 내용을 참조하여 '念ᄒᆞ고'로 복원하였다.

菩薩法(보살법)을 마음에 즐기지 아니하거늘, 이제 (須菩提가) 空法(공법)을 버리고 實道(실도)를 證(증)하므로, (부처가 수보리를) 空(공)을 안 사람으로 表(표)하시고, 授記(수기)하실 때에 (대가섭에게보다) 迦葉(가섭)이에게 먼저 하신 것은 正(정)한 次第(차제, 차례)이다. 】 즉시 座(좌)로부터서 일어나, 옷을 고치고 오른 어깨를 벗어 메고, 오른 무릎을 꿇어 한 마음으로 合掌(합장)하여, 몸을 굽혀 恭敬(공경)하여 尊顔(존안)을 우러러 보아서 사뢰되, "우리가 중(僧)의 중(中)에서 으뜸가서

菩뽕薩삻法법⁴⁷⁾을 ᄆᆞᅀᆞ매 즐기디⁴⁸⁾ 아니ᄒᆞ거늘 이제 空콩法법⁴⁹⁾을 ᄇᆞ리고 實씷道

뚤⁵⁰⁾ᄅᆞᆯ 證징홀씨⁵¹⁾ 空콩 안 사ᄅᆞᄆᆞ로 表ᄫᅵᆱᄒᆞ시고 授쓜記긩ᄒᆞ싫 제 迦강葉섭일⁵²⁾

몬져 ᄒᆞ샤ᄆᆞᆫ 正졍ᄒᆞᆫ 次ᄎᆞᆼ第똉라 】 즉재⁵³⁾ 座쫭로셔 니러 옷 고티고⁵⁴⁾ 올

ᄒᆞᆫ⁵⁵⁾ 엇게⁵⁶⁾ 메밧고⁵⁷⁾ 올ᄒᆞᆫ 무릅⁵⁸⁾ ᄭᅮ러⁵⁹⁾ ᄒᆞᆫ ᄆᆞᅀᆞᄆᆞ로⁶⁰⁾ 合ᅘᆸ掌쟝

ᄒᆞ야 몸 구펴 恭공敬경ᄒᆞᅀᆞᄫᅡ⁶¹⁾ 尊존顔안ᄋᆞᆯ 울워러⁶²⁾ 보ᅀᆞᄫᅡ 슬ᄫᅩ

디⁶³⁾ 우리⁶⁴⁾ 즁의 게⁶⁵⁾ 爲윙頭뚱ᄒᆞ야⁶⁶⁾

---

47) 菩薩法: 보살법. 대승법(大乘法)이다. ※ '菩薩(보살)'은 위로는 깨달음을 구(求)하고 아래로는 중생(衆生)을 교화(敎化)하는, 부처의 버금이 되는 성인(聖人)이다.

48) 즐기디: 즐기[즐기다, 樂: 즑(즐거워하다, 歡: 자동)- + -이(사접)-]- + -디(-지: 연어, 부정)

49) 空法: 공법. 아공(我空)·법공(法空)·무위공(無爲空)·유위공(有爲空) 등의 공리(空理)를 다스리는 법이다. 공리는 사실과 동떨어지거나 쓸데없는 헛된 이론이다.

50) 實道: 실도. 헛된 이론에서 벗어나서 실제하는 도리이다.

51) 證홀씨: 證ᄒᆞ[증하다, 깨닫다, 증명하다: 證(증: 불어) + -ᄒᆞ(동접)-]- + -ㄹ씨(-므로: 연어, 이유)

52) 迦葉일: 迦葉이[가섭이: 迦葉(가섭, 인명) + -이(명접)] + -ㄹ(←-를: 목조, 의미상 부사격) ※ '迦葉일'은 문맥을 감안하여 '가섭이에게'로 의역하여 옮긴다.

53) 즉재: 즉시, 卽(부사)

54) 고티고: 고티[고치다, 改: 곧(곧다, 直: 형사)- + -히(사접)-]- + -고(연어, 나열, 계기)

55) 올ᄒᆞᆫ: 올ᄒᆞᆫ[오른, 右(관사): 옳(옳다, 是)- + -ᄋᆞᆫ(관전▷관접)]

56) 엇게: 어깨, 肩.

57) 메밧고: 메밧[벗어 메다, 偏袒: 메(메다, 負)- + 밧(←밧다: 벗다, 脫)-]- + -고(연어, 나열, 계기) ※ '메밧다'는 상대방에 대한 대한 공경의 뜻으로 한쪽 어깨를 벗어서 메는 것이다.(=偏袒)

58) 무릅: 무릅(← 무릎: 무릎, 膝)

59) ᄭᅮ러: ᄭᅮᆯ(꿇다, 跪)- + -어(연어)

60) ᄆᆞᅀᆞᄆᆞ로: ᄆᆞᅀᆞᆷ(마음, 心) + -ᄋᆞ로(부조, 방편)

61) 恭敬ᄒᆞᅀᆞᄫᅡ: 恭敬ᄒᆞ[공경하다: 恭敬(공경) + -ᄒᆞ(동접)-] + -ᅀᆞ(←-ᅀᆞᆸ-: 객높)- + -아(연어)

62) 울워러: 울월(우러르다, 仰)- + -어(연어)

63) 슬ᄫᅩ디: 슯(← 숣다, ㅂ불: 사뢰다, 白)- + -ᄋᆞ디(-되: 연어, 설명 계속)

64) 우리: 우리(우리, 我等: 인대, 1인칭) + -∅(←-이: 주조)

65) 즁의 게: 즁(중, 승려, 僧) + -의(관조) # 게(거기에: 의명) ※ '즁의 게'를 직역하면 '중의 거기에'로 번역할 수 있는데, 여기서는 문맥을 고려하여 '중(僧)의 중에서'로 의역하여 옮긴다.

66) 爲頭ᄒᆞ야: 爲頭ᄒᆞ[으뜸가다, 上首: 爲頭(위두, 으뜸: 명사) + -ᄒᆞ(동접)-]- + -야(←-아: 연어)

[4 앞]

나이가 다 늙으므로, '이미 涅槃(열반)을 得(득)하여 (더 이상) 맡을 일이 없
다.'고 하고, 阿耨多羅三藐三菩提(아뇩다라삼먁삼보리)를 다시 求(구)하지 아
니하였더이다. 世尊(세존)이 옛날에 說法(설법)을 오래 하시거늘, 내(=우리)
가 그때에 座(좌)에 있어서 몸이 고단하여 오직 空(공)과 無相(무상)과 無
作(무작)을 念(염)하고,

나히⁶⁷⁾ 다 늘글씨 ᄒ마 涅_넗槃_빠ᄋᆞᆯ 得_득ᄒ야 맛들⁶⁸⁾ 이리 업소라⁶⁹⁾

ᄒ고 阿_항耨_녹多_당羅_랑三_삼藐_막三_삼菩_뽕提_똉를 ᄂᆞ외야⁷⁰⁾ 求_꿀티⁷¹⁾ 아니타

이다⁷²⁾ 世_솅尊_존이 녜⁷³⁾ 說_쉃法_법을 오래 커시ᄂᆞᆯ⁷⁴⁾ 내⁷⁵⁾ 그 제⁷⁶⁾ 座

_쫭애 이셔 모미 잇버⁷⁷⁾ 오직 空_콩과 無_뭉相_샹⁷⁹⁾과 無_뭉作_작⁸⁰⁾을 念

념코⁸¹⁾

---

67) 나히: 나ᄒ(나이, 歲) + -이(주조)

68) 맛들: 맜(맡다, 任)- + -을(←-올: 관전)

69) 업소라: 없(없다, 無)- + -Ø(현시)- + -오(화자)- + -라(←-다: 평종)

70) ᄂᆞ외야: [다시, 거듭하여, 復(부사): ᄂᆞ외(거듭하다: 동사)- + -야(←-아: 연어▷부접)]

71) 求티: 求ᄒ[←求ᄒ(구하다): 求ᄒ(구하다)-]- + -디(-지: 연어, 부정)

72) 아니타이다: 아니ᄒ[←아니ᄒ(아니하다, 不: 보용, 부정)-: 아니(부사, 부정) + -ᄒ(동접)-]- + -다(←-더-: 회상)- + -Ø(←-오-: 화자)- + -이(상높, 아높)- + -다(평종)

73) 녜: 옛날, 昔.

74) 커시ᄂᆞᆯ: ᄒ(←ᄒ다: 하다, 爲)- + -시(주높)- + -거…ᄂᆞᆯ(-거늘: 연어, 상황) ※ '커시ᄂᆞᆯ'은 'ᄒ거시ᄂᆞᆯ'이 축약된 형태이다.

75) 내: 나(我) + -ㅣ(←-이: 주조) ※『묘법연화경』에는 '我等'으로 기술되어 있으므로, '내'는 '우리'로 언해해야 한다.

76) 제: 제, 때, 時(의명)

77) 잇버: 잇ㅂ(←잇브다: 고단하다, 疲懈)- + -어(연어)

78) 空: 공. 실체가 없고 자성(自性)이 없는 것이다.

79) 無相: 무상. 모든 사물은 공(空)이어서 일정한 형상이 없는 것이다.

80) 無作: 무작. 인연에 의하여 생긴 것이 아닌, 생멸의 변화를 초월한 것이라는 뜻으로, '열반'을 달리 이르는 말이다. ※ '공(空), 무상(無相), 무작(無作)'을 염(念)하는 것은 생사를 벗어나 해탈로 나아가는 세 가지의 문(三解脫門)을 구하는 것이다.

81) 念코: 念ᄒ[←念ᄒ다(염하다): 念(염: 불어) + -ᄒ(동접)-]- + -고(연어, 나열)

【作(작)은 짓는 것이다. 】, 菩薩法((보살법)과 遊戲神通(유희신통)과【假(가)
에서 벗어나서 物(물)을 化(화)하여 世間(세간)에 노니는 것이 아이의 놀이와 같
으므로 遊戲(유희)라고 하니, 遊(유)는 노니는 것이요 戲(희)는 놀이이다. 】 부
처의 國土(국토)를 깨끗하게 하여 衆生(중생)을 성취시키는 데에 마음을
즐기디 아니하더니【"說法(설법)을 오래 하셨다."고 한 것은 (부처가) 마흔 해
를 小敎(소교)를 이르실 적을 일렀니라. 空(공)·無相(무상)·無作(무작)은 小乘
(소승)의 三解脫門(삼해탈문)이니, 四諦(사제)를 의지하여 諸法(제법)이

【作_작은 지슬⁸²⁾ 씨라⁸³⁾】 菩_뽕薩_삻法_법과 遊_융戲_횡神_씬通_통⁸⁴⁾과【假_강⁸⁵⁾애 나 物_믏⁸⁶⁾을 化_황ᄒᆞ야⁸⁷⁾ 世_솅間_간애 노뇨미⁸⁸⁾ 아히⁸⁹⁾ 노릇⁹⁰⁾ ᄀᆞᆮᄒᆞᆯ씨 遊_융戲_횡라 ᄒᆞ니 遊_융ᄂᆞᆫ 노닐 씨오 戲_횡ᄂᆞᆫ 노릇시라】 부텻 國_귁土_통ᄅᆞᆯ 조케⁹¹⁾ ᄒᆞ야 衆_즁生_{ᄉᆡᆼ} 일우오매⁹²⁾ ᄆᆞᅀᆞᆷᄆᆞᆯ 즐기디⁹³⁾ 아니타니⁹⁴⁾【說_쉃法_법 오래 ᄒᆞ시다 호ᄆᆞᆫ 마ᄉᆞᆫ 히롤 小_숗教_굫⁹⁵⁾ 니ᄅᆞ싫 저글 니르니라 空_콩 無_뭉相_샹 無_뭉作_작⁹⁶⁾은 小_숗乘_씽 三_삼解_갱脫_턇門_몬⁹⁷⁾이니 四_숭諦_뎅⁹⁸⁾를 브터⁹⁹⁾ 諸_졍法_법이

---

82) 지슬: 짓(← 짓다, ㅅ불: 짓다, 造)- + -을(관전)

83) 씨라: ㅆ(← ᄉᆞ: 것, 의명) + -이(서조) + -Ø(현시)- + -라(←-다: 평종)

84) 遊戲神通: 유희신통. 신통으로 재주를 피워서 놀이하는 듯하는 것이다.

85) 假: 가. 거짓된 것이다.

86) 物: 물. 물체이다.

87) 假애 나 物을 化ᄒᆞ야: 거짓된 것에서 나와서 물체를 변화시키는 것이다. 이는 거짓에서 벗어나 사물을 변화시키는 신통력을 말한다.

88) 노뇨미: 노니[← 노닐다(노닐다, 遊行): 노(← 놀다: 놀다, 遊)- + 니(가다, 行)-]- + -옴(명전) + -이(주조) ※ '노닐다'는 한가하게 이리저리 왔다 갔다 하면서 노는 것이다.

89) 아히: 아히(아이, 童) + -이(관조)

90) 노릇: [놀이, 戲: 놀(놀다, 遊: 동사)- + -옷(명접)]

91) 조케: 좋(맑다, 깨끗하다, 淨)- + -게(연어, 사동)

92) 일우오매: 일우[이루다, 성취하다, 成就: 일(이루어지다, 成: 자동)- + -우(사접)-]- + -옴(명전) + -애(-에: 부조, 위치) ※ '중생(衆生)을 일우옴'은 중생을 교화하여 대승의 길로 나아가도록 하는 일이다.

93) 즐기디: 즐기[즐기다, 好: 즑(즐거워하다, 歡)- + -이(사접)-]- + -디(-지: 연어, 부정)

94) 아니타니: 아니ᄒᆞ[아니하다, 不(보용, 부정): 아니(부사, 부정) + -ᄒᆞ(동접)-]- + -다(←-더-: 회상)- + -Ø(←-오-: 화자)- + -니(연어, 설명 계속)

95) 小教: 소교. 소승(小乘)의 교법(教法)을 이른다.

96) 空 無相 無作: 공·무상·무작. '공(空)'과 '무상(無相)'과 '무작(無作)'이다.

97) 三解脫門: 삼해탈문. 해탈에 이르기 위해 닦는 세 가지 선정(禪定)으로서, 공해탈문(空解脫門), 무상해탈문(無相解脫門), 무원해탈문(無願解脫門)이 있다.

98) 四諦: 사제(사체). 사성제(四聖諦)라고도 한다. '고(苦)·집(集)·멸(滅)·도(道)'의 네 가지 진리로 구성되어 있다.

99) 브터: 븥(의지하다, 근거로 하다, 據)- + -어(연어)

```
法空히空홀相ᄒᆞ相三니러려허은ᄊ
법콩며콩ᄊᄊ상예상삼호어리리럼통
이無오ᅌᅦ다無額ᄒᆞ나念大
我我相相ᅌᅥᆼ원념ᅙᅡᆼ
ᅌᅡᆼᅌᅡᆼ이ᅌᅥ이乘
와ᅌᅦ비ᅀᅵᆫ等
我萬호萬得해등
ᅌᅡᆼ씨萬法
所법로호得아法득大
송ᄉᆞᆫᄃᆞᆯᄃᆞᆯᄃᆡᆼ
乘
쎵
遊
```

我(아)와 我所(아소)가 없는 것을 보는 것이 空(공)이요, 空(공)하므로 萬法(만법)의 하나이며 다른 相(상)들을 實(실)로 得(득)하지 못하는 것이 無相(무상)이요, 一切(일체)의 法(법)이 相(상)이 없어 得(득)하지 못하는 것을 알아, 三界(삼계)에서 願(원)하여 求(구)함이 없어 다시 三有(삼유)의 生死(생사)의 業(업)을 짓지 아니하는 것이 無作(무작)이니, 또 (다른) 이름이 無願(무원)이다. 이러므로 受苦(수고)에 얽매임을 떨쳐서 解脫(해탈)을 得(득)하건마는, 그러나 이는 오직 조그만 法(법)이라서 足(족)히 念(염)할 것이 아니다. 菩薩法(보살법)은 곧 大乘法(대승법)이요 遊戲神通(유희신통) 等(등)은 곧 大乘行(대승행)이니,

我_앙¹⁰⁰⁾와 我_앙所_송¹⁾ 업슨 둘²⁾ 볼 씨³⁾ 空_콩⁴⁾이오 空_콩홀씨 萬_먼法_법의 ᄒᆞ나히며⁵⁾ 다ᄅᆞᆫ 相_샹들흘 實_씷로⁶⁾ 得_득디 몯홀 씨 無_뭉相_샹⁷⁾이오 一_{ᅵᇙ}切_촁 法_법이 相_샹 업서 得_득디 몯홀 둘 아라 三_삼界_갱⁸⁾예 願_원ᄒᆞ야 求_꿀호미 업서 ᄂᆞ외야 三_삼有_{ᅌᅮᇢ}ㅅ 生_싱死_{ᄉᆞᆼ}⁹⁾ 業_업을 짓디 아니홀 씨 無_뭉作_작¹⁰⁾이니 ᄯᅩ 일후미 無_뭉願_원¹¹⁾이라 이럴씨¹²⁾ 受_쓩苦_콩 얽미ᄢᅩ믈¹³⁾ 여희여 解_갱脫_퇋을 得_득ᄒᆞ얀마ᄅᆞᆫ¹⁴⁾ 그러나 이ᄂᆞᆫ 오직 죠고맛¹⁵⁾ 法_법이라 足_죡히 念_념홀 거시 아니라 菩_뽕薩_삻法_법은 곧 大_땡乘_씽法_법이오 遊_{ᅌᅳᇢ}戲_휭神_씬通_통 等_둥은 곧 大_땡乘_씽行_{ᅘᆡᇰ}이니

---

100) 我: 아. 인식의 주체이다.

1) 我所: 아소. 나의 것. 인식의 객체, 자기의 소유물이다. 자신(自身)에게 딸린 모든 물건은 원래 일정한 소유주가 없는 것이나, 정말로 자기의 소유물이라고 고집하는 치우친 생각이다.

2) 둘: 두(것 : 의명) + -ㄹ(← -를: 목조)

3) 씨: ㅆ(← ᄉᆞ: 것, 者, 의명) + -이(주조)

4) 空: 공. 실체가 없고 자성(自性)이 없는 것이다.

5) ᄒᆞ나히며: ᄒᆞ나ㅎ(하나, 一: 수사, 양수) + -이며(접조)

6) 實로: [실로(부사): 實(실, 실제: 명사) + -로(부조>부접)]

7) 無相: 무상. 모든 사물은 공(空)이어서 일정한 형상이 없는 것이다.

8) 三界: 삼계. 중생이 생사 왕래하는 세 가지 세계, 곧, 욕계·색계·무색계이다.

9) 三有ㅅ 生死: 삼유의 생사. '三有(삼유)'는 모든 중생(衆生)들이 생사윤회(生死輪廻)하는 세계를 말하는 것으로서, 탐욕의 세계인 '욕유(慾有)', 색욕의 세계인 '색유(色有)', 정신의 세계인 '무색유(無色有)' 등을 가리킨다. 욕계(慾界)·색계(色界)·무색계(無色界) 등으로 쓰여 삼계(三界)라고도 한다. ※ '三有의 生死'는 삼계(三界)를 유전(流轉)하며 생사를 거듭하는 일, 또는 그런 범인(凡人)의 생사를 이른다.

10) 無作: 무작. 인연에 의하여 생긴 것이 아닌, 생멸의 변화를 초월한 것이라는 뜻이다. 이는 '열반'을 달리 이르는 말이다.

11) 無願: 무원. 인간의 욕망을 떠나서 원하는 바가 없는 상태이다.

12) 이럴씨: 이러[← 이러ᄒᆞ다(이러하다, 如此): 이러(이러: 불어) + -Ø(← -ᄒᆞ-: 형접)-] + -ㄹ씨(-므로: 연어, 이유)

13) 얽미ᄢᅩ믈: 얽미ᄢᅵ에[얽매이다, 縛: 얽(얽다, 結)- + 미(매다, 縛)- + -ᄢᅵ(← -이-: 피접)-] + -옴(명전) + -ᄋᆞᆯ(목조)

14) 得ᄒᆞ얀마ᄅᆞᆫ: 得ᄒᆞ[득하다: 得(득: 불어) + -ᄒᆞ(동접)-] + -얀마ᄅᆞᆫ(← 안마ᄅᆞᆫ: -건마는, 연어, 인정 대조)

15) 죠고맛: 죠그마(조금, 小: 명사) + -ㅅ(-의: 관조)

저들(小乘)은 오직 적은 일을 즐겨 空(공)에 잠기어 寂(적)에 가므로, 大法(대법)
과 大行(대행)에 마음을 즐기지 아니하였니라. 】, "(그것이) 어째서이냐?"라고
한다면, 世尊(세존)이 우리를 三界(삼계)에서 나가서 涅槃(열반)의 證(증)을
得(득)하게 하시며, 또 우리가 나이가 이미 늙어, 부처가 菩薩(보살)을 敎
化(교화)하시는 阿耨多羅三藐三菩提(아뇩다라삼먁삼보리)에 한 念(염)도 즐기
는 마음을

뎌는¹⁶⁾ 오직 져근 이를 즐겨 空콩애 ᄌᆞ마¹⁷⁾ 寂쪅¹⁸⁾에 갈ᄊᆡ 大땡法법¹⁹⁾ 大땡行ᅘᅢᆼ²⁰⁾

애 ᄆᆞᅀᆞᄆᆞᆯ 즐기디 아니ᄒᆞᄂᆞ니라】, 엇뎨어뇨²¹⁾ ᄒᆞ란ᄃᆡ²²⁾ 世솅尊존이 우리를

三삼界갱예 나 涅녏槃빤 證징²³⁾을 得득게 ᄒᆞ시며 ᄯᅩ 우리 나히 ᄒᆞ

마 늘거 부텻²⁴⁾ 菩뽕薩삻 敎ᄀᆞᆯ化황ᄒᆞ시논²⁵⁾ 阿ᅙᅡᆼ耨녹多당羅랑三삼藐먁三

삼菩뽕提똉예 ᄒᆞᆫ 念념도 즐기논²⁶⁾ ᄆᆞᅀᆞᄆᆞᆯ

---

16) 뎌ᄂᆞᆫ: 뎌(저, 저것, 彼: 지대, 정칭) + -ᄂᆞᆫ(보조사, 주제) ※ '뎌'는 소승(小乘)을 행하는 사람이다.

17) ᄌᆞ마: ᄌᆞᆷ(잠기다, 沈)- + -아(연어)

18) 寂: 적. 모든 번뇌를 남김없이 소멸하여 평온하게 된 열반의 상태이다.

19) 大法: 대법. 대승(大乘)의 교법이다. 자신도 깨달음을 구하고 남도 깨달음으로 인도하는 가르침이다. 곧, 깨달음을 구하면서 중생을 교화하는 보살을 위한 부처의 가르침이나 자신의 구제에 앞서 남을 먼저 구제하는 보살의 수행법이다.

20) 大行: 대행. 대승(大乘)의 행위이다.

21) 엇뎨어뇨: 엇뎨(어째서, 何: 부사) + -∅(←-이-: 서조)- + -∅(현시)- + -어(←-거-: 확인)- + -뇨(-냐: 의종, 설명)

22) ᄒᆞ란ᄃᆡ: ᄒᆞ(하다, 曰)- + -란ᄃᆡ(-면: 연어, 조건)

23) 證: 증. 깨달음. 진리나 이치를 깨달아서 체득하는 것이다.

24) 부텻: 부텨(부처, 佛) + -ㅅ(-의: 관조, 의미상 주격)

25) 敎化ᄒᆞ시논: 敎化ᄒᆞ[교화하다: 敎化(교화: 명사) + -ᄒᆞ(동접)-]- + -시(주높)- + -ㄴ(←-ᄂᆞ-: 현시)- + -오(대상)- + -ㄴ(관전)

26) 즐기논: 즐기[즐기다, 樂: 즑(즐거워하다, 喜: 자동) + -이(사접)-]- + -ㄴ(←-ᄂᆞ-: 현시)- + -오(대상)- + -ㄴ(관전)

아니 내었더니, 우리가 오늘 부처의 앞에서 (부처가) 聲聞(성문)에게 阿耨
多羅三藐三菩提(아뇩다라삼먁보리)의 記(기)를 전하시거늘, 듣고 마음에 甚
(심)히 歡喜(환희)하여 옛날에 없던 일을 得(득)하여, 생각도 않은 오늘 문
득 希有(희유)한 法(법)을 듣고, 깊이 스스로 慶幸(경행)하여【慶幸(경행)은
慶賀(경하)하여 幸(행)히 여기는 것이다.】

아니 내다니²⁷⁾ 우리 오늘 부텻 알픠²⁸⁾ 聲_성聞_문을²⁹⁾ 阿_항耨_녹多_당羅_랑 三_삼藐_먁三_삼菩_뽕提_똉 記_긩 심기거시늘³⁰⁾ 듣즙고 모수매 甚_씸히³¹⁾ 歡_환喜_횡ᄒᆞ야 녜 업던 이를 得_득ᄒᆞ야 아니 너기온³²⁾ 오늘 믄득 希_횡有_윻³³⁾ᄒᆞᆫ 法_법을 듣즙고 기피 제³⁴⁾ 慶_켱幸_행³⁵⁾ᄒᆞ야【慶_켱幸_행ᄋᆞᆫ 慶_켱賀_행ᄒᆞ야 幸_행히³⁶⁾ 너길 씨라】

---

27) 내다니: 내[내다, 出: 나(나다, 出)-+-ㅣ(←-이-: 사접)-]-+-다(←-더-: 회상)-+-Ø(←-오-: 화자)-+-니(연어, 설명 계속)

28) 알픠: 앒(앞, 前)+-의(-에: 부조, 위치)

29) 聲聞을: 聲聞(성문)+-을(-에게: 목조, 의미상 부사격) ※ 여기서 성문(聲聞)은 사리불(舍利弗)을 이른다. 앞서 제3품의 〈비유품에〉서 부처님이 성문인 사리불에게 성불할 것을 수기한 사실을 이른다.

30) 심기거시늘 : 심기(전하다, 授)-+-시(주높)-+-거…늘(-거늘: 연어, 상황)

31) 甚히: [심히(부사): 甚(심: 불어)+-ᄒᆞ(←-ᄒᆞ-: 형접)-+-이(부접)]

32) 아니 너기온: 아니(부사) # 너기(여기다, 念)-+-Ø(과시)-+-오(대상)-+-ㄴ(관전) ※ '아니 너기온'을 직역하면 '아니 여긴(생각도 않은)'으로 옮겨야 한다. 이는 『묘법연화경』에 기술된 "忽然(뜻하지 아니하게 갑자기)"을 훈민정음으로 옮긴 것인데, '생각치도 않은'이나 '뜻밖에'나 '예기치 않게'로 의역하여 옮길 수 있다.

33) 希有: 희유. 아주 드문 것이다. '希有ᄒᆞᆫ 法'은 대승법(大乘法)을 이른다.

34) 제: 저(저, 己: 인대, 재귀칭)+-ㅣ(←-이: 주조) ※ '제'를 직역하면 '자기가'로 옮겨야 하는데, 문맥을 감안하여 '스스로'로 의역하여 옮긴다.

35) 慶幸: 경행. 경사스럽고 다행하게 여기는 것이다.

36) 幸히: [행히, 다행히(부사): 幸(행: 불어)+-ᄒᆞ(←-ᄒᆞ-: 형접)-+-이(부접)]

큰 善利(선리)를 얻어, 그지없는 보배를 (우리가) 求(구)하지 않고서도 얻었습니다. 世尊(세존)이시여, 우리가 오늘 譬喩(비유)를 즐겨 일러 이 뜻을 밝히겠습니다. 비유하건대 한 사람이 나이가 어려서 아버지를 버리고 逃亡(도망)하여 가, 다른 나라에 오래 있어 열 해 스믈 해 쉰 해에 이르더니 【어린 것은 無知(무지)한 것을 비유하고,

큰 善_썬利_링³⁷⁾를 어더 그지업슨³⁸⁾ 보비를³⁹⁾ 아니 求_꿀ᄒᆞ야셔 얻즙과

이다⁴⁰⁾ 世_솅尊_존하⁴¹⁾ 우리 오늘 譬_핑喩_융를 즐겨 닐어⁴²⁾ 이 ᄠᅳ들⁴³⁾

ᄇᆞᆯ교리이다⁴⁴⁾ 가ᄌᆞᆯ비건댄⁴⁵⁾ ᄒᆞᆫ 사ᄅᆞ미 나히 져머셔⁴⁶⁾ 아비 ᄇᆞ리고

逃_똘亡_망ᄒᆞ야 가 다ᄅᆞᆫ 나라해⁴⁷⁾ 오래⁴⁸⁾ 이셔 열 ᄒᆡ⁴⁹⁾ 스믈 ᄒᆡ 쉰

ᄒᆡ예 니르더니⁵⁰⁾ 【져무믄⁵¹⁾ 無_뭉知_딩ᄒᆞ몰 가ᄌᆞᆯ비고

_____

37) 善利: 선리. 좋은 이익이다.

38) 그지업슨: 그지없[그지없다, 無量: 그지(한도, 한계, 限: 명사) + 없(없다, 無: 형사)-]- + -∅
(현시)- + -은(관전)

39) 보비를: 보비(보배, 寶) + -를(목조)

40) 얻즙과이다: 얻(얻다, 獲)- + -즙(객높)- + -∅(과시)- + -과(←-아-: 확인)- + -∅(←-오-:
화자) + -이(상높, 아높)- + -다(평종)

41) 世尊하: 世尊(세존) + -하(-이시여: 호조, 아높)

42) 닐어: 닐(←니르다: 이르다, 말하다, 曰)- + -어(연어)

43) ᄠᅳ들: ᄠᅳᆮ(뜻, 意) + -을(목조)

44) ᄇᆞᆯ교리이다: ᄇᆞᆯ기[밝히다, 明: ᄇᆞᆰ(밝다, 明)- + -이(사접)-]- + -오(화자)- + -리(미시)- + -이
(상높, 아높)- + -다(평종)

45) 가ᄌᆞᆯ비건댄: 가ᄌᆞᆯ비(비유하다, 比喩)- + -건댄(연어, 조건, 희망)

46) 져머셔: 졈(졈다, 幼)- + -어(연어) + -셔(-서: 보조사, 강조)

47) 나라해: 나라ㅎ(나라, 國) + -애(-에: 부조, 위치)

48) 오래: [오래, 久(부사): 오라(오래다, 久: 형사)- + -ㅣ(←-이: 부접)]

49) ᄒᆡ: 해, 年(의명)

50) 니르더니: 니르(이르다, 至)- + -더(회상)- + -니(연어, 설명 계속)

51) 져무믄: 졈(어리다, 졈다, 幼)- + -움(명전) + -은(보조사, 주제) ※ '져무믄'은 '어린 것'으로 의
역하여 옮긴다.

아버지를 버린 것은 本覺(본각)을 버린 것을 비유하고, 다른 나라는 五道(오도)에 빠진 것을 비유하니, 그러므로 "쉰 해에 이르렀다."고 하였니라. 열 해, 스물 해는 次第(차제, 차례)로 (五道에) 빠진 것을 비유하였니라. 】, 나이가 이미 자라 더욱 窮困(궁곤)하여, 四方(사방)에 다녀 옷과 밥을 求(구)하여, 漸漸(점점) 다녀 본국(本國)을 우연히 向(향)하니【 나이가 자라 窮困(궁곤)하여 四方(사방)에 밥을 求(구)한 것은 五道(오도)에 困(곤)하여 四生(사생)에 다녀 목숨을 산(연명한) 것을 비유하고, 漸漸(점점) 本國(본국)을 向(향)한 것은

아비 브료문⁵²⁾ 本_본覺_각⁵³⁾ 브료물 가줄비고 다른 나라흔 五_옹道_똘⁵⁴⁾애 써듀물⁵⁵⁾ 가줄비니 그럴씨⁵⁶⁾ 쉰 히예 니르다 ᄒᆞ니라 열 히 스믈 히는 次_충第_뗑로 써듀믈 ᄀᆞ줄비니라】 나히 ᄒᆞ마 ᄌᆞ라 더욱 窮_꿍困_콘⁵⁷⁾ᄒᆞ야 四_{ᄉᆞ}方_방애 ᄃᆞ녀⁵⁸⁾ 옷 밥 求_꿀ᄒᆞ야 漸_쪔漸_쪔 ᄃᆞ녀 믿나라홀⁵⁹⁾ 마초아⁶⁰⁾ 向_향ᄒᆞ니【 나히 ᄌᆞ라 窮_꿍困_콘ᄒᆞ야 四_{ᄉᆞ}方_방애 밥 求_꿀호ᄆᆞᆫ 五_옹道_똘애 困_콘ᄒᆞ야 四_{ᄉᆞ}生_싱⁶¹⁾애 ᄃᆞ녀 목숨 사로믈⁶²⁾ 가줄비고 漸_쪔漸_쪔 本_본國_귁 向_향호ᄆᆞᆫ

---

52) 브료믈: 브리(버리다, 棄)- + -옴(명전) + -ㄹ(목조)
53) 本覺: 본각. 삼각(三覺)의 하나이다. 우주에 존재하는 모든 것의 본성을 깨달음을 이른다. ※ '三覺(삼각)'은 승기신론에서, 본각(本覺) · 시각(始覺) · 구경각(究竟覺)을 통틀어 이르는 말이다.
54) 五道: 오도. 중생이 선악의 업보(業報)에 따라 가게 되는 다섯 곳이다. '지옥도(地獄道), 아귀도(餓鬼道), 축생도(畜生道), 인간(人間), 천상(天上)'이다. '오취(五趣)' 혹은 '오고(五苦)'라고도 한다.
55) 써듀믈: 써디(꺼지다, 빠지다, 陷沒)- + -움(명전) + -ㄹ(목조)
56) 그럴씨: [그러므로(부사): 그러(그러: 불어) + -∅(←-ᄒᆞ-: 형접)- + -ㄹ씨(-므로: 연어▷부접)]
57) 窮困: 궁곤. 생활이 궁하고 어려운 것이다.
58) ᄃᆞ녀: ᄃᆞ니[← ᄃᆞ니다(다니다, 行): ᄃᆞ(닫다, 달리다, 走)- + 니(가다, 行)-]- + -어(연어)
59) 믿나라홀: 믿나라ㅎ[본국, 本國: 믿(← 밑: 밑, 本) + 나라ㅎ(나라, 國)] + -ㄹ(목조)
60) 마초아: [때마침, 우연히, 遇(부사): 맞(맞다, 合: 동사)- + -호(사접)- + -아(연어▷부접)]
61) 四生: 사생. 생물이 태어나는 네 가지 형태로서, '태생(胎生), 난생(卵生), 습생(濕生), 번생(翻生)' 등이다.
62) 사로믈: 살(살다, 生)- + -옴(명전) + -ㄹ(목조) ※ '목숨 사롬'은 '활명(活命)'을 번역하였는데, '연명(延命)'으로 의역할 수가 있다.

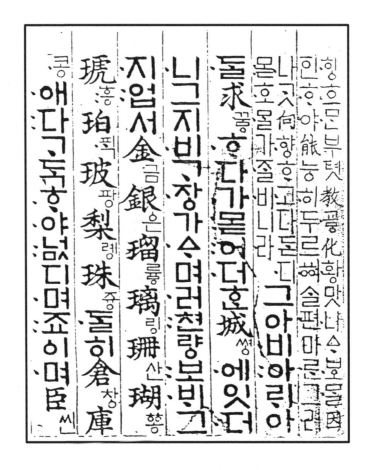

부처의 敎化(교화)를 만난 것을 因(인)하여 能(능)히 돌이켜서 살피건마는, 그
러나 겨우 (부처의 교화를) 向(향)하고 (교화에) 다다르지 못한 것을 비유하였니
라.】, 그 아버지가 예전에 아들을 求(구)하다가 못 얻어 한 城(성)에 있
더니, 그 집이 매우 부유하여 재물과 보배가 그지없어 金(금)·銀(은)·瑠
璃(유리)·珊瑚(산호)·琥珀(호박)·玻梨(파리)·珠(주) 들이 倉庫(창고)에 다
가득하여 넘치며, 종(僕)이며 臣下(신하)며

부텻 敎_굘化_황 맛나ᅀᆞᄫᅩᄆᆞᆯ⁶³⁾ 因_힌ᄒᆞ야 能_{ᄂᆞᆼ}히 두르혀⁶⁴⁾ 슬편마른⁶⁵⁾ 그러나 ᄀᆞᆺ⁶⁶⁾ 向_향ᄒᆞ고 다ᄃᆞ디⁶⁷⁾ 몯ᄒᆞᄆᆞᆯ⁶⁸⁾ 가줄비니라 】, 그 아비 아린⁶⁹⁾ 아ᄃᆞᆯ 求_꿀ᄒᆞ다가 몯 어더 ᄒᆞᆫ 城_쎵에 잇더니 그 지비 ᄀᆞ장⁷⁰⁾ 가ᅀᆞ며러⁷¹⁾ 쳔량⁷²⁾ 보비 그지업서 金_금銀_은 瑠_률璃_링⁷³⁾ 珊_산瑚_{ᅘᅩᆼ}⁷⁴⁾ 琥_홍珀_픽⁷⁵⁾ 玻_팡梨_령⁷⁶⁾ 珠_즁⁷⁷⁾ 들히⁷⁸⁾ 倉_창庫_콩애 다 ᄀᆞᄃᆞ기ᄒᆞ야⁷⁹⁾ 넚디며⁸⁰⁾ 죠이며⁸¹⁾ 臣_씬下_행 ㅣ며

---

63) 맛나ᅀᆞᄫᅩᄆᆞᆯ: 맛나[← 맛나다(만나다, 遇): 맛(← 맞다: 맞다, 迎)- + 나(나다, 出)-]- + -ᅀᆞ(← -ᅀᆞᇦ-: 객높)- + -옴(명전) + -ᄋᆞᆯ(목조)

64) 두르혀: 두르혀[돌이키다, 廻: 두르(두르다, 旋: 타동)- + -혀(강접)-]- + -어(연어)

65) 슬편마른: 슬피(살피다, 察)- + -언마른(-건마는: 연어, 인정 대조)

66) ᄀᆞᆺ: 겨우, 이제 막(부사)

67) 다ᄃᆞ디: 다ᄃᆞ[다다르다, 到: 다(다, 盡: 부사)- + ᄃᆞᆮ(닫다, 달리다, 走)-]- + -디(-지: 연어, 부정)

68) 몯ᄒᆞᄆᆞᆯ: 몯ᄒᆞ[← 몯ᄒᆞ다(못하다: 보용, 부정): 몯(못, 不能: 부사, 부정) + ᄒᆞ(하다, 爲: 동접)-]- + -옴(명전) + -ᄋᆞᆯ(목조)

69) 아린: 예전, 昔.

70) ᄀᆞ장: 매우, 大(부사)

71) 가ᅀᆞ며러: 가ᅀᆞ멸(가멸다, 부유하다, 富)- + -어(연어)

72) 쳔량: 재물(財物). 개인 살림살이의 재산이다.

73) 瑠璃: 유리. 황금색의 작은 점이 군데군데 있고 거무스름한 푸른색을 띤 광물이다.

74) 珊瑚: 산호. 깊이 100~300미터의 바다 밑에 많은 산호충이 모여 높이 50cm 정도의 나뭇가지 모양의 군체를 이룬다. 개체가 죽으면 골격만 남는다. 속을 가공하여 장식물을 만든다.

75) 琥珀: 호박. 지질 시대 나무의 진 따위가 땅속에 묻혀서 탄소, 수소, 산소 따위와 화합하여 굳어진 누런색 광물이다. 투명하거나 반투명하고 광택이 있으며, 불에 타기 쉽고 마찰하면 전기가 생긴다. 장식품이나 절연재 따위로 쓴다.

76) 玻梨: 파리. 불교에서 이르는 일곱 가지 보석 중에서 '수정(水晶)'을 이르는 말이다.(= 頗黎)

77) 珠: 주. 진주(眞珠)이다.

78) 들히: 들ㅎ(들, 等: 의명) + -이(주조)

79) ᄀᆞᄃᆞ기ᄒᆞ야: ᄀᆞᄃᆞ기ᄒᆞ[가득하다, 滿: ᄀᆞᄃᆞᆨ(가득, 滿: 부사) + -ᄒᆞ(형접)-]- + -야(← -아: 연어)

80) 넚디며: 넚디[넘치다, 濫: 넘(넘다, 越)- + 씨(← 삐다: 찌다, 넘치도록 괴다, 濫)-]- + -며(연어, 나열) ※ '삐다(찌다)'는 흙탕물 따위가 논이나 밭 따위에 넘쳐흐를 정도로 괴는 것이다.

81) 죠이며: 죵(종, 僕) + -이며(접조)

百姓(백성)이 많으며, 象(상)·馬(마)·車乘(거승)과 牛(우)·羊(양)이 數(수)가 없으며, (상품을) 내며 들이며 (하여) 利(이)를 불린 것이 다른 나라에 가득하며, 商估(상고)와 賈客(고객)이【商估(상고)는 장사이요 賈客(고객)은 장사치이다.】또 甚(심)히 많더니【그 아버지는 覺皇(각황)을 비유하고,

覺皇(각황)은 '아시는 皇帝(황제)이라.'고 한 말이니, '부처'를 사뢰었니라.

百빅姓셩이 만ᄒ며⁸²⁾ 象쌍⁸³⁾ 馬망 車겅乘씽⁸⁴⁾과 牛ᅌᅮᆯ 羊양이 數숭 업스며 내며⁸⁵⁾ 드리며⁸⁶⁾ 利링 불우미⁸⁷⁾ 다ᄅᆞᆫ 나라해 ᄀᆞ득ᄒ며 商샹估공⁸⁸⁾ 賈공客킥⁸⁹⁾이【商샹估공ᄂᆞᆫ 댱ᄉᆡ오⁹⁰⁾ 賈공客킥ᄋᆞᆫ 흥졍바지라⁹¹⁾】 ᄯᅩ 甚씸히 하더니⁹²⁾【그 아비ᄂᆞᆫ 覺각皇ᅘᅪᆼ⁹³⁾ᄋᆞᆯ 가ᄌᆞᆯ비고

覺각皇ᅘᅪᆼᄋᆞᆫ 아ᄅᆞ시ᄂᆞᆫ⁹⁴⁾ 皇ᅘᅪᆼ帝뎽라 ᄒᆞᆫ 마리니 부텨를 슬ᄫᅵ니라⁹⁵⁾

---

82) 만ᄒ며: 만ᄒ(많다, 多)- + -며(연어, 나열)

83) 象: 상. 코끼리이다.

84) 車乘: 거승. 수레이다.

85) 내며: 내[내다, 出: 나(나다, 出: 자동)- + -ㅣ(←-이-: 사접)-]- + -며(연어, 나열)

86) 드리며: 드리[들이다, 入: 들(들다, 入)- + -이(사접)-]- + -며(연어, 나열)

87) 불우미: 불우[불리다, 增殖: 불(붇다, ㄷ불: 자동)- + -우(사접)-]- + -움(명전) + -이(주조) ※ '利 불움'은 『묘법연화경』에 '息利(실리)'로 기술되어 있는데, 이는 '이잣돈'으로 번역할 수가 있다.

88) 商估: 상고. 상인(商人)이다. 거처를 정하지 않고 떠돌아다니면서 장사하는 상인이다.

89) 賈客: 고객. 장사치이다. 상점을 열어서 장사하는 상인이다.

90) 댱ᄉᆡ오: 댱ᄉᆞ(장사) + -ㅣ(←-이-: 서조)- + -오(←-고: 연어, 나열)

91) 흥졍바지라: 흥졍바지[흥졍바치, 거간: 흥졍(흥졍) + 바지(장인, 기술자)] + -∅(←-이-: 서조)- + -∅(현시)- + -라(←-다: 평종)

92) 하더니: 하(많다, 多)- + -더(회상)- + -니(연어, 설명 계속)

93) 覺皇: 각황. 깨달음의 황제라는 뜻으로 부처님을 높여서 부르는 말이다.

94) 아ᄅᆞ시ᄂᆞᆫ: 알(알다, 知)- + -ᄋᆞ시(주높)- + -ᄂᆞ(현시)- + -ㄴ(관전)

95) 슬ᄫᅵ니라: 솗(← 솗다, ㅂ불: 사뢰다, 아뢰다, 奏)- + -∅(과시)- + -ᄋᆞ니(원칙)- + -라(←-다: 평종)

[8뒤]

몬져 求·꿀·호·ᄃᆞ 몯 得·득·호·ᄆᆞᆫ 녜 敎·교化·황ᄒᆞ·샤 後·ᅌᅮᇢ·에 도·로 믈·러 겨·샤·ᄆᆞᆯ 가·ᄌᆞᆯ·비·고 ᄒᆞᆫ 城·쎵·에 이·쇼·ᄆᆞᆫ 華·ᅘᅪᆼ嚴·엄法·법·엣 菩·뽕提·똉場·땽·ᄋᆞᆯ 가·ᄌᆞᆯ·비·고 그 지·비 甚·히 가·ᅀᅡ·며·러 寶·ᄇᆡ·ᄃᆞᆯ·히 道·똘場·땽·애 得·득·ᄒᆞ·샨 法·법·이 無·뭉量·량ᄒᆞᆫ 功·공德·득·이 ᄀ·초·미·오 倉·창·애 法·법喜·휭·옛 바·리 ᄀᆞᄃᆞᆨ·ᄒᆞ·고 庫·콩·애 諸·졍法·법·엣 쳔·랴·이 ᄀᆞ득·호·미·라 臣·씬下·하·ᄂᆞᆫ 百·뷕姓·셩 다·ᄉᆞ·리·ᄂᆞᆫ 거·시·니 자·내 利·링ᄒᆞ·시·고 ᄂᆞᆷ 利·링·케 ·ᄒᆞ·샤·ᄆᆞᆯ 가·ᄌᆞᆯ·비·니·라 象·썅馬·망牛·ᅌᅮᇢ羊·양·ᄋᆞᆫ 五·오乘·씅·을 가·ᄌᆞᆯ·비·고

먼저 (아버지가 아들을) 求(구)하다가 못 얻은 것은 예전에 (부처가 중생을) 敎化(교화)하시다가 後(후)에 도로 물러나 계신 것을 비유하고, 한 城(성)에 있은 것은 華嚴法(화엄법)의 菩提場(보리량)을 비유하고, 그 집이 매우 부유하여 (집에 있는) 보배들은 道場(도량)에 得(득)하신 法(법)이 無量(무량)한 功德(공덕)이 갖추어져 있음을 비유하고, 倉(창)에 法喜(법희)의 밥이 가득하고 庫(고)에 諸法(제법)의 재물이 넘쳤나라. 종(僕)은 자기(= 주인)의 몸을 떠받는 것이요 臣下(신하)는 百姓(백성)을 다스리는 것이니, 자기가 利(이)하시고 남을 利(이)롭게 하시는 일을 비유하였나라. 象(상)·馬(마)·牛(우)·羊(양)은 五乘(오승)을 비유하고,

몬져⁹⁶⁾ 求_꿀ᄒ다가 몯 어두믄 아릭 敎_굘化_황ᄒ시다가 後_훌에 도로⁹⁷⁾ 믈러⁹⁸⁾ 겨샤

믈⁹⁹⁾ 가ᄌᆞᆯ비고 ᄒᆞᆫ 城_쎵에 이슈믄¹⁰⁰⁾ 華_{ᅟᅯᆼ}嚴_엄法_법¹⁾ 菩_뽕提_똉場_땅²⁾ᄋᆞᆯ 가ᄌᆞᆯ비고 그

지비 ᄀᆞ장 가ᅀᆞ며러 보ᄇᆡ들ᄒᆞᆫ 道_똘場_땅애 得_득ᄒᆞ산³⁾ 法_법이 無_뭉量_량 功_공德_득⁴⁾

ᄀᆞᄌᆞ샤믈 가ᄌᆞᆯ비고 倉_창애 法_법喜_횡옛⁵⁾ 바비 ᄀᆞ득ᄒᆞ고 庫_콩애 諸_졍法_법엣 쳔이⁶⁾

넚디니라 죠은⁷⁾ 제 몸 위와ᄂᆞᆫ⁸⁾ 거시오 臣_씬下_행ᄂᆞᆫ 百_{ᄇᆡᆨ}姓_셩 다ᄉᆞ리ᄂᆞᆫ⁹⁾ 거시니 ᄌᆞ

개¹⁰⁾ 利_링ᄒᆞ시고 ᄂᆞᆷ 利_링ᄒᆞ시논¹¹⁾ 이를 가ᄌᆞᆯ비니라 象_썅 馬_망 牛_{ᅀᅮᆸ} 羊_양은 五_옹乘

_씽¹²⁾을 가ᄌᆞᆯ비고

---

96) 몬져: 먼저, 先(부사)

97) 도로: [도로, 反(부사): 돌(돌다, 回: 동사)- + -오(부접)]

98) 믈러: 믈르(← ᄆᆞ르다: 물러나다, 退)- + -어(연어)

99) 겨샤믈: 겨샤(← 겨시다: 계시다, 在)- + -ㅁ(←-옴: 명전) + -ᄋᆞᆯ(목조)

100) 이슈믄: 이시(있다, 在)- + -움(명전) + -은(보조사, 주제)

1) 華嚴法: 화엄법. 불법(佛法)의 광대무변함을 비유적으로 표현하고 있는 말로서 『화엄경(華嚴經)』을 주요 경전으로 하는 화엄종의 교법(敎法)이다.

2) 菩提場: 보리량. 부처님이 정각(正覺)을 이룬 곳이다. 『화엄경』 등에서는 그곳을 '보리도량(菩提道場)' 혹은 '보리량(菩提場)'이라 한다.

3) 得ᄒᆞ샨: 得ᄒᆞ[득하다: 得(득: 불어) + -ᄒᆞ(동접)-]- + -샤(←-시-: 주높)- + -Ø(과시)- + -Ø(←-오-: 대상)- + -ㄴ(관전)

4) 功德: 공덕. 좋은 일을 행한 덕으로 훌륭한 결과를 가져오게 하는 능력이다.

5) 法喜옛: 法喜(법희) + -예(← 에: 부조, 위치) + -ㅅ(-의: 관조) ※ '法喜(법희)'는 부처의 가르침을 듣거나 배우는 기쁨이다.

6) 쳔이: 쳔(돈, 재물, 錢, 財) + -이(주조)

7) 죠은: 죵(종, 僕) + -은(보조사, 주제)

8) 위와ᄂᆞᆫ: 위완(떠받들다, 奉)- + -ᄂᆞ(현시)- + -ㄴ(관전)

9) 다ᄉᆞ리ᄂᆞᆫ: 다ᄉᆞ리[다스리다, 治: 다ᄉᆞᆯ(다스려지다, 治: 자동)- + -이(사접)-]- + -ᄂᆞ(현시)- + -ㄴ(관전)

10) ᄌᆞ개: ᄌᆞ갸(당신: 인대, 재귀칭, 높임) + -ㅣ(←-이: 주조) ※ 여기서는 'ᄌᆞ갸'는 '주인' 자신이다.

11) 利ᄒᆞ시논: 利ᄒᆞ[이하다, 이득이나 이익이 되다, 이롭게 하다: 利(이: 불어) + -ᄒᆞ(동접)-]- + -시(주높)- + -ㄴ(←-ᄂᆞ-: 현시)- + -오(대상)- + -ㄴ(관전)

12) 五乘: 오승. 중생을 깨달음으로 인도하는 부처의 다섯 가지 가르침. 승(乘)은 중생을 깨달음으로 인도하는 부처의 가르침이나 수행법을 뜻한다.

五乗싱은 聲성聞문緣원覺
각善뽕薩삻人신天텬이라
教교授授滋증息식을大땡千쳔에
너비必필씨내며드리며利
링룰불우ᄆᆞ다ᄒᆞᆯ로브터商
다賈공 이며모도아가니
샹賈공 이 모도아가니法법利
꾼론나싱라ᄒᆞ야 利링룰求
恩ᅙᆞᆫ澤ᅂᅥᆨ이라 求ᄆᆞ를
ᄯᅥ恩이라 澤ᅂᅥᆨ이라
그제貧삔窮꿍호아ᄃᆞ리ᄆᆞᅀᆞᆯ
ᄃᆞᆯ해노녀國귁邑ᅙᅳᆸ을디나아비잇ᄂᆞᆫ
城쎵에다ᄃᆞᄅᆞ니 五오道�、苦애困콘ᄒᆞ

五乘(오승)은 聲聞(성문)·緣覺(연각)·菩薩(보살)·人(인)·天(천)이다. 教授滋息(교수자식)을 大千(대천)에 널리 입히므로, (물건을) 내며 들이며 利(이)를 불린 것이 다른 나라에 가득하다고 하였니라. 이것으로부터 群生(군생)이 다 法利(법리)를 求(구)하므로 商賈(상고)가 많다고 하니, 利澤(이택)을 일으켜서 낸 것을 모아서 비유하였니라. 澤(택)은 恩澤(은택)이다.】, 그때 貧窮(빈궁)한 아들이 마을들에 노닐어서 國邑(국읍)을 지나 아버지가 있는 城(성)에 다다르니【 貧窮(빈궁)한 아들은 五道(오도)에 困(곤)하여

五_옹乘_씽은 聲_셩聞_문¹³⁾ 緣_원覺_각¹⁴⁾ 菩_뽕薩_삻¹⁵⁾ 人_신 天_텬¹⁶⁾이라

教_굘授_쓩滋_중息_식¹⁷⁾을 大_땡千_쳔¹⁸⁾에 너비¹⁹⁾ 니필씨²⁰⁾ 내며 드리며 利_링 불우미 다른 나라해 ᄀᆞ득다 ᄒᆞ니라 일로브터²¹⁾ 群_꾼生_{ᅀᅵᆼ}이 다 法_법利_링²²⁾를 求_꿀홀씨 商_샹賈_공ㅣ 만타 ᄒᆞ니 利_링澤_띡²³⁾ 니르와다²⁴⁾ 내요믈²⁵⁾ 모도아²⁶⁾ 가줄비니라 澤_띡은 恩_{ᅙᅳᆫ}澤_띡이라】 그 제 貧_뻔窮_꿍흔 아ᄃᆞ리 ᄆᆞ술ᄃᆞᆯ해²⁷⁾ 노녀 國_귁邑_흡²⁸⁾을 디나 아비²⁹⁾ 잇는 城_쎵에 다ᄃᆞᄅᆞ니【貧_뻔窮_꿍흔 아ᄃᆞᄅᆞᆫ 五_옹道_똘애 困_콘ᄒᆞ야

---

13) 聲聞: 성문. 설법을 듣고 사제(四諦)의 이치를 깨달아 아라한이 되고자 하는 불제자이다.

14) 緣覺: 연각. 연각은 외부의 가르침에 의하지 않고 스스로 인연의 법칙을 관찰함으로써 깨달음을 얻는 자이다.

15) 菩薩: 보살. 부처가 전생에서 수행하던 시절로서, 수기(授記)를 받은 이후의 몸이다.

16) 天: 천. 각 하늘(天)을 다스리는 천신(天神)을 이른다.

17) 教授滋息: 교수자식. 법을 가르치고 널리 퍼트리는 것이다.

18) 大千: 대천. 대천세계(大千世界)의 준말이다. 삼천세계(三千)의 셋째로, 십억(十億) 국토(國土)를 이른다. 곧 중천세계(中千世界)의 천 갑절이 되는 세계(世界)이다.

19) 너비: [널리, 廣(부사): 넙(넓다, 廣)- + -이(부접)]

20) 니필씨: 니피[입히다: 닙(입다, 着: 타동)- + -히(사접)-]- + -ㄹ씨(-므로: 연어, 이유)

21) 일로브터: 일(← 이: 이, 此, 지대, 정칭) + -로(부조) + -브터(-부터: 보조사, 비롯함)

22) 法利: 법리. 불법(佛法)을 따름으로써 얻는 이익이다.

23) 利澤: 이택. 이익과 혜택을 아울러 이르는 말이다.

24) 니르와다: 니르완[일으키다, 起: 닐(일다, 일어나다, 起: 자동)- + -ᄋᆞ(사접)- + -완(강접)-]- + -아(연어)

25) 내요믈: 내[내다, 出: 나(나다: 자동)- + -ㅣ(←-이-: 사접)-]- + -욤(←-옴: 명전) + -올(목조)

26) 모도아: 모도[모으다, 集(사동): 몬(모이다, 集: 자동)- + -오(사접)-]- + -아(연어)

27) ᄆᆞ술ᄃᆞᆯ해: ᄆᆞ술ᄃᆞᆯㅎ[마을들, 諸聚落: ᄆᆞ술(마을, 聚落) + -ᄃᆞᆯㅎ(-들: 복접)] + -애(-에: 부조, 위치) ※ 'ᄆᆞ술ᄃᆞᆯ해'는 '여러 마을에'로 의역하여 옮길 수 있다.

28) 國邑: 국읍. 중앙 집권적 고대 국가가 형성되기 이전, 초기 국가를 이루던 읍락 중에서 중심이 되는 읍락이다.

29) 아비: 압(← 아비: 아버지, 父) + -이(관조, 의미상 주격)

비每常쌍 안로 念념호디아로와
여희연디수남히어다호디누믜려
이런이롤잠간도니르디아니ᄒᆞ고

무ᅀᆞᆯ훈가뵤니小솧乘씽이가졸
야술훈가졸비고國귁邑읍은盛쎵
功공德득쳔량업수믈가졸

돌乘쌍漸쪔고敎ᄀ一ᆯ은正정敎
눈城쎵迷몡惑ᄒᆞᆨ乘씽ᄒᆞ敎敎
정道ᄯᅮᆼ애ᄃ류머거漸쪔쪔漸쪔ᄒ

功德(공덕)의 재물이 없은 것을 비유하였니라. 마을은 얕으니 小乘(소승)의 權敎(권교)를 비유하고, 國邑(국읍)은 盛(성)하니 中乘(중승)의 漸敎(점교)를 비유하고, 아버지가 있는 城(성)은 大乘(대승)의 正敎(정교)를 비유하니, 옛날에 迷惑(미혹)하여 (미혹에) 빠져 있다가 가르친 것을 因(인)하여 漸漸(점점) 끌어서 正道(정도)에 들인 것을 생각하여 일렀니라. 】, 아버지가 每常(매상, 늘) 아들을 念(염)하되 "아들과 이별한 지가 쉰남은 해이다."라고 하되, 남에게 이런 일을 잠깐도 이르지 아니하고, 오직

ᅡᆼᅵᅡᆫᅵᆼᅵ:ᅥᅵᅡ:ᅵᅳᆫᅩᆼᅴᅬᅥᆯᅥᆼᅳᆫᅥᆼᅵ[9뒤]

功_공德_득 쳔량 업수믈 가즐비니라 므슬흔 녇가ᄫᅵ니[30] 小_숗乘_씽 權_꿘敎_{굥}[31]를 가즐비고 國_귁邑_{ᅙᅳᆸ}은 盛_쎵ᄒᆞ니 中_{듀ᇰ}乘_씽[32] 漸_쪔敎_{굥}[33]를 가즐비고 아비 잇ᄂᆞᆫ 城_쎵은 大_{땡}乘_씽 正_{져ᇰ}敎_{굥}[34]를 가즐비니 네 迷_몡惑_{ᅘᅬᆨ}[35]ᄒᆞ야 ᄭᅥ디여[36] 잇다가 ᄀᆞᄅᆞ쵸믈 因_{ᅙᅵᆫ}ᄒᆞ야 漸_쪔漸_쪔 혀[37] 正_{져ᇰ}道_{뚀ᇢ}애 드류믈[38] 너겨 니ᄅᆞ니라 】 아비 每_{ᄆᆡᆼ}常_{쌰ᇰ}[39] 아ᄃᆞᆯ를 念_념호ᄃᆡ 아들와 여희연[40] 디[41] 쉬나ᄆᆞᆫ[42] ᄒᆡ어다[43] 호ᄃᆡ ᄂᆞᆷ 드려[44] 이런 이ᄅᆞᆯ 자ᇝ간도[45] 니르디 아니ᄒᆞ고 오직

---

30) 녇가ᄫᅵ니: 녇갑[← 녇갑다(얕다, 淺): 녇(← 녙다: 얕다, 淺)- + -갑(형접)-]- + -ᄋᆞ니(연어, 설명 계속)

31) 權敎: 권교. 중생들을 믿음에 이르게 하기 위해서, 중생의 소질에 따라서 일시적인 방편으로 설한 가르침이다. 아함(阿含)·방등(方等)·반야경(般若經) 따위가 있다.

32) 中乘: 중승. 성문승(聲聞乘)·연각승(緣覺乘)·보살승(菩薩乘)의 삼승(三乘)에서, 가운데 위치한 연각승을 말한다.

33) 漸敎: 점교. 설법 내용으로 보아 오랫동안 수행하여 점차 깨달음에 이르는 교법(敎法)이다. 또는 순서를 밟아서 점차 불과(佛果)에 이르는 교법이다.

34) 正敎: 정교. 사교(邪敎)가 아닌 바른 가르침이다.

35) 迷惑: 미혹. 무엇에 홀려 정신을 차리지 못하는 것이다.

36) ᄭᅥ디여: ᄭᅥ디(꺼지다, 빠지다, 陷沒)- + -여(←-어: 연어)

37) 혀: 혀(끌다, 引) + -어(연어)

38) 드류믈: 드리[들이다, 入: 들(들다, 入: 자동)- + -이(사접)-]- + -움(명전) + -을(목조)

39) 每常: 매상, 늘, 항상(부사)

40) 여희연: 여희(여의다, 이별하다, 別離)- + -Ø(과시)- + -여(←-어-: 확인)- + -ㄴ(관전)

41) 디: 디(지: 의명, 시간의 경과) + -Ø(←-이: 주조)

42) 쉬나ᄆᆞᆫ: [쉰남은, 五十餘(관사): 쉰(쉰, 五十: 수사, 양수) + 남(남다, 餘)- + -ᄋᆞᆫ(관전▷관접)]

43) ᄒᆡ어다: ᄒᆡ(해, 年) + -Ø(←-이-: 서조)- + -Ø(현시)- + -어(←-거-: 확인)- + -다(평종)

44) ᄂᆞᆷ 드려: ᄂᆞᆷ(남, 他人) + -드려(-더러, -에게: 부조, 상대)

45) 자ᇝ간도: 자ᇝ간[잠깐, 暫(부사): 잠(잠, 暫: 불어) + -ㅅ(관조, 사잇) + 간(간, 間: 불어)] + -도(보조사, 강조)

ᅥᆫ현대어 번역과 형태소 분석 49

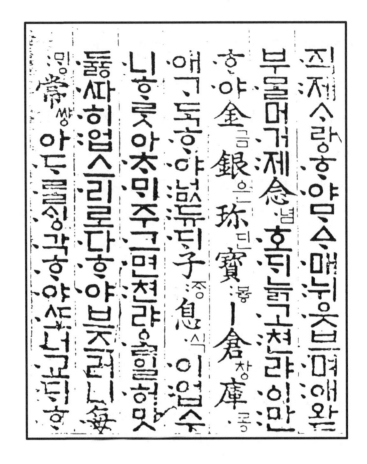

스스로 생각하여 마음에 뉘우치며 애달픔을 (마음에) 먹어 자기가 念(염)
하되, "(내가) 늙고 재물이 많아 金銀(금은)과 珎寶(진보)가 倉庫(창고)에 가
득하여 넘치되 子息(자식)이 없으니, 하루 아침에 죽으면 재물을 잃어 맡
길 데가 없겠구나."라고 하여, 부지런히 每常(매상, 늘) 아들을 생각하여
또 여기되, "만일

제⁴⁶⁾ 스랑ᄒᆞ야⁴⁷⁾ ᄆᆞᅀᆞ매 뉘읏브며⁴⁸⁾ 애왇부믈⁴⁹⁾ 머거 제 念ᆞᆷ호ᄃᆡ

늙고 천랴이 만ᄒᆞ야 金금銀은 珎딘寶ᄫᅳᆶ⁵⁰⁾ㅣ 倉창庫콩애 ᄀᆞ득ᄒᆞ야 넚

듀ᄃᆡ⁵¹⁾ 子증息식이 업수니⁵²⁾ ᄒᆞᄅᆞᆺ⁵³⁾ 아ᄎᆞ미⁵⁴⁾ 주그면 천랴ᄋᆞᆯ 일허

맛듏⁵⁵⁾ 싸히⁵⁶⁾ 업스리로다⁵⁷⁾ ᄒᆞ야 브즈러니⁵⁸⁾ 每ᄆᆡᆼ常썅 아ᄃᆞᆯ 싱각

ᄒᆞ야⁵⁹⁾ ᄯᅩ 너교ᄃᆡ⁶⁰⁾ ᄒᆞ다가⁶¹⁾

---

46) 제: 저(자기: 인대, 재귀칭, 自)+ㅣ(←-이: 주조) ※ '제'를 직역하면 '자기가'로 옮겨야 하지만, 여기서는 문맥을 감안하여 '스스로'로 의역하여 옮긴다.

47) 스랑ᄒᆞ야: 스랑ᄒᆞ[생각하다, 思惟: 스랑(생각, 思: 명사)+-ᄒᆞ(동접)-]-+-야(←-아: 연어)

48) 뉘읏브며: 뉘읏브[뉘우ᄈᆞ다, 후회스럽다, 悔(형사): 뉘읏(←뉘읓다: 뉘우치다, 悔, 동사)-+-브(형접)-]-+-며(연어, 나열)

49) 애왇부믈: 애왇브[←애왇브다(애닯다, 恨): 애(창자, 쓸개: 명사)+왇(←받다: 받다, 衝)-+-브(형접)-]-+-움(명전)+-을(목조)

50) 珎寶: 진보. 진귀한 보배이다.

51) 넚듀ᄃᆡ: 넚디[넘치다, 濫: 넘(넘다, 越)-+찌(←ᄢᅵ다: 찌다, 濫)-]-+-우ᄃᆡ(연어, 설명 계속) ※ 'ᄢᅵ다(찌다)'는 흙탕물 따위가 논이나 밭 따위에 넘쳐흐를 정도로 괴는 것이다.

52) 업수니: 없(없다, 無)-+-우(화자)-+-니(연어, 설명 계속)

53) ᄒᆞᄅᆞᆺ: ᄒᆞᄅᆞ(하루, 一日)+-ㅅ(-의: 관조)

54) 아ᄎᆞ미: 아ᄎᆞᆷ(아침, 朝)+-이(-에: 부조, 위치)

55) 맛듏: 맛디[맡기다, 委付: 맜(맡다, 任)-+-이(사접)-]-+-우(대상)-+-ᇙ(관전)

56) 싸히: 싸ㅎ(데, 곳, 所)+-이(주조)

57) 업스리로다: 없(없다, 無)-+-으리(미시)-+-로(←-도-: 감동)-+-다(평종)

58) 브즈러니: [부지런히, 勤(부사): 브즈런(부지런: 명사)+-이(부접)]

59) 싱각ᄒᆞ야: 싱각ᄒᆞ[생각하다, 憶: 싱각(생각, 憶)+-ᄒᆞ(동접)-]-+-야(←-아: 연어)

60) 너교ᄃᆡ: 너기(여기다, 思)-+-오ᄃᆡ(-되: 연어, 설명 계속)

61) ᄒᆞ다가: 만일, 만약, 若(부사)

다가 아드ᄅᆞᆯ어 ᄠᅥ쳔랴ᄋᆞᆯᄆᆞᇫᄃᆞ면 훤히
快쾌樂락·ᄒᆞ야 ᄂᆞ외야 分분別·᠂ᄋᆞᆯ·업스
리로다ᄒᆞ·더니
식아 念념 道ᄬ : 念념
ᅌᅥ 바지 每몡常쌍 念념ᄒᆞ·논 子ᄌᆞ息
息·서 밠ᄋᆞ래二
· ·

아들을 얻어 재물을 맡기면 훤히 快樂(쾌락)하여 다시 分別(분별, 걱정)이 없겠구나.”라고 하더니【 아버지가 每常(항상) 子息(자식)을 念(염)한 것들은 부처가 “二乘(이승)의 아들이 五道(오도)에 오래 빠지어 性(성)과 버릇이 어둑하고 얕아서, 가히 (내가 아들에게) 큰일(대승법)을 못 이르겠구나.”라고 念(염)하신 것을 비유하였니라. 생각하여 뉘우치며 애타한 것은 옛날에 가르친 것이 깊지 못한 것을 뉘우치시고, 이제의 機(기)가 큰 것(대승법)에서 물러난 것을 애타한 것이다. 자기가 念(염)하되 “(내가) 늙었다.”고 한 것 등은 부처의 목숨을 이을 이가 없은 것을 시름하신 것이다. 】,

아ᄃᆞᄅᆞᆯ 어더 쳔랴ᄋᆞᆯ 맛디면 훤히[62] 快쾡樂락[63] ᄒᆞ야 ᄂᆞ외야[64] 分분別볋[65] 업스리로다[66] ᄒᆞ더니【아비 每ᄆᆡᆼ常쌍 子ᄌᆞᆼ息식 念념홈 ᄃᆞᆯᄒᆞᆫ[67] 부톄 二ᅀᅵᆼ乘씽 아ᄃᆞ리 五ᅌᅩᆼ道또ᇢ애 오래 ᄡᅥ디여 性셩 ᄇᆡᄒᆞ시[68] 어득고[69] 녇가ᄫᅡ[70] 어루[71] 큰 일 몯 니르리로다 念념ᄒᆞ샤ᄆᆞᆯ[72] 가ᄌᆞᆯ비니라 ᄉᆞ랑ᄒᆞ야 뉘으츠며[73] 애와툐ᄆᆞᆫ[74] 네 ᄀᆞᄅᆞ치샤미[75] 깁디 몯호ᄆᆞᆯ 뉘으츠시고 이젯[76] 機긩[77] 큰 게[78] 믈로ᄆᆞᆯ 애와티샤미라[79] 제 念념호ᄃᆡ 늘구라[80] 홈 ᄃᆞᆯᄒᆞᆫ 부텻 목숨 니ᅀᅳ리[81] 업슨 ᄃᆞᆯ[82] 시름ᄒᆞ샤미라】 世솅尊존하

62) 훤히: [훤히, 훤하게(부사): 훤(훤: 불어) + -ㅎ(← -ᄒᆞ-: 형접)- + -이(부접)]

63) 快樂: 쾌락. 유쾌하고 즐거운 것이다.

64) ᄂᆞ외야: [다시, 거듭하여, 復(부사): ᄂᆞ외(거듭하다, 復: 동사)- + -야(← -아: 연어 ▹ 부접)]

65) 分別: 근심. 걱정, 憂.

66) 업스리로다: 없(없다, 無)- + -으리(미시)- + -로(← -도-: 감동)- + -다(평종)

67) 念홈ᄃᆞᆯᄒᆞᆫ: 念ㅎ[← 念ᄒᆞ다(염하다, 생각하다): 念(염: 불어) + -ᄒᆞ(동접)-]- + -옴(명전) # ᄃᆞᆶ(들, 等: 의명) + -ᄋᆞᆫ(보조사, 주제)

68) ᄇᆡᄒᆞ시: ᄇᆡᄒᆞᆺ[버릇, 習慣: ᄇᆡᇰ(버릇이 되다: 자동)- + -ᄋᆞᆺ(명접)] + -이(주조)

69) 어득고: 어득[← 어득ᄒᆞ다(어둑하다, 어둡다, 미련하다): 어득(불어) + -ᄒᆞ(동접)-]- + -고(연어, 나열)

70) 녇가ᄫᅡ: 녇가ᇦ[← 녇갑다, ㅂ불(얕다, 淺): 녇(← 녙다: 얕다)- + -갑(형접)-]- + -아(연어)

71) 어루: 가(可)히, 능히, 넉넉히(부사)

72) 念ᄒᆞ샤ᄆᆞᆯ: 念ᄒᆞ[염하다, 생각하다: 念(염: 불어) + -ᄒᆞ(동접)-]- + -샤(← -시-: 주높)- + -ㅁ(← -옴: 명전) + -ᄋᆞᆯ(목조)

73) 뉘으츠며: 뉘읓(뉘우치다, 悔)- + -으며(연어, 나열)

74) 애와툐ᄆᆞᆫ: 애와티[← 애왇티다(북받치다, 분개하다, 애타다, 慨): 애(창자, 쓸개: 명사) + 왇(← 받다: 받다, 衝)- + -티(강접)-]- + -옴(명전) + -ᄋᆞᆫ(보조사, 주제)

75) ᄀᆞᄅᆞ치샤미: ᄀᆞᄅᆞ치(가르치다, 敎)- + -샤(← -시-: 주높)- + -ㅁ(← -옴: 명전) + -이(주조)

76) 이젯: 이제[바로 이때(명사): 이(이, 此: 관사, 지시, 정칭) + 제(때: 의명)] + -ㅅ(-의: 관조)

77) 機: 기. 교법(敎法)을 받을 수 있는 중생의 능력을 이른다. '근기(根機)'라고도 한다.

78) 게: 거기에, 데에(의명) ※ '機 큰 게'는 '機가 큰 데에'로 의역하여 옮긴다.

79) 애와티샤미라: 애와티[← 애왇티다(북받치다, 慨): 애(창자: 명사) + 왇(← 받다: 받다, 衝)- + -티(강접)-]- + -샤(← -시-: 주높)- + -ㅁ(← -옴: 명전) + -이(서조)- + -Ø(현시)- + -라(← -다: 평종)

80) 늘구라: 늙(늙다, 老)- + -Ø(과시)- + -우(화자)- + -라(← -다: 평종)

81) 니ᅀᅳ리: 니ᇫ(← 닛다, ㅅ불: 잇다, 嗣)- + -을(관전) # 이(이, 사람, 者: 의명) + -Ø(← -이: 주조)

82) ᄃᆞᆯ: ᄃᆞ(것, 者: 의명) + -ㄹ(← -ᄅᆞᆯ: 목조)

尊(존)하 그ᄢᅵ 窮子(궁자)ㅣ 傭賃(용임)·ᄒᆞ야 ᄂᆞ미 ᄢᅵᆫ 거시 傭(용)이오 ᄡᅥ 賃(임)아이라오 그 우녀 마초아 아비지븨 다ᄃᆞ라 門(문)ㅅ 겨틔 셔셔 城(성)은 ·잠ᄭᅡᆫ ·드로ᄆᆞᆯ 가ᄌᆞᆯ비고 지븐 ·기피 ·드로ᄆᆞᆯ 가ᄌᆞᆯ비니 權乘(권승)을 브터 漸漸(점점) ·기피 ·나ᅀᅡ가ᄆᆞᆯ 니르니라 그러나 傭賃(용임)호미 ᄒᆞᆫ 갓 죠고맛 利(리)ᄅᆞᆯ 가죠미 功(공)을 제 몯 뒷ᄂᆞ니 權教(권교)ᄅᆞᆯ 브툰 거시 乃終(내종)애 實證(실증) 업슨 ·둘 가ᄌᆞᆯ 비니라 지븨 다ᄃᆞ라 門(문)ㅅ 겨틔 셔튜몬 비록 佛道(불도)를

世尊(세존)이시여, 그때에 窮子(궁자)가 傭賃(용임)하여【 남에게 쓰임이 되는 것이 傭(용)이요, 힘들여서 利(이)를 가지는 것이 賃(임)이다. 】 굴러다녀, 우연히 아버지의 집에 다달아 門(문)의 곁에 서서【 城(성)은 잠깐 들어간 것을 비유하고 집은 깊이 들어간 것을 비유하니, 權乘(권승)을 의지하여 漸漸(점점) 깊이 나아감을 일렀느니라. 그러나 傭賃(용임)한 것이 한갓 조그마한 利(이)를 가져서 功(공)을 자기가 못 두니, 權敎(권교)를 의지한 것이 乃終(내종, 끝)내 實證(실증)이 없는 것을 비유하였느니라. 집에 다달아 門(문)의 곁에 선 것은 비록 佛道(불도)를

그 쁴 窮_꿍子_중⁸³⁾ㅣ 傭_용賃_님⁸⁴⁾호야【느미⁸⁵⁾ 쁴유미⁸⁶⁾ 드욀 씨⁸⁷⁾ 傭_용이오 힘

드려 利_링 가죠미⁸⁸⁾ 賃_님이라】 그우녀⁸⁹⁾ 마초아⁹⁰⁾ 아비 지븨 다드라⁹¹⁾

門_몬ㅅ 겨틔⁹²⁾ 셔셔【城_쎵은 쟈간 드로믈⁹³⁾ 가줄비고 지븐 기피 드로믈 가줄비

니 權_꿘乘_씽⁹⁴⁾을 브터 漸_쪔漸_쪔 기피 나아가믈⁹⁵⁾ 니르니라 그러나 傭_용賃_님호미 흔

갓⁹⁶⁾ 죠고맛 利_링를 가져 功_공을 제 몯 두니 權_꿘敎_귤⁹⁷⁾ 브투미⁹⁸⁾ 乃_냉終_즁내⁹⁹⁾ 實

_씷證_징¹⁰⁰⁾ 업수믈 가줄비니라 지븨 다드라 門_몬ㅅ 겨틔 셔믄 비록 佛_뿛道_뚤를

---

83) 窮子: 궁자. 장자(長子)의 빈궁(貧窮)한 자식(子息)이다.

84) 傭賃: 용임. 품을 판 대가로 돈이나 물건을 받는 것이다. '용임'은 '품팔이'로 의역할 수 있다.

85) 느미: 늠(남, 他人) + -이(-의: 관조)

86) 쁴유미: 쁴[쓰이다, 被用: 쓰(쓰다, 用)- + -ㅣ(←-이-: 피접)-]- + -움(←-움: 명전) + -이(보조) ※ '쁴유미 드욀 씨'는 '고용되는 것'이다.

87) 드욀 씨: 드외(되다, 爲)- + -ㄹ(관전) # 씨(←ㅅ: 것, 의명) + -이(주조)

88) 가죠미: 가지(가지다, 持)- + -옴(명전) + -이(주조)

89) 그우녀: 그우니[굴러다니다, 展轉: 그우(←그울다, 구르다, 轉)- + 니(다니다, 行)-]- + -어(연어) ※ '그우니다(展轉)'는 여기 저기 돌아다니는 것이다.

90) 마초아: [때마침, 偶然(부사): 맞(맞다, 合: 동사)- + -호(사접)- + -아(연어▷부접)]

91) 다드라: 다돌[←다돈다, 드불(다다르다, 至: 다(다, 悉: 부사) + 돌(닫다, 달리다, 走)-]- + -아(연어)

92) 겨틔: 곁(곁, 傍) + -의(-에: 부조, 위치)

93) 드로믈: 들(들다, 入)- + -옴(명전) + -을(목조)

94) 權乘: 권승. 비유나 방편으로 전하는 부처의 가르침이다.

95) 나아가믈: 나아가[나아가다, 進: 낫(←낫다, ㅅ불: 나가다)- + -아(연어) + 가(가다, 去)-]- + -ㅁ(←-움: 명전) + -을(목조)

96) 흔갓: [한갓(부사): 흔(한, 一: 관사) + 갓(← 가지: 의명)] ※ '흔갓'은 '다른 것 없이 겨우'의 뜻을 나타내는 부사이다.

97) 權敎: 권교. 깨달음에 이르게 하기 위해 중생의 소질에 따라 일시적인 방편으로 설한 가르침이다. 아함(阿含)·방등(方等)·반야경(般若經) 따위가 있다.

98) 브투미: 븥(븥다, 의지하다, 附)- + -움(명전) + -이(주조)

99) 乃終내: [끝내, 終(부사): 乃終(내종, 나중, 끝: 명사) + -내(부접)]

100) 實證: 실증. 진실한 깨달음이다.

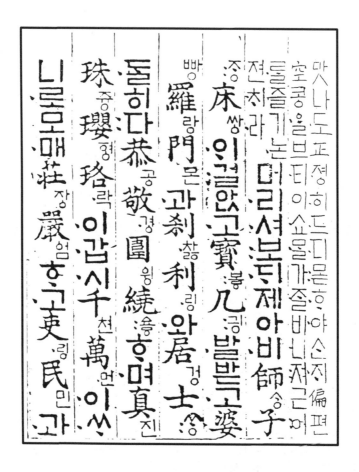

만나도 正(정)히 (불도에) 들지 못하여, 오히려 偏空(편공)을 의지하여 있는 것을
비유하니, (이는) 작은 일을 즐기는 까닭이다. 】 멀리서 보되, 자기의 아버지
가 師子床(사자상)에 걸터앉고 寶几(보궤)로 발을 받치고, 婆羅門(바라문)과
利利(찰리)와 居士(거사)들이 다 恭敬(공경)·圍繞(위요)하며, 眞珠(진주)·瓔
珞(영락)이 값이 千萬(천만)의 가치가 있는 것으로 몸에 莊嚴(장엄)하고, 吏
民(이민)과

맛나도¹⁾ 正정히²⁾ 드디³⁾ 몯ᄒ야 순지⁴⁾ 偏편空콩⁵⁾을 브터 이쇼믈 가줄비니 져근 이를 즐기논⁶⁾ 젼ᄎ라⁷⁾】 머리셔⁸⁾ 보디 제 아비 師ᄉᆞᆼ子중床쌍⁹⁾이 걸앉고¹⁰⁾ 寶ᄫᅩᇢ几긩¹¹⁾ 발 받고¹²⁾ 婆빵羅랑門몬¹³⁾과 刹챯利링¹⁴⁾와 居겅士쌍ᄃᆞᆯ히¹⁵⁾ 다 恭공敬겅 圍윙繞ᅀᅲᇢ¹⁶⁾ᄒ며 眞진珠즁 瓔ᅙᅧᆼ珞락¹⁷⁾이 갑시 千쳔萬먼이 ᄡᅵ니로¹⁸⁾ 모매 莊장嚴엄ᄒ고 吏링民민¹⁹⁾과

---

1) 맛나도: 맛나[만나다, 遇: 맛(← 맞다: 맞다, 迎)- + 나(나다, 出)-]- + -아도(연어, 양보)

2) 正히: [정히, 바로(부사): 正(정: 명사) + -ᄒ(←-ᄒ-: 형접)- + -이(부접)]

3) 드디: 드(← 들다: 들다, 入)- + -디(-지: 연어, 부정)

4) 순지: 오히려, 猶(부사)

5) 偏空: 편공. 공(空)에 편중하여 그것에 얽매이는 것이다. 곧, 여러 인연의 일시적인 화합으로, 존재하는 현상을 주시하지 못하고 공(空)에만 치우치는 것이다.

6) 즐기논: 즐기[즐기다, 樂: 즑(즐거워하다, 喜: 자동) + -이(사접)-]- + -ᄂ(←-ᄂᆞ-: 현시)- + -오(대상)- + -ㄴ(관전)

7) 젼ᄎ라: 젼ᄎ(까닭, 故) + -ㅣ(←-이-: 서조)- + -Ø(현시)- + -라(←-다: 평종)

8) 머리셔: 머리[멀리, 遠(부사): 멀(멀다, 遠: 형사)- + -이(부접)] + -셔(-서: 보조사, 위치 강조)

9) 師子床: 사자상. 스승이 앉는 의자이다. 혹은 부처님이 앉는 상좌(牀座)를 뜻하기도 한다. 부처님은 인간에서 가장 높은 지위에 있는 분이므로, 부처님이 설법할 때에 앉는 높고 큰 상을 사자좌라 한다.

10) 걸앉고: 걸앉[← 걸앉다(걸터앉다, 踞): 걸(걸터서: 접두)- + 앉(← 앉다: 앉다, 坐)-]- + -고(연어, 나열, 계기)

11) 寶几: 보궤. 보배로 꾸민 궤이다. '궤(几)'는 앉을 때에 벽에 세워 놓고 몸을 기대는 방석이다

12) 받고: 받(받치다, 承)- + -고(연어, 나열, 계기)

13) 婆羅門: 바라문. 브라만(Brahman)의 음역어이다. 인도 카스트 제도에서 가장 높은 지위인 승려 계급을 이른다.

14) 刹利: 찰리. 크샤트리아(Ksatriya)의 음역이다. 인도 카스트 제도에서 두 번째 지위인 왕족과 무사 계급이다.

15) 居士ᄃᆞᆯ히: 居士ᄃᆞᆯㅎ[거사들: 居士(거사) + -ᄃᆞᆯㅎ(-들: 복접)]- + -이(주조) ※ '居士(거사)'는 속세에 있으면서 불교를 믿는 남자(= 우바새)이다.

16) 圍繞: 위요. 부처에게 경의를 표할 때에, 자신의 오른쪽을 그 대상으로 향하게 하여 도는 것이다.

17) 瓔珞: 영락. 구슬을 꿰어 만든 장신구로서, 목이나 팔 따위에 두른다.

18) ᄡᅵ니로: ᄡᅵ(그만한 값어치가 있다, 價直)- + -Ø(현시)- + -ㄴ(관전) # 이(이, 者: 의명) + -로(부조, 방편)

19) 吏民: 이민. 아전과 백성이다.

僮·똥僕·뽁·괘【吏·링·는 官관員원이·오 民
民민은 百·빅姓·셩이·오 僮·똥
·은 겨집죠·이·오 僕·뽁·은 남진죠·이·라】白·뻭拂·붏 잡·고 左·쟝
右·욯·에·셔·며 보·빈·옛帳·댱 둪·고 빗·난幡
드·리·우·며 香향水·슁·롤 따·해 색·리·고
한 일·훔난곳 비·흐·며 보·비·옛 것 스·러·니
·보·리·고 내·며 드·리·며 가·지·며 주·어 ·이
·티種·죵種·죵 ·오·로 싁·식·기 수·며 威·휭德·덕

僮僕(동복)이【吏(이)는 官員(관원)이요, 民(민)은 百姓(백성)이요, 僮(동)은 여자 종이요, 僕(복)은 남자 종이다.】白拂(백불)을 잡고 左右(좌우)에 서며, 보배로 꾸민 帳(장)을 덮고, 빛난 幡(번)을 드리우며, 香水(향수)를 땅에 뿌리고, 많은 이름난 꽃을 흩뿌리며, 보배로 된 것을 죽 벌이고 (보배를) 내며 들이며 가지며 주어서, 이와 같이 種種(종종)으로 장엄하게 꾸며 威德(위덕)이

僮_똥僕_뽁괘²⁰⁾ 【吏_링는 官_관員_원이오 民_민은 百_빅姓_셩이오 僮_똥은 겨집 죠이오 僕_뽁은 남진 죠이라】 白_삑拂_픓²¹⁾ 잡고 左_장右_윻에 셔며 보비옛²²⁾ 帳_댱²³⁾ 둡고²⁴⁾ 빗난²⁵⁾ 幡_펀²⁶⁾ 드리우며 香_향水_슁를 싸해 쓰리고²⁷⁾ 한 일훔난 곳²⁸⁾ 비흐며²⁹⁾ 보비옛 것 느러니³⁰⁾ 버리고³¹⁾ 내며 드리며 가지며 주어 이³²⁾ フ티³³⁾ 種_죵種_죵ᄋ로 싁싀기³⁴⁾ ᄭᅮ며³⁵⁾ 威_휭德_득³⁶⁾이

---

20) 僮僕괘: 僮僕(동복) + -과(접조) + - ㅣ(←-이: 주조) ※ '僮僕(동복)'은 계집 종과 사내 종이다.

21) 白拂: 백불. 흰 털을 묶어서 자루 끝에 매단 총채 같은 것이다. 모기나 파리 같은 것을 쫓는 데 쓰기도 하나, 선가(禪家)에서는 흔히 삿된 소견을 물리치는 비유로 쓰기도 하고, 그냥 말없이 들어 보여 화두(話頭)로 삼기도 한다.

22) 보비옛: 보비(보배, 寶) + -예(←-에: 부조, 위치) + -ㅅ(-의: 관조) ※ '보비옛'은 '보배로 꾸민'으로 의역하여 옮긴다.

23) 帳: 장. 휘장이다.

24) 둡고: 둡(← 둪다: 덮다, 蔽)- + -고(연어, 나열)

25) 빗난: 빗나[빛나다, 華: 빗(← 빛: 빛, 光) + 나(나다, 現)-]- + -Ø(과시)- + -ㄴ(관전)

26) 幡: 번. 법요(法要)를 설법(說法)할 때에 절 안에 세우는 깃대이다. 대가리에 비단(緋緞)이나 종이 같은 것을 가늘게 오려서 단다.

27) 쓰리고: 쓰리(뿌리다, 灑)- + -고(연어, 나열, 계기)

28) 곳: 곳(← 곶: 꽃, 花)

29) 비흐며: 빟(흩뿌리다, 散)- + -으며(연어, 나열)

30) 느러니: [느런히, 죽 벌여서, 列(부사): 느런(불어) + -이(부접)]

31) 버리고: 버리[벌이다, 羅列: 벌(벌다, 開: 자동)- + -이(사접)-]- + -고(연어, 나열)

32) 이: 이(이, 이것, 此) + -Ø(←-이: 부조, 비교)

33) フ티: [같이, 如(부사): 귿(← 귿ᄒ다: 같다, 如, 형사)- + -이(부접)]

34) 싁싀기: [엄숙하게, 씩씩하게, 嚴(부사): 싁싁(엄숙, 씩씩: 불어) + -Ø(←-ᄒ-: 형접)- + -이(부접)]

35) ᄭᅮ며: ᄭᅮ미(꾸미다, 飾)- + -어(연어)

36) 威德: 위덕. 위엄과 덕망을 아울러 이르는 말이다.

特別(특별)히 尊(존)하더니, 窮子(궁자)가 아버지가 큰 力勢(역세)가 있거늘
보고 곧 두려운 마음을 먹어 여기에 온 일을 후회하여 가만히 너기되,
"이이가 王(왕)이거나 王等(왕등)이니【王等(왕등)은 王(왕)의 친척이다. 】,
(이곳은) 내가 傭力(용력)을 하여 物(물)을 얻을 데가 아니니, 艱難(간난)한
마을에 가 힘들일 데가 있어서 옷과 밥을 쉽게

特_뜩別_볋히 尊_존터니³⁷⁾ 窮_꿍子_중ㅣ 아비 큰 力_륵勢_솅³⁸⁾ 잇거늘 보고 곧 두리븐³⁹⁾ ᄆᅀᆞᄆᆞᆯ 머거 예⁴⁰⁾ 온 이ᄅᆞᆯ 뉘으처⁴¹⁾ ᄀᆞ마니⁴²⁾ 너교ᄃᆡ 이⁴³⁾ 王_왕이어나⁴⁴⁾ 王_왕等_{ᄃᆞᆼ}이로소니⁴⁵⁾【王_왕等_{ᄃᆞᆼ}은 王_왕이 아ᅀᆞ미라⁴⁶⁾】 내 傭_용力_륵⁴⁷⁾ ᄒᆞ야 物_뭃 어둟⁴⁸⁾ ᄯᅡ히⁴⁹⁾ 아니니 艱_간難_난ᄒᆞᆫ⁵⁰⁾ ᄆᆞᅀᆞᆯ 히⁵¹⁾ 가 힘드륧⁵²⁾ ᄯᅡ히 이셔 옷 밥 쉬비⁵³⁾

---

37) 尊터니: 尊ᄒ[← 尊ᄒᆞ다(존하다, 높다): 尊(존: 불어) + -ᄒᆞ(형접)-]- + -더(회상)- + -니(연어, 설명 계속) ※ '尊ᄒᆞ더니'는 '높더니'의 뜻이다.

38) 力勢: 역세. '세력(勢力)'이다.

39) 두리븐: 두립[← 두립다, ㅂ불(두렵다, 恐): 두리(두려워하다, 畏)- + -ㅂ(형접)-]- + -Ø(현시)- + -은(관전)

40) 예: 여기, 此(대명사)

41) 뉘으처: 뉘읓(후회하다, 뉘우치다, 悔)- + -어(연어)

42) ᄀᆞ마니: [가만히, 竊(부사): ᄀᆞ만(가만: 불어)- + -Ø(← -ᄒᆞ-: 형접)- + -이(부접)]

43) 이: 이(이, 此: 이 사람) + -Ø(← -이: 주조)

44) 王이어나: 王(왕) + -이어나(← -이거나: 보조사, 선택)

45) 王等이로소니: 王等(왕등) + -이(서조)- + -롯(← -돗-: 감동)- + -오니(← -ᄋᆞ니: 연어, 설명 계속) ※ '王等(왕족)'은 왕의 친적 곧, '왕족(王族)'을 뜻한다.

46) 아ᅀᆞ미라: 아ᅀᆞᆷ(친척, 親戚) + -이(서조)- + -Ø(현시)- + -라(← -다: 평종)

47) 傭力: 용력. 품삯을 받고 남의 일을 해 주는 일(품팔이)이다.

48) 어둟: 얻(얻다, 得)- + -오(대상)- + -ㅭ(관전)

49) ᄯᅡ히: ᄯᅡㅎ(데, 곳, 處: 의명) + -이(보조)

50) 艱難ᄒᆞᆫ: 艱難ᄒ[가난하다, 貧: 艱難(간난: 가난, 貧) + -ᄒᆞ(형접)-]- + -Ø(현시)- + -ㄴ(관전)

51) ᄆᆞᅀᆞᆯ히: ᄆᆞᅀᆞᆯㅎ(마을, 里) + -ᄋᆡ(-에: 부조, 위치)

52) 힘드륧: 힘드리[힘들이다, 肆力: 힘(힘, 力) + 들(들다, 投入)- + -이(사접)-]- + -우(대상)- + -ㅭ(관전)

53) 쉬비: [쉬이, 쉽게, 易(부사): 쉽(← 쉽다, ㅂ불: 쉽다, 易)- + -이(부접)]

봉어드니만 몯다 ᄒᆞ다가 이ᅌᅦ오래

시면 시혹 우기눌러 일 시기로다 ᄒ

고 ᄲᆞᆯ리 ᄃᆞ라가거늘【二ᅀᅵᆼ乘씽이佛뿌ᇙ果광앳萬먼德득

種죵智딩ㅿ일을 처엄 듣고 져근 일에 迷몡惑ᅘᆡᆨᄒᆞ야

큰 일을 저홀 가ᄌᆞᆯ비니라 머리셔 아바님 보ᅀᆞ오ᄆᆞᆫ 親친히 證징티 몯호ᄆᆞᆯ 가ᄌᆞᆯ

비고 師ᄉᆞ子ᄌᆞ床싸ᇰ애 걸안ᄌᆞ오ᄆᆞᆫ 저품 업스신 德득을 表�ᄒᆞ고 寶부ᇢ几

긩로 발 바ᄃᆞ오ᄆᆞᆫ 萬먼行ᅘᆡᇰ이 本본을 尊존ᄒᆞ고 萬먼行ᅘᆡᇰ이 本본來ᄅᆡᆼ 眞진實씨ᇙᄒᆞ

얻는 것만 못하다. 만일 여기에 오래 있으면 혹시 억눌러 일을 시키겠구나.”라고 하고 빨리 달려가거늘【二乘(이승)이 佛果(불과)에서 나온 萬德種智(만덕종지)의 일을 처음 듣고, 작은 일에 迷惑(미혹)하여 큰 일을 두려워한 것을 비유하였니라. 멀리서 아버지를 본 것은 親(친)히 證(증)하지 못한 것을 비유하고, 師子床(사자상)에 걸터앉은 것은 두려움이 없으신 德(덕)을 表(표)하고, 寶几(보궤)로 발을 받친 것은 萬行(만행)의 밑(根本)을 尊(존)하고, 萬行(만행)이 本來(본래) 眞實(진실)하되 能(능)히 俗(속)을 얽매시므로

어드니만⁵⁴⁾ 몯다⁵⁵⁾ ᄒ다가 이에⁵⁶⁾ 오래⁵⁷⁾ 이시면 시혹⁵⁸⁾ 우기눌러⁵⁹⁾ 일 시기리로다⁶⁰⁾ ᄒ고 ᄲᆞ리⁶¹⁾ ᄃᆞ라가거늘⁶²⁾ 【二ᅀᆡᆼ乘씅⁶³⁾이 佛ᅟᅳᇙ果광⁶⁴⁾앳 萬먼德득種죵智딩⁶⁵⁾ㅅ 이를 처ᅀᅥᆷ⁶⁶⁾ 듣고 져근 이레 迷몡惑ᅘᅯᆨᄒ야 큰 일 두류믈⁶⁷⁾ 가ᄌᆞᆯ비니라 머리셔⁶⁸⁾ 아비 보ᄆᆞᆫ 親친히 證징티 몯호ᄆᆞᆯ 가ᄌᆞᆯ비고 師ᄉᆞᆼ子ᄌᆞᆼ床쌍애 걸안조ᄆᆞᆫ⁶⁹⁾ 저품⁷⁰⁾ 업스신 德득을 表ᄫᅭᆯᄒ고 寶ᄫᅭᆯ几긩 발 바도ᄆᆞᆫ 萬먼行ᅘᅢᆼ⁷¹⁾ㅅ 미틀 尊존ᄒ고 萬먼行ᅘᅢᆼ이 本본來ᄅᆡᆼ 眞진實씷호ᄃᆡ 能ᄂᆞᇰ히 俗쑉올 ᄇᆞᆷ르리실ᄊᆡ⁷²⁾

---

54) 어드니만: 얻(얻다, 得)- + -Ø(과시)- + -은(관전) # 이(이, 者: 의명) # 만(만: 의명, 동등 비교)

55) 몯다: 몯[← 몯ᄒ다: 몯(못: 부사, 부정) + -ᄒ(형접)-]- + -Ø(현시)- + -다(평종)

56) 이에: 여기, 여기에, 此(지대, 정칭)

57) 오래: [오래, 久(부사): 오라(오래다, 久: 형사)- + -ㅣ(←-이: 부접)]

58) 시혹: 혹시, 或(부사)

59) 우기눌러: 우기눌리[← 우기누르다(억누르다, 强): 욱(욱다)- + -이(사접)- + 누르(누르다)-]- + -어(연어) ※ '욱다'는 안쪽으로 조금 우그러져 있는 것이다.

60) 시기리로다: 시기(시키다, 使)- + -리(미시)- + -로(←-도-: 감동)- + -다(평종)

61) ᄲᆞ리: [빨리, 速(부사): ᄲᆞᄅᆞ(←ᄲᆞᄅᆞ다: 빠르다, 速, 형사)- + -이(부접)]

62) ᄃᆞ라가거늘: ᄃᆞ라가[달려가다, 疾走而去: ᄃᆞᆯ(← ᄃᆞᆮ다: 달리다, 疾走)- + -아(연어) + 가(가다, 去)-]- + -거늘(연어, 상황)

63) 二乘: 이승. 대승(大乘)과 소승(小乘), 성문승(聲聞乘)과 독각승(獨覺乘), 성문승(聲聞乘)과 보살승(菩薩乘) 등을 각각 아울러서 이르는 말이다. 여기서는 성문승과 연각승을 이른다.

64) 佛果: 불과. 불도를 닦아 이르는 부처의 지위이다.

65) 萬德種智: 만덕종지. 현상계의 만법을 다 아는 불지(佛智)의 하나이다.

66) 처ᅀᅥᆷ: [처음(명사): 첫(← 첫: 첫, 初, 관사, 서수) + -엄(명접)]

67) 두류믈: 두리(두려워하다, 懼)- + -움(명전) + -을(목조)

68) 머리셔: 머리[멀리, 遠(부사): 멀(멀다, 遠: 형사)- + -이(부접)] + -셔(-서: 보조사, 위치 강조)

69) 걸안조ᄆᆞᆫ: 걸앉[← 걸앉다(걸터앉다, 踞): 걸(걸터-: 접두) + 앉다(앉다, 坐)-]- + -옴(명전) + -은(보조사, 주제)

70) 저품: 저프[← 저프다(두렵다, 畏): 젛(두려워하다, 懼: 동사)- + -브(형접)-]- + -움(명전)

71) 萬行: 만행. 불교도나 수행자들이 지켜야 할 여러 가지 행동으로, 고행·난행·희사·불공·수행정진·참회·기도 등의 모든 행업(行業)이다. 안거 기간의 수행을 마친 승려가 한 곳에 머물지 않고 여러 곳을 두루 자유롭게 돌아다니며 제각기 수행하는 것을 의미한다.

72) ᄇᆞᆷ르리실ᄊᆡ: ᄇᆞᆷ르리[얽매다, 涉, 攝: ᄇᆞᆷ믈(얽매이다: 자동)- + -이(사접)-]- + -시(주높)- + -ㄹᄊᆡ(연어, 이유)

그며다심所거 장모을니二 刹
느藏조織세이송시 嚴 일라 싱 利
씨 녕니 셤 리므任오 莊 우 萬 링 居
라는엄ㅎ며가심 이 실쎙 은 쎙거
ㆍ실니 녀브 이민 嚴 씨 行 俗 ㅅㅣ
ㅁ는호리며一가嚴 진 혱 쑉 ᅀ
가法리며 비니라 眞 을 을 ᅵ바 다
졸법야乘고 吏 珠 因 口 이 圍 윙
비이乘僕시는 잉 주 힌 리 디 繞
니믐ㅎ싱복는乘ᄉᆞ 璢 하 롕 숗
ㆍ며 法ㄹ僕은 쎙 은 랑 먼야 몸 ᄒᆞ
ㅁ中所僮 莊 珞 萬 ᅙᅳ ᄒᆞ
거 듕송동 ㄴ 락 먼 德 ㄴ
ᄫᅵ에 任ㄴ 莊 로 득 니

利利(찰리)와 居士(거사)가 다 圍繞(위요)하니, 二乘(이승)은 俗(속)을 얽매지 못하느니라. 萬行(만행)을 因(인)하여 萬德(만덕)을 이루시므로, 眞珠(진주)와 瓔珞(영락)으로 몸을 莊嚴(장엄)하니, 二乘(이승)은 이 莊嚴(장엄)이 없으니라. 吏(이)는 (民을) 다스리는 것이요 民(민)은 (吏가) 부리는 것이요, 僮(동)은 所任(소임)이 가볍고 僕(복)은 所任(소임)이 무거우니, 一乘法(일승법) 中(중)에 다스리며 부리며 가벼우며 무거우며 纖悉(섬실)한 法(법)이 못 갖추어져 있는 것이 없는 것을 비유하니,

纖(섬)은 가는 것이다.

利_링利_링 居_겅士_쌍ㅣ 다 圍_윙繞_숄⁷³⁾ᄒᆞ니 二_싱乘_씽은 俗_쏙을 버므리디 몯ᄒᆞᄂᆞ니라

萬_먼行_{ᅘᅢᆼ}ᄋᆞᆯ 因_힌ᄒᆞ야 萬_먼德_득⁷⁴⁾을 일우실씨⁷⁵⁾ 眞_진珠_즁 瓔_{ᅙᅧᆼ}珞_락ᄋᆞ로 모ᄆᆞᆯ 莊_장嚴_엄ᄒᆞ니 二_싱乘_씽은 이 莊_장嚴_엄이 업스니라 吏_링ᄂᆞᆫ 다ᄉᆞ리ᄂᆞᆫ⁷⁶⁾ 거시오 民_민은 브리ᄂᆞᆫ⁷⁷⁾ 거시오 僮_똥은 所_송任_심이 가ᄇᆡ얍고⁷⁸⁾ 僕_뽁은 所_송任_심이 므거ᄫᆞ니⁷⁹⁾ 一_{ᄒᆡᆶ}乘_씽法_법⁸⁰⁾ 中_듕에 다ᄉᆞ리며 브리며 가ᄇᆡ야ᄫᆞ며 므거ᄫᆞ며 纖_셤悉_싏⁸¹⁾ᄒᆞᆫ 法_법이 몯 ᄀᆞᄌᆞ니⁸²⁾ 업슨 ᄃᆞᆯ⁸³⁾ 가ᄌᆞᆯ비니

　　纖_셤은 ᄀᆞᄂᆞᆯ 씨라⁸⁴⁾

---

73) 圍繞: 위요. 부처나 탑 등에 경의를 표할 때에, 자신의 오른쪽을 그 대상으로 향하게 하여 도는 것이다.

74) 萬德: 만덕. 많은 선행이나 덕행이다.

75) 일우실씨: 일우[이루다, 成: 일(이루어지다, 成: 자동)- + -우(사접)-]- + -시(주높)- + -ㄹ씨(-ᄆᆞ로: 연어, 이유)

76) 다ᄉᆞ리ᄂᆞᆫ: 다ᄉᆞ리[다스리다, 治: 다ᄉᆞᆯ(다스려지다, 治: 자동)- + -이(사접)-]- + -ᄂᆞ(현시)- + -ㄴ(관전)

77) 브리ᄂᆞᆫ: 브리(부리다, 시키다, 使)- + -ᄂᆞ(현시)- + -ㄴ(관전)

78) 가ᄇᆡ얍고: 가ᄇᆡ얍(가볍다, 輕)- + -고(연어, 나열)

79) 므거ᄫᆞ니: 므겁[←므겁다, ㅂ불(무겁다, 重): 므기(무겁게 하다: 동사)- + -업(형접)-]- + -으니(연어, 설명 계속)

80) 一乘法: 일승법. 모든 중생이 부처와 함께 성불한다는 석가모니의 교법이다. 일체(一切) 것이 모두 부처가 된다는 법문이다.

81) 纖悉: 섬실. 세세하고 미미한 데까지 두루 미치는 것이다.

82) ᄀᆞᄌᆞ니: ᄀᆞᆽ(갖추어져 있다, 備)- + -Ø(현시)- + -은(관전) # 이(이, 것, 者: 의명) + -Ø(←-이: 주조)

83) ᄃᆞᆯ: ᄃᆞ(것, 者: 의명) + -ㄹ(←-ᄅᆞᆯ: 목조)

84) ᄀᆞᄂᆞᆯ 씨라: ᄀᆞᄂᆞᆯ(가늘다, 細)- + -ㄹ(관전) # ᄊᆞ(←ᄉᆞ: 것, 의명) + -이(서조)- + -Ø(현시)- + -라(←-다: 평종)

"世間(세간)을 다스리는 말과 資生(자생)하는 業(업)들이 다 正法(정법)을 順(순)하느니라."고 이르신 것이니, 오직 물들지 아니하며 기울지 아니한 것이 爲頭(위두)하므로, (吏民과 童僕이) 白拂(백불)을 잡고 左右(좌우)에서 侍衛(시위)하니, 拂(불)은 能(능)히 티끌을 없애고 白(백)은 물들지 아니한 것을 이르고, 左右(좌우)는 空假(공가)의 티끌을 떨어 버려서 中道(중도)에 가신 것을 表(표)하였니라. 寶帳(보장)은 慈悲(자비)를 널리 입히신 것을 비유하므로 "덮었다"라고 하고, 華幡(화번)은 큰 善(선)으로 敎化(교화)가 내리게 하신 것을 비유하므로 "드리웠다."고 하고, 물은 智(지)를 비유하고 꽃은 因(인)을 비유하니, 香水(향수)로 땅에 뿌린 것은

世_솅間_간 다스리는 말와 資_중生_싱⁸⁵⁾호는 業_업둘히⁸⁶⁾ 다 正_정法_법⁸⁷⁾을 順_쓘호느니라 니르샤미니⁸⁸⁾ 오직 덞디⁸⁹⁾ 아니호며 기우디⁹⁰⁾ 아니호미 爲_윙頭_뚱홀씨⁹¹⁾ 白_삑拂_붏 잡고 左_장右_윻에 侍_씽衛_윙⁹²⁾호니 拂_붏은 能_능히 드트를⁹³⁾ 앗고 白_삑은 덞디 아니호몰 니르고 左_장右_윻는 空_콩假_강⁹⁴⁾ㅅ 드트를 뻐러 브려 中_듕道_뚱⁹⁵⁾애 가샤몰 表_뵵호니라 寶_봏帳_댱은 慈_쫑悲_빙 너비 니피샤몰⁹⁶⁾ 가줄빌씨 둡다 호고 華_뼝幡_펀은 한 善_쎤으로 敎_굘化_황 느리오샤몰⁹⁷⁾ 가줄빌씨 드리우다 호고 므른⁹⁸⁾ 智_딩를 가줄비고 고즌⁹⁹⁾ 因_힌을 가줄비니 香_향水_슁로 짜해 쓰료문¹⁰⁰⁾

---

85) 資生: 자생. 어떤 직업을 가지고 생계를 유지하는 것이다.

86) 業둘히: 業둘ㅎ[업들, 業等: 業(업) + -둘ㅎ(-들: 복접)] + -이(주조)

87) 正法: 정법. 바른 교법(敎法)이다.

88) 니르샤미니: 니르(이르다, 曰)- + -으샤(←-으시-: 주높)- + -ㅁ(←-옴: 명전) + -이(서조)- + -니(연어, 설명 계속)

89) 덞디: 덞(물들다, 染)- + -디(-지: 연어, 부정)

90) 기우디: 기우(←기울다: 기울다, 斜)- + -디(-지: 연어, 부정)

91) 爲頭홀씨: 爲頭ㅎ[으뜸가다, 上首: 爲頭(으뜸: 명사) + -ㅎ(동접)-]- + -ㄹ씨(-므로: 연어, 이유)

92) 侍衛: 시위. 임금이나 어떤 모임의 우두머리를 모시어 호위하는 것이다.

93) 드트를: 드틀(티끌, 塵) + -을(목조)

94) 空假: 공가. '공제(空諦)'와 '가제(假諦)'를 아울러 이르는 말이다. ※ '공제(空諦)'는 만물은 모두 인연에 의하여 생긴 것일 뿐, 어느 것도 실(實)은 없고 공(空)이라는 진리를 이른다. 그리고 '가제(假諦)'는 만유일체가 모두 그 본체로 실재하는 것은 아니지만, 삼라만상의 현상은 뚜렷하게 실재한다는 진리를 이른다.

95) 中道: 중도. 치우치지 아니하는 바른 도리이다. 불교의 근본 입장으로, 대승·소승에 걸쳐 중요시되고 있다.

96) 니피샤몰: 나피[입히다, 被: 닙(입다, 당하다)- + -히(사접)-]- + -샤(←-시-: 주높)- + -ㅁ(←-옴: 명전) + -올(목조)

97) 느리오샤몰: 느리오[내리게 하다: 느리(내리다, 降)- + -오(사접)-]- + -샤(←-시-: 주높)- + -ㅁ(←-옴: 명전) + -올(목조)

98) 므른: 믈(물, 水) + -은(보조사, 주제)

99) 고즌: 곶(꽃, 花) + -은(보조사, 주제)

100) 쓰료믄: 쓰리(뿌리다, 散)- + -옴(명전) + -은(보조사, 주제)

智딩로 衆즁生싱ᄋᆡ 心심地띵를 ᄆᆞᆰ게 ᄒᆞ샤미오 여러 가짓 일훔난 고ᄌᆞᆯ 비호ᄆᆞᆫ 妙묘因ᅙᅵᆫ으로 衆즁生싱ᄋᆡ 心심地띵를 莊장嚴엄ᄒᆞ샤미라 보ᄇᆡ로 ᄆᆞᆫ 것 버류믄 玩완好ᅘᅭᆯ 뵈샤미오 내며 드리며 가지며 주믄 欲욕樂락ᄋᆞᆯ 조ᄎᆞ샤미니 大땡根ᄀᆞᆫ을 일우시고 小쇼乘씽을 달애야 나ᅀᅡ가게 ᄒᆞ샤ᄆᆞᆯ 가ᄌᆞᆯ비니라 우흔 다 萬먼德득種죵智딩옛 이리오 窮ᄭᅮᆼ子ᄌᆞ | 아비 봄 아랜 ᄒᆞᆫ 져근 이레 迷몡惑ᅘᆨ야 큰 이ᄅᆞᆯ 저허호미라 王왕과 王왕等ᄃᆞᆼ은 法법身신과 報ᄇᆞᆢ身신을 가ᄌᆞᆯ비고 艱간難난ᄒᆞᆫ ᄆᆞᅀᆞᆯ흔 二ᅀᅵᆼ乘씽 져근 道뚤ᆯ 가ᄌᆞᆯ비고 힘드릴 ᄃᆡ 잇다 호ᄆᆞᆫ

妙智(묘지)로 衆生(중생)의 心地(심지)를 맑게 하신 것이요, 여러 가지의 이름난 꽃을 흩뿌린 것은 妙因(묘인)으로 衆生(중생)의 心地(심지)를 莊嚴(장엄)하신 것이다. 보배로 만든 것을 벌인 것은 玩好(완호)를 보이신 것이요, 내며 들이며 가지며 준 것은 欲樂(욕락)을 좇으신 것이니, 大根(대근)을 이루시고 小乘(소승)을 달래어서 나아가게 하신 것을 비유하였니라. 위(上)는 다 萬德種智(만덕종지)의 일이요, "窮子(궁자)가 아버지를 보았다."고 한 아래는 작은 일에 迷惑(미혹)하여 큰 일을 두려워하는 일이다. 王(왕)과 王等(왕등)은 法身(법신)과 報身(보신)을 비유하고, 艱難(간난)한 마을은 二乘(이승)의 작은 道(도)를 비유하고, "힘들일 데가 있다."고 한 것은

妙_묳智_딩¹⁾로 衆_즁生_싱이 心_심地_띵²⁾를 조케³⁾ ᄒ샤미오 여러 가짓 일훔난 곳 비호

ᄆᆫ⁴⁾ 妙_묳因_{ᅙᅵᆫ}⁵⁾으로 衆_즁生_싱이 心_심地_띵를 莊_장嚴_엄ᄒ샤미라 보비옛 것 버류ᄆᆫ⁶⁾ 玩

_완好_{ᅘᅩᇢ}⁷⁾ 뵈샤미오 내며 드리며 가지며 주ᄆᆫ 欲_욕樂_락⁸⁾ 조ᄎ샤미니⁹⁾ 大_땡根_{ᄀᆫ}¹⁰⁾을 일

우시고 小_숗乘_씽을 달애야¹¹⁾ 나소샤믈¹²⁾ 가즐비니라 우혼¹³⁾ 다 萬_먼德_득種_죵智_딩옛

이리오 窮_꿍子_중ㅣ 아비 보다 혼 아래ᄂᆫ 져근 이레 迷_몡惑_{ᅘᅯᆨ}ᄒ야 큰 일 두리논¹⁴⁾ 이

리라 王_왕과 王_왕等_듕과ᄂᆫ¹⁵⁾ 法_법身_신¹⁶⁾ 報_{ᄫᅩᇢ}身_신¹⁷⁾을 가즐비고 艱_간難_난ᄒᆫ¹⁸⁾ ᄆᆞᅀᆞᆯ

ᄒᆫ¹⁹⁾ 二_{ᅀᅵᆼ}乘_씽 져근 道_똫ᄅᆯ 가즐비고 힘드륧²⁰⁾ 짜 잇다 호ᄆᆫ

---

1) 妙智: 묘지. 묘한 지혜이다.

2) 心地: 심지. 마음의 본바탕이다.

3) 조케: 좋(맑다, 깨끗하다, 淨)- + -게(연어, 사동)

4) 비호ᄆᆫ: 빟(흩뿌리다, 散)- + -옴(명전) + -ᄋᆫ(보조사, 주제)

5) 妙因: 묘인. 묘한 인연(因緣)이다.

6) 버류ᄆᆫ: 버리[벌이다, 羅列: 벌(벌다, 開)- + -이(사접)-]- + -움(명전) + -ᄋᆫ(보조사, 주제)

7) 玩好: 완호. 진귀한 노리갯감. 또는 좋은 장난감이다.

8) 欲樂: 욕락. 욕망과 쾌락을 아울러서 이르는 말이다.

9) 조ᄎ샤미니: 좇(좇다, 從)- + -ᄋᆞ샤(←-ᄋᆞ시-: 주높)- + -ㅁ(←-옴: 명전) + -이(서조)- + -니 (연어, 설명 계속)

10) 大根: 대근. 대승교의 교법을 받아들이기에 합당한 근기(根機)이다.

11) 달애야: 달애(달래다, 꾀다, 권하다, 誘)- + -야(←-아: 연어)

12) 나소샤믈: 나소[나아가게 하다, 進: 낳(← 낫다, ㅅ불: 나아가다, 進, 자동)- + -오(사접)-]- + -ᄋᆞ샤(←-ᄋᆞ시-: 주높)- + -ㅁ(←-옴: 명전) + -올(목조)

13) 우혼: 웋(위 上) + -ᄋᆫ(보조사, 주제) ※ '웋'는 '위의 일'이다.

14) 두리논: 두리(두려워하다, 懼)- + -ㄴ(←-ᄂᆞ-: 현시)- + -오(대상)- + -ㄴ(관전)

15) 王等과ᄂᆫ: 王等(왕등: 왕의 친척) + -과(접조) + -ᄂᆫ(보조사, 주제)

16) 法身: 법신. 삼신(三身)의 하나이다. 불법의 이치와 일치하는 부처의 몸을 이른다.

17) 報身: 보신. 삼신(三身)의 하나이다. 선행 공덕을 쌓은 결과로 부처의 공덕이 갖추어진 몸을 이른다.

18) 艱難ᄒᆫ: 艱難ᄒᆞ[가난하다, 貧: 艱難(간난: 가난, 貧사)- + -ᄒᆞ(형접)-]- + -Ø(현시)- + -ㄴ(관전)

19) ᄆᆞᅀᆞᆯᄒᆫ: ᄆᆞᅀᆞᆯᇂ(마을, 村) + -ᄋᆫ(보조사, 주제)

20) 힘드륧: 힘드리[힘들이다, 肆力: 힘(힘, 力) + 들(들다, 投入)- + -이(사접)-]- + -우(대상)- + -ᇙ(관전)

나ᅀᅡ가 닷ᄀᆞᆯ 術ᄡᅲᆯ 이슈믈 가ᄌᆞᆯ비고 物
ᄯᅳᆮ 어ᄃᆞᆯ ᄯᅡ 아니라 호ᄆᆞᆫ 큰 法법 證ᄌᆡᆼ티
라 어려ᄫᅮᆯ 가ᄌᆞᆯ비고 옷 밥 ᄉᆔ비 어드
리라 호ᄆᆞᆫ 져근 果광ᄅᆞᆯ ᄉᆔ비 求ᄀᆛ호믈
비고 시혹 우리리라 호ᄆᆞᆫ 佛뿔道ᄯᅲᆨ受쓩苦콩
ᄠᅳᆯ이 길오 머리 오래 브즈러니 受쓩苦콩
ᄒᆞᆯ가 分분別ᄫᅧᇙ호ᄆᆞᆯ 가ᄌᆞᆯ비니라
호 ᄆᆞᆯ가 分분別ᄫᅧᇙ
ᄒᆞ니라 】 그제 가ᅀᆞ면 長댱者쟝
ᅵ 師ᄉᆞ子ᄌᆞ座쯩 애셔 아ᄃᆞᆯ 보고
아란 보아 ᄆᆞᅀᆞ매 ᄀᆞ장 깃거 너교ᄃᆡ 내
쳔량 庫콩藏짱 ᄋᆞᆯ 이제 맛듈 ᄃᆡ 잇거다

나아가 닦을 術(술)이 있은 것을 비유하고, "物(물)을 얻을 곳이 아니라."고 한 것은 큰 法(법)을 證(증)하기가 어려운 것을 비유하고, "옷과 밥을 쉽게 얻겠다."고 한 것은 적은 果(과)를 쉽게 求(구)한 것을 비유하고, "혹시 억누르겠다."고 한 것은 佛道(불도)가 길고 멀어 오래 부지런히 受苦(수고)할까 分別(분별, 걱정)한 것을 비유하였느니라. 】 그때에 부유한 長者(장자)가 師子座(사자좌)에서 아들을 보고 알아보아 마음에 매우 기뻐하여 여기되, "내가 재물과 庫藏(고장)을 이제 맡길 데가 있다.

나사[21] 닷곰[22] 術_쓣[23] 이슈믈[24] 가즐비고 物_묷 어둟[25] 짜 아니라 호ᄆᆞᆫ 큰 法_법 證_징티[26] 어려부믈[27] 가즐비고 옷 밥 쉬비 어드리라 호ᄆᆞᆫ 져근 果_광 쉬비 求_꿓호ᄆᆞᆯ 가즐비고 시혹 우기누르리라[28] 호ᄆᆞᆫ 佛_뿛道_뜧ㅣ 길오 머러 오래 브즈러니 受_쓩苦 _콩ᄒᆞᆯ까[29] 分_분別_볋호ᄆᆞᆯ[30] 가즐비니라 】 그 제[31] 가ᅀᆞ면[32] 長_댱者_쟝ㅣ 師 _승子_{ᄌᆞᆼ}座_쫭[33]애셔 아ᄃᆞᄅᆞᆯ 보고 아라보아 ᄆᆞᅀᆞ매 ᄀᆞ장[34] 깃거[35] 너교 ᄃᆡ[36] 내 쳔량 庫_콩藏_짱[37]ᄋᆞᆯ 이제[38] 맛듏[39] ᄃᆡ[40] 잇거다[41]

---

21) 나사: 낫(←낫다, ㅅ불: 나아가다, 進)-+-아(연어)

22) 닷곰: 닭(닦다, 修)-+-오(대상)-+-ㅭ(관전)

23) 術: 술. 방법(方法)이나 수단(手段)이다

24) 이슈믈: 이시(있다, 有)-+-움(명전)+-ᄋᆞᆯ(목조)

25) 어둟: 얻(얻다, 得)-+-Ø(과시)-+-우(대상)-+-ㅭ(관전)

26) 證티: 證ᄒᆞ[←證ᄒᆞ다(증하다, 깨닫다): 證(증: 불어)+-ᄒᆞ(동접)-]-+-디(-기: 명전)+-Ø(← -이: 주조)

27) 어려부믈: 어렵(←어렵다, ㅂ불: 어렵다, 難)-+-움(명전)+-을(목조)

28) 우기누르리라: 우기눌리[←우기누르다(억누르다, 强): 욱(욱다)-+-이(부접)+누르(누르다)-]- +-으리(미시)-+-라(←-다: 평종) ※ '욱다'는 안쪽으로 조금 우그러져 있는 상태이다.

29) 受苦ᄒᆞᆯ까: 受苦ᄒᆞ(수고하다: 受苦(수고)+-ᄒᆞ(동접)-]-+-ㄹ까(의종, 판정, 미시)

30) 分別호ᄆᆞᆯ: 分別ᄒᆞ[←分別ᄒᆞ다(걱정하다, 憂): 分別(분별, 걱정)+-ᄒᆞ(동접)-]-+-옴(명전)+- ᄋᆞᆯ(목조)

31) 제: [적에, 때에(의명): 적(적, 때: 의명)+-의(-에: 부조, 위치)]

32) 가ᅀᆞ면: 가ᅀᆞ며(←가ᅀᆞ멸다: 부유하다, 富)-+-Ø(현시)-+-ㄴ(관전)

33) 師子座: 사자좌. 스승이 앉는 의자이다. 혹은 부처님이 앉는 상좌(牀座)를 뜻하기도 한다.

34) ᄀᆞ장: 매우, 아주(부사)

35) 깃거: 깄(기뻐하다, 歡)-+-어(연어)

36) 너교ᄃᆡ: 너기(여기다, 念)-+-오ᄃᆡ(-되: 연어, 설명 계속)

37) 庫藏: 고장. 창고(倉庫)이다.

38) 그 제: 그(그: 관사, 정칭) # 제(제, 때, 時: 의명)

39) 맛듏: 맛디[맡기다, 付: 맜(맡다, 任: 타동)-+-이(사접)-]-+-우(대상)-+-ㅭ(관전)

40) ᄃᆡ: ᄃᆡ(데, 所)+-Ø(←-이: 주조)

41) 잇거다: 잇(←이시다: 있다, 有)-+-Ø(현시)-+-거(확인)-+-다(평종)

··· (본문 세로쓰기 원문 이미지)

내 샹녜 이 아 · ᄅᆞᆯ 思ᇰ念념ᄒᆞ·ᅌᅵᆫ·ᄃᆞᆯ 보·ᄉᆞᄫᆞᆯ
·리 업·다니 믄·득 제 오·니 내 願원·에 甚:씸
·히 맛·거·다 내 비·록 나·히 늘·고·도 순·직 貪
탐 ·ᄒᆞ·야 앗·기노·라 ᄒᆞ·고 ·즉·재 겨·틧 사ᄅᆞᆷ
·몯 보·내·야 ᄲᆞᆯ·리 미조·차 가·드·려 오·라 ᄒᆞ
·야 ·ᄂᆞᆯ 【아·ᄃᆞᆯ 보·고 아·라 보·미 녯 緣원·이 ᄒᆞ
·마 니·근 ·ᄃᆞᆯ 가·ᄌᆞᆯ·비 ·고 천량·이 ᄆᆞᆺ·다
·ᅕᅩᆯ ·ᄃᆡ 이·슈·믄 法·법·이 ·시·굻 ·ᄃᆡ 이·샤 :겨·겨
·비·고 내 비·록 늘·거·도 순·직 앗·기노·라 ᄒᆞ

내가 항상 이 아들을 思念(사념)하되 볼 수가 없더니, 문득 제가 오니 나의 願(원)에 甚(심)히 맞았다. 내가 비록 나이가 늙고도 오히려 (재물을) 貪(탐)하여 아낀다."고 하고, 즉시 곁에 있는 사람을 보내어 "빨리 (아들을) 뒤따라 가서 데려오라."고 하거늘 【아들을 보고 알아본 것은 옛날의 緣(연)이 이미 익은 것을 비유하고, 재물이 맡길 데가 있은 것은 法(법)이 전할 데가 있으신 것을 비유하고, "내가 비록 늙어도 오히려 (재물을) 아낀다."고 한 것은

내 샹녜[42] 이 아드를 思ᇰ念념ᄒᆞ듸 봃 주리[43] 업다니[44] 믄득[45] 제
오니 내 願원에 甚씸히 맛거다[46] 내 비록 나히[47] 늙고도 ᄉᆞ지[48]
貪탐ᄒᆞ야 앗기노라[49] ᄒᆞ고 즉재[50] 겨틧[51] 사ᄅᆞ믈 보내야 ᄲᆞᆯ리[52] 미
조차[53] 가 드려오라[54] ᄒᆞ야늘[55] 【아ᄃᆞᆯ 보고 아라보ᄆᆞᆫ 녯 緣원[56]이 ᄒᆞ마 니
근[57] 둘 가즐비고 쳔랴이[58] 맛둟 ᄃᆡ 이슈믄 法법이 심귫[59] ᄃᆡ[60] 겨샤믈 가즐비고
내 비록 늘거도 ᄉᆞ지 앗기노라 호ᄆᆞᆫ

---

42) 샹녜: 늘, 항상, 常(부사)

43) 주리: 줄(줄, 수: 의명) + -이(주조)

44) 업다니: 업(← 없다: 없다, 無)- + -다(← -더-: 회상)- + -Ø(← -오-: 화자)- + -니(연어, 설명
계속)

45) 믄득: 문득, 별안간, 忽然(부사)

46) 맛거다: 맛(← 맞다: 맞다, 適)- + -Ø(과시)- + -거(확인)- + -다(평종)

47) 나히: 나ㅎ(나이, 年) + -이(주조)

48) ᄉᆞ지: 오히려, 猶(부사)

49) 앗기노라: 앗기(아끼다, 惜)- + -ㄴ(← -ᄂᆞ-: 현시)- + -오(화자)- + -라(← -다: 평종)

50) 즉재: 즉시, 卽(부사)

51) 겨틧: 곁(곁, 傍) + -의(-에: 부조, 위치) + -ㅅ(-의: 관조) ※ '겨틧'은 '곁에 있는'으로 옮긴다.

52) ᄲᆞᆯ리: [빨리, 速(부사): ᄲᆞᆯ르(← 싸ᄅᆞ다: 빠르다, 速: 형사)- + -이(부접)]

53) 미조차: 미좇[뒤좇다, 뒤따르다, 隨從]: 미(← 및다: 미치다, 따르다, 隨)- + 좇(좇다, 從)-]- + -
아(연어)

54) 드려오라: 드려오[데려오다, 伴來: 드리(데리다, 伴)- + -어(연어) + 오(오다, 來)-]- + -라(명종)

55) ᄒᆞ야늘: ᄒᆞ(하다, 謂)- + -야늘(← -아늘: -거늘, 연어, 상황)

56) 緣: 연. 어떤 결과를 만들어 내는 직접적인 원인을 인(因)이라 하고, 인과 협동하여 결과를 만
드는 간접적인 원인을 연(緣)이라 한다.

57) 니근: 닉(익다, 熟)- + -Ø(과시)- + -은(관전)

58) 쳔랴이: 쳔량(재물, 財) + -이(주조)

59) 심귫: 심기(전하다, 傳)- + -오(대상)- + -ㅭ(관전)

60) ᄃᆡ: ᄃᆡ(데, 處: 의명) + -Ø(← -이: 주조)

오랜 劫(겁)에 닦으신 것을 아무렇게나 주지 아니하신 것을 비유하고, 사람을 부려 (窮子를) 빨리 뒤미쳐 쫓아 간 것은 "菩薩(보살)을 시키어 頓法(돈법)을 이르라."고 하신 것을 비유하니, 곧 華嚴(화엄)의 五位法門(오위법문)이 다 菩薩(보살)이 이르신 것이다. 五位(오위)는 十住(십주)·十行(십행)·十向(십향)·十地(십지)·等覺(등각)이다. 】, 그때에 使者(사자)가 빨리 달려가 (궁자를) 잡으니, 窮子(궁자)가 놀라 "怨讐(원수)여!"라고 하여 크게 부르짖고, "내가 (죄를) 犯(범)한 일이 없거늘 어찌 (나를) 잡는가?" 使者(사자)가

오란⁶¹⁾ 劫_겁⁶²⁾에 닷ㄱ산⁶³⁾ 거슬 간대로⁶⁴⁾ 주디 아니ㅎ샤믈 가줄비고 사름

브려 섈리 미조차⁶⁵⁾ 가ㄴ 菩_뽕薩_삻올 ㅎ야⁶⁶⁾ 頓_돈法_법⁶⁷⁾ 니르라 ㅎ샤믈

가줄비니 곧 華_ퟁ嚴_엄 五_옹位_윙 法_법門_몬⁶⁸⁾이 다 菩_뽕薩_삻 니르샨 거시라

五_옹位_윙는 十_씹住_뜡⁶⁹⁾ 十_씹行_Ꙩ⁷⁰⁾ 十_씹向_Ꙩ⁷¹⁾ 十_씹地_띵⁷²⁾ 等_등覺_각⁷³⁾이라 】 그

ᄢᅴ 使_승者_쟝ㅣ 섈리 ᄃᆞ라가⁷⁴⁾ 자ᄇᆞᆫ대⁷⁵⁾ 窮_꿍子_중ㅣ 놀라 怨_훵讐_쓯ㅣ여⁷⁶⁾

ㅎ야 ᄀᆞ장 우르고⁷⁷⁾ 내 犯_뺌혼⁷⁸⁾ 일 업거늘 엇뎨⁷⁹⁾ 잡ᄂᆞᆫ다⁸⁰⁾ 使_승者_쟝

---

61) 오란: 오라(오래다, 久)-+-Ø(현시)-+-ㄴ(관전)

62) 劫: 겁. 천지가 한 번 개벽한 뒤부터 다음 개벽할 때까지의 기간을 말한다.

63) 닷ㄱ샨: 닭(닦다, 修)-+-Ø(과시)-+-ㅇ샤(←-ㅇ시-: 주높)-+-ㄴ(관전)

64) 간대로: 그리 쉽사리, 아무렇게나(부사)

65) 미조차: 미좇[뒤미쳐 좇다, 追: 미(←및다: 미치다, 及)-+좇(좇다, 從)-]-+-아(연어)

66) ㅎ야: ㅎ이[시키다, 하게 하다, 使: ㅎ(하다, 爲)-+-이(사접)-]-+-아(연어)

67) 頓法: 돈법. 소승에서 대승에 이르는 얕고 깊은 차례를 거치지 아니하고, 처음부터 바로 대승의 깊고 묘한 교리를 듣고 단번에 깨닫는 것이다.

68) 華嚴 五位法門: 화엄 오위법문. 화엄경에서 말하는 다섯 가지의 지위에 대한 가르침이다.

69) 十住: 십주. 보살이 닦는 열 가지 수행 단계이다. 진리에 안주하는 단계라는 뜻이다.

70) 十行: 십행. 보살이 수행하는 열 가지의 이타행(利他行)이다.

71) 十向: 십향(= 十廻向). 보살이 닦은 공덕을 널리 중생에게 돌리는 열 가지이다.

72) 十地: 십지. 보살이 수행하는 오십이위(五十二位) 단계 가운데에서, 제41위에서 제50위까지의 단계이다. 부처의 지혜를 생성하고 온갖 중생을 교화하여 이롭게 하는 단계이다.

73) 等覺: 등각. 보살이 수행하는 단계로서, 보살의 수행이 꽉 차서 지혜와 공덕이 부처의 묘각과 같아지려는 지위이다.

74) ᄃᆞ라가: ᄃᆞ라가[달려가다, 疾走而去: 둘(←둗다, ㄷ불: 달리다, 疾走)-+-아(연어)+가(가다, 去)-]-+-아(연어)

75) 자ᄇᆞᆫ대: 잡(잡다, 獲)-+-은대(-으니: 연어, 반응)

76) 怨讐ㅣ여: 怨讐(원수)+-ㅣ여(←-이여: 호조, 예높)

77) 우르고: 우르(소리치다, 부르짖다, 따)-+-고(연어, 나열)

78) 犯혼: 犯ㅎ[←犯ㅎ다(범하다): 犯(범: 불어)+-ㅎ(동접)-]-+-Ø(과시)-+-오(대상)-+-ㄴ(관전)

79) 엇뎨: 어찌, 何(부사)

80) 잡ᄂᆞᆫ다: 잡(잡다, 獲)-+-ᄂᆞ(현시)-+-ㄴ다(-는가: 의종, 2인칭)

者 장 ᄒᆞ더욱 急급히 자바 구틔여 잇그
드려오거늘 그제 窮꿍子 종ᅵ 너교
ᄃᆡ 罪쬥 업시 잡가 티노니 一 ᅵᇙ 定ᄄᆡᇰᄒᆞ야
주그리로다 ᄒᆞ야 안 ᄋᆞ 더욱 두리여 것므ᄅᆞ 주
거사헤디거늘【아비 아ᄃᆞᆯ 오라 ᄒᆞ려
호 미 實씨ᇙ로 親친히 호려 커
늘 아ᄃᆞᆯ 이 기 놀라 것모ᄅᆞ 주그니
료 니 二ᅀᅵ乘씨ᇰ이 처ᅀᅥᆷ 華ᅘᅪᆼ嚴ᅥᆷ 들
고 頓돈敎교說ᄉᆑ룡法법에
까 ᄀᆞ졸 이 頓돈敎교ᄅᆞᆯ 니 니라 頓돈敎교ᄂᆞᆫ 煩뻔惱ᄂᆢᇢᅵ

使者(사자)가 더욱 急(급)히 (궁자를) 잡아 억지로 이끌어 데려오거늘, 그때에 窮子(궁자)가 여기되 "(내가) 罪(죄) 없이 잡혀 갇히니 틀림없이 죽으리라."고 하여, 더욱 두려워하여 기절하여 땅에 넘어지거늘【아버지가 아들을 데려오라고 한 것은 實(실)로 親(친)히 하려 하거늘, 아들이 놀라서 기절하니 (이는 아들이) 스스로 버린 것이니, 二乘(이승)이 처음 華嚴(화엄)을 듣고 頓敎說法(돈교설법)에 怯(겁)낸 것을 비유하였니라. 頓敎(돈교)는 煩惱(번뇌)가

使ᄊᆼ者쟝 더욱 急급히 자바 구틔여[81] 잇거[82] ᄃᆞ려오거늘[83] 그 제
窮꿍子중ㅣ 너교ᄃᆡ 罪쬉 업시 잡가티노니[84] 一ᅙᅵᆶ定뗭ᄒᆞ야[85] 주그리로
다[86] ᄒᆞ야 더욱 두리여[87] 것ᄆᆞᄅᆞ주거[88] ᄯᅡ해 디거늘[89] 【아비 아ᄃᆞᆯ ᄃᆞ
려오라 호ᄆᆞᆫ 實씷로 親친히 호려[90] 커늘[91] 아ᄃᆞ리 놀라 것ᄆᆞᄅᆞ주그니 제 ᄇᆞ료미
니[92] 二ᅀᅵᆼ乘씽이 처ᅀᅥᆷ 華ᅘᅪᆼ嚴엄[93] 듣ᄌᆞᆸ고 頓돈敎ᄀᆜᆶ說ᄉᆑᇙ法법[94]에 怯컵호ᄆᆞᆯ[95] 가ᄌᆞᆯ비
니라 頓돈敎ᄀᆜᆶᄂᆞᆫ 煩뻔惱놀ㅣ

---

81) 구틔여: [구태여, 억지로, 强(부사): 굳(굳다, 堅)- + -희(←-히-: 사접)- + -여(←-어: 연어 ▷
부접)]

82) 잇거: 잇ㄱ(← 이그다: 이끌다, 牽)- + -어(연어)

83) ᄃᆞ려오거늘: ᄃᆞ려오[데려오다: ᄃᆞ리(데리다, 同伴)- + -어(연어) + 오(오다, 來)-]- + -거
늘(-거늘: 연어, 상황)

84) 잡가티노니: 잡가티[잡히어 간히다, 被囚執: 잡(잡다, 執)- + 간(가두다, 囚)- + -히(피접)-]- +
-ᄂᆞ(←-ᄂᆞ-: 현시)- + -오(화자)- + -니(연어, 설명 계속)

85) 一定ᄒᆞ야: 一定ᄒᆞ[일정하다, 오직 하나로 정해져 있다, 必定: 一定(일정) + -ᄒᆞ(형접)-]- + -야
(←-아: 연어) ※ '一定ᄒᆞ야'는 '하나로 정하여'라는 뜻인데, 여기서는 '틀림없이'로 의역하여
옮긴다.

86) 주그리로다: 죽(죽다, 死)- + -으리(미시)- + -로(←-도-: 감동)- + -다(평종)

87) 두리여: 두리(두려워하다, 惶怖)- + -어(연어)

88) 것ᄆᆞᄅᆞ주거: 것ᄆᆞᄅᆞ죽[기절하다, 悶絶: 것ᄆᆞᄅᆞ(가짜의, 假: 접두)- + 죽(죽다, 死)-]- + -어(연어)

89) 디거늘: 디(넘어지다, 躄)- + -거늘(-거늘: 연어, 상황)

90) 호려: ᄒᆞ(← ᄒᆞ다: 하다, 爲)- + -오(화자, 의도)- + -려(연어, 의도)

91) 커늘: ᄒᆞ(← ᄒᆞ다: 하다, 보용, 의도)- + -거늘(-거늘: 연어, 상황)

92) ᄇᆞ료미니: ᄇᆞ리(버리다: 보용, 완료)- + -옴(명전)- + -이(서조)- + -니(연어, 설명 계속)

93) 華嚴: 화엄. 석가모니가 성도한 깨달음의 내용을 그대로 설법한 경문이다. 법계 평등(法界平
等)의 진리를 증오(證悟)한 부처의 만행(萬行)과 만덕(萬德)을 칭양하고 있다. 정식 이름은 『대
방광불화엄경』이다.

94) 頓敎說法: 돈교설법. 얕고 깊은 일정한 수행 단계를 거치지 않고 단박에 깨달음에 이르게 하
는 가르침을 주는 설법이다. ※ '頓敎(돈교)'는 화의사교(化儀四敎)의 하나이다. 단도직입적으
로 불과(佛果)를 성취하고 깨달음에 이르는 교법이다. 곧, 얕고 깊은 일정한 수행 단계를 거치
지 않고 단박 깨달음에 이르게 하는 가르침이다.

95) 怯호ᄆᆞᆯ: 怯ᄒᆞ[← 怯ᄒᆞ다(겁하다, 겁내다): 怯(겁) + -ᄒᆞ(동접)-]- + -옴(명전)- + -ᄋᆞᆯ(목조)

곧 菩提(보리)이거늘, 二乘(이승)은 煩惱(번뇌)를 怨讐(원수)의 盜賊(도적)으로 삼
으므로 "怨讐(원수)이다."고 하였느니라. 頓敎(돈교)는 生死(생사)가 곧 涅槃(열반)
이거늘, 二乘(이승)은 生死(생사)를 受苦(수고)에 얽매이는 것으로 삼으므로, (궁
자가) 심하게 소리쳤느니라. (궁자가) "(죄를) 犯(범)한 일이 없이 잡혔다."고 한 것
은 (중생이 교화를) 求(구)하지 아니하였거늘 (부처가) 억지로 敎化(교화)하신 것
을 비유하고, 時急(시급)히 (궁자를) 잡아서 억지로 이끈 것은 (중생이 교화를) 從
(종)하지 아니하였거늘 (부처가 중생을) 억지로 데리고 간 것을 비유하였느니라. 菩
薩(보살)은 三界(삼계)에 태어난 것을 보이시거늘, 二乘(이승)은 三界(삼계)로 獄
(옥)을 삼으므로 "(궁자가) 罪(죄) 없이 갇힌다."라고 하였느니라. 菩薩(보살)은 塵
勞(진로)에 드나드시거늘,

곧 菩뽕提똉어ᄂᆞᆯ[96] 二싱乘씽은 煩뻔惱놓ᄅᆞᆯ 怨훤讐쓩ㅅ 盜똥賊쯕 사ᄆᆞᆯ씨 怨훤讐쓩ㅣ라 ᄒᆞ니라 頓돈教곻ᄂᆞᆫ 生싱死ᄉᆞᆼㅣ 곧 涅녫槃빤이어ᄂᆞᆯ 二싱乘씽은 生싱死ᄉᆞᆼᄅᆞᆯ 受쓩苦콩 얽ᄆᆡ유ᄆᆞᆯ[97] 사ᄆᆞᆯ씨 ᄀᆞ장 우르니라[98] 犯뻠혼 일 업시 자퓨라[99] 호ᄆᆞᆫ 求꿓티 아니커ᄂᆞᆯ[100] 구틔여 教곻化황ᄒᆞ샤ᄆᆞᆯ 가ᄌᆞᆯ비고 時씽急급히 자바 구틔여 잇구ᄆᆞᆫ[1] 從쭁티[2] 아니커늘 구틔여 ᄃᆞ리샤ᄆᆞᆯ[3] 가ᄌᆞᆯ비니라 菩뽕薩삻ᄋᆞᆫ 三삼界갱[4]예 나ᄆᆞᆯ 뵈어시ᄂᆞᆯ[5] 二싱乘씽은 三삼界갱로 獄옥ᄋᆞᆯ 사ᄆᆞᆯ씨 罪쬥 업시 가티노라[6] ᄒᆞ니라 菩뽕薩삻ᄋᆞᆫ 塵띤勞롱[7]애 나들어시ᄂᆞᆯ[8]

---

96) 菩提어ᄂᆞᆯ: 菩提(보리) + -∅(←-이-: 서조)- + -어ᄂᆞᆯ(←-거ᄂᆞᆯ: 연어, 상황) ※ '菩提(보리)'는 불교에서 수행 결과 얻어지는 깨달음의 지혜 또는 그 지혜를 얻기 위한 수도 과정을 이르는 말이다.

97) 얽ᄆᆡ유ᄆᆞᆯ: 얽ᄆᆡ이[얽매이다: 얽(얽다)- + ᄆᆡ(매다)- + -이(피접)-]- + -움(명전) + -ᄋᆞᆯ(목조)

98) 우르니라: 우르(소리치다, 포효하다, 號)- + -∅(과시)- + -니(원칙)- + -라(←-다: 평종)

99) 자퓨라: 자피[잡히다, 被囚執: 잡(잡다, 執)- + -히(피접)-]- + -∅(과시)- + -우(화자)- + -라(←-다: 평종)

100) 아니커ᄂᆞᆯ: 아니ᄒᆞ[←아니ᄒᆞ다(아니하다, 不: 보용, 부정): 아니(아니, 不: 부사, 부정) + -ᄒᆞ(동접)-]- + -거ᄂᆞᆯ(-거늘: 연어, 상황)

1) 잇구ᄆᆞᆫ: 잇ㄱ(←잇그다: 이끌다, 牽)- + -움(명전) + -ᄋᆞᆫ(보조사, 주제)

2) 從티: 從ㅎ[←從ᄒᆞ다(좋하다, 따르다): 從(종: 불어) + -ᄒᆞ(동접)-]- + -디(-지: 연어, 부정)

3) ᄃᆞ리샤ᄆᆞᆯ: ᄃᆞ리(데리다, 伴)- + -샤(←-시-: 주높)- + -ㅁ(←-옴: 명전) + -ᄋᆞᆯ(목조)

4) 三界: 삼계. 중생이 생사 왕래하는 세 가지 세계로서, 욕계(欲界), 색계(色戒), 무색계(無色界)이다.

5) 뵈어시ᄂᆞᆯ: 뵈[보이다, 示: 보(보다, 見)- + -ㅣ(←-이-: 사접)-]- + -시(주높)- + -어…ᄂᆞᆯ(←-거늘: 연어, 확인)

6) 가티노라: 가티[갇히다, 被囚: 갇(가두다, 囚)- + -히(피접)-]- + -ㄴ(←-ᄂᆞ-: 현시)- + -오(화자)- + -라(←-다: 평종)

7) 塵勞: 진로. 마음을 더럽히고 피로하게 하는 세속적인 노고이다.(= 번뇌)

8) 나들어시ᄂᆞᆯ: 나들[드나들다, 出入: 나(나다, 出)- + -아 + 들(들다, 入)-]- + -시(주높)- + -어…ᄂᆞᆯ(-거늘: 연어, 상황)

華嚴(화엄)에 이르되, "衆生(중생)들이 色(색)·聲(성)·香(향)·味(미)·觸(촉)에 그 內(내)에 五百(오백) 煩惱(번뇌)가 고루 갖추어져 있고, 그 外(외)에 또 五百(오백) 煩惱(번뇌)가 있나니, 貪行(탐행)이 많은 이가 二萬(이만) 一千(일천)이요, 瞋行(진행)이 많은 이가 二萬(이만) 一千(일천)이요, 癡行(치행)이 많은 이가 二萬(이만) 一千(일천)이요, 等分行(등분행)이 二萬(이만) 一千(일천)이라."고 하거늘, 注(주)에 이르되, "煩惱(번뇌)의 根本(근본)이 열이 있나니, 한 惑力(혹력)에 또 各各(각각) 열이 있어 一百(일백)이 되고, 九品(구품)에 나누되 上品(상품)은 重(중)하므로 셋이요, 中下(중하)는

華_{ﾗﾗ}嚴_엄⁹⁾에 닐오딕 衆_즁生_싱들히 色_식 聲_셩 香_향 味_밍 觸_쵹¹⁰⁾애 그 內_뇡예 五_옹百_빅 煩_뻔惱_놀ㅣ ᄀ초¹¹⁾ 잇고 그 外_욍예 ᄯᅩ 五_옹百_빅 煩_뻔惱_놀ㅣ 잇ᄂᆞ니 貪_탐行_{ﾗﾗ}¹²⁾ 하니¹³⁾ 二_싱萬_먼一_힔千_쳔이오 嗔_친行_{ﾗﾗ}¹⁴⁾ 하니 二_싱萬_먼一_힔千_쳔이오 癡_팅行_{ﾗﾗ}¹⁵⁾ 하니 二_싱萬_먼一_힔千_쳔이 오 等_등分_뿐行_{ﾗﾗ}¹⁶⁾이 二_싱萬_먼一_힔千_쳔이라 ᄒᆞ야ᄂᆞᆯ 注_즁¹⁷⁾에 닐오딕 煩_뻔惱_놀 根_ㄹ本_본이 열히¹⁸⁾ 잇ᄂᆞ니 ᄒᆞᆫ 惑_{ﾗﾗ}力_륵¹⁹⁾에 ᄯᅩ 各_각各_각 열히 이셔 一_힔百_빅이 ᄃᆞ외오²⁰⁾ 九_굴品_픔에 ᄂᆞᆫ호오딕²¹⁾ 上_쌍品_픔은 重_뜡ᄒᆞᆯᄊᆡ 세히오²²⁾ 中_듕下_행ᄂᆞᆫ

---

9) 華嚴: 화엄. 화엄경(華嚴經)이다. 석가모니가 성도한 깨달음의 내용을 그대로 설법한 경문이다. 법계 평등(法界平等)의 진리를 증오(證悟)한 부처의 만행(萬行)과 만덕(萬德)을 칭양하고 있다. 정식 이름은 대방광불화엄경(大方廣佛華嚴經)이다. ※ '만행(萬行)'은 불교도나 수행자들이 지켜야 할 여러 가지 행동으로 고행 · 난행 · 희사 · 불공 · 수행정진 · 참회 · 기도 등의 모든 행업(行業)이다. 그리고 '萬德(만덕)'은 많은 선행이나 덕행을 이른다.

10) 色 聲 香 味 觸五塵: 색, 성, 향, 미, 촉. 오식(五識)으로 깨닫는 다섯 가지 대상(五境)으로서, '빛, 소리, 냄새, 맛, 닿는 느낌'이다.

11) ᄀ초: [갖추, 고루 있는 대로, 詮(부사): 굿(갖추어져 있다, 具: 형사)- + -호(사접)- + -Ø(부접)]

12) 貪行: 탐행. 탐욕이 많은 행위이다.

13) 하니: 하(많다, 多)- + -Ø(현시)- + -ㄴ(관전) # 이(이, 者: 의명) + -Ø(←-이: 주조)

14) 嗔行: 진행. 벌컥 화를 내는 행위이다.

15) 癡行: 치행. 어리석은 행위이다.

16) 等分行: 등분행. 탐욕과 성냄과 어리석음의 비율이 동등한 사람을 일컫는다.

17) 注: 주. 글이나 말의 어떤 부분에 대하여 그 뜻을 자세히 풀어 주거나 보충 설명을 더하여 주는 글이나 말이다. 여기서는 『화엄경』의 '주(注)'를 이른다.

18) 열히: 열ㅎ(열, 十: 수사, 양수) + -이(주조)

19) 惑力: 혹력. 깨달음을 방해하는 힘이다.(= 번뇌)

20) ᄃᆞ외오: ᄃᆞ외(되다, 爲)- + -오(←-고: 연어, 나열)

21) ᄂᆞᆫ호오딕: ᄂᆞᆫ호(나누다, 分)- + -오딕(-되: 연어, 설명 계속)

22) 세히오: 세ㅎ(세, 三: 수사, 양수) + -이(서조)- + -오(←-고: 연어, 나열)

눈 다 輕경홀씨 各각 ᄒᆞᆫ 品픔이니 다ᄉᆞᆺ 品픔이 各각 一百빅이면 五오百빅이 ᄃᆞ외리라 ᄯᅩ 나와 ᄂᆞᆷ괘 內ᄂᆡᆼ外욍ᄋᆡ 境경에 니러나ᄂᆞ니 제 五오塵띤을 內ᄂᆡᆼ라 일훔지코 ᄂᆞᄆᆡ 五오塵띤을 外욍라 일훔지ᄒᆞ니 塵띤마다 各각 五오百빅이 이셔 五오千쳔이 ᄃᆞ외오 各각別ᄖᅧᆯ히 四ᄉᆞ諦뎽ᄅᆞᆯ 迷몡ᄒᆞ면 二ᅀᅵᆼ萬먼이 ᄃᆞ외오 아래 一ᅙᅵᆯ千쳔을 어울면 二ᅀᅵᆼ萬먼 一ᅙᅵᆯ千쳔이니 三삼毒똑과 等ᄃᆞᆼ分분에 마ᄀᆞ면 八밣萬먼 四ᄉᆞ千쳔 煩뻔惱ᄂᆞᇦ分분數숭ㅣ 等ᄃᆞᆼ홀씨라

輕(경)하므로 各各(각각) 한 品(품)이니, 다섯 品(품)이 各各(각각) 一百(일백)이면 五百(오백)이 되리라. 또 저와 남이 內外(내외)의 境(경)에서 일어나나니, 자기의 五塵(오진)을 內(내)라고 이름을 붙이고 남의 五塵(오진)을 外(외)라고 이름을 붙이니, 塵(진)마다 各各(각각) 五百(오백)이 있어 五千(오천)이 되고, 各別(각별)히 四諦(사제)를 迷(미)하면 二萬(이만)이 되고, 아래의 一千(일천)을 합하면 二萬(이만) 一千(일천)이니, 三毒(삼독)과 等分(등분)에 막히면 八萬(팔만) 四千(사천)의 煩惱(번뇌)이다. 等分(등분)은 三毒(삼독)의 分數(분수)가 等(등)한 것이다.

輕_켕홀씨 各_각各_각 흔 品_픔이니 다숫 品_픔이 各_각各_각 一_힗百_빅이면 五_옹百_빅이 드외리라²³⁾ 쏘²⁴⁾ 저와 놈과 內_뇡外_욍 境_경²⁵⁾에 니ᄂᆞ니²⁶⁾ 제²⁷⁾ 五_옹塵_띤²⁸⁾을 內_뇡라 일훔²⁹⁾ 지코³⁰⁾ ᄂᆞ민³¹⁾ 五_옹塵_띤을 外_욍라 일훔 지ᄒᆞ니 塵_띤마다 各_각各_각 五_옹百_빅이 이셔 五_옹千_쳔이 드외오 各_각別_볋히 四_{ᄉᆞ}諦_뎽³²⁾를 迷_몡³³⁾ᄒᆞ면 二_{ᅀᅵᆼ}萬_먼이 드외오 믿³⁴⁾ 一_힗千_쳔 어울우면³⁵⁾ 二_{ᅀᅵᆼ}萬_먼 一_힗千_쳔이니 三_삼毒_똑³⁶⁾과 等_등分_뿐³⁷⁾에 마키면³⁸⁾ 八_밣萬_먼 四_{ᄉᆞ}千_쳔 煩_뻔惱_놑ㅣ라 等_등分_뿐은 三_삼毒_똑 分_뿐數_숭³⁹⁾ㅣ 等_등홀 씨라⁴⁰⁾

---

23) 드외리라: 드외(되다, 爲)- + -리(미시)- + -라(← -다: 평종)

24) 쏘: 또, 又(부사, 접속)

25) 境: 경. 오식(五識)에 따라서 깨닫는 대상으로, 빛, 소리, 냄새, 맛, 닿는 느낌이다

26) 니ᄂᆞ니: 니(← 닐다: 일어나다, 起)- + -ᄂᆞ(현시)- + -니(연어, 설명 계속)

27) 제: 저(저, 자기, 己: 인대, 재귀칭) + -ㅣ(← -의: 관조)

28) 五塵: 오진. '오경(五境)'을 달리 이르는 말이다. 중생의 참된 마음을 더럽힌다는 뜻이다. 곧, 오식(五識)으로 깨닫는 다섯 가지 대상. 빛, 소리, 냄새, 맛, 닿는 느낌이다.

29) 일훔: 이름. 名.

30) 지코: 짛(이름 붙이다, 名)- + -고(연어, 나열)

31) ᄂᆞ민: 놈(남, 他) + -이(관조)

32) 四諦: 사제. 영원히 변하지 않는 네 가지 성스러운 진리이다. 고제(苦諦), 집제(集諦), 멸제(滅諦), 도제(道諦)를 이른다.

33) 迷: 미. 미혹(迷惑). 어지럽히는 것이다.

34) 믿: 밑, 下.

35) 어울우면: 어울우[어우르다, 竝: 어울(어울리다, 합하다, 合: 자동)- + -우(사접)-]- + -면(연어, 조건)

36) 三毒: 삼독. 사람의 착한 마음을 해치는 세 가지 번뇌이다. '욕심(貪), 성냄(嗔), 어리석음(痴)' 따위를 독(毒)에 비유하여 이르는 말이다.

37) 等分: 등분. 분량을 똑같이 나눔. 또는 그 분량이다. 여기서는 앞에 언급한 등분행(等分行), 곧 탐욕과 성냄과 어리석음의 비율이 동등한 사람을 일컫는다.

38) 마키면: 마키[막히다, 障礙: 막(막다, 障)- + -히(피접)-]- + -면(연어, 조건)

39) 分數: 분수. 어떤 수량을 나눈 수이다.

40) 씨라: ㅆ(← ᄉ: 것, 의명) + -이(서조)- + -∅(현시)- + -라(← -다: 평종)

二씽乘씽은 定떙果광를 일흟
씨ᇰ당다이주그리로다ᄒᆞ니라이가져흟
무로ᄆᆞᆯ덩ᄒᆞ며버려것은두리여모로ᇝ
다비다ᄒᆞ니라아비ᄇᆞ라고使ᇰ者쟝ᄃᆞ려닐
오ᄃᆡ구틔여이사ᄅᆞᆷᄲᅡᆯ라強깡히ᄃᆞ려
오디말라ᄒᆞ고ᄎᆞᆫᄆᆞᆯ로ᄂᆞᆺ샌려시에
ᄒᆞ고더브러말아니ᄒᆞ니죽거라ᄒᆞ고權꿘
ᄅᆞᆫ안족ᄒᆞᆸ쉬우ᄅᆞᆯᄲᅵᆫ돈을ᄇᆞ리시ᄂᆞ

二乘(이승)은 定果(정과)를 잃을까 두려워하므로 "마땅히 죽겠구나."라고 하였니라. 이러함으로 귀머거리와 같으며 벙어리와 같아서 답답하게 모르므로, 더욱 두려워하여 "기절하여 땅에 쓰러졌다."고 하였니라. 】, 아버지가 바라보고 使者(사자)에게 이르되, "억지로 이 사람을 말라. 強(강)히 데려오지 말라."고 하고, 찬물로 낯에 뿌려서 깨게 하고 (아들과) 더불어 말을 아니하니 【 (궁자가) 놀라 기절하거늘, (아버지가) 보고 당분간 쉬게 한 것은 頓(돈)을 버리시고 權(권)을 여신 것을 비유하였니라. 찬물이 能(능)히 (궁자를) 깨운 것은

二_싱乘_쎵은 定_뗭果_광⁴¹⁾룰 일흘가⁴²⁾ 저흘씨⁴³⁾ 당다이⁴⁴⁾ 주그리로다 ᄒᆞ니라 이러ᄒᆞᄆᆞ로⁴⁵⁾ 먹뎡이⁴⁶⁾ ᄀᆞᆮᄒᆞ며 버워리⁴⁷⁾ ᄀᆞᆮᄒᆞ야 답다비⁴⁸⁾ 모롤씨 더욱 두리여⁴⁹⁾ 것ᄆᆞᆯ주거⁵⁰⁾ 짜해 디다⁵¹⁾ ᄒᆞ니라】 아비 ᄇᆞ라고⁵²⁾ 使_{ᄉᆞᆼ}者_쟝ᄃᆞ려⁵³⁾ 닐오ᄃᆡ 구틔여 이 사ᄅᆞᆷ 말라 强_깡히⁵⁴⁾ ᄃᆞ려오ᄃᆡ⁵⁵⁾ 말라 ᄒᆞ고 ᄎᆞᆫ믈로⁵⁶⁾ ᄂᆞ치⁵⁷⁾ ᄲᅳ려⁵⁸⁾ ᄭᆡ에⁵⁹⁾ ᄒᆞ고 더브러⁶⁰⁾ 말 아니 ᄒᆞ니【놀라 것ᄆᆞᆯ죽거늘 보고 안죽⁶¹⁾ 쉬우믄⁶²⁾ 頓_돈⁶³⁾을 ᄇᆞ리시고 權_권⁶⁴⁾ 여르샤ᄆᆞᆯ 가줄비니라 ᄎᆞᆫᄆᆞ리 能_{ᄂᆞᆼ}히 ᄭᆡ오ᄆᆞᆫ

---

41) 定果: 정과. 선정(禪定)으로 말미암은 과보(果報)이다. 선정(禪定)은 한마음으로 사물을 생각하여, 마음이 하나의 경지에 정지하여 흐트러짐이 없는 것이다.

42) 일흘가: 잃(잃다, 失)- + -읋가(-올까: 의종, 판정, 미시)

43) 저흘씨: 젛(두려워하다, 懼)- + -을씨(-므로: 연어, 이유)

44) 당다이: 마땅히, 반드시, 必(부사)

45) 이러ᄒᆞᄆᆞ로: 이러ᄒᆞ[← 이러ᄒᆞ다(이러하다, 如此): 이러(이러: 불어) + -ᄒᆞ-: 형접)-]- + -옴(명전) + -ᄋᆞ로(부조, 방편)

46) 먹뎡이: 먹뎡이(귀머거리, 聵) + -Ø(← -이: -와, 부조, 비교)

47) 버워리: 버워리[벙어리, 啞: 버우(벙어리가 되다) + -어리(명접)] + -Ø(← -이: -와, 부조, 비교)

48) 답다비: [답답히, 悶(부사):): 답답(답답, 불어) + -Ø(← -ᄒᆞ-: 형접)- + -이(부접)]

49) 두리여: 두리(두려워하다, 怖)- + -여(← -어: 연어)

50) 것ᄆᆞᆯ주거: 것ᄆᆞᆯ죽[기절하다, 氣絶: 것ᄆᆞᆯ(가짜의, 假: 접두) + 죽(죽다, 死)-]- + -어(연어)

51) 디다: 디(떨어지다, 쓰러지다, 落)-]- + -Ø(과시)- + -다(평종)

52) ᄇᆞ라고: ᄇᆞ라(바라보다, 見)- + -고(연어, 나열, 계기)

53) 使者ᄃᆞ려: 使者(사자) + -ᄃᆞ려(-더러, -에게: 부조, 상대)

54) 强히: [강하게, 억지로(부사): 强(강: 불어) + -ᄒᆞ(← -ᄒᆞ-: 형접)- + -이(부접)]

55) ᄃᆞ려오ᄃᆡ: ᄃᆞ려오[데려오다, 來: ᄃᆞ리(데리다)- + -어 + 오(오다, 來)-]- + -ᄃᆡ(-지: 연어, 부정)

56) ᄎᆞᆫ믈로: [ᄎᆞᆫ믈, 冷水: ᄎᆞ(차다, 冷)- + -ㄴ(관전) + 믈(물, 水)] + -로(부조, 방편)

57) ᄂᆞ치: ᄂᆞᆾ(낯, 面) + -이(-에: 부조, 위치)

58) ᄲᅳ려: ᄲᅳ리(뿌리다, 灑)- + -어(연어)

59) ᄭᆡ에: ᄭᆡ(깨다, 醒悟)- + -에(-게: 연어, 사동)

60) 더브러: 더블(더불다, 與)- + -어(연어)

61) 안죽: 아직, 당분간. 暫(부사)

62) 쉬우믄: 쉬우[쉬게 하다, 使休: 쉬(쉬다, 休)- + -우(사접)]- + -움(명전) + -은(보조사, 주제)

63) 頓: 돈. 처음부터 바로 대승의 깊고 묘한 교리를 듣고 단번에 깨닫는 것이다.

64) 權: 권. 중생을 구제하기 위하여 쓰는 묘한 수단과 방법이다.(= 방편, 方便)

오민惱뇌煩뻔敎굘ㅣ能능히煩뻔惱뇰다ᄉᆞ료ᄆᆞᆯ가ᄌᆞᆯ비니라

롱란ᄃᆡ아비제아ᄃᆞ릭ᄠᅳ디샹ᄂᆞᆸ

곳져ᄂᆞᆫ豪ᅘᅡᆼ貴귕ᅙᅡ야ᅘᅡᆼ豪ᅘᅡᆼᄂᆞᆫ어아ᄃᆞ

리어려버너기ᄂᆞᆫ돌아라아ᄃᆞ린고ᄃᆞᆯ

ᄉᆡ외아로ᄃᆡᆼ方방便뼌으로ᄂᆞᆫ려이

내안ᄃᆞ리라니ᄅᆞᆺ디아니코使ᄉᆞᆼ者쟝

ᄒᆞ야닐호ᄃᆡ내이제너를롤노니ᄠᅳ들

權敎(권교)가 能(능)히 煩惱(번뇌)를 다스린 것을 비유하였니라. 】, "(그것이) 어째서이냐?"라고 한다면, 아버지가 자기의 아들의 뜻이 사납고 자기(= 아버지)는 豪貴(호귀)하여 【 豪(호)는 어진 것이다. 】 아들이 (자기를) 어렵게 여기는 것을 알아서, (아버지는 그가 자기의) 아들인 것을 확실히 알되, 方便(방편)으로 남에게 "이이가 내 아들이다."라고 이르지 아니하고, 使者(사자)를 시키어 이르되 "내가 이제 너를 놓아 주나니 (네) 뜻을

權_꿘敎_굘[65]ㅣ 能_능히 煩_뻔惱_놀 다스료믈[66] 가즐비니라 】 엇뎨어뇨[67] ᄒᆞ란딕[68]

아비 제 아ᄃᆞ리 ᄠᅳ디[69] 사오납고 저는 豪_{ᅘᅩᇢ}貴_귕[70]ᄒᆞ야【 豪_{ᅘᅩᇢ}는 어딜

씨라】아ᄃᆞ리 어려빙[71] 너기ᄂᆞᆫ 들[72] 아라[73] 아ᄃᆞ린[74] 고ᄃᆞᆯ[75] ᄉᆞ외[76]

아로ᄃᆡ 方_방便_뻔으로 ᄂᆞᆷᄃᆞ려 이[77] 내 아ᄃᆞ리라 니ᄅᆞ디 아니코[78] 使

_숭者_쟝 ᄒᆞ야[79] 닐오ᄃᆡ 내 이제 너를 녿노니[80] ᄠᅳ들[81]

---

65) 權敎: 권교. 깨달음에 이르게 하기 위해 중생의 소질에 따라 일시적인 방편으로 설한 가르침이다. 아함(阿含)·방등(方等)·반야경(般若經) 따위가 있다.

66) 다스료믈: 다스리[다스리다, 治: 다슬(다스려지다, 治: 자동)- + -이(사접)-]- + -옴(명전) + -을(목조)

67) 엇뎨어뇨: 엇뎨(어째서, 何: 부사) + -Ø(←-이-: 서조)- + -Ø(현시)- + -어(←-거-: 확인)- + -뇨(-냐: 의종, 설명)

68) ᄒᆞ란딕: ᄒᆞ(하다, 曰)- + -란딕(-면: 연어, 조건)

69) ᄠᅳ디: ᄠᅳᆮ(뜻, 意) + -이(주조)

70) 豪貴: 호귀. 어질고 귀한 것이다.

71) 어려빙: [어렵게, 難(부사): 어렵(← 어렵다, ㅂ불: 어렵다, 難, 형사)- + -이(부접)]

72) 너기ᄂᆞᆫ 들: 너기(여기다, 爲)- + -ᄂᆞ(현시)- + -ㄴ(관전) # ᄃᆞ(것, 者: 의명) + -ㄹ(←-를: 목조)

73) 아ᄃᆞ리 어려빙 너기ᄂᆞᆫ 들 아라 아ᄃᆞ린 고ᄃᆞᆯ ᄉᆞ외 아로ᄃᆡ: 이 구절은 원문의 내용을 잘못 번역하였다. 『묘법연화경』의 원문은 ‘爲子所難 審知是子’인데, “爲子所難”와 “審知是子”는 앞 문장과 뒤 문장으로 나누어서 해석해야 한다. 따라서 이 구절은 “(장자가) 아들이 (자기를) 어려워함을 알았기 때문이다. (장자는 궁자가 자기의) 아들임을 분명히 알았으나”로 두 문장으로 구분하여 번역해야 문맥에 맞는다.

74) 아ᄃᆞ린: 아ᄃᆞᆯ(아들, 子) + -이(서조)- + -Ø(현시)- + -ㄴ(관전)

75) 고ᄃᆞᆯ: 곧(것, 의명)

76) ᄉᆞ외: 골똘히, 깊히, 확실히, 審(부사)

77) 이(이, 이이, 此人: 인대, 정칭) + -Ø(←-이: 주조)

78) 아니코: 아니ᄒᆞ[← 아니ᄒᆞ다(아니하다, 非: 보용, 부정): 아니(아니, 非: 부사, 부정) + -ᄒᆞ(형접)-]- + -고(연어)

79) ᄒᆞ야: ᄒᆞ이[시키다, 使: ᄒᆞ(하다, 爲)- + -이(사접)-]- + -아(연어)

80) 녿노니: 녿(← 놓다: 놓다, 놓아 주다, 放)- + -ㄴ(←-ᄂᆞ-: 현시)- + -오(화자)- + -니(연어, 설명 계속) ※ 여기서는 ‘놓아 주나니’로 의역하여 옮긴다.

81) ᄠᅳ들: ᄠᅳᆮ(뜻, 意) + -을(목조)

조차가라窮공子종ㅣ깃ᄀ녜업던이
를得득과라ᄒᆞ야ᄯᅡ해셔니러艱간難
난ᄒ훈ᅟᅟᄡᅮᆯ해가옷밥求꿀ᄒᆞ더니
나밧權꿘大땡乘쎵이ᄭᅴ우샤ᄆᆞᆯ가졸ᄇᆡ 實씷야나라ᄃᆞ내실ᅇᅵ
아드니ᄫᅵ리라샤마니오가졸ᄇᆡ고ᄯᅳᆯ조차ᄒᆞ토
ᄆᅠᆫ더ᄃᆞ니브ᄃᆞᆫ리샤ᄆᆞᆯ가졸ᄇᆡ고빠조차ᄒᆞ미
가라ᄒᆞ로文ᄆᆞᆫ權꿘어니샤ᄆᆞᆯ가졸아ᄇᆡ로고미
ᄒ셔니로文ᄆᆞᆫ迷ᄆᆡ ᆼ惑ᄒᆞᆨ샤오로셔ᄒ가옷밥求꿀ᄒ

좇아서 가라." 窮子(궁자)가 기뻐하여 "(내가) 옛날에 없던 일을 得(득)하였
다."고 하여, 땅에서 일어나 艱難(간난, 가난)한 마을에 가 옷과 밥을 求
(구)하더니【(중생이) 뜻이 사나워서 大乘(대승)을 이기지 못함을 아시므로, (부
처님이) 權(권)으로 (중생을) 쉽게 하신 것을 비유하였니라. (장자가 다른 사람에게
궁자를) "내 아들이라."고 아니 이른 것은 문득 實(실)을 나타내지 아니하신 것
이요, 使者(사자)를 시키어 (아들을) 놓아 준 것은 頓(돈)을 버리신 것을 비유하
시고, "뜻을 좇아서 가라."고 한 것은 權(권)을 여신 것을 비유하시고, (아들이)
땅에서 일어난 것은 迷惑(미혹)으로부터서 (깨달아) 안 것이요, (아들이) 艱難(간
난, 가난)한 마을에 가서 옷과 밥을 求(구)한 것은

조차 가라 窮꿍子중ㅣ 깃거 녜 업던 이를 得득과라[82] ᄒ야 ᄯ\ᅡ해셔[83] 니러 艱간難난ᄒᆞᆫ[84] ᄆᆞᄉᆞᆯ해[85] 가 옷 밥 求꿀ᄒᆞ더니【ᄠᅳ디 사오나ᄫᅡ 大땡乘씽 이긔디 몯호ᄆᆞᆯ 아ᄅᆞ실ᄊᆡ 權꿘으로 쉬우샤ᄆᆞᆯ[86] 가ᄌᆞᆯ비니라 내 아ᄃᆞ리라 아니 닐우믄[87] 믄득 實씷 나토디[88] 아니ᄒᆞ샤미오[89] 使ᄉᆞᆼ者쟝 ᄒᆞ야 노호ᄆᆞᆫ 頓돈 ᄇᆞ리샤ᄆᆞᆯ 가ᄌᆞᆯ비고 ᄠᅳ들 조차 가라호ᄆᆞᆫ 權꿘 여르샤ᄆᆞᆯ[90] 가ᄌᆞᆯ비고 ᄯ\ᅡ해셔 니로ᄆᆞᆫ[91] 迷몡惑ᅘᆡᆨᄋᆞ로셔[92] 아로미오[93] 艱간難난ᄒᆞᆫ ᄆᆞᄉᆞᆯ히 가 옷 밥 求꿀호ᄆᆞᆫ

---

82) 得과라: 得[← 得ᄒᆞ다(득하다, 얻다): 得(득: 불어) + −ᄒᆞ(동접)−]− + −Ø(과시)− + −과(←−아−: 확인)− + −Ø(←−오−: 화자)− + −라(←−다: 평종)

83) ᄯ\ᅡ해셔: ᄯ\ᅡㅎ(땅, 地) + −애(−에: 부조, 위치) + −셔(−서: 보조사, 위치 강조)

84) 艱難ᄒᆞᆫ: 艱難ᄒᆞ[가난하다: 艱難(간난, 가난) + −ᄒᆞ(형접)−]− + −Ø(현시)− + −ㄴ(관전) ※ '艱難'은 원래 '총체적인 어려움'이지만, 여기서는 '가난(貧)'의 뜻으로 쓰였다.

85) ᄆᆞᄉᆞᆯ해: ᄆᆞᄉᆞᆯㅎ(마을, 聚落) + −애(−에: 부조, 위치)

86) 쉬우샤ᄆᆞᆯ: 쉬우[쉬게 하다, 使休: 쉬(쉬다, 休)− + −우(사접)−]− + −샤(←−시−: 주높)− + −ㅁ(←−옴: 명전) + −ᄋᆞᆯ(목조)

87) 닐우믄: 닐(← 니르다: 이르다, 曰)− + −움(명전) + −은(보조사, 주제)

88) 나토디: 나토[나타내다, 現: 낟(나타나다, 現: 자동)− + −호(사접)−]− + −디(−지: 연어, 부정)

89) 아니ᄒᆞ샤미오: 아니ᄒᆞ[아니하다, 不(보용, 부정): 아니(아니, 不: 부사, 부정) + −ᄒᆞ(동접)−]− + −샤(←−시−: 주높)− + −ㅁ(←−옴: 명전) + −이(서조)− + −Ø(현시)− + −오(←−고: 연어, 나열)

90) 여르샤ᄆᆞᆯ: 열(열, 開)− + −으샤(←−으시−: 주높)− + −ㅁ(←−옴: 명전) + −ᄋᆞᆯ(목조)

91) 니로ᄆᆞᆫ: 닐(일어나다, 起)− + −옴(명전) + −ᄋᆞᆫ(보조사, 주제)

92) 迷惑ᄋᆞ로셔: 迷惑(미혹) + −ᄋᆞ로(부조, 방편) + −셔(−서: 보조사, 강조) ※ '迷惑(미혹)'은 무엇에 홀려 정신을 차리지 못하거나, 정신이 헷갈리어 갈팡질팡 헤매는 것이다.

93) 아로미오: 알(알다, 깨닫다, 知)− + −옴(명전) + −이(서조)− + −오(←−고: 연어, 나열) ※ '아로미오'는 '미혹으로부터 벗어나 진리를 깨어난 것'이다.

二乘(이승)의 艱難(간난, 가난)한 이가 즐기는 法(법)을 의지하여 道(도)에 들 資
粮(자량)으로 삼은 것이다. 資粮(자량)은 資生(자생)하는 粮食(양식)이다. 】, 그
때에 長者(장자)가 장차 제 아들을 달래어 끌어 오리라 하여, 方便(방편)으
로 모습이 초라하고 威德(위덕)이 없는 두 사람을 가만히 보내되, "네가
가서 자늑자늑이 窮子(궁자)에게 이르되, '여기에 일할 데가 있으니, 너의
값(품삯)을

二_싱乘_씽의 艱_간難_난ᄒᆞ니⁹⁴⁾ 즐기논⁹⁵⁾ 法_법을 브터 道_뚱애 듦 資_중粮_량⁹⁶⁾ 사모미라

資_중粮_량은 資_중生_{ᄉᆡᆼ}⁹⁷⁾ᄒᆞᄂᆞᆫ 粮_량 食_씨이라 】 그 ᄢᅴ 長_댱者_쟝ㅣ 쟝ᄎᆞ⁹⁸⁾ 제

아ᄃᆞᄅᆞᆯ 달애야⁹⁹⁾ 혀¹⁰⁰⁾ 오리라 ᄒᆞ야 方_방便_뼌으로 양ᄌᆡ¹⁾ 셩가시오²⁾

威_휭德_득³⁾ 업슨 두 사ᄅᆞᄆᆞᆯ ᄀᆞ모니⁴⁾ 보내요ᄃᆡ 네 가 ᄌᆞ녹ᄌᆞᄂᆞ기⁵⁾

窮_꿍子_중ᄃᆞ려 닐오ᄃᆡ 이어ᄀᆡ⁶⁾ 일훓⁷⁾ 싸히⁸⁾ 잇ᄂᆞ니 네 갑슬⁹⁾

---

94) 艱難ᄒᆞ니: 艱難ᄒᆞ[간난하다(가난하다, 貧): 艱難(간난, 가난, 貧) + -ᄒᆞ(형접)]-]- + -Ø(현시)- + -ㄴ(관전) # 이(이, 者: 의명) + -이(-의: 관조, 의미상 주격) ※ '艱難ᄒᆞ니'는 '艱難ᄒᆞᆫ 이이'에서 의존 명사의 형태인 '이'가 탈락된 형태이다.

95) 즐기논: 즐기[즐기다, 樂: 즑(불어, 喜) + -이(사접)-]- + -ㄴ(←-ᄂᆞ-: 현시)- + -오(대상)- + -ㄴ(관전)

96) 資粮: 자량. 사람이 생계를 영위하는 데 드는 양식이다. 여기서는 보리와 열반에 이르기 위한 여러 가지 선근의 공덕을 이른다.

97) 資生: 자생. 생계를 영위하는 것이다.

98) 쟝ᄎᆞ: 장차, 將次(부사)

99) 달애야: 달애(달래다, 꾀다, 권하다, 誘)- + -야(←-아: 연어)

100) 혀: 혀(끌다, 引) + -어(연어)

1) 양ᄌᆡ: 양ᄌᆞ(양자, 모습, 용모, 樣子, 形相) + -ㅣ(←-이: 주조)

2) 셩가시오: 셩가시[초췌하다, 초라하다, 憔悴: 셩(셩, 性) + 가시(가시다, 없어지다, 변하다)-]- + -오(←-고: 연어, 나열)

3) 威德: 위덕. 위엄과 덕망을 아울러 이르는 말이다.

4) ᄀᆞ모니: [가만히, 竊(부사): ᄀᆞ몬(가만: 불어)- + -Ø(←-ᄒᆞ-: 형접)- + -이(부접)]

5) ᄌᆞ녹ᄌᆞᄂᆞ기: [자늑자늑하게(부사): ᄌᆞ녹ᄌᆞ녹(자늑자늑: 부사) + -이(부접)] ※ 'ᄌᆞ녹ᄌᆞᄂᆞ기'는 '동작이 조용하며 가볍고 진득하게 부드럽고 가볍게'의 뜻으로 쓰이는 부사이다.

6) 이어ᄀᆡ: 여기에, 이곳에, 此處(지대, 정칭)

7) 일훓: 일ᄒᆞ[←일ᄒᆞ다: 일(일, 事) + -ᄒᆞ(동접)-]- + -오(대상)- + -ᆶ(관전)

8) 싸히: 싸ᅙᅵ(곳, 데, 處) + -이(주조)

9) 갑슬: 값(값, 품삯, 直) + -을(목조)

倍·빙·히 주·리라ᄒᆞ·라 窮꿍子·중·옷 그리
·호·려커·든 드·려와 일·시·기·라ᄒᆞ·다가 무
·르·듸 므·슷일·시·교·려ᄒᆞ·ᄂᆞ·다커·든닐·오
·듸·똥·치·우리·니 우·리·둘·토홈·ᄭᅴ·ᄒᆞ·리·라
·호·라 그·ᄢᅴ·두 사·ᄅᆞᆷ·이 窮꿍子·중 어·둘·웃
·이·를·다 니ᄅᆞᆫ·대 【두·사·ᄅᆞᆷ·ᄀᆞ·ᄆᆞ·니보·내·요ᄆᆞᆫ 菩뽕薩·삻行·ᅘᅧᆼ·ᄀᆞ·ᄎᆞᆫ·요
양·ᄌᆡ셩·가·ᄉᆡ·요·ᄆᆞᆫ 自쯩在·찡·ᄒᆞᆫ·힘·ᄀᆞ·초

倍(배)로 주리라.'고 하라. 窮子(궁자)야말로 그리 하려 하거든 (궁자를) 데
려와 일을 시켜라. 만일 (궁자가 너희에게) 묻되 '무슨 일을 시키려 하는
가?'라고 하거든, (네가) 이르되 '똥을 치우겠으니 우리 둘도 함께 하겠
다.'고 하라." 그때에 두 사람이 窮子(궁자)를 만나 위의 일을 다 이르니,
【두 사람을 가만히 보낸 것은 菩薩行(보살행)을 갖춘 사람을 부리시어 二乘法
(이승법)을 보이신 것이요, (두 사람의) 모습이 초췌한 것은 自在(자재)한 힘을 감
춘 것이요,

倍_삥히¹⁰⁾ 주리라 ᄒ라 窮_꿍子_{ᄌᆼ}옷¹¹⁾ 그리호려¹²⁾ 커든¹³⁾ ᄃ려와 일
시기라¹⁴⁾ ᄒ다가 무로ᄃᆡ 므슷¹⁵⁾ 일 시교려¹⁶⁾ ᄒᄂ다¹⁷⁾ 커든 닐오ᄃᆡ
쏭 쵀유리니¹⁸⁾ 우리 둘토¹⁹⁾ ᄒᄃᆡ²⁰⁾ 호리라²¹⁾ ᄒ라 그 ᄢ 두 사ᄅ
미 窮_꿍子_{ᄌᆼ} 어더²²⁾ 옷²³⁾ 이ᄅᆯ 다 니른대²⁴⁾【두 사ᄅᆷ ᄀᄆᆞ니 보내요
ᄆᆫ 菩_뽕薩_삻行_{ᅘᆡᆼ}²⁵⁾ ᄀ촌²⁶⁾ 사ᄅᆷ 브리샤²⁷⁾ 二_{ᅀᅵᆼ}乘_씽法_법 뵈샤미오²⁸⁾ 양지 셩가식
요ᄆᆫ 自_{ᄍᆞᆼ}在_{ᄍᆡᆼ}²⁹⁾ᄒᆫ 힘 ᄀ초오미오³⁰⁾

---

10) 倍히: [두 배로, 배로, 倍(부사): 倍(배) + -ᄒ(←-ᄒ-: 동접)- + -이(부접)]

11) 窮子옷: 窮子(궁자) + -옷(←-곳: 보조사, 한정 강조)

12) 그리호려: 그리ᄒ[←그리ᄒ다(그리하다): 그리(부사) + -ᄒ(동접)-] + -오려(-려: 연어, 의도)

13) 커든: ᄒ(←ᄒ다: 하다, 曰)- + -거든(연어, 조건)

14) 시기라: 시기(시키다, 使)- + -라(명종, 아낮)

15) 므슷: 무슨, 何(관사, 지시, 미지칭)

16) 시교려: 시기(시키다, 使作)- + -오려(연어, 의도)

17) ᄒᄂ다: ᄒ(하다: 보용, 의도)- + -ᄂ(현시)- + -ㄴ다(-ㄴ가: 의종, 2인칭)

18) 쵀유리니: 쵀유[치우다, 除: 츠(치우치다, 비키다, 偏)- + -ㅣ(←-이-: 사접)-] + -유(←-우-: 화자)- + -리(미시)- + -니(연어, 설명 계속)

19) 둘토: 둘ᄒ(둘, 二: 수사, 양수) + -도(보조사, 첨가)

20) ᄒᄃᆡ: [함께, 한데, 同(부사): ᄒᆫ(한, 一: 관사, 양수) + ᄃᆡ(데, 곳: 의명)]

21) 호리라: ᄒ(←ᄒ다: 하다, 爲)- + -오(화자)- + -리(미시)- + -라(←-다: 평종)

22) 어더: 얻(얻다, 得)- + -어(연어) ※ '얻다(得)'는 '만나다'의 뜻으로 의역하여 옮긴다.

23) 옷: 우(←우ᄒ: 위, 上)- + -ㅅ(-의: 관조)

24) 니른대: 니ᄅ(이르다, 陳)- + -ㄴ대(-니: 연어, 반응)

25) 菩薩行: 보살행. 보살이 부처가 되려고 자기와 남을 이롭게 하는 원만한 행동을 하는 것이다.

26) ᄀ촌: ᄀ초[간직하다, 감추다, 藏: ᄀᆾ(갖추어져 있다, 備: 형사)- + -호(사접)-] + -Ø(과시)- + -ㄴ(관전)

27) 브리샤: 브리(부리다, 시키다, 使)- + -샤(←-시-: 주높)- + -Ø(←-아: 연어)

28) 뵈샤미오: 뵈[보이다, 示: 보(보다, 見)- + -ㅣ(←-이-: 사접)-] + -샤(←-시-: 주높)- + -ㅁ(←-옴: 명전) + -이(서조)- + -오(←-고: 연어, 나열)

29) 自在: 자재. 속박이나 장애가 없이 마음대로인 것이다.

30) ᄀ초오미오: ᄀ초[간직하다, 감추다, 藏: ᄀᆾ(갖추어져 있다, 備: 형사)- + -호(사접)-] + -옴(명전) + -이(서조)- + -오(←-고: 연어, 나열)

그 ᄢ·긔 窮꿍子중ㅣ 몬져 갑솔 가지고

＜원문 판본 이미지의 옛 한글 본문＞

너의 품삯을 倍(배)로 주려 한 것은 작은 일을 즐긴 것을 因(인)하여 가까운 果(과)를 보이신 것을 비유하고, 너에게 똥을 치우게 하려 한 것은 艱難(간난)한 이가 즐기는 法(법)으로 濟度(제도)하신 것이요, 똥을 친 것은 煩惱(번뇌)를 끊은 것을 비유하니, 煩惱(번뇌)·惑業(혹업)이 마음을 더럽혀 있거든 二乘(이승)이 여러 가지의 觀(관)을 지어 (번뇌와 혹업을) 더나니, 菩薩(보살)은 煩惱(번뇌)·涅槃(열반)이 서로 막지 아니하므로 너와 함께 하려 하니, 일을 함께 함으로써 제도(濟度)하시는 것이다. 위의 일을 다 이른 것은 부처를 順(순)하여 敎化(교화)를 펴신 것을 비유하였니라.】 그때에 窮子(궁자)가 먼저 품삯을 받고 네 갑슬¹⁾ 倍_뾩히 주려 호ᄆᆞᆫ 져근 일 즐교ᄆᆞᆯ²⁾ 因_{ᅙᅵᆫ}ᄒᆞ야 갓가ᄫᆞᆫ³⁾ 果_광 뵈샤ᄆᆞᆯ 가ᄌᆞᆯ비고 너를 똥⁴⁾ 츼유려⁵⁾ 호ᄆᆞᆫ 艱_간難_난ᄒᆞ니 즐기논 法_법으로 濟_졩度_똥ᄒᆞ샤미오 똥 츄ᄆᆞᆫ⁶⁾ 煩_뻔惱_놀 그추ᄆᆞᆯ⁷⁾ 가ᄌᆞᆯ비니 煩_뻔惱_놀 惑_{ᅘᅱᆨ}業_업⁸⁾이 ᄆᆞᅀᆞᄆᆞᆯ 더러벳거든⁹⁾ 二_{ᅀᅵᆼ}乘_씽이 여러 가짓 觀_관¹⁰⁾ᄋᆞᆯ 지서¹¹⁾ 더ᄂᆞ니¹²⁾ 菩_뽕薩_{ᅀᅡᇙ}ᄋᆞᆫ 煩_뻔惱_놀 涅_녏槃_빤이 서르¹³⁾ 막디 아니ᄒᆞᆯᄊᆡ 너와 ᄒᆞᄃᆡ 호려 ᄒᆞ니 일 ᄒᆞᄃᆡ 호ᄆᆞ로 거리츠실¹⁴⁾ ᄊᆡ라 웃 이ᄅᆞᆯ 다 닐오ᄆᆞᆫ 부텨를 順_쓘ᄒᆞᅀᆞᄫᅡ¹⁵⁾ 敎_{ᄀᆛ}化_황 펴샤ᄆᆞᆯ¹⁶⁾ 가ᄌᆞᆯ비니라 】 그 ᄢᅴ¹⁷⁾ 窮_꿍子_중ㅣ 몬져 갑슬 가지고¹⁸⁾

---

1) 갑슬: 값(값, 임금, 値) + -ᄋᆞᆯ(목조) ※ '값'은 일을 한 품삯이다.

2) 즐교ᄆᆞᆯ: 즐기[즐기다, 樂: 즑(즐거워하다, 喜: 자동) + -이(사접)-] + -옴(명전) + -ᄋᆞᆯ(목조)

3) 갓가ᄫᆞᆫ: 갓갑[← 갓갑다, ㅂ불: 가깝다, 近) + -∅(현시) + -ᄋᆞᆫ(관전)

4) 똥: 똥, 糞.

5) 츼유려: 츼유[치우다, 除: 츠(치다, 除) + -ㅣ(← -이-: 사접)] + -우-: 사접)-] + -우려(연어, 의도)

6) 츄ᄆᆞᆫ: 츠(← 츠: 치다, 除) + -움(명전) + -ᄋᆞᆫ(보조사, 주제)

7) 그추ᄆᆞᆯ: 긏(긏다, 그치다, 切) + -움(명전) + -ᄋᆞᆯ(목조)

8) 惑業: 혹업. 미혹(迷惑)의 업(業)이다. 탐·진·치 삼독심의 무명 번뇌를 혹(惑)이라 하고, 이 혹에 의하여 선악의 행위를 일으켜서 짓게 되는 것이 업(業)이다.

9) 더러벳거든: 더러비[더럽히다, 汚: 더럽(← 더럽다, ㅂ불: 더럽다, 汚, 형사) + -이(사접)-] + -어(연어) # 잇(← 이시다: 보용, 완료 지속) + -거든(연어, 조건) ※ '더러벳거든'은 '더러벼 잇거든'이 축약된 형태이다.

10) 觀: 관. 불교 수행법의 하나로서, 진리의 대상을 자세히 관찰하는 방법이다.

11) 지서: 짓(← 짓다, ㅅ불: 짓다, 作) + -어(연어)

12) 더ᄂᆞ니: 더(← 덜다, 감하다, 減) + -ᄂᆞ(현시) + -니(연어, 설명 계속)

13) 서르: 서로, 相(부사)

14) 거리츠실: 거리츠(건지다, 구제하다, 濟) + -시(주높) + -ㄹ(관전)

15) 順ᄒᆞᅀᆞᄫᅡ: 順ᄒᆞ[순하다, 따르다: 順(순: 불어) + -ᄒᆞ(동접)-] + -ᅀᆞᆸ(← -ᅀᆞᆸ-: 객높) + -아(연어)

16) 펴샤ᄆᆞᆯ: 펴(펴다, 伸) + -샤(← -시-: 주높) + -ㅁ(← -옴: 명전) + -ᄋᆞᆯ(목조)

17) ᄢᅴ: ᄢᅴ(← ᄢᅴ: 때, 時, 의명) + -의(-에: 부조, 위치)

18) 갑슬 가지고: '갑슬 가지고'는 『묘법연화경』의 원문에 기술된 '取其價'를 번역한 것인데, 여기서는 '품삯을 받고'로 의역하여 옮긴다.

미조차 ᄧ롯더니 그 아비 아ᄃᆞᆯ 보고
어엿비 너겨 荒황唐땅히 너겨 ᄯᅩ ᄃᆞᄅᆞᆫ
나래 窓창애 ᄇᆞ라니 아ᄃᆞᆯ익 모ᄆᆡ 시
드러 여위오 똥 몬지 무더 더럽거ᄂᆞᆯ 즉
재 瓔형珞락과 보ᄃᆞ라ᄫᆞᆫ 爲윙頭똥ᄒᆞᆫ
옷과 嚴엄飾식ᄒᆞᆫ 엇거슬 바ᄉᆞ리고
【飾식은 ᄭᅮ밀씨라 嚴엄】
걸헌ᄠᆡ 무든 옷 닙고

뒤미처 좇아 똥을 치더니, 그 아버지가 아들을 보고 불쌍히 여기고 荒唐(황당)히 여겨, 또 다른 날에 窓(창)에서 바라보니 아들의 몸이 시들어 여위고 똥 먼지가 묻어 더럽거늘, 즉시로 瓔珞(영락)과 보드라운 으뜸가는 爲頭(위두)한 옷과 嚴飾(엄식)한 것을 벗어 버리고【嚴飾(엄식)은 장엄하게 꾸미는 것이다.】, 거칠고 헐고 때가 묻은 옷을 입고 미조차[19] 똥을 츠더니 그 아비 아들 보고 어엿비[20] 너겨 荒황唐땅히[21] 너겨 또 다른 나래 窓챵애셔 브라니 아드리 모미 시드러 여위오 똥 몬지[22] 무더 더럽거늘 즉재[23] 瓔영珞락[24]과 보드라본 爲윙頭뚤훈[25] 옷과 嚴엄飾식엣[26] 거슬 바사 브리고【嚴엄飾식은 싁싁기[27] 꾸밀[28] 씨라】 멀터본[29] 헌 띠[30] 무든 옷[31] 닙고

---

19) 미좇: 미좇[뒤미쳐 좇다, 追: 미(← 및다: 미치다, 이르다, 及)- + 좇(좇다, 쫓다, 從)-]- + -아 (연어)

20) 어엿비: [불쌍히, 憐(부사): 어엿ㅂ(← 어엿브다: 불쌍하다, 憐: 형사)- + -이(부접)] ※ '어엿비 너겨'는 뒤의 문맥을 고려하여 '불쌍히 여기고'로 의역하여 옮긴다.

21) 荒唐히: [황당히(부사): 荒唐(황당): 불어) + -ᄒ(← -ᄒ-: 형접)- + -이(부접)]

22) 몬지: 몬지(먼지. 塵坌) + -∅(← -이: 주조)

23) 즉재: 즉시, 곧, 卽(부사)

24) 瓔珞: 영락(= 여의주). 구슬을 꿰어 만든 장신구로서, 목이나 팔 따위에 두른다.

25) 爲頭훈: 爲頭ᄒ[으뜸가다, 上首: 爲頭(으뜸: 명사) + -ᄒ(동접)-]- + -∅(과시)- + -ㄴ(관전) ※ '爲頭한 옷'은 『묘법연화경』의 '上服'을 번역한 것인데, '아주 좋은 옷'이다.

26) 嚴飾엣: 嚴飾(엄식) + -에(부조, 위치) + -ㅅ(-의: 관조) ※ '嚴飾(엄식)'은 장엄하게 꾸미는 것이다. 따라서 '嚴飾엣'을 '장엄하게 꾸민'으로 의역하여 옮길 수 있다. ※ '嚴飾엣 것'은 『묘법연화경』에는 '嚴飾之具'로 표현하였는데 이는 '장신구(裝身具)'를 뜻한다.

27) 싁싁기: [엄숙하게, 장엄하게, 嚴(부사): 싁싁(불어) + -∅(← -ᄒ-: 형접)- + -이(부접)]

28) 꾸밀: 꾸미(꾸미다, 飾)- + -ㄹ(관전)

29) 멀터본: 멀텋(← 멀텁다, ㅂ불: 거칠다, 荒)- + -∅(현시)- + -은(관전)

30) 띠: 띠(때, 垢) + -∅(주조)

31) 멀터본 헌 띠 무든 옷: '거친, 헌, 때가 묻은 옷'. 관형어 세 개가 겹쳐서 표현된 구절인데, 여기서는 '거칠고 헐고 때가 묻은 옷'으로 의역하여 옮긴다.

[22 앞]

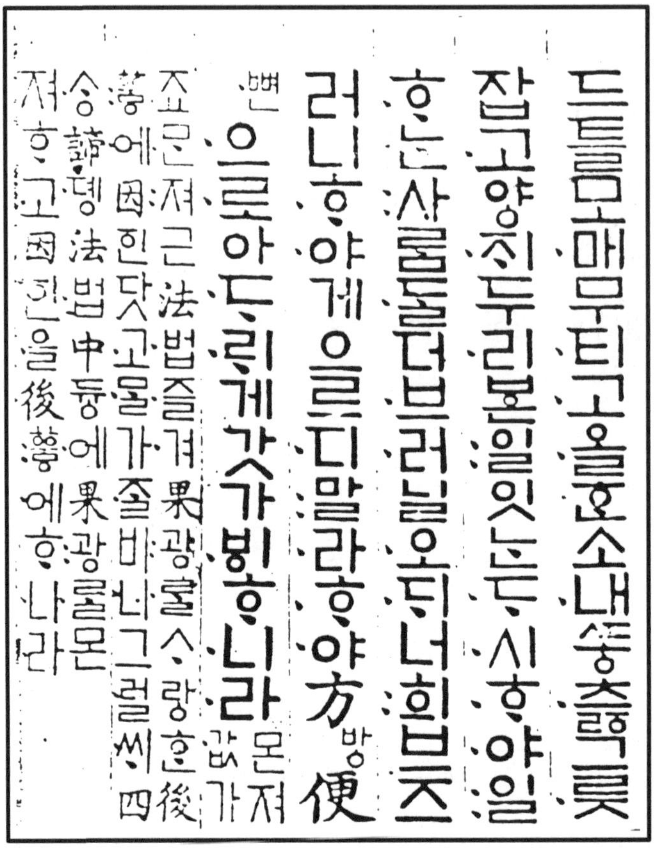
드틀로 모매 무티고 올ᄒᆞᆫ 소내 ᄯᅩᇰ ᄎᆞᇙ 그릇
잡고 양ᄌᆡ 두리본 일 잇ᄂᆞᆫ ᄃᆞᆺ시 ᄒᆞ야 일
ᄒᆞᄂᆞᆫ 사ᄅᆞᆷᄃᆞᆯ 더브러 닐오ᄃᆡ 너희 브즈
러니 ᄒᆞ야 게으르디 말라 ᄒᆞ야 方방便뼌
으로 아ᄃᆞ리게 갓가ᄫᅵ ᄒᆞ니라 몬져 값가
죠ᄆᆞᆫ 져근 法법 즐겨 果광ᄅᆞᆯ ᄉᆞ랑ᄒᆞᆫ 後ᅘᅮᇢ에 因힌 닷ᄀᆞ몰 가ᄌᆞᆯ비ᄂᆞ니 그럴ᄊᆡ 四
ᄉᆞᇰ諦뎽法법 中듕에 果광ᄅᆞᆯ 몬져 ᄒᆞ고 因힌ᄋᆞᆯ 後ᅘᅮᇢ에 ᄒᆞ나라

티끌을 몸에 묻히고, 오른손에 똥을 칠 그릇을 잡고, 모습이 두려운 일이 있는 듯이 하여 일하는 사람들을 더불어서 이르되 "너희가 부지런히 하여 게으르지 말라."고 하여, 方便(방편)으로 아들에게 가까이하였니라.

【 (궁자가) 먼저 품삯을 가진 것은 작은 法(법)을 즐겨 果(과)를 생각한 後(후)에 因(인)을 닦은 것을 비유하니, 그러므로 四諦法(사제법)의 中(중)에 果(과)를 먼저 하고 因(인)을 後(후)에 하였니라.

드틀[32] 모매 무티고[33] 올흔소내[34] 뽕 츩 그릇 잡고 양지[35] 두리
본[36] 일 잇는 드시[37] ᄒᆞ야 일 ᄒᆞ는 사ᄅᆞᆷ들 더브러 닐오ᄃᆡ 너희[38]
브즈러니[39] ᄒᆞ야 게으르디 말라 ᄒᆞ야 方ᇢ便ᅇᅥᆫ으로 아ᄃᆞᆯ 게[40] ᄀᆞ장
가비ᄒᆞ니라[41]【몬져 갑 가죠ᄆᆞᆫ[42] 져근 法ᆸᆸ 즐겨 果광[43]를 ᄉᆞ랑ᄒᆞᆫ 後ᅘᅮᇢ에 因ᅙᅵᆫ[44]
닷고ᄆᆞᆯ 가ᄌᆞᆯ비니 그럴ᄊᆡ 四ᄉᆞᆼ諦뎅法ᆸᆸ[45] 中듕에 果광를 몬져 ᄒᆞ고 因ᅙᅵᆫ을 後ᅘᅮᇢ에
ᄒᆞ니라

---

32) 드틀: 티끌, 塵.

33) 무티고: 무티[묻히다, 穢: 묻(묻다)- + -히(사접)-]- + -고(연어, 나열)

34) 올흔소내: 올흔손[오른손, 右手: 옳(옳다, 오른쪽이다, 是, 右: 형사)- + -은(관전) + 손(손, 手)] + -애(-에: 부조, 위치)

35) 양지: 양ᄌᆞ(모습, 樣) + -ㅣ(←-이: 주조)

36) 두리본: 두립[←두립다, ㅂ불(두렵다, 恐): 두리(두려워하다, 畏)- + -ㅂ(형접)-]- + -Ø(현시)- + -은(관전)

37) 드시: [듯이(의명, 흡사): 듯(듯: 의명, 흡사) + -이(명접)]

38) 너희: 너희[너희, 汝等: 너(너, 汝: 인대, 2인칭) + -희(복접)] + -Ø(←-이: 주조)

39) 브즈러니: [부지런히, 勤(부사): 브즈런(부지런, 勤: 명사) + -Ø(←-ᄒᆞ-: 형접) + -이(부접)]

40) 아ᄃᆞᆯ 게: 아ᄃᆞᆯ(아들, 子) + -ᄋᆡ(관조) # 게(거기에: 의명) ※ '아ᄃᆞᆯ 게'는 '아들에게'로 의역하여 옮긴다.

41) 가비ᄒᆞ니라: 갓가비ᄒᆞ[가까이하다, 親近: 갓갑(← 갓갑다, ㅂ불: 가깝다, 近, 형사)- + -이(부접) + -ᄒᆞ(동접)-]- + -Ø(과시)- + -니(원칙)- + -라(←-다: 평종)

42) 가죠ᄆᆞᆫ: 가지(기지다, 持)- + -옴(명전) + -ᄋᆞᆫ(보조사, 주제)

43) 果: 과. 과보(果報)이다. 앞서 행동했던 선한 행위(善業)에 의해 낙과(樂果)를 받고, 악한 행위[惡業]에 의해 고과(苦果)를 받는다는 사상이다.

44) 因: 인. 인행(因行)이다. 수행에 방해가 되는 외부의 요인에 흔들리지 아니하고 오롯이 수행정진하는 것이다. 보살이 인행(因行)을 닦아서 깨달음의 과보(果報)를 얻는 것을 수인감과(修因感果)라고 한다.

45) 四諦法: 사제법. 영원히 변하지 않는 네 가지 성스러운 진리를 이른다. 곧, '고제(苦諦), 집제(集諦), 멸제(滅諦), 도제(道諦)'를 이른다. 첫째로 고제(苦諦)는 현세에서의 삶은 곧 고통이라고 하는 진리를 이른다. 둘째로 집제(集諦)는 괴로움의 원인은 끝없는 애집(愛執)에 있다는 진리를 이른다. 셋째로 멸제(滅諦)는 모든 욕망을 벗어나서 괴로움이 소멸한 열반의 경지를 이상이라고 풀이하는 진리를 이른다. 넷째로 도제(道諦)는 번뇌와 업을 끊고 열반에 도달하는 길을 이른다.

二·ᅀᅵᆼ乘씨ᇰ이 煩뻔惱ᄂᆛᆯᄅᆞᆯ 降하ᇰ服·뽁히ᅌᅳ·

苦·콩集·찝은 世·솅間간法·법이니 苦·콩를 아·라 集·찝을 그·츠니 果·광ᄅᆞᆯ 몬·져 ·ᄒᆞ·고 버·거 因·ᄒᆞ·ᄂᆞᆫ 法·법이·오 滅·몋道·ᄠᅳᆼᄂᆞᆫ 出·츓世·솅間간法·법이·니 滅·몋을 爲·윙·ᄒᆞ·야 道·ᄠᅳᆼᄅᆞᆯ 닷·ᄀᆞ·니 ·ᄯᅩ 果·광ᄅᆞᆯ 몬·져 ·ᄒᆞ·고 버·거 因·ᄒᆞ·ᄂᆞᆫ·ᄒᆞ·니·라

그 아·비 어·엿·비 너·겨 荒황唐땅·히 너·교·ᄆᆞᆫ 져·근 法·법을 즐·기·고 큰 法·법을 ᄇᆞ·료·ᄆᆞᆯ 荒황唐땅·히 너·기시·논 ·디·라 ·ᄯᅩ 다·ᄅᆞᆫ 나·래 窓챵·ᄋᆞ·로 혼 이·ᄅᆞᆯ ·ᄯᅩ 한 方방便뼌을 펴 죠·고·맛 보·ᄆᆞᆯ 조·차 秘·빙密·밇·ᄒᆞᆫ 敎ᇢ化·황ᄅᆞᆯ ·ᄀᆞ·마·니 펴·샤 큰 法·법 ᄉᆞ·라ᇰ·케 ·ᄒᆞ시·논 ·ᄃᆞ·를 가·ᄌᆞᆯ·비시·니·라 ᄠᅴ 무·두·믄

苦(고) · 集(집)은 世間法(세간법)이니 苦(고)를 알아 集(집)을 끊으니, 果(과)를 먼저 하고 다음으로 因(인)을 한 것이요, 滅(멸) · 道(도)는 出世間法(출세간법)이니 滅(멸)을 爲(위)하여 道(도)를 닦으니, 또 果(과)를 먼저 하고 다음으로 因(인)을 한 것이다.

그 아버지가 불쌍히 여겨 荒唐(황당)히 여긴 것은 작은 法(법)을 즐기고 큰 法(법)을 버린 것을 荒唐(황당)히 여기시는 것이다. 또 다른 날에 窓(창)에서 한 것들은, 또 많이 方便(방편)을 펴서 조그만 봄(見)을 좇아서 秘密(비밀)한 敎化(교화)를 가만히 펴시어, 큰 法(법)을 생각하게 하신 것을 비유했니라. 초췌하고 티끌이 묻은 것은 二乘(이승)이 煩惱(번뇌)를 降服(항복)시켜서

苦⁴⁶⁾ 集⁴⁷⁾은 世世間간法법⁴⁸⁾이니 苦콩를 아라 集찝을 그츠니 果광 몬져 ᄒ고 버거⁴⁹⁾ 因ᅙᅵᆫ 호미오 滅몋道똫⁵⁰⁾는 出츓世셍間간法법⁵¹⁾이니 滅몋을 爲윙ᄒ야 道똫를 닷ᄀ니 ᄯ 果광 몬져 ᄒ고 버거 因ᅙᅵᆫ 호미라

그 아비 어엿비 너겨 荒황唐땅히 너교ᄆᆫ 져근 法법 즐기고 큰 法법 ᄇ료ᄆᆯ 荒황唐땅히 너기실 씨라 ᄯ 다ᄅᆫ⁵²⁾ 나래 窓챵애셔 홈 들ᄒᆫ⁵³⁾ ᄯ 만히⁵⁴⁾ 方방便뼌을 펴 죠고맛⁵⁵⁾ 보ᄆᆯ 조차 秘빙密맗ᄒᆫ 敎굘化황ᄅᆯ ᄀ마니 펴샤 큰 法법 ᄉ랑케 ᄒ샤ᄆᆯ 가줄비니라 셩가시오⁵⁶⁾ 드틀 무두ᄆᆫ 二ᅀᅵᆼ乘씽이 煩뻔惱놓ᄅᆯ 降행服뽁히와⁵⁷⁾

---

46) 苦: 고. 현세에서의 삶은 곧 고통이라고 하는 진리를 이른다.

47) 集: 집. 괴로움의 원인은 끝없는 애집(愛執)에 있다는 진리를 이른다.

48) 世間法: 세간법. 우리의 몸과 몸을 중심으로 감각되어지는 인식의 대상을 모두 합쳐서 세간법이라 하는 것이다.

49) 버거: [다음으로, 이어서, 次(부사): 벅(버금가다, 다음가다, 次: 동사)- + -어(연어▷부접)]

50) 滅道: 멸도. 모든 욕망을 벗어나서 괴로움이 소멸한 열반의 경지를 이상이라고 풀이하는 진리를 이른다.

51) 出世間法: 출세간법. 열반을 성취하기 위하여 삼승(三乘)에서 수행하는 행법으로서, '사제(四諦), 십이 연기, 육도(六度)' 따위의 행법(行法)이 있다.

52) 다ᄅᆫ: [다른, 他, 관사: 다ᄅ(다르다, 異: 형사)- + ㄴ(관전▷관접)]

53) 홈 들ᄒᆫ: ᄒ(하다, 爲)- + -옴(명전) # 들ᄒ(들, 等: 의명) + -ᄋᆫ(보조사, 주제) ※ '홈 들ᄒ'은 장자가 창(窓)으로 궁자를 바라본 것을 이른다.

54) 만히: [많이, 多(부사): 만ᄒ(← 만ᄒ다: 많다, 多: 형사)- + -이(부접)]

55) 죠고맛: 죠고마(조금, 小: 명사) + -ㅅ(-의: 관조)

56) 셩가시오: 셩가시[초췌하다, 초라하다, 憔悴: 셩(성, 性) + 가시(가시다, 없어지다, 변하다)-]- + -오(←-고: 연어, 나열)

57) 降服히와: 降服히오[항복하게 하다, 항복시키다: 降服(항복: 명사) + -ᄒ(동접)- + -ㅣ(←-이-: 사접)- + -오(사접)-]- + -아(연어)

[23 앞]

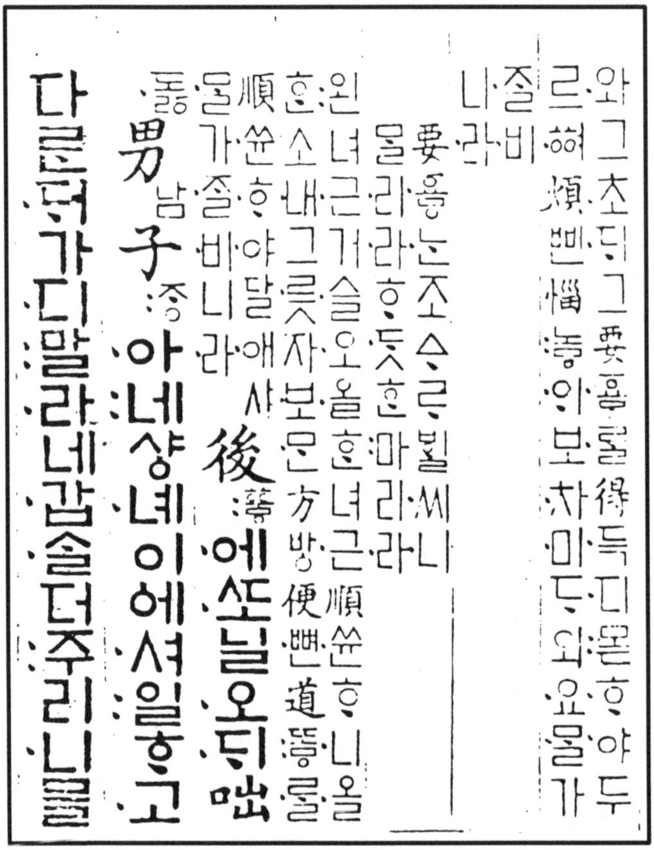
와 그 ᄎᆞᄃᆡ 그 要ᅙᅭᇢ를 得득디 몯ᄒᆞ야 두르혀 煩뻔惱놓ᅌᅴ 보차미 ᄃᆞ외요ᄆᆞᆯ 가ᄌᆞᆯ비니라

要ᅙᅭᇢ는 조ᅀᆞᄅᆞᄫᆞᆯ씨니 ᄆᆞᄅᆞ라 ᄒᆞ돗ᄒᆞᆫ 마리라

왼녀근 거슬오 올ᄒᆞᆫ녀근 順쓘ᄒᆞ니 올ᄒᆞᆫ소내 그르슬 자보ᄆᆞᆫ 方방便뼌道ᄯᅩᇢ를 順쓘ᄒᆞ야 달애샤ᄆᆞᆯ 가ᄌᆞᆯ비니라

後ᅘᅮᇢ에 ᄯᅩ 닐오ᄃᆡ 咄돓 男남子ᄌᆞᆼ아 네 샹녜 이에셔 일ᄒᆞ고 다ᄅᆞᆫᄃᆡ 가디 말라 네 갑ᄉᆞᆯ 더 주리니 ᄆᆞᆫ

긇되, 그 要(요)를 得(득)하지 못하여 도리어 煩惱(번뇌)가 보채는 바가 된 것을 비유하였니라.

要(요)는 중요한 것이니 '마루(宗)이라.'고 하듯 한 말이다.

왼녘은 거스르고 오른녘은 順(순)하니, 오른손에 그릇을 잡은 것은 方便(방편)의 道(도)를 順(순)하여 달래신 것을 비유하였니라.】 後(후)에 또 이르되 "咄(돌)! 男子(남자)야, 네가 항상 여기서 일하고 다른 데에 가지 말라. 네 품삯을 더 주겠으니 모든 그초딕⁵⁸⁾ 그 要_욜⁵⁹⁾를 得_득디 몯ᄒᆞ야 두르혀⁶⁰⁾ 煩_뻔惱_놀이 보차미⁶¹⁾ ᄃᆞ외요믈 가줄비니라

要_욜ᄂᆞᆫ 조ᅀᆞᄅᆞᄫᆡᆯ⁶²⁾ 씨니 ᄆᆞ리라⁶³⁾ ᄒᆞ듯 ᄒᆞᆫ 마리라

왼녀근⁶⁴⁾ 거슬오⁶⁵⁾ 올ᄒᆞ녀근⁶⁶⁾ 順_쓘ᄒᆞ니 올ᄒᆞᆫ소내⁶⁷⁾ 그릇 자보ᄆᆞᆫ 方_방便_뻔 道_똥를 順_쓘ᄒᆞ야 달애샤믈⁶⁸⁾ 가줄비니라 】後_훃에 ᄯᅩ 닐오ᄃᆡ 咄_돓⁶⁹⁾ 男_남子_중아⁷⁰⁾ 네 샹녜⁷¹⁾ 이에셔⁷²⁾ 일ᄒᆞ고 다ᄅᆞᆫ ᄃᆡ 가디 말라 네 갑슬 더 주리니 믈읫⁷³⁾

---

58) 그초딕: 긏(끊다, 切)- + -오딕(-되: 연어, 설명 계속)

59) 要: 요. 매우 중요한 것, 핵심, 근원. 요체.

60) 두르혀: [도리어, 逆(부사): 두르(두르다, 旋: 타동)- + -혀(강접)- + -어(연어 ▷부접)]

61) 보차미: 보차(성가시게 하다)- + -ㅁ(←-옴: 명전) + -이(주조) ※ '보차다'는 어떠한 것을 요구하며 성가시게 조르는 것이다.

62) 조ᅀᆞᄅᆞᄫᆡᆯ: 조ᅀᆞᄅᆞᄫᆡ[종요롭다, 중요하다(형사): 조ᅀᆞ(핵심, 중요한 것: 명사) + -ᄅᆞᄫᆡ(형접)-]- + -ㄹ(관전)

63) ᄆᆞ리라: ᄆᆞᆯ(←ᄆᆞᄅᆞ: 마루, 宗) + -이(서조)- + -Ø(현시)- + -라(←-다: 평종) ※ 'ᄆᆞᄅᆞ(마루, 宗)'은 어떤 사물의 첫째, 또는 어떤 일의 기준이다.

64) 왼녀근: 왼녁[왼녁, 왼쪽, 左便: 외(그르다, 왼쪽이다, 誤, 左)- + -ㄴ(관전) + 녁(녘, 處: 의명)] + -은(보조사, 주제)

65) 거슬오: 거슬(그스르다, 逆)- + -오(←-고: 연어, 나열)

66) 올ᄒᆞ녀근: 올ᄒᆞ녁[오른녁, 오른쪽, 右便: 옳(옳다, 오른쪽이다, 是, 右)- + -ㄴ(관전) + 녁(녘, 處: 의명)] + -은(보조사, 주제)

67) 올ᄒᆞᆫ소내: 올ᄒᆞᆫ손[오른손, 右手: 옳(오른쪽이다, 右: 형사)- + -ᄋᆞᆫ(관전) + 손(손, 手)] + -애(-에: 부조, 위치)

68) 달애샤믈: 달애(달래다, 誘)- + -샤(←-시-: 주높)- + -ㅁ(←-옴: 명전) + -읔(목조)

69) 咄: 돌. 놀라서 내지르는 소리이다. 곧, 주의를 환기하기 위한 감탄사이다. 주로 부정적인 감정을 드러낸다.

70) 男子아: 男子(남자) + -아(호조, 낮춤) ※ 중세 국어에서는 '-아'가 현대 국어와는 달리 자음으로 끝나는 체언과 모음으로 끝나는 체언 뒤에서 두루 실현된다.

71) 샹녜: 늘, 항상, 常(부사)

72) 이에셔: 이에(여기에, 此處: 지대, 정칭) + -셔(-서: 보조사, 위치 강조)

73) 믈읫: 모든, 諸(관사)

잇求·호논盆器·며米·명麵·이
며鹽·염醋·총·을돌·홀너어·려·비·너·기·디·말·며
·며·쑨·늘·긇·뇝·긴브·릃사·름·밋·잇·느니·求
·호·면주·리·니이대·를便·뻔安·한·히
·가·지·라·내·네·아·비·콰·곧·흩·ᄂᆞ·외·야·시·룸
·말·라方·방便·뻔·으·로·구·지·저
터·블·쓰·느·두厚·흫·톳·히·ᄒᆞ·야
厚·흫·ᄃᆞ·톳·새·와親·친厚·흫

求(구)하는 盆器(분기)이며 米麵(미면)이며 鹽醋(염초) 들을 네가 어렵게 여기지 말며, 또 노쇠한 부릴 사람(＝하인)이 있나니 (네가) 求(구)하면 (그 사람을 네게) 주겠으니, 좋게 뜻을 便安(편안)히 가지라. 내가 너의 아버지와 같으니 다시 시름을 말라. 【方便(방편)으로 꾸짖어 깨닫게 하여 親厚(친후)히 하여,

　　厚(후)는 두터운 것이다.

求_꿀ᄒᆞ논⁷⁴⁾ 盆_뽄器_킁며⁷⁵⁾ 米_몡麵_면⁷⁶⁾이며 鹽_염醋_총⁷⁷⁾ 돌홀⁷⁸⁾ 네 어려

비⁷⁹⁾ 너기디 말며 ᄯᅩ 늘근 늘근⁸⁰⁾ 브륤⁸¹⁾ 사ᄅᆞ미 잇ᄂᆞ니 求_꿀ᄒᆞ면

주리니 이대⁸²⁾ ᄡᅳ들 便_뼌安_한히 가지라 내 네 아비 ᄀᆞᆮᄒᆞ니 ᄂᆞ외

야⁸³⁾ 시름 말라【方_방便_뼌으로 구지저⁸⁴⁾ ᄭᆡ와⁸⁵⁾ 親_친厚_警히⁸⁶⁾ ᄒᆞ야

　　厚_警ᄂᆞᆫ 두터볼⁸⁷⁾ 씨라

---

74) 求ᄒᆞ논: 求ᄒᆞ[구하다: 求(구: 불어) + -ᄒᆞ(동접)-]- + -ᄂ(←-ᄂᆞ-: 현시)- + -오(대상)- + -ᄂ
(관전)

75) 盆器: 분기. 항아리와 그릇이다.

76) 米麵: 미면. 쌀과 국수이다.

77) 鹽醋: 염초. 소금과 식초이다.

78) 돌홀: 돌ㅎ(들, 等: 의명) + -ᄋᆞᆯ(목조)

79) 어려비: [어렵게, 難(부사): 어렵(←어렵다, ㅂ불: 어렵다, 難, 형사)- + -이(부접)]

80) 늘근: 늙(낡다, 弊)- + -Ø(과시)- + -은(관전) ※ '늘근 늘근'은 『법화경언해』 원문의 '老弊(노
폐)'를 직역한 것인데, '노쇠한'으로 의역하여 옮긴다.

81) 브륤: 브리(부리다, 시키다, 使)- + -우(대상)- + -ᇙ(관전)

82) 이대: [잘, 좋게, 善(부사): 읻(좋다, 善: 형사)- + -애(부접)]

83) ᄂᆞ외야: [다시, 復(부사): ᄂᆞ외(거듭하다, 復: 동사)- + -야(←-아: 연어▷부접)]

84) 구지저: 구짖(꾸짖다, 叱)- + -어(연어)

85) ᄭᆡ와: ᄭᆡ오[깨우치다, 깨우다, 醒: ᄭᆡ(깨다, 醒)- + -오(사접)-]- + -아(연어)

86) 親厚히: [친후히(부사): 親厚(친후) + -ᄒᆞ(←-ᄒᆞ-: 형접)- + -이(부접)] ※ '親厚(친후)'는 서로
친하여 정이 두터운 것이다.

87) 두터볼: 두텁(←두텁다, ㅂ불: 두텁다, 厚)- + -ᄋᆞᆯ(관전)

便뼌安한ㅎ야 怯컵업게ㅎ니라 네 값
더 주리라 호문 預영流륳果광로 브터
四ᄉᆞᆼ果광 졸 비애 나ᅀᅡ ·소
·물 가졸 비ᄒᆞ고 ·
預영流륳ᄂᆞᆫ 聖셩人ᅀᅵᆫᄉᆞ주비에 參
ᄎᆞᆷ預영타혼마라니 湏슣陁땅洹ᅘᅯᆫ 果광라·광
盆ㅡ器ᄂᆞᆫ 助쭝道뜰 等등法법을 가
졸 비ᄒᆞ고 米몡麵면은 資ᄌᆞ粮량 等등
졸 비ᄒᆞ고 資ᄌᆞ粮량ᄋᆞᆫ 三삼賢현位윙 이라

便安(편안)하여 怯(겁)이 없게 하였니라. "너의 품삯을 더 주겠다."고 한 것은 預流果(예류과)로부터 四果(사과)에 나아가게 하신 것을 비유하고,

預流(예류)는 "聖人(성인)의 무리에 參預(참예)하였다."고 한 말이니, 須陁洹果(수타환과)이다.

盆器(분기)는 助道(조도) 等(등)의 法(법)을 비유하고, 米麵(미면)은 資粮(자량) 等(등)의 法(법)을 비유하고

資粮(자량)은 三賢位(삼현위)이다.

便뼌安한ᄒᆞ야 怯컵 업게 ᄒᆞ니라 네 값 더 주리라 ᄒᆞ샨 預영流륳果광로브터⁸⁸⁾ 四ᅀᅵᆼ果광⁸⁹⁾애 나소샤ᄆᆞᆯ⁹⁰⁾ 가ᄌᆞᆯ비고

預영流륳는 聖셩人ᅀᅵᆫㅅ 주비예⁹¹⁾ 參참預영타⁹²⁾ 혼 마리니 須슝陁땅洹ᅘᅯᆫ果광⁹³⁾ㅣ라

盆뿐器킝는 助쪼道뜰⁹⁴⁾ 等등 法법을 가ᄌᆞᆯ비고 米몡麵면은 資ᄌᆞᆼ粮량⁹⁵⁾ 等등 法법을 가ᄌᆞᆯ비고

資ᄌᆞᆼ粮량은 三삼賢현位윙⁹⁶⁾라

---

88) 預流果로브터: 預流果(예류과) + -로(부조, 방향) + -브터(-부터: 보조사, 비롯함) ※ '預流果(예류과)'는 욕계·색계·무색계의 견혹(見惑)을 끊은 성자이다. 처음으로 성자의 계열에 들었으므로 예류·입류라고 한다. 이 경지를 수다원과(須陀洹果) 혹은 예류과(預流果)라고 하고, 이 경지에 이르기 위해 수행하는 단계를 수다원향(須陀洹向)이나 예류향(預流向)이라고 한다.

89) 四果: 사과. 불교에서 일반적으로 말하는 수행계위이다. 성문사과(聲聞四果)의 줄임말이다. 수행하는 사람이 얻게 되는 그러한 종교적 체험을 크게 네 단계로 구분하여 행자의 수행을 돕고 있는데, 예류(預流)·일래(一來)·불환(不還)·아라한(阿羅漢)을 말한다.

90) 나소샤ᄆᆞᆯ: 나소[나아가게 하다, 進: 낫(←낫다, ㅅ불: 나아가다, 進, 자동)- + -오(사접)-]- + -샤(←-시-: 주높)- + -ㅁ(←-옴: 명전) + -ᄋᆞᆯ(목조)

91) 주비예: 주비(무리, 종류, 類) + -예(←-에: 부조, 위치)

92) 參預타: 參預ᄒᆞ[←參預ᄒᆞ다(참예하다): 參預(참예) + -ᄒᆞ(동접)-]- + -Ø(과시)- + -다(평종) ※ '參預(참예)'는 떤 일에 끼어들어 관계하는 것이다.

93) 須陁洹果: 수타환과. 성문사과(聲聞四果)의 첫째이다. 무루도(無漏道)에 처음 참례하여 들어간 증과(證果)이다. 곧 사체(四諦)를 깨달아 욕계(欲界)의 탐(貪)·진(瞋)·치(癡)의 삼독(三毒)을 버리고 성자(聖者)의 무리에 들어가는 성문(聲聞)의 지위이다.

94) 助道: 조도. 부좌자순(扶佐資順)이다. 즉 도움·보좌(補佐)·자량·계합의 뜻으로 6바라밀·10바라밀 등의 바라밀(度)과 같은 수행을 반복하여 실천하는 것이다. 이러한 실천이 보리(菩提)를 증득하는 자량(資)이 되고 보리에 계합(順)하게 하는 것을 말한다.

95) 資粮: 자량. 오위(五位)의 하나인 자량위(資粮位)는 선근과 공덕을 쌓는 수행 단계로, 십주(十住)·십행(十行)·십회향(十廻向)을 닦는다. 여기서 資糧(자량)은 자량위(資糧位)로 열반에 이르기 위하여 모으는 선근(善根) 공덕(功德)의 자재와 식량을 이른다.

96) 三賢位: 삼현위. 10지(十地) 이전의 단계인 10주(十住)·10행(十行)·10회향(十廻向)의 세 현인(賢人)의 지위이다.

塩염醋초ᄂᆞᆫ 맛 和ᅘᅪᆼᄒᆞᄂᆞᆫ거시니 諸졍
法법에 골오 適뎍中듕 케 ᄒᆞ샤미니라
適뎍中듕은 기우디 아니
ᄒᆞ야 가온ᄃᆡ 마조ᄡᅵ라
늙고 놀ᄀᆞᆸ븐 法법을 가문 쥬 乘씽의 엿
ᄒᆞ마 버렷던 法법을 가
뎨 어뇨 ᄒᆞ란ᄃᆡ 나ᄂᆞᆫ 나히 늙고 너ᄂᆞᆫ 져
므니 네 샹녜 일ᄒᆞᆯ쩌 기 소기며 게으르
며 嗔친心심ᄒᆞ며 怨원 歎탄ᄒᆞ얏 마리 업
서 네 이런 왼 일ᄒᆞᄃᆡ 히 녀느 일ᄒᆞᆯ 사ᄅᆞᆷ곤

塩醋(염초)는 맛을 和(화)하는 것이니, 諸法(제법)에 고루 適中(적중)하게 하신 것이다.

適中(적중)은 기울지 아니하여 가운데에 맞는 것이다.

노쇠한 부리는 사람은 二乘(이승)이 이미 버렸던 法(법)을 비유하였느니라. 】 "(그것이) 어째서이냐?"고 한다면, 나는 나이가 늙고 너는 젊은데, 네가 항상 일할 적에 속이며 게으르며 嗔心(진심)을 하며 怨歎(원탄)하는 말이 없어서, 네가 이런 그른 일들이 다른 일하는 사람과 같음을

塩염醋총는 맛 和뻥ᄒᆞᄂᆞᆫ[97] 거시니 諸졍法법에 골오[98] 適뎍中듕케[99] ᄒᆞ샤미라[100]

　　適뎍中듕은 기우디[1] 아니ᄒᆞ야 가온ᄃᆡ[2] 마즐 씨라

늙고 늘근 브륳 사ᄅᆞᄆᆞᆫ 二ᅀᅵᆼ乘씽의[3] ᄒᆞ마 버롓던[4] 法법을 가줄비니라】 엇뎨어

뇨 ᄒᆞ란ᄃᆡ 나는 나히[5] 늙고 너는 져므니[6] 네 샹녜 일훔 저긔

소기며 게으르며 嗔친心심[7] ᄒᆞ며 怨훤歎탄앳[8] 마리 업서 네 이런

왼[9] 일ᄃᆞᆯ히 녀느[10] 일훔 사ᄅᆞᆷ ᄀᆞᆮ호ᄆᆞᆯ[11]

---

97) 和ᄒᆞᄂᆞᆫ: 和ᄒᆞ[和하다: 和(화: 불어) + -ᄒᆞ(동접)-]- + -ᄂᆞ(현시)- + -ㄴ(관전) ※ '和(화)'는 양념하여 음식의 맛을 조화롭게 조절하는 것이다.

98) 골오: [고루, 等(부사): 골(← 고르다: 고르다, 等, 형사)- + -오(부접)]

99) 適中케: 適中ᄒᆞ[← 適中ᄒᆞ다(적중하다): 適中(적중) + -ᄒᆞ(동접)-]- + -게(연어, 사동)

100) ᄒᆞ샤미라: ᄒᆞ(하다, 爲)- + -샤(← -시-: 주높)- + -ㅁ(← -옴: 명전) + -이(서조)- + -Ø(현시)- + -라(← -다: 평종)

1) 기우디: 기우(← 기울다: 기울다, 斜)- + -디(-지: 연어, 부정)

2) 가온ᄃᆡ: 가온ᄃᆡ(가운데, 中) + -의(-에: 부조, 위치)

3) 二乘의: 二乘(이승) + -의(관조, 의미상 주격)

4) 버롓던: 버리(버리다, 棄)- + -어(연어) + 잇(← 이시다: 있다, 보용, 완료 지속)- + -더(회상)- + -ㄴ(관전) ※ '버롓던'은 '버리어 잇던'이 축약된 형태이다.

5) 나히: 나ᄒᆞ(나이, 年) + -이(주조)

6) 져므니: 졈(젊다, 老)- + -으니(연어, 설명 계속)

7) 嗔心: 진심. 활칵 화내는 마음이다.

8) 怨歎앳: 怨歎(원탄) + -애(-에: 부조, 위치) + -ㅅ(-의: 관전) ※ '怨歎(원탄)'은 원망과 탄식을 아울러서 이르는 말이다. ※ '怨歎앳 말'은 '원망하고 탄식하는 말'로 의역하여 옮길 수 있다.

9) 왼: 외(그르다, 나쁘다, 惡)- + -Ø(현시)- + -ㄴ(관전)

10) 녀느: 여느, 딴, 他(관사)

11) ᄀᆞᆮ호ᄆᆞᆯ: ᄀᆞᆮ호(← ᄀᆞᆮᄒᆞ다: 같다, 如)- + -옴(명전) + -ᄋᆞᆯ(목조)

ᄒᆞᄆᆞᆯ잢간도몯보리로소니오ᄂᆞᆯ브터
後ᅘᅮᆼ엔나혼아ᄃᆞᆯ ᄀᆞ티 호리라 호고 卽즉
時씽예長댱者쟝ㅣ 고텨일훔지허
일후믈아ᄒᆡ라ᄒᆞ니【제모미衰쇠老ᄅᆞᆼ
ᄅᆞᆯ나무라아ᄃᆞ릿心심力력을기룐
거슨큰法법을리시고져근法법을기
리샤權꿘으로功공애나ᅀᅡ가게호
ᄆᆞᆯ가ᄌᆞᆯ비니라오ᄂᆞᆯ브터아ᄃᆞᆯᄀᆞ티
호려닐온거든더욱親친厚ᅘᅮᆼ히
ᄒᆞ야나ᅀᅡ가게ᄒᆞ시니라아ᄒᆡ라호ᄆᆞᆫ
어엿비너기ᄂᆞᆫ마리니�ᆞ시일
훔지후믄預엉備삐

잠깐도 못 보겠으니, 오늘부터 後(후)에는 (내가) 낳은 아들같이 하리라."
고 하고, 卽時(즉시)에 長者(장자)가 고쳐 이름을 붙여 이름을 '아이'라고
하니【(장자가) 제 몸의 衰老(쇠로)를 나무라고 아들의 心力(심력)을 기린 것은,
큰 法(법)을 물리시고 작은 法(법)을 기리시어, 權(권)으로 功(공)에 나아가게 한
것을 비유하였니라. 오늘부터 아들같이 하려 이른 것 등은 더욱 親厚(친후)히
하여 나아가게 하신 것이다. '아이'라고 한 것은 불쌍히 여기는 말이니, 다시
이름을 붙인 것은

잢간도[12) 몬 보리로소니[13) 오늘브터 後_흫엔 나혼[14) 아들 ㄱ티[15) 호

리라[16) ㅎ고 卽_즉時_씽예 長_댱者_쟝ㅣ 고텨 일훔 지허[17) 일후를 아히

라[18) ㅎ니【제 모미 衰_쇵老_룔를 나ᄆ라고[19) 아ᄃ릭 心_심力_륵 기료믄[20) 큰 法_법

믈리시고[21) 져근 法_법 기리샤 權_권으로 功_공 나소샤믈[23) 가즐비니라 오늘브터

아들 ㄱ티 호려 닐옴 ᄃ릅[24) 더욱 親_친厚_흫히 ᄒ야 나소샤미라 아히라 호ᄆᆫ 어엿

비 너기는 마리니 다시 일훔 지후믄

---

12) 잢간도: 잢간[잠깐, 暫(부사): 잠(잠, 暫: 불어) + -ㅅ(관조, 사잇) + 간(간, 間: 불어)] + -도(보
조사, 강조)

13) 보리로소니: 보(보다, 見)- + -리(미시)- + -롯(←-돗-: 감동)- + -오니(←-ᄋ니: 연어, 설명 계속)
※ '네 이런 원 일돌히 녀는 일훔 사룸 ᄀᆫ호믈 잢간도 몯 보리로소니'은 『묘법연화경』의 '汝常作時
無有欺怠 嗔恨怨言 都不見汝'을 언해한 구절이다. 이 구절은 '너가 항상 일할 때에 속이거나 게으르
고 화내거나 한탄하거나 원망하는 일이 없어'로 옮길 수 있다.

14) 나혼: 낳(낳다, 産)- + -∅(과시)- + -오(대상)- + -ㄴ(관전)

15) ㄱ티: [같이, 如(부사): 곹(← ᄀᆮㅎ다: 같다, 如, 형사)- + -이(부접)]

16) 호리라: ㅎ(← ᄒ다: 하다, 爲)- + -오(화자)- + -리(미시)- + -라(←-다: 평종)

17) 지허: 짛(붙이다, 名)- + -어(연어)

18) 아히라: 아히(아이, 兒) + -∅(←-이-: 서조)- + -∅(현시)- + -라(←-다: 평종)

19) 나ᄆ라고: 나ᄆ라(나무라다, 叱)- + -고(연어, 나열, 계기)

20) 기료믄: 기리(기리다, 칭찬하다, 譽)- + -옴(명전) + -은(보조사, 주제)

21) 믈리시고: 믈리[믈리다, 물러나게 하다: 믈르(← ᄆᆯ르다: 물러나다, 退)- + -이(사접)-]- + -시
(주높)- + -고(연어, 나열, 계기)

22) 權: 권. '방편(方便)'이나 '수단(手段)'의 다른 이름이다. 십바라밀(十波羅蜜)의 하나로서, 중생
을 구제하기 위하여 쓰는 묘한 수단과 방법이다.

23) 나소샤믈: 나소[나아가게 하다, 進: 낫(← 낫다, ㅅ불: 나아가다, 進)- + -오(사접)-]- + -샤(←
-시(주높)- + -ㅁ(←-옴: 명전) + -올(목조)

24) 닐옴 ᄃ릅: 닐(← 니르다: 이르다, 曰)- + -옴(명전) # ᄃ릅(들, 等: 의명)] + -은(보조사, 주제)

流룡通통·돌 애 나·ᄉᆞᆫ 샤·ᄆᆞᆯ 가·ᄌᆞᆯ·비·니·라 改갱·ᄒᆞ·야 後흏夢果광 광 그 ᄢᅦ 窮끃
子중 ㅣ 비록 이 맛나·ᄆᆞᆯ 깃·ᄉᆞᆨ·ᄒᆞ나 ·손·ᄌᆞᆯ지게
너교·ᄃᆡ 客·킉·ᄋᆞ로 와 일·ᄒᆞ·는 賤·쪈人신
이·라 ᄒᆞ·더·니 客·킉·은 ·소·니·라 이·럴·ᄊᆡ 스·를·
스·믈 샹·녜 ·ᄯᅩᆼ 大·떙·를 게·ᄒᆞ니 權꿘·에 이숌·을
가·ᄌᆞᆯ·비·니 비록 敎굠化황·ᄅᆞᆯ 깃거·ᄒᆞ·야도 二·씅
·도·ᄇᆞ·다 ·손·지 사오·나·ᄫᆞᆯ·ᄊᆡ 안·ᄌᆞᆨ 二·씅法법中듕·에 十·씹使·ᄉᆞ
·ᄯᅩᆼ·을 그·처 덜·에 ᄒᆞ·샤·ᄆᆞᆯ 니·르·니·라 煩뻔惱·놓·ㅣ ·이

預流(예류)를 改(개)하여 後果(후과)에 나아간 것을 비유하였니라.】, 그때에 窮子(궁자)가 비록 이 만남을 기뻐하나, 오히려 스스로 여기되 "(나는) 客(객)으로 와서 일하는 賤人(천인)이구나."라고 하더니【客(객)은 손이다.】, 이러므로 스물 해의 동안을 항상 똥을 치게 하니【權(권)에 막히어 있는 것을 비유하니, 비록 부처의 敎化(교화)를 기뻐하여도 뜻이 오히려 사나우므로, 아직 二乘法(이승법)의 中(중)에서 十使(십사) 煩惱(번뇌)의 똥을 그쳐서 덜게 하신 것을 일렀니라.】, 이것이

預_영流_륭를²⁵⁾ 改_갱ᄒᆞ야 後_뿧果_광애²⁶⁾ 나소샤믈 가ᄌᆞᆯ비니라】 그 ᄢᅴ 窮_꿍子_{ᄌᆞᆼ} ㅣ 비록 이 맛나믈²⁷⁾ 깃그나²⁸⁾ 순지²⁹⁾ 제 너교ᄃᆡ³⁰⁾ 客_킥ᄋᆞ로 와 일ᄒᆞᄂᆞᆫ 賤_쪈人_{ᅀᅵᆫ}이로라³¹⁾ ᄒᆞ더니【客_킥ᄋᆞᆫ 손이라³²⁾】 이럴ᄊᆡ³³⁾ 스믈 ᄒᆞᆺ ᄉᆞᅀᅵ를³⁴⁾ 샹녜 ᄯᅩᆼ 츠게 ᄒᆞ니【權_꿘에 머굴위여³⁵⁾ 이쇼믈³⁶⁾ 가ᄌᆞᆯ비니 비록 부텻 敎_곻化_황를 깃거도 ᄠᅳ디 순지 사오나ᄫᆞᆯᄊᆡ 안ᄌᆨ 二_{ᅀᅵᆼ}乘_씽法_법 中_듕에 十_씹使_{ᄉᆞᆼ}³⁷⁾ 煩_뻔惱_놓 ᄯᅩᆼ을 그처 덜에³⁸⁾ ᄒᆞ샤믈 니르니라】 이³⁹⁾

---

25) 預流: 예류. 聖人(성인)의 무리에 參預(참예)하는 것이다.

26) 後果: 후과. 뒤에 나타나는 좋지 못한 결과이다.

27) 맛나믈: 맛나[만나다, 遇: 맛(← 맞다: 맞다, 迎) + 나(나다, 現)-] + -ㅁ(← -옴: 명전) + -올(목조)

28) 깃그나: 깄(기뻐하다, 欣)- + -으나(연어, 대조)

29) 순지: 오히려, 猶(부사)

30) 너교ᄃᆡ: 너기(여기다, 念)- + -오ᄃᆡ(-되: 연어, 설명 계속)

31) 賤人이로라: 賤人(천인) + -이(서조)- + -∅(현시)- + -로(← -오-: 화자)- + -라(← -다: 평종)

32) 손이라: 손(손, 客) + -이(서조)- + -∅(현시)- + -라(← -다: 평종)

33) 이럴ᄊᆡ: 이러[이러하다, 是故: 이러(이러, 是故: 불어) + -∅(← -ᄒᆞ-: 형접)-] + -ㄹᄊᆡ(-므로: 연어, 이유)

34) ᄉᆞᅀᅵ를: ᄉᆞᅀᅵ(사이, 間) + -를(목조) ※ 'ᄉᆞᅀᅵ'는 문맥에 따라서 '동안'으로 의역하여 옮긴다.

35) 머굴위여: 머굴위[막히다, 걸리다, 碍: 머굴우(막다: 타동)- + -ㅣ(← -이-: 피접)] + -여(← -어: 연어)

36) 이쇼믈: 이시(있다: 보용, 완료 지속)- + -옴(명전) + -올(목조)

37) 十使: 십사. '오리사(五利使)'와 '오둔사(五鈍使)'를 합쳐서 10사(十使)라고 한다. 여기서 '사(使)'는 번뇌란 뜻이다. 이는 그 성품이 예리하고, 우둔함에 의하여 항상 마음을 어지럽게 하는 번뇌이다. '오리사(五利使)'는 '신견(身見), 변견(邊見), 사견(邪見), 견취견(見取見), 계금취견(戒禁取見)'을 일컫는다. 번뇌가 중생들 마음을 마음대로 부린다는 뜻이다. '오둔사(五鈍使)'는 활동이 느리고 둔한 다섯 가지 번뇌이다. 탐(貪), 진(瞋), 치(癡), 만(慢), 의(疑)의 다섯을 말한다. 오리사(見惑)는 지적인 번뇌이므로 바른 정견(正見)을 얻으면 쉽게 끊을 수 있으나, 오둔사(事惑)는 본능적인 번뇌라서 끊기가 힘들다.

38) 덜에: 덜(덜다, 減)- + -에(← -게: 연어, 사동)

39) 이: 이(이것, 此: 지대, 정칭) + -∅(← -이: 주조)

지난 後(후)에 마음에 서로 體信(체신)하여 【體信(체신)은 온전히 信(신)하는 것이다. 】 나며 드는 것을 어렵게 아니 하건마는, 그러나 있는 곳이 아직 원래 있던 곳(門의 곁)에 있더니 【窮子(궁자)가 스물 해를 지내어 오래 되니 漸漸(점점) 아버지를 親(친)히 하건마는, 아직 門(문)의 곁에 있은 것은 二乘(이승)의 敎(교)를 의지하여 結(결)을 끊은 後(후)에 方等敎(방등교)의 큰 法(법)을 기리시거늘, (方等의 敎를) 듣고 비웃지 아니하며 작은 法(법)을 꺾으시거늘, 疑心(의심)을 아니 하니, 이것이 마음에 서로 體信(체신)한 것이다.

디난 後ᅘᅮᇢ에 ᄆᆞᅀᆞ매 서르 體톙信신[40]ᄒᆞ야【體톙信신은 오로[41] 信신ᄒᆞᆯ 씨라】 나며 드로ᄆᆞᆯ 어려ᄫᅵ[42] 아니 컨마ᄅᆞᆫ[43] 그러나 잇논[44] ᄯᅡ히 ᄉᆞᆫ지[45] 믿고대[46] 잇더니【窮꿍子ᄌᆞᆼ ㅣ 스믈 ᄒᆡ 디내야[47] 오라니[48] 漸쪔漸쪔 아비ᄅᆞᆯ 親친히 컨마ᄅᆞᆫ ᄉᆞᆫ지 門몬ㅅ 겨틔 이쇼ᄆᆞᆫ 二ᅀᅵᆼ乘씽 敎ᄀᆞᇢ ᄅᆞᆯ 브터 結결[49]을 그츤 後ᅘᅮᇢ에 方방等등敎ᄀᆞᇢ ㅣ[50] 큰 法법을 기리거시ᄂᆞᆯ[51] 듣ᄌᆞᆸ고 비웃디 아니ᄒᆞ며 져근 法법을 것거시ᄂᆞᆯ[52] 疑ᅌᅴᆼ心심 아니 ᄒᆞ니 이[53] ᄆᆞᅀᆞ매 서르 體톙信신호미라

---

40) 體信: 체신. 온몸으로 이해하고 믿고 받아들이는 것이다.

41) 오로: [온전히, 온통, 全(부사): 올(← 오ᄋᆞᆯ다: 온전하다, 형사)- + -오(부접)]

42) 어려ᄫᅵ: [어렵게, 難(부사): 어렵(← 어렵다, ㅂ불: 어렵다, 難, 형사)- + -이(부접)]

43) 컨마ᄅᆞᆫ: ㅎ(← ᄒᆞ다: 하다, 爲)- + -건마ᄅᆞᆫ(-건마는: 연어, 인정 대조)

44) 잇논: 잇(← 이시다: 있다, 住)- + -ㄴ(← -ᄂᆞ-: 현시)- + -오(대상)- + -ㄴ(관전)

45) ᄉᆞᆫ지: 아직, 오히려, 猶(부사).

46) 믿고대: 믿곧[본고장, 本處: 믿(밑, 本) + 곧(곳, 處)] ※ '믿곧'은 '本處'은 '원래 있던 곳(문 옆)'으로 의역하여 옮긴다.

47) 디내야: 디내[지내다, 經: 디나(지나다, 經: 자동)- + -ㅣ(← -이-: 사접)-]- + -야(← -아: 연어)

48) 오라니: 오라(오래다, 오래 되다, 久)- + -니(연어, 설명 계속)

49) 結: 결. 몸과 마음을 결박하여 자유를 얻지 못하게 하는 번뇌이다.

50) 方等敎ㅣ: 方等敎(방등교) + -ㅣ(← -ᄋᆡ: 관조) ※ '방등교(方等敎)'는 '방등(方等)'의 가르침이다. '방등(方等)'은 대승 불교(大乘佛敎) 경전(經典)의 총칭하는 말인데, 방등경(方等經)이라고도 한다. 여기서 '방등(方等)'은 이치가 보편적이고 평등하다는 뜻이다. 기존의 부파 불교를 비판하면서 새로운 불교를 일으킨 사람들이 기존의 불교를 소승(小乘)으로, 자신들을 대승(大乘)이라고 지칭하였다. 보살(菩薩) 사상, 법공(法空) 사상 등을 주요 내용으로 한다.

51) 기리거시ᄂᆞᆯ: 기리(기리다, 칭찬하다, 譽)- + -시(주높)- + -거…ᄂᆞᆯ(-거늘: 연어, 상황)

52) 것거시ᄂᆞᆯ: 겄(꺾다, 折)- + -시(주높)- + -어…ᄂᆞᆯ(-거늘: 연어, 상황)

53) 이: 이(이것, 此: 지대, 정칭) + -Ø(← -이: 주조)

나·샤가·미
가·도·며 나·아滌·이·어·루·큰·일·닐·엄·직·ᄒᆞ·며·믈·러
·대·이·나·쇼·문 餘능·히 頓·入·샴·몯·ᄒᆞᆯ·ᄊᆞ·라
世·솅尊·존 하그·ᄢᅴ 長·땽者·쟝 ㅣ 病·뼝·ᄒᆞ
·야아·니오·라주·굴·들·제아·라窮·꿍子·중
·려·닐오·ᄃᆡ내·이제金·금銀·은 珎·딘寶·ᄫᅩᇢ
·ㅣ만·히이·셔倉·창庫·콩·애·ᄀᆞᆨ둑·ᄒᆞ·야
·녕·디·니그中·듀ᇰ·에·ᄒᆞ·며·져·그·니·슬·가·지

나아간 것이 가히 큰일을 일으킴직하며, 물러가도 작은 일에 막히지 아니한 것이 '들며 남'을 어렵게 아니한 것이다. 아직 원래의 곳(문옆)에 있는 것은 能(능)히 頓入(돈입)을 못 하는 것이다. 】, 世尊(세존)이시여, 그때에 長者(장자)가 病(병)하여 아니 오래어서 죽을 것을 스스로 알아, 窮子(궁자)에게 이르되 "내가 이제 金銀(금은)·珎寶(진보)가 많이 있어 倉庫(창고)에 가득하여 넘치니, 그 中(중)에 크며 작은 것을 가지거나

나ᅀᅡ가미⁵⁴⁾ 어루⁵⁵⁾ 큰일 닐엄직⁵⁶⁾ ᄒ며 믈러가도 져근 이레 머굴위디⁵⁷⁾ 아니ᄒ

미 들며 나믈 어려ᄫᅵ 아니 ᄒ미라 ᄉᆞ직 믿고대 이쇼ᄆᆞᆫ 能_능히 頓_돈入_{ᅀᅵᆸ}⁵⁸⁾ 몯 ᄒᆞᆯ

씨라 】 世_솅尊_존하 그 ᄢᅴ 長_댱者_쟝ㅣ 病_뼝ᄒ야 아니 오라 주긇 들

제 아라 窮_꿍子_{ᄌᆞᆼ}ᄃᆞ려 닐오ᄃᆡ 내 이제 金_금銀_은 珎_딘寶_봏ㅣ 만히⁵⁹⁾

이셔 倉_창庫_콩애 ᄀᆞ득ᄒ야⁶⁰⁾ 넚디니⁶¹⁾ 그 中_듕에 하며 져근 거슬

가지거나

---

54) 나ᅀᅡ가미: 나ᅀᅡ가[나아가다, 進: 났(← 낫다, ㅅ블: 나가다)- + -아(연어) + 가(가다)-]- + -ㅁ(←-
　옴: 명전) + -이(주조)

55) 어루: 가히, 능히(부사)

56) 닐엄직: 닐[← 니ᄅᆞ다(일으키다, 起): 닐(일어나다, 起)- + -ᄋᆞ(사접)-]- + -엄직(-음직: 연어,
　가치)

57) 머굴위여: 머굴위[막히다, 걸리다, 碍: 머굴우(막다: 타동)- + -ㅣ(←-이-: 피접)]- + -디(←-
　지: 연어, 부정)

58) 頓入: 돈입. 단박에 들어가는 것이다.

59) 만히: [많이, 多(부사): 만ᄒ(← 만ᄒ다: 많다, 多: 형사)- + -이(부접)]

60) ᄀᆞ득ᄒ얫다가: ᄀᆞ득ᄒ[가득하다, 滿(형사): ᄀᆞ득(가득: 불어) + -ᄒ(형접)-]- + -야(←-아: 연어)
　+ 잇(← 이시다: 있다, 보용, 완료 지속)- + -다가(연어, 전환) ※ 'ᄀᆞ득ᄒ얫다가'는 'ᄀᆞ득ᄒ야 잇
　다가'가 축약된 형태이다.

61) 넚디니: 넚디[넘치다, 濫: 넘(넘다, 越)- + ᄭᅵ(← ᄭᅵ다: ᄭᅵ다, 濫)-]- + -니(연어, 설명 계속) ※
　'ᄭᅵ다(ᄭᅵ다)'는 흙탕물 따위가 논이나 밭 따위에 넘쳐흐를 정도로 괴는 것이다.

거나주거나호ᄃᆞᆯ녀다알라내ᄆᆞᅀᆞ미
이러ᄒᆞ니이ᄠᅳᆮ을體톙ᄒᆞ야ᅀᅡᄒᆞ리라
【般반若ᅀᅣ�쨩ᄋᆞᆯ為윙ᄒᆞ야니ᄅᆞᆯᆯ
漸쪔漸쪔ᄭ으러實쎪에드리샨ᄃᆞᆯ
비ᅀᅢᄒᆞ니라 長댱者쟝ᅵ病뼝ᄒᆞ호ᄆᆞᆫ
方방等ᄃᆞᆼ後ᅘᅮᇢ에名명相샹ᄋᆞᆯ
ᄇᆞ리디몯ᄒᆞ야後ᅘᅮᇢ
名명은일홈相샹이라
사ᄅᆞ미法법執집病뼝이하거늘
부텨도病뼝ᄒᆞᄋᆞ샤ᄆᆞ니化화緣원
ᅵ將쟝ᄎᆞ
ᄆᆞ챠시릴ᄊᆡ般반若ᅀᅣᆼᄋᆞᆯ니ᄅᆞ샤法법

주거나 하는 것을 네가 다 알라. 내 마음이 이러하니 이 뜻을 體(체)하여
야 하리라.【般若(반야)를 (중생을) 爲(위)하여 이르시어, (중생을) 漸漸(점점) 끌
어서 實(실)에 들이신 것을 비유하였니라. 長者(장자)가 病(병)을 한 것은, 方等
(방등)의 後(후)에 名相(명상)을 버리지 못하여

　　名(명)은 이름이다.

사람이 法執(법집)의 病(병)이 크거늘, 부처도 (이를) 病(병)처럼 여기셨니라. 장
차 죽을 적에 寶藏(보장)을 이른 것은, 化緣(화연)이 장차 끝나시겠으므로, 般若
(반야)를 이르시어 法華(법화)의

주거나 호물 네 다 알라 내 모수미 이러호니 이 쁘들 體톙호야

사62) 호리라 【般반若샹63)를 爲윙호야 니르샤 漸쪔漸쪔 혀64) 實씷에 드리샤물 가

줄비니라 長댱者쟝ㅣ 病삥호문 方방等등 後흫에 名명相샹65)을 브리디 몯호야

　　名명은 일후미라

사르미 法법자본66) 病삥이 하거늘 부텨도 病삥도빅67) 너기시니라 호마68) 주긇 저긔

寶볼藏짱69) 닐오문 化황緣원70)이 쟝츠71) 모츠시릴씨72) 般반若샹 니르샤 法법華황ㅅ73)

---

62) 體호야사: 體호[체하다(체득하여 깨닫다, 體): 體(체: 불어) + -호(동접)-] + -야사(-아야: 연어, 필연적 조건)

63) 般若: 반야. '무분별지(無分別智)'라고도 하는데, 인간이 진실한 생명을 깨달았을 때에 나타나는 근원적인 지혜를 말한다. 이 반야의 사상은 대승불교에서 확립된 것이다.

64) 혀: 혀(당기다, 끌다, 引)- + -어(연어, 설명)

65) 名相: 명상. 망상을 일으키고 미혹하게 하는 것이다. 귀에 들리는 것을 명(名), 눈에 보이는 것을 상(相)이라 한다. 진리를 깨치지 못한 사람은 명상을 분별하고 집착하여 온갖 번뇌와 망상을 일으킨다.

66) '法잡다': '執法(법집)'을 직역한 말이다. 이 말은 존재하는 모든 것들이 일정한 속성으로 확정된 실체를 가진다고 잘못 이해하는 것이다. 일체의 사물이 각기 고유한 본체와 성격을 가지고 있다는 생각에서 생겨나는 집착이다. 이 집착은 성문(聲聞)과 연각(緣覺) 등 소승(小乘)의 수행 경지에 도달한 사람들이 일으키게 된다.

67) 病도빅: [병이 되게(부사): 病(병) + -도빅(부접): 病(병) + -둡(← -둡-: 형접)- + -이(부접)]

68) 호마: 곧, 장차, 將(부사)

69) 寶藏: 보장. 부처의 미묘한 교법을 보배 창고에 비유하여 이르는 말이다.

70) 化緣: 화연. 중생을 교화하는 인연이다. 불보살의 출현은 이 때문이며, 이 인연이 다하면 곧 열반에 든다.

71) 쟝츠: 장차, 將次(부사)

72) 모츠시릴씨: 몿(마치다, 끝나다, 終)- + -♀시(주높)- + -리(미시)- + -ㄹ씨(-므로: 연어, 이유)

73) 法華ㅅ: 法華(법화) + -ㅅ(관조, 의미상 주격) ※ '法華(법화)'는 법화경(法華經)이다.

먼저 引導(인도)을 만드신 것을 비유하니, 寶藏(보장)을 이제 막 이르고 맡기지
아니한 것과 같으니라. 般若(반야)의 敎(교) 中(중)에 六度(육도)의 萬行(만행)이
갖추어져 있으므로 倉庫(창고)에 가득하여 넘친 것을 비유하니, 그러나 圓敎(원
교)가 못 되므로 그 中(중)에 있는 보배의 것이 또 크며 작은 것이 있나니, "혹
은 (보배를) 가져서 제가 利(이)하며 혹은 주어서 남을 利(이)하라."고 하시니,
聖人(성인)이 마음을 쓰는 것이 이와 같으시니, 法(법)을 體(체)하여야 하리라.
이는 菩薩(보살)에게 '옮겨 가르치라.'고 하신 것을 비유하였니라. 大般若(대반
야)에서 (부처가) 須菩提(수보리)더러 이르시되 "네가 菩薩(보살)을 爲(위)하여 般
若(반야)를 이르라."고 하시며,

몬져 引인導똘⁷⁴⁾ 밍ᄀᆞ릇샤믈⁷⁵⁾ 가줄비니 寶봉藏짱ᄋᆞᆯ ᄀᆞᆺ⁷⁶⁾ 니ᄅᆞ고⁷⁷⁾ 맛디디⁷⁸⁾ 아니

호미⁷⁹⁾ ᄀᆞᆮᄒᆞ니라 般반若샹 敎굘 中듕에 六륙度똥萬먼行ᅘᅢᇰ⁸⁰⁾이 ᄀᆞᄌᆞᆯᄊᆡ 倉창庫콩애

ᄀᆞ득ᄒᆞ야 넘듀믈 가줄비니 그러나 圓원敎굘ㅣ⁸¹⁾ 몯 드욀ᄊᆡ 그 中듕엣 보ᄇᆡᆺ 거

시 ᄹᅩ ᄒᆞ며 져구미 잇ᄂᆞ니 시혹⁸²⁾ 가져 제 利링ᄒᆞ며⁸³⁾ 시혹 주어 ᄂᆞ믈 利링 ᄒᆞ라

ᄒᆞ시니 聖셔ᇰ人ᅀᅵᆫㅅ ᄆᆞᅀᆞᆷ 쓰샤미⁸⁴⁾이 ᄀᆞᆮᄒᆞ시니 法법을 體톙ᄒᆞ야ᅀᅡ ᄒᆞ리라 이ᄂᆞᆫ

菩뽕薩삻ᄋᆞᆯ⁸⁵⁾ 옮겨 ᄀᆞᄅᆞ치라⁸⁶⁾ ᄒᆞ샤믈 가줄비니라 大땡般반若샹의⁸⁷⁾ 須슝菩뽕提똉

ᄃᆞ려⁸⁸⁾ 니ᄅᆞ샤ᄃᆡ 네 菩뽕薩삻 爲윙ᄒᆞ야 般반若샹 니ᄅᆞ라 ᄒᆞ시며

---

74) 引導: 인도. 미혹한 중생을 깨달음의 길로 들어서게 하는 것이다.

75) 밍ᄀᆞ릇샤믈 : 밍글(만들다, 製)-+-ᄋᆞ샤(←-ᄋᆞ시-: 주높)-+-ㅁ(←-옴: 명전)+-ᄋᆞᆯ(목조)

76) ᄀᆞᆺ: 갓, 이제 막(부사)

77) 니ᄅᆞ고: 니ᄅᆞ[일으키다, 起: 닐(일어나다, 起: 자동)-+-ᄋᆞ(사접)-]-+-고(연어, 나열, 계기)

78) 맛디디: 맛디[맡기다, 任: 맛(맡다, 任: 타동)-+-이(사접)-]-+-디(-지: 연어, 부정)

79) 아니호미: 아니ᄒᆞ[←아니ᄒᆞ다(아니하다: 보용, 부정): 아니(아니: 부사, 부정)+-ᄒᆞ(동접)-]-+-옴(명전)+-이(-과: 부조, 비교)

80) 六度萬行: 육도만행. 보살이 육바라밀을 완전하고 원만하게 수행하는 일이다. ※ '六度(육도)'는 열반(涅槃)에 이르기 위하여 보살(菩薩)이 수행해야 할 여섯 가지 덕목(德目)으로 육바라밀(六波羅蜜)이라고도 한다. 보시(布施)·지계(持戒)·인욕(忍辱)·정진(精進)·선정(禪定)·지혜(智慧)가 육도에 속한다.

81) 圓敎ㅣ: 圓敎(원교)+-ㅣ(←-이: 보조) ※ '원교(圓敎)'는 화법사교(化法四敎)의 하나로서, 원만하고 완전한 교법을 이른다.

82) 시혹: 혹시, 혹은, 或(부사)

83) 利ᄒᆞ며: 利ᄒᆞ[이하다(이롭게 하다): 利(이: 불어)+-ᄒᆞ(동접)-]-+-며(연어, 나열)

84) 쓰샤미: 쓰(쓰다, 用)-+-샤(←-시-: 주높)-+-ㅁ(←-옴-: 명전)+-이(주조)

85) 菩薩ᄋᆞᆯ: 菩薩(보살)+-ᄋᆞᆯ(-에게: 목조, 의미상 부사격)

86) 옮겨 ᄀᆞᄅᆞ치라: 전교(轉敎)를 직역한 말이다. 轉敎(전교)는 부처님이 수보리 등의 성문으로 하여금 '반야경'을 대신 설법하게 한 것이다. 대승의 깊고 묘한 이치는 본래 성문이 알 수 있는 경지가 아니지만 부처님의 가피력에 의지하여 부처님의 가르침을 다른 이에게 전해주는 것이다.

87) 大般若의: 大般若(대반야)+-의(-에: 부조, 위치) ※ '大般若(대반야)'는 반야를 설파한 여러 경전을 집대성한 책이다. 대승 불교의 근본 사상을 설명하고 있다. 당나라의 현장(玄奘)이 번역하였으며 모두 600권이다.

88) 須菩提ᄃᆞ려: 須菩提(수보리)+-ᄃᆞ려(-에게: 부조, 상대) ※ 須菩提(수보리)는 석가모니의 십대 제자 가운데 한 사람. 온갖 법이 공(空)하다는 이치를 처음 깨달은 사람이다.

아래(下文)에 이르되 "우리(= 수보리 등)가 또 如來(여래)의 智慧(지혜)를 因(인)하여 菩薩(보살)들을 爲(위)하여 열어 널리 퍼트렸습니다."고 한 것이 곧 옮겨 가르치는 일이다. 】 "(그것이) 어째서이냐?" 한다면, 이제 나와 너가 곧 다르지 아니하니, 더욱 마음을 써서 하나도 틀리는 것이 없게 하라." 【父子(부자)의 뜻이 和同(화동)하여 疑心(의심)이 없어 寶藏(보장)을 즐겨 맡게 하였니라. "나와 너가 다르지 아니하다."고 한 것은 般若(반야)의 理(이)가 一切(일체) 다 如(여)하여, 둘이 없으며 다름이 없는 것을 비유하였니라. 이것이 圓頓(원돈)에 드는 門(문)이므로 '더욱 마음을 쓰라.'고 아래 닐오딕 우리 또 如_셩來_링ㅅ 智_딩慧_꿱를 因_힌ᄒᆞ야 菩_뽕薩_삻ᄃᆞᆯ 爲_윙ᄒᆞ야 여러 불우이다⁸⁹⁾ 호미 곧 옮겨 ᄀᆞ르치논 이리라】 엇뎨어뇨 ᄒᆞ란ᄃᆡ 이제 나와 너왜⁹⁰⁾ 곧 다ᄅᆞ디 아니ᄒᆞ니 더욱 므스믈 ᄡᅥ⁹¹⁾ 일⁹²⁾ 틀유미⁹³⁾ 업게 ᄒᆞ랴【父_뿡子_중 ᄠᅳ디 和_{ᅘᅪᆼ}同_똥ᄒᆞ야 疑_읭心_심이 업서 寶_봉藏_짱을 즐겨 맛게⁹⁴⁾ ᄒᆞ니라 나와 너왜 다ᄅᆞ디 아니타 호ᄆᆞᆫ 般_반若_샹⁹⁵⁾ 理_링⁹⁶⁾ 一_힗切_촁 다 如_셩ᄒᆞ야⁹⁷⁾ 둘 업스며 달옴⁹⁸⁾ 업수믈 가ᄌᆞᆯ비니라 이 圓_윈頓_돈⁹⁹⁾애 드는 門_몬일ᄊᆡ 더욱 므슴 ᄡᅳ랴

---

89) 불우이다: 불(← 부르다: 널리 퍼트리다, 演)- + -∅(과시)- + -우(화자)- + -이(상높, 아높)- + -다(평종)

90) 너왜: 너(너, 汝: 인대, 정칭) + -와(접조) + -ㅣ(← -이: 주조)

91) ᄡᅥ: ᄡ(← ᄡᅳ다: 쓰다, 用)- + -어(연어)

92) 일: 일(一), 수사. ※ '일(一)'을 '하나도'로 의역하여 옮긴다.

93) 틀유미: 틀이[틀리다, 異: 틀(틀어지다, 異: 자동)- + -이(사접)-]- + -움(명전) + -이(주조)

94) 맛게: 맛(← 맜다: 맡다, 任)- + -게(연어, 사동)

95) 般若: 반야. 대승 불교에서, 만물의 참다운 실상을 깨닫고 불법을 꿰뚫는 지혜이다. 온갖 분별과 망상에서 벗어나 존재의 참모습을 앎으로써 성불에 이르게 되는 마음의 작용을 이른다.

96) 理: 理(이, 이치, 理致) + -∅(← -이: 주조)

97) 如ᄒᆞ야: 如ᄒᆞ[여하다(같다): 如(여: 불어) + -ᄒᆞ(형접)-]- + -야(← -아: 연어)

98) 달옴: 달(← 다르다: 다르다, 異)- + -옴(명전)

99) 圓頓: 원돈. 모든 것을 빠짐 없이 원만하게 갖추어 곧바로 깨달음에 이르는 것이다. 종파마다 구극(究極)으로 하는 가르침이나 수행을 이른다.

> 라 ㅎ니 그쁴 窮꿍子·ㅣ 즉재 敎·굘勅·틱
> ·바ㄷ·한 金금銀은 珎딘寶·봉·와 여·러·가
> 짓 庫·콩藏·짱·을 ·숨아로·되 ㅎ번·숨·뀰
> 밥도 가죨·뜯·얼·고 잇·ᄂ 짜히 손·지 믿·고
> 대이셔 ·사·오나·ᄫᆞᆷ·ᄉᆞᆯ·쏟·리··다 【 문
> 더·니 ㅎ마 寶·봉藏·짱·을 ㄱ·숨아·라·소 勅·틱 受·쓩 大·땡乘·씽·으·로 옮·겨 ㄱ르·쵸·ᄃᆡ
> 져·눈 이·어·긔 顔원·엄·수·믈·가·죨·비·니·라

하였느니라. 】 그때에 窮子(궁자)가 즉시 敎勅(교칙)을 받아, 많은 金銀(금은) · 珎寶(진보)와 여러 가지의 庫藏(고장)을 주관하되, 한 번 삼킬 밥도 가질 뜻이 없고 있는 곳이 아직 원래 있던 곳(문 옆)에 있어서 사나운 마음을 또 버리지 못하더니【이미 寶藏(보장)을 주관해 있되 잠깐도 가질 뜻이 없은 것은, 勅(칙)을 受(수)하여 大乘(대승)으로 옮겨 가르치되, 자기(= 궁자)는 여기에 願(원)이 없는 것을 비유하였느니라.

ᄒ니라 】 그 ᄢ 窮꿍子지 즉재¹⁰⁰⁾ 教�召勅틱¹⁾ 바다 ᄒᆞᆫ 金금銀은 珎딘 寶ᄫᅩ와 여러 가짓 庫콩藏짱²⁾ᄋᆞᆯ ᄀᆞᅀᆞᆷ아로ᄃᆡ³⁾ ᄒᆞᆫ 번 숪귫⁴⁾ 밥도 가죬⁵⁾ ᄠᅳᆮ 업고 잇논⁶⁾ ᄯᅡ히 순지 믿고대 이셔 사오나ᄫᆞᆫ ᄆᆞᅀᆞᄆᆞᆯ⁷⁾ ᄯᅩ ᄇᆞ리디 몯더니⁸⁾【 ᄒᆞ마 寶ᄫᅩ藏짱ᄋᆞᆯ ᄀᆞᅀᆞᆷ아라쇼ᄃᆡ⁹⁾ 죠고맛간도 가죬 ᄠᅳᆮ 업소ᄆᆞᆫ 勅틱¹⁰⁾ 受쓩ᄒᆞᅀᆞᄫᅡ¹¹⁾ 大땡乘씽ᄋᆞ로 옮겨 ᄀᆞᄅᆞ쵸ᄃᆡ 저는 이어긔¹²⁾ 願원 업수믈 가줄비니라

---

100) 즉재: 즉시, 곧, 卽(부사)

 1) 教勅: 교칙. 가르침이나 훈계를 이른다.

 2) 庫藏: 고장. 창고(倉庫)이다.

 3) ᄀᆞᅀᆞᆷ아로ᄃᆡ: ᄀᆞᅀᆞᆷ아[← ᄀᆞᅀᆞᆷ알다(가말다, 주관하다, 主管): ᄀᆞᅀᆞᆷ(감, 재료, 材料: 명사) + 알(알다, 知)-]- + -오ᄃᆡ(연어, 설명 계속)

 4) 숪귫: 숪기(삼키다, 飡)- + -우(대상)- + -ᇙ(관전)

 5) 가죬: 가지(가지다, 取)- + -오(대상)- + -ᇙ(관전)

 6) 잇논: 잇(← 이시다: 있다, 住)- + -ㄴ(← -ᄂᆞ-: 현시)- + -오(대상)- + -ㄴ(관전)

 7) 사오나ᄫᆞᆫ ᄆᆞᅀᆞᆷ: 사나운 마음(下劣之心). ※ '사오나ᄫᆞᆫ ᄆᆞᅀᆞᆷ'은 아들(궁자)이 아버지(장자)를 다시 만나기 전에 가졌던 열등한 마음이다.

 8) 몯더니: 몯[← 몯ᄒᆞ다(못ᄒᆞ다: 보용, 부정): 몯(못: 부사, 부정) + ᄒᆞ(동접)-]- + -더(회상)- + -니(연어, 설명 계속)

 9) ᄀᆞᅀᆞᆷ아라쇼ᄃᆡ: ᄀᆞᅀᆞᆷ아[← ᄀᆞᅀᆞᆷ알다(가말다, 주관하다, 主管): ᄀᆞᅀᆞᆷ(감, 재료, 材料: 명사) + 알(알다, 知)-]- + -아(연어) + 이시(있다: 보용, 완료 지속)- + -오ᄃᆡ(연어, 설명 계속) ※ 'ᄀᆞᅀᆞᆷ아라쇼ᄃᆡ'는 'ᄀᆞᅀᆞᆷ아라 이쇼ᄃᆡ'가 축약된 형태이다.

10) 勅: 칙. 아랫사람에게 단단히 타일러서 경계하는 것이다.

11) 受ᄒᆞᅀᆞᄫᅡ: 受ᄒᆞ[수하다, 받다: 受(수: 불어) + -ᄒᆞ(동접)-]- + -ᅀᆞᇦ(← -ᅀᆞᆸ-: 객높)- + -아(연어)

12) 이어긔: 여기, 여기에, 此處(지대, 지시, 정칭)

사오나ᄫᆞᆫ、ᄆᆞᅀᆞ·ᄆᆞᆯ ᄯᅩ ᄇᆞ·리·디 몯·호·ᄆᆞᆫ 오
직 空콩無뭉相샹無뭉作작·ᄋᆞᆯ 念념·홀
ᄯᆞᄅᆞ·민 둘·가 졸·비니·라
·니아·비아·ᄃᆞ·리ᄠᅳ·디 漸쪔漸쪔·호·마 通
통泰탱·호·야 安한·홀·씨·라 泰탱·ᄒᆞᆫ 便뻔
·앳ᄆᆞᅀᆞ·ᄆᆞᆯ 제 더·러ᄫᅵ너·기ᄂᆞᆫ ᄃᆞᆯ 아· 큰ᄠᅳ·들·일·위
·ᄒᆞ마주·긇저·긔 아·ᄃᆞ·ᄅᆞᆯ 命명·ᄒᆞ·며 아·ᅀᆞᆷ
·과 國·귁 王왕 ·과 大·땡 臣씬 ·과 刹·찷 利·링·와

사나운 마음을 또 버리지 못한 것은 오직 空無相無作(공무상무작)을 念(염)할 따름인 것을 비유하였니라. 】, 또 많지 아니한 時節(시절)을 지나니, 아버지가 아들의 뜻이 漸漸(점점) 이미 通泰(통태)하여 【 泰(태)는 便安(편안)한 것이다. 】, 큰 뜻을 이루어 예전의 마음을 스스로 더럽게 여기는 것을 알아, 장차 (아버지가) 죽을 적에 아들에게 命(명)하며 친척과 國王(국왕)과 大臣(대신)과 刹利(찰리)와

사오나톤 ᄆᆞᅀᆞᄆᆞᆯ ᄯᅩ ᄇᆞ리디 몯호ᄆᆞᆫ 오직 空콩無뭉相샹無뭉作작[13]ᄋᆞᆯ 念념홀 ᄯᆞᄅᆞ

민[14] 들[15] 가ᄌᆞᆯ비니라】ᄯᅩ 아니한[16] 時씽節겷 디나니 아비 아ᄃᆞ리 ᄠᅳ

디 漸쪔漸쪔 ᄒᆞ마[17] 通통泰탱ᄒᆞ야【泰탱ᄂᆞᆫ 便뼌安한홀 씨라】큰 ᄠᅳ들

일워 아랫 ᄆᆞᅀᆞᄆᆞᆯ 제 더러빙[19] 너기ᄂᆞᆫ 들 아라 ᄒᆞ마 주긇 저긔

아ᄃᆞ를[20] 命명ᄒᆞ며 아ᅀᅮᆷ과[21] 國귁王왕과 大떙臣씬과 利리利링[22]와

---

13) 空無相無作: 공무상무작. 일체법이 모두 다 실체가 없어서 공(空)하므로, 일체법이 실체가 없으며(無相), 일체법을 구하기 위해서 의식적인 이치 조작과 노력이 필요치 않다(無作)는 것이다.

14) ᄯᆞᄅᆞ민: ᄯᆞ름(따름: 의명, 한정) + -이(서조)- + -Ø(현시)- + -ㄴ(관전)

15) 들: ᄃᆞ(것, 者: 의명) + -ㄹ(←-ᄅᆞᆯ: 목조)

16) 아니한: 아니하[많지 않은: 아니(아니, 非: 부사) + 하(많다, 크다, 多, 大)-]- + -Ø(현시)- + -ㄴ(관전)

17) ᄒᆞ마: 이미, 已(부사).

18) 通泰: 통태. 대단히 편안해지는 것이다.

19) 더러빙: [더럽게, 鄙(부사): 더렇(←더럽다, ㅂ불: 더럽다)- + -이(부접)]

20) 아ᄃᆞ를: 아들(아들, 子) + -ᄋᆞᆯ(-에게: 목조, 보조사적 용법, 의미상 부사격)

21) 아ᅀᅮᆷ과: 아ᅀᅮᆷ(친척, 親族) + -과(접조)

22) 利利: 찰리. 크샤트리아(Ksatriya). 인도 카스트 제도에서 두 번째 지위인 왕족과 무사 계급이다.

와居_껑士_쏭ㅣ 와조쳐모화다ᄒᆞ마몯거
늘펴닐오되그듸내알라아내아ᄃᆞ리
며내나호니러니아모城_쎵中_듕엔날
ᄇᆞ리고逃_뚱亡_망ᄒᆞ야가뷔트ᄂᆞ녀辛_신
苦_콩호ᄆᆡ수난ᄆᆞᆫ희러니제本_본來_링
ㅅ일훔믄아뫼오내일훔믄아모甲_갑
일로니아래本_본城_쎵에이셔시름ᄒᆞ

居士(거사)를 아울러 모아서, (그들이) 다 이미 모이거늘 펴 이르되 "그대들이 알라. 이이가 내 아들이며 내가 낳은 이더니, 아모 城中(성중)에 나를 버리고 逃亡(도망)하여 가서, 비틀거리면서 다녀서 辛苦(신고)함이 쉬 남은 해이더니, 자기(아들)의 本來(본래)의 이름은 아무개요 나(장자)의 이름은 아무 甲(갑)이더니, 예전에 (내가) 本城(본성)에 있어서 시름하여

居_겅士_쏭²³⁾와 조쳐²⁴⁾ 뫼화²⁵⁾ 다 ᄒ마²⁶⁾ 몯거늘²⁷⁾ 펴²⁸⁾ 닐오ᄃᆡ 그듸

내²⁹⁾ 알라 이³⁰⁾ 내³¹⁾ 아ᄃᆞ리며 내³²⁾ 나호니러니³³⁾ 아모 城_쎵中_듕에

날 ᄇᆞ리고 逃_뜔亡_망ᄒ야 가 뷔ᄃᆞ녀³⁴⁾ 辛_신苦_콩호미³⁵⁾ 쉬나믄³⁶⁾ ᄒᆡ러

니³⁷⁾ 제 本_본來_{ᄙᆡᆼ}ㅅ 일후믄 아뫼오³⁸⁾ 내 일후믄 아모 甲_갑이로니³⁹⁾

아래 本_본城_쎵에 이셔 시름ᄒ야⁴⁰⁾

---

23) 居士: 거사. 속세에 있으면서 불교를 믿는 남자(= 우바새)이다.

24) 조쳐: 조치[아우르다, 겸하다, 兼: 좇(좇다, 따르다, 從: 타동)- + -이(사접)-]- + -어(연어)

25) 뫼호아: 뫼호(모으다, 集)- + -아(연어)

26) ᄒ마: 곧, 已(부사)

27) 몯거늘: 몯(모이다, 集)- + -거늘(연어, 상황)

28) 펴: 펴(펴다, 宣)- + -어(연어)

29) 그듸내: 그듸내[그대분들(인대, 2인칭, 예높): 그(그, 彼: 지대, 정칭) + -듸(높접, 예높) + -내 (복접, 높임)] + -∅(←-이: 주조)

30) 이: 이(이, 이이, 此: 인대, 정칭) + -∅(←-이: 주조)

31) 내: 나(我) + -ㅣ(←-이: 관조)

32) 내: 나(我) + -ㅣ(←-이: 관조, 의미상 주격)

33) 나호니러니: 낳(낳다, 生)- + -∅(과시)- + -오(대상)- + -ㄴ(관전) # 이(이, 者: 의명) + -∅(←-이-: 서조)- + -러(←-더-: 회상)- + -니(연어, 설명 계속)

34) 뷔ᄃᆞ녀: 뷔ᄃᆞ니[비틀비틀 다니다, 伶俜: 뷔ᄃᆞ(비틀거리다, 伶)- + 니(다니다, 行)-]- + -어(연어)

35) 辛苦호미: 辛苦ᄒ[←辛苦ᄒ다(신고하다): 辛苦(신고) + -ᄒ(동접)-]- + -옴(명전) + -이(주조) ※ '辛苦(신고)'는 어려운 일을 당하여 몹시 애쓰는 것이다.

36) 쉬나믄: [오십여, 五十餘(관사): 쉬(←쉰: 五十) + 남(남다, 餘)- + -은(관전▷관접)]

37) ᄒᆡ러니: ᄒᆡ(해, 年: 의명) + -∅(←-이-: 서조)- + -러(←-더-: 회상)- + -니(연어, 설명 계속)

38) 아뫼오: 아모(아무, 아무개, 某: 인대, 부정칭) + -ㅣ(←-이-: 서조)- + -오(←-고: 연어, 나열)

39) 甲이로니: 甲(갑) + -이(서조)- + -로(←-오-: 화자)- + -니(연어, 설명 계속)

40) 시름ᄒ야: 시름ᄒ[시름하다, 걱정하다, 愁: 시름(시름, 걱정, 愁: 명사) + -ᄒ(동접)-]- + -야(← -아: 연어)

(아들을) 찾아 다니더니, 문득 이 곳에서 만나서 얻으니, 이이가 實(실)로 내 아들이며 내가 實(실)로 저의 아버지이니, 이제 내가 두고 있는 一切(일체)의 재물이 다 이 아들의 것이며, 예전에 내며 들인 것(출납한 재물)이 이 아들이 알던 것이다."고 하니【아들의 뜻이 이미 커서야, 아버지가 친척을 모아 父子(부자)를 처음 一定(일정)하여, (아들에게) 家業(가업)을 온전히 맡겼니라. 또 "많지 않은 時節(시절)을 지냈다."고 한 것 등은 般若(반야)의 後(후)에 큰 機(기)가 이미

얻니다니[41] 믄득 이 ᄉᆞᅀᅵ예[42] 맛나[43] 어두니[44] 이 實씨ᇙ로 내 아ᄃᆞ리며 내 實씨ᇙ로 제 아비로니[45] 이제 내 뒷논[46] 一ᅙᅵᇙ切쳉 쳔랴이[47] 다 이 아ᄃᆞ리 거시며 아래 내며 드류미[48] 이 아ᄃᆞ리 아던[49] 거시라 ᄒᆞ니【아ᄃᆞ리 ᄠᅳ디 ᄒᆞ마 크거ᅀᅡ[50] 아비 아ᅀᆞᆷ 뫼화 父뿡子ᄌᆞᆼ ᄅᆞᆯ 처ᅀᅥᆷ[51] 一ᅙᅵᇙ定뗭ᄒᆞ야[52] 家강業업을 오로[53] 맛디니라[54] ᄯᅩ 아니한 時씽節져ᇙ 디내다[55] ᄒᆞᆷ ᄃᆞᆯᄒᆞᆫ 般반若ᅀᅣᆼ 後ᅘᅮᇢ에 큰 機긩[56] ᄒᆞ마

---

41) 얻니다니: 얻니[얻으러 다니다, 찾아 다니다, 覓: 얻(얻다, 得)-+니(다니다, 行)-]-+-다(←-더-: 회상)-+-∅(←-오-: 화자)-+-니(연어, 설명 계속) ※ '얻니다니'는 문맥상 '찾아 다니다'로 의역하여 옮긴다.

42) ᄉᆞᅀᅵ예: ᄉᆞᅀᅵ(사이, 間)+-예(←-에: 부조, 위치) ※ '이 ᄉᆞᅀᅵ예'는 '이곳에서'의 뜻으로 쓰였다.

43) 맛나아: 맛나[만나다, 遇: 맛(←맞다: 맞다, 迎)-+나(나다, 出)-]-+-아(연어)

44) 어두니: 얻(얻다, 得)-+-우(화자)-+-니(연어, 설명 계속)

45) 아비로니: 아비(아버지, 父)+-∅(←-이-: 서조)-+-로(←-오-: 화자)-+-니(연어, 설명 계속)

46) 뒷논: 두(두다, 置)-+-∅(←-어: 연어)#잇(보용, 완료 지속)-+-ᄂ(←-ᄂᆞ-: 현시)-+-오(대상)-+-ㄴ(관전) ※ '뒷논'은 '두어 잇논'이 축약된 형태이다.

47) 쳔랴ᇰ이: 쳔량(재물, 財物)+-이(주조)

48) 드류미: 드리[들이다, 入: 들(들다, 入)-+-이(사접)-]-+-움(명전)+-이(주조) ※ '내며 드륨'은 상거래 때에 재물을 출납하는 것이다.

49) 아던: 아(←알다: 알다, 知)-+-더(회상)-+-ㄴ(관전) ※ '이 아ᄃᆞ리 아던 거시라'는『묘법연화경』에 기술된 '是子所知(이 아들이 아는 것)'를 직역한 것이다.

50) 크거ᅀᅡ: 크(크다, 大)-+-거(확인)-+-ᅀᅡ(←-어ᅀᅡ: 연어, 필연적 조건) ※ '아ᄃᆞ리 ᄠᅳ디 ᄒᆞ마 크거ᅀᅡ'는 '아들이 이미 장성해서야'의 뜻으로 쓰였다.

51) 처ᅀᅥᆷ: [처음(명사): 처ᇫ(←첫: 첫, 初, 관사, 서수)+-엄(명접)]

52) 一定ᄒᆞ야: 一定ᄒᆞ[일정하다, 하나로 정하다: 一定(일정)+-ᄒᆞ(형접)-]-+-야(←-아: 연어) ※ '일정하다'는 '한 가지로 정하다'의 뜻인데, 어떤 일을 확정하는 것이다.

53) 오로: [온전히, 온통, 全(부사): 올(←오올다: 온전하다, 형사)-+-오(부접)]

54) 맛디니라: 맛디[맡기다, 託: 맜(맡다, 任: 타동)-+-이(사접)-]-+-∅(과시)-+-니(원칙)-+-라(←-다: 평종)

55) 디내다: 디내[지나다, 經: 디나(지나다, 經: 자동)-+-ㅣ(←-이-: 사접)-]-+-∅(과시)-+-다(평종)

56) 機: 機(기)+-∅(←-이: 주조) ※ '機(기)'는 본래 '조종(操縱)'이나 '용수철 장치'라는 뜻이다. 불교에서는 석가의 가르침에 접하여 발동되는 수행자의 정신적 능력이나, 중생의 종교적 소질·역량·기근(機根) 등을 이른다.

익어 가히 한 번 變(변)하면, 道(도)에 다다르는 것을 비유하였니라. 예전의 마음을 스스로 더럽게 여긴 것은 작은 것(小乘法)을 버리고 큰 데(大乘法)에 간 것을 비유하였니라. (장자가) 곧 죽을 때에 아들에게 命(명)하며 친척을 모은 것은, 「化城品」(화성품)에 이르시되, "如來(여래)가 涅槃(열반)할 時節(시절)에 다다른 것을 자기가 알고, 菩薩(보살)·聲聞(성문)을 모아서 이 經(경)을 이르느니라."라고 하신 것과 같으니, 聲聞(성문)은 아들이요 菩薩(보살)은 친척이다. 친척을 모아서 펴서 이르되 "이이가 내 아들이다."라고 한 것은 (부처가) 天人衆(천인중)의 中(중)에게 이르시되 "내가 옛날에 (중생을) 敎化(교화)하였으므로, (중생이) 나의 法(법)의 中(중)에 나 있느니라."라고 하신 것을 비유하고, "아무 城中(성중)에 나를 버렸다."고 한 것 등은 "옛날로부터의

니거⁵⁷⁾ 어로⁵⁸⁾ 훈 번 變_변후면 道_똘애 다드롫⁵⁹⁾ 둘 가줄비니라 아랫 무슴 제 더러비 너교문 져근 것 브리고 큰 게⁶⁰⁾ 가몰 가줄비니라 후마 주긇 저긔 아들 命_명후며 아숨 뫼호문 化_황城_썽品_픔⁶¹⁾에 니르샤디 如_셩來_링 涅_넗槃_빤홍 時_씽節_졇 다드른 둘 제 알오 菩_뽕薩_삻 聲_셩聞_문 뫼화 이 經_경을 니르누니라 후샤미⁶²⁾ 근후니 聲_셩聞_문은 아드리오 菩_뽕薩_삻은 아숨미라⁶³⁾ 아숨 뫼화 펴 닐오디 이 내 아드리라 호문 天_텬人_신衆_즁⁶⁴⁾ 中_듕에 니르샤디 내 아래 敎_굘化_황홀씨 내 法_법中_듕에 냇누니라⁶⁵⁾ 후샤몰 가줄비고 아모 城_썽中_듕에 날 브리다⁶⁶⁾ 홈 둘훈 녜롯⁶⁷⁾

---

57) 니거: 닉(익다, 熟)- + -어(연어)

58) 어로: (← 어루: 가히, 능히, 可, 부사)

59) 다드롫: 다돌[← 다돋다, ㄷ불(다다르다, 至): 다(다, 悉: 부사) + 돋(닫다, 달리다, 走)]- + -옳(관전)

60) 큰 게: 크(크다, 大)- + -Ø(현시)- + -ㄴ(관전) # 게(거기에: 의명) ※ '큰 게'는 '큰 데'로 의역하여 옮긴다. 여기서 '큰 데'는 '큰 법(大乘法)'을 뜻한다.

61) 化城品: 화성품. 『묘법연화경』의 제7 '화성유품(化城喩品)'을 이른다.

62) 후샤미: 후(하다, 云)- + -샤(← -시-: 주높)- + -ㅁ(← -옴: 명전) + -이(-과: 부조, 비교)

63) 아숨미라: 아숨(친척) + -이(서조)- + -Ø(현시)- + -라(← -다: 평종)

64) 天人衆: 천인중. 천신(天神)과 인간(人間)의 무리이다. ※ '天人衆 中에'는 '천인중에게'로 의역하여 옮길 수 있다.

65) 냇누니라: 나(나다, 出)- + -아(연어) + 잇(← 이시다: 있다, 보용, 완료 지속)- + -누(현시)- + -니(원칙)- + -라(← -다: 평종) ※ '냇누니라'는 '나 잇누니라'가 축약된 형태이다.

66) 브리다: 브리(버리다, 棄)- + -Ø(과시)- + -다(평종)

67) 녜롯: 녜(옛날, 昔) + -로(부조, 방향) + -ㅅ(-의: 관조)

제 時씽節졇·에 根근性·셩·이 一·ᄒᆞᆶ定·띵·티 ·몯ᄒᆞ·야 後:뽕·에 도·로 믈·러 ᄠᅥ·디·여 五:옹道:똘·애 흘·러 ᄃᆞ·니ᄂᆞᆯ·ᄊᆡ 뷔·틀 ᄃᆞ·녀 辛신苦:콩·ᄒᆞᆫ 디 쉬·나·믄 ᄒᆡ·라 ᄒᆞ·니·라 本:본來링ㅅ 일·후·미 아·모·라 ᄒᆞ·욘 ᄃᆞᆯ·ᄒᆞᆫ 일·후·믈 ᄀᆞᄅᆞ·쳐 父:뿡子:중ㅣ 明명白ᄈᆡᆨ·호ᄆᆞᆯ 마·초·아 ᄇᆞᆯ·기·니·라 本:본來링ㅅ 일·후·미 아·모·라 ᄒᆞ·요ᄆᆞᆫ 化:황城쎵品:픔·에 니ᄅᆞ·샤·ᄃᆡ 그·ᄢᅴ 教교化:황·ᄒᆞ·던 衆·즁·은 너·희 比:삥丘쿻·와 聲셩聞문 弟:똉子:중ㅣ 긔·라 ᄒᆞ·샤미·라 내 일·후·미 아·모 甲·갑·이·라 ᄒᆞ·요ᄆᆞᆫ 열·여·슷·차·히 釋·셕迦강ㅣ·로·라 ᄒᆞ·샤미·라 本:본城쎵·에 求ᄀᆔ·ᄒᆞ·야 ᄃᆞ·니·다·가

後(후)에 네가 이제 다 잊었느니라.”고 하신 것을 비유하였니라. 저 時節(시절)에 根性(근성)이 一定(일정)하지 못하여, 後(후)에 도로 물러 떨어지어 五道(오도)에 흘러 다니므로, “비틀비틀 다녀 辛苦(신고)한 지가 쉰남은 해이다.”라고 하였니라. “本來(본래)의 이름이 아무이다.”라고 한 것 등은 (궁자의) 本來(본래)의 이름을 가르쳐서 父子(부자)가 明白(명백)한 것을 따져서 밝혔니라. “本來(본래)의 이름이 아무이다.”라고 한 것은 化城品(화성품)에 이르시되 “그때에 教化(교화)하던 衆(중)은 너희 比丘(비구)와 聲聞(성문) 弟子(제자)가 그이다.”라고 하신 것이다. “내 이름이 아무 甲(갑)이다.”라고 한 것은 “(연등불의 제자 중에서) 열여섯째는 나 釋迦(석가)이다.”라고 하신 것이다. 本城(본성)에서 (아들을) 찾아 다니다가

後_홓에 네 이제 다 니즈니라⁶⁸⁾ ᄒ샤ᄆᆞᆯ 가즐비니라 뎌 時_씽節_졇에 根_{ᄀᆫ}性_셩⁶⁹⁾이 一_힗定_뗭티 몯ᄒ야 後_홓에 도로 믈러디여⁷⁰⁾ 五_옹道_뚷⁷¹⁾애 흐르닐씨⁷²⁾ 뷔들녀⁷³⁾ 辛_신苦_콩컨⁷⁴⁾ 디⁷⁵⁾ 쉬나문⁷⁶⁾ ᄒᆡ라 ᄒ니라 本_본來_{ᄅᆡᆼ}ㅅ 일후미 아ᄆᆡ라⁷⁷⁾ 홈 들ᄒ 本_본來_{ᄅᆡᆼ}ㅅ 일후믈 ᄀᆞᄅ쳐 父_뿡子_중ㅣ⁷⁸⁾ 明_명白_{ᄈᆡᆨ}호ᄆᆞᆯ 마기오니라⁷⁹⁾ 本_본來_{ᄅᆡᆼ}ㅅ 일후미 아ᄆᆡ라 호ᄆᆞᆫ 化_황城_쎵品_픔에 니ᄅ샤ᄃᆡ 그 ᄢᅴ 敎_{ᄀᆛᆸ}化_황ᄒ던 衆_즁은 너희 比_뼁丘_쿨와 聲_셩聞_문弟_뗑子_중ㅣ 긔라⁸⁰⁾ ᄒ샤미라 내 일후미 아모 甲_갑이라 호ᄆᆞᆫ 열여슷차히ᄂᆞ⁸¹⁾나 釋_셕迦_강ㅣ로라⁸²⁾ ᄒ샤미라 本_본城_쎵에셔 얻니다가⁸³⁾

---

68) 니즈니라: 닞(잊다, 忘)- + -Ø(과시)- + -ᄋᆞ니(원칙)- + -라(←-다: 평종)

69) 根性: 근성. 태어날 때부터 지니고 있는 근본적인 성질이다.

70) 믈러디여: 믈러디[믈러 떨어지다: 믈르(←므르다: 물러나다, 退)- + -어(연어) + 디(떨어지다, 落)-]- + -어(연어)

71) 五道: 오도. 중생이 선악의 업보(業報)에 따라 가게 되는 다섯 곳이다. '지옥도(地獄道), 아귀도(餓鬼道), 축생도(畜生道), 인간(人間), 천상(天上)'이다. '오취(五趣)' 혹은 '오고(五苦)'이다.

72) 흐르닐씨: 흐르니[흘러가다, 流行: 흐르(흐르다)- + 니(가다)-]- + -ㄹ씨(-므로: 연어, 이유)

73) 뷔들녀: 뷔들니[비틀비틀 다니다, 伶俜: 뷔들(비틀거리다, 伶)- + 니(다니다, 行)-]- + -어(연어)

74) 辛苦컨: 辛苦ᄒ[←辛苦ᄒ다: 辛苦(신고) + -ᄒ(동접)-]- + -Ø(과시)- + -거(확인)- + -ㄴ(관전)
※ '辛苦(신고)'는 어려운 일을 당하여 몹시 애쓰는 것이다.

75) 디: 디(지, 시간의 경과: 의명) + -Ø(←-이: 주조)

76) 쉬나문: [쉰이 넘는, 오십여, 五十餘(관사): 쉬(←쉰: 五十, 수사, 양수) + 남(남다, 餘)- + -은(관전▷관접)]

77) 아ᄆᆡ라: 아모(아무, 아무개, 某: 인대, 미지칭) + -ㅣ(←-이-: 서조)- + -Ø(현시)- + -라(←-다: 평종)

78) 父子ㅣ: 父子(부자) + -ㅣ(관조, 의미상 주격)

79) 마기오니라: 마기오(따져서 밝히다, 증명하다)- + -Ø(과시)- + -니(원칙)- + -라(←-다: 평종)

80) 긔라: 그(그, 彼: 인대, 정칭) + -ㅣ(←-이-: 서조)- + -Ø(현시)- + -라(←-다: 평종)

81) 열여슷차히ᄂᆞ: 열여슷차히[열여섯째, 第十六(수사, 서수): 열여슷(열여섯, 十六: 수사, 양수) + -차히(-째: 접미, 서수)] + -ᄂᆞ(보조사, 주제)

82) 釋迦ㅣ로라: 釋迦(석가) + -ㅣ(←-이-: 서조)- + -Ø(현시)- + -로(←-오-: 화자)- + -라(←-다: 평종) ※ 석가모니 부처에 앞서 있었던 연등불(燃燈佛)이 모두 16명의 제자를 두었다. 석가모니는 자신이 그 16명의 제자 중에서 16번째 제자였던 사실을 밝히는 내용이다.

83) 얻니다가: 얻니[얻으러 다니다, 찾아 다니다, 覓: 얻(얻다, 得)- + 니(다니다, 行)-]- + -다가(연어, 전환)

이 사이(곳, 間)에서 만난 것은, 옛날에 本性(본성)을 의지하여 敎化(교화)를 밝히시니, 이것이 頓門(돈문)에 다다라 때마침 맞으신 것을 비유하였니라. "이이가 實(실)로 내 아들이다."라고 한 것 등은 (부처가 비구, 중생에게) 授記(수기)하여 부처를 만드시어 法王(법왕)의 位(위)를 이으신 것을 비유하고, "내가 둔 재물이 다 이 아들이 둔 것이라."고 한 것은 이 한 큰 일이 사람마다 本來(본래) 갖추어져 있어서 밖에 가서 얻은 것이 아니며, "예전에 내며 들게 한 것(재물)이 이 아들이 알던 것이라."고 한 것은 항상 쓰는 보며 듣는 法(법)이 이제 各別(각별)히 있는 것이 아닌 것이다. 나를 의지하여 求(구)하면, 本來(본래)의 覺(각)과 처음의 覺(각)이 眞實(진실)의 父子(부자)이며, 德性(덕성)의 用(용)이 眞實(진실)의 이 스시예 맛나먼 네 本_본性_셩을 브터 敎_굘化_황 불기시니⁸⁴⁾ 이 頓_돈門_몬⁸⁵⁾애 다ᄃ

라 마치⁸⁶⁾ 마ᄌ샤ᄆᆯ⁸⁷⁾ 가ᄌᆯ비니라 이 實_씷로⁸⁸⁾ 내 아ᄃ리라 홈 ᄃᆯᄒ 授_쓯記_긩ᄒ

야⁸⁹⁾ 부텨 딩ᄀ르샤 法_법王_왕⁹⁰⁾ 位_윙 니ᄉ샤ᄆᆯ⁹¹⁾ 가ᄌᆯ비고 내 뒷논⁹²⁾ 쳔랴이 다

이 아ᄃ릭 뒷논 거시라 호ᄆᆫ 이 ᄒ 큰 이리 사ᄅᆷ마다 本_본來_{ᄅᆡ} ᄀ자⁹³⁾ 밧긔 가

어든 거시 아니며 아래 내며 드류미 이 아ᄃ릭 아던 거시라 호ᄆᆫ 샹녜 쓰논⁹⁴⁾ 보

며 듣논 法_법이 이제 各_각別_별히 잇논 거시 아니니라 나ᄅᆯ 브터⁹⁵⁾ 求_끃ᄒ면 本_본

來_{ᄅᆡ} 처ᅀᅥᆷ 覺_각⁹⁶⁾이 眞_진實_씷ㅅ 父_뿡子_중ㅣ며 德_득性_셩⁹⁷⁾의 用_용⁹⁸⁾이 眞_진實_씷ㅅ

---

84) 불기시니: 불기[밝히다, 明: 븕(밝다: 형사)- + -이(사접)-]- + -시(주높)- + -니(연어, 설명 계속)
85) 頓門: 돈문. 처음부터 바로 대승의 깊고 묘한 교리를 듣고 단번에 깨닫는 가르침이다.(= 돈교, 頓敎)
86) 마치: [맞추어서, 때마침(부사): 맞(맞다, 當)- + -히(사접)- + -이(부접)]
87) 마ᄌ샤ᄆᆯ: 맞(맞다, 當)- + -ᄋ샤(←-ᄋ시-: 주높)- + -ㅁ(←-옴: 명전) + -ᄋᆯ(목조)
88) 實로: [실로, 참으로(부사): 實(실: 불어) + -로(부조▷부접]
89) 授記ᄒ야: 授記ᄒ[수기하다: 授記(수기: 명사) + -ᄒ(동접)-]- + -야(←-아: 연어) ※ '授記(수기)'는 부처가 그 제자에게 내생에 성불(成佛)하리라는 예언기(豫言記)를 주는 것이다.
90) 法王: 법왕. 법문(法門)의 왕이라는 뜻으로, '부처(佛)'를 달리 이르는 말이다.
91) 니ᄉ샤ᄆᆯ: 닛(←닛다: 잇다, 繼)- + -ᄋ샤(←-ᄋ시-: 주높)- + -ㅁ(←-옴: 명전) + -ᄋᆯ(목조)
92) 뒷논: 두(두다, 置)- + -Ø(←-어: 연어) + 잇(←이시다: 보용, 완료 지속)- + -ㄴ(←-ᄂᆞ-: 현시)- + -오(대상)- + -ㄴ(관전) ※ '뒷논'는 '두어 잇논'이 축약된 형태이다.
93) ᄀ자: 곳(갖추어져 있다, 備)- + -아(연어)
94) 쓰논: 쓰(쓰다, 用) + -ㄴ(←-ᄂᆞ-: 현시)- + -오(대상)- + -ㄴ(관전)
95) 브터: 븥(붙다, 의지하다, 말미암다, 附, 依, 由)- + -어(연어)
96) 本來 처ᅀᅥᆷ 覺: '본각(本覺)'과 '시각(始覺)'을 아울러서 말한 것이다. 본각(本覺)은 번뇌에 가려 드러나지 않은 청정한 깨달음의 성품이며 중생이 본디 갖추고 있는 청정한 마음이다. 시각(始覺)은 청정한 마음의 근원을 가리고 있던 번뇌를 점점 부수어 깨닫기 시작하는 것이다 곧, 번뇌에 가려 드러나지 않던 청정한 깨달음의 성품이 서서히 활동하는 것이다.
97) 德性: 덕성. 덕의(德義)를 갖춘 본성(本性)이다.
98) 用: 용. 진리의 작용이다. ※ '체용론(體用論)'에서 '체(體)'는 사물의 본체 또는 근본적인 것을 가리키는 말이다. 반면에 '용(用)'은 사물의 작용 또는 현상, 파생적인 것을 가리키는 개념으로 사용된다.

엿ㅎ 승 대 니 쑝 어 ㅎ ㅎ 別 르 ㅎ ㄴ 寶
브리 生 달 ㅎ ㅣ 늘 면 다 뼝 가 로 니 ᄫᆞᆼ 藏
도 니 상 애 다 라 뎌 어 가 ㅎ 뇨 돌 뉘 짱
다 어 五 디 가 ㅎ 논 로 能 샤 그 요 ㅎ 이
世 옹 道 아 真 야 놀 맛 능 쏠 렬 매 오 오
셍 니 띃 진 나 하 리 씨 제 쇼 라
尊 ㅎ 慈 부 라 나 어 무 자 부 일 업 나
존 애 시 쫑 텨 져 몰 ᇰ 바 뎌 ㅎ 스 다
하 뷔 면 를 疑 어 일 ᄂᆡ 慈 며 리 가
그 든 乃 여 힁 몰 려 서 라 쫑 맛 오 며
빼 녕 러 心 ㅎ 부 라 悲 엇 本
窮 窮 終 가 심 며 미 體 미 빙 物 더 본
꿍 즁 자 ㅎ 怨 업 톙 ㅎ 로 뭀 콴 來
子 困 내 로 ᅀᅳ 웡 스 信 시 分 제 링 ᄃᆞ 됭
종 콘 四 이 봏 熊 리 신 니 분 모 뒤 잇

寶藏(보장)이다. (本覺과 始覺과 德性의 用은 사람이) 나자마자 本來(본래) 있나니, 누가 홀로 없으리요? 어째서 '뒤로 달림(= 뒤로 달아남)'에 스스로 (본각과 시각과 덕성의 용을) 잃으며, 밖의 物(물)에 (현혹되어서 본각과 시각과 덕성의 용을) 스스로 몰랐느냐? 그러므로 부처가 慈悲(자비)로 걱정하시어 "빨리 (달아난 사람을) 잡아 돌아오라."고 하시니, 만일 能(능)히 마음에 서로 體信(체신)하면 가히 (= 뒤로 달린 이를) 만나 얻어서 어려움이 없겠거늘, 저(= 뒤로 달린 이)는 놀라서 제 몸을 잃으며 怨讐(원수)라고 하여 부처를 疑心(의심)하니, 만일 (부처가 중생들을) 眞慈(진자)로 여러 가지로 잘 달래지 아니하시면 (중생들이) 끝내(乃終, 내종) 四生(사생)과 五道(오도)에 비틀거리며 다녀서 窮困(궁곤)하겠으니, 불쌍하구나. 】, 世尊(세존)이시여, 그때에 窮子(궁자)가

寶_봉藏_짱이라 나다가며⁹⁹⁾ 本_본來_링 잇느니 뉘¹⁰⁰⁾ ᄒ오ᅀᅡ¹⁾ 업스리오²⁾ 엇더콴디³⁾ 뒤

ᄒ로⁴⁾ ᄃᆞ료매⁵⁾ 제 일흐며⁶⁾ 밧⁷⁾ 物_뭃에 제 모ᄅᆞ거뇨⁸⁾ 그럴씨⁹⁾ 부톄 慈_쫑悲_빙로

分_분別_{ᄫᅧᆯ}ᄒᆞ샤 ᄲᆞᆯ리 자바 도라오라 ᄒᆞ시니 ᄒᆞ다가 能_능히 ᄆᆞᅀᅡ매 서르 體_톙信_신¹⁰⁾

ᄒᆞ면 어로 맛나 어더 어려부미 업스리어늘 뎌는 놀라 제 모ᄃᆞᆯ 일흐며 怨_훤讐_쓩ㅣ

라 ᄒᆞ야 부텨를 疑_읭心_심ᄒᆞᅀᆞᄫᆞ니 ᄒᆞ다가 眞_진慈_쫑¹¹⁾로 여러 가지로 이대¹²⁾ 달애

디¹³⁾ 아니ᄒᆞ시면 乃_냉終_즁내¹⁴⁾ 四_{ᄉᆞ}生_{ᄉᆡᆼ}¹⁵⁾ 五_옹道_똘애 뷔듣녀¹⁶⁾ 窮_꿍困_콘ᄒᆞ리니 어

엿브도다¹⁷⁾ 】 世_솅尊_존하 그 ᄢ 窮_꿍子_{ᄌᆞ}ㅣ

---

99) 나다가며: 나(나다, 태어나다, 生)-+-다가며(-자마자: 연어, 즉각적 계기)

100) 뉘: 누(누구, 誰: 인대, 미지칭)+-ㅣ(←-이: 주조)

1) ᄒ오ᅀᅡ: 혼자, 獨(부사)

2) 업스리오: 없(없다, 無)-+-으리(미시)-+-오(←-고: 의종, 설명)

3) 엇더콴디: 엇더ᄒ[←엇더ᄒᆞ다(어떠하다, 何): 엇더(불어)+-ᄒᆞ(형접)-]-+-콴디(-기에: 연어, 이유)

4) 뒤ᄒ로: 뒤ᄒ(뒤, 後)+-ᄋᆞ로(부조, 위치, 방향)

5) ᄃᆞ료매: ᄃᆞ리[달리다, 走: 돌(←ᄃᆞᆮ다, ㄷ불: 닫다, 달리다)-+-이(사접)-]-+-옴(명전)+-애(-에: 부조, 위치)

6) 일흐며: 잃(잃다, 失)-+-으며(연어, 나열)

7) 밧: 밧(←밝: 밖, 外)

8) 모ᄅᆞ거뇨: 모ᄅᆞ(모르다, 不知)-+-∅(과시)-+-거(확인)-+-뇨(-느냐: 의종, 설명)

9) 그럴씨: [그러므로, 故(부사, 이유): 그러(←그러ᄒᆞ다: 그러하다, 형사)-+-ㄹ씨(-므로: 연어 ▷부접)]

10) 體信: 체신. 온전히 믿는 것이다.

11) 眞慈: 진자. 참된 자비이다.

12) 이대: [잘, 善(부사): 읻(좋다, 곱다, 善: 형사)-+-애(부접)]

13) 달애디: 달애(달래다, 꾀다, 권하다, 誘)-+-디(←-지: 연어, 부정)

14) 乃終내: [끝내(부사): 乃終(내종, 나중, 끝: 명사)+-내(부접)]

15) 四生: 사생. 생물이 태어나는 네 가지 형태로서, 태생(胎生), 난생(卵生), 습생(濕生), 번생(翻生) 등이다.

16) 뷔듣녀: 뷔듣니[비틀비틀 다니다, 伶俜: 뷔듣(비틀거리다, 伶)-+니(다니다, 行)-]-+-어(연어)

17) 어엿브도다: 어엿브(불쌍하다, 憫然)-+-∅(현시)-+-도(감동)-+-다(평종)

아버지의 이 말을 듣고 즉시 매우 歡喜(환희)하여 "(내가) 예전에 없던 일을 得(득)하였다."고 하여, 여기되 "내가 本來(본래) (寶欛을) 求(구)할 마음이 없더니, 오늘 寶藏(보장)이 自然(자연)히 왔다."고 하니, 世尊(세존)이시여, 매우 부유한 長者(장자)는 如來(여래)이시고 우리는 다 부처의 아들과 같으니, 如來(여래)가 항상 우리를 아들이라고 아비 이 말 듣고 즉재 ᄀᆞ장 歡_환喜_횡ᄒᆞ야 녜 업던 이를 得_득호
라¹⁸⁾ ᄒᆞ야 너교ᄃᆡ 내 本_본來_{ᄅᆡ} 求_{꾸ᇢ}홀 ᄆᆞᅀᆞᆷ 업다니¹⁹⁾ 오늘 寶_{ᄫᅩᇢ}藏²⁰⁾
_{짱}이 自_쭝然_션히 오나다²¹⁾ ᄒᆞ니 世_솅尊_존하 ᄀᆞ장 가ᅀᆞ면²²⁾ 長_댱者_쟝ᄂᆞᆫ
如_셩來_{ᄅᆡ}시고²³⁾ 우리ᄂᆞᆫ 다 부텻 아ᄃᆞᆯ ᄀᆞᆮ호니²⁴⁾ 如_셩來_{ᄅᆡ} 샹녜 우리
ᄅᆞᆯ 아ᄃᆞ리라

---

18) 得호라: 得ᄒᆞ[← 得ᄒᆞ다(득하다, 얻다): 得(득: 불어) + -ᄒᆞ(동접)-]- + -Ø(과시)- + -오(화자)-
    + -라(← -다: 평종)

19) 업다니: 업(← 없다: 없다, 無)- + -다(← -더-: 회상)- + -Ø(← -오-: 화자)- + -니(연어, 설명
    계속)

20) 寶藏: 보장. 부처의 미묘한 교법을 보배 창고에 비유하여 이르는 말이다.

21) 오나다: 오(오다, 至)- + -Ø(과시)- + -나(← -아-: 확인)- + -다(평종)

22) 가ᅀᆞ면: 가ᅀᆞ며(← 가ᅀᆞ멸다: 부유하다, 富)- + -ㄴ(관전)

23) 如來시고: 如來(여래) + -Ø(← -이-: 서조)- + -시(주높)- + -고(연어, 나열)

24) ᄀᆞᆮ호니: ᄀᆞᆮᄒᆞ(← ᄀᆞᆮᄒᆞ다: 같다, 如)- + -오(화자)- + -니(연어, 설명 계속)

·라 닐·시ᄂᆞ니이·다 世·솅尊존하 우리 三삼苦콩ㅅ젼ᄎᆞ·로 生싱死ᄉᆡᆼ 中듕·에 여러 가짓 熱ᅀᅵᇙ惱ᄂᆢᆯ·룰 受·쓩ᄒᆞ·야 遂·몡 惑·ᅘᅯᆨᄒᆞ·야 아로미 업서 ·져근 法·법을 즐·기·다·니 【三삼苦콩ᄂᆞᆫ ᄒᆞ나·ᄂᆞᆫ 苦콩苦콩·이·니 根근·이어·나 境경·이어·나 ·를 ·어·그·려 쳐·혀 生싱老ᄅᆞᆸ病뼝死ᄉᆞᆼ·의 여·러 現·현호 苦콩相샹·이·라 둘·흔 壞·ᅘᅫᆼ苦콩·이·니 즐·거부미 變·변ᄒᆞ·야 다·ᄅᆞᆯᄊᆡ 여·러 시·르미 날·ᄊᆡ·니 ·니ᄅ·논

이르십니다. 世尊(세존)이시여, 우리가 三苦(삼고)의 까닭으로 生死(생사) 中(중)에 여러 가지의 熱惱(열뇌)를 受(수)하여, 迷惑(미혹)하여 아는 것이 없어 작은 法(법)(=小乘)을 즐기더니 【三苦(삼고)는 하나는 苦苦(고고)이니, 根(근)이거나 境(경)이거나를 어겨서 다그치며 生老病死(생로병사)의 여러 現(현)한 苦相(고상)이다. 둘은 壞苦(괴고)이니, 즐거움이 變(변)하여 (예전과) 다름을 말미암아서 여러 가지의 시름이 나는 것이니, 이른바

니르시ᄂᆞ니이다²⁵⁾ 世셍尊존하 우리 三삼苦콩²⁶⁾ㅅ 젼ᄎᆞ로 生ᄉᆡᆼ死ᄉᆞᆼ 中듕에 여러 가짓 熱�惱놀²⁷⁾를 受ᄊᅠᇢᄒᆞ야 迷몡惑ᅘᅯᆨᄒᆞ야 아로미²⁸⁾ 업서 져근 法법을 즐기다니²⁹⁾【三삼苦콩ᄂᆞᆫ ᄒᆞ나ᄒᆞᆫ³⁰⁾ 苦콩苦콩³¹⁾ㅣ니 根곤이어나³²⁾ 境겅³³⁾이어나 어긔여³⁴⁾ 다와ᄃᆞ며³⁵⁾ 生ᄉᆡᆼ老ᄅᆋᆼ病ᄈᅠᇰ死ᄉᆞᆼ 여러 現ᅘᅧᆫ흔 苦콩相샹³⁶⁾이라 둘흔 壞ᅘᅬᆼ苦콩³⁷⁾ㅣ니 즐거부미 變변ᄒᆞ야 달오ᄆᆞᆯ³⁸⁾브터 여러 가짓 시르미³⁹⁾ 날ᄊᆡ니⁴⁰⁾ 니르논⁴¹⁾

---

25) 니르시ᄂᆞ니이다: 니르(이르다, 曰)- + -시(주높)- + -ᄂᆞ(현시)- + -니(원칙)- + -이(상높, 아높)- + -다(평종)

26) 三苦: 삼고. 생존에 따른 세 가지의 고통이다. '고고(苦苦), 괴고(壞苦), 행고(行苦)'를 이른다.

27) 熱惱: 열뇌. 몹시 심한 마음의 괴로움이다.

28) 아로미: 알(알다, 知)- + -옴(명전) + -이(주조)

29) 즐기다니: 즐기[즐기다, 樂: 즑(즐거워하다, 歡: 자동)- + -이(사접)-]- + -다(←-더-: 회상)- + -∅(←-오-: 화자)- + -니(연어, 설명 계속)

30) ᄒᆞ나흔: ᄒᆞ나ᄒᆞ(하나, 一: 수사, 양수) + -은(보조사, 주제)

31) 苦苦: 고고. '삼고(三苦)'의 하나이다. 중생의 몸과 마음을 괴롭게 하는 인연 때문에 생기는 육체적인 괴로움을 이른다.

32) 根이어나: 根(근) + -이어나(-이거나: 보조사, 선택) ※ '根(근)'은 어떤 작용을 일으키는 강력한 힘이다. 곧, 육근(六根)의 능력을 이른다. ※ '육근(六根)'은 불교에서 백팔번뇌의 근간이 되는 육근(六根), 곧 '눈(目)·코(鼻)·입(口)·혀(舌)·몸(身)·생각(意)'을 말한다.

33) 境: 경. 감각 대상인 육진(六塵)이다. ※ '육진(六塵)'은 인간의 본성을 흐리게 하는 여섯 가지 경계이다. 곧, 육근이 작용할 때 그 대상이 되는 '색·성·향·미·촉·법'의 육경(六境)이다. 육경은 육근을 통하여 청정자성심을 더럽게 물들이기 때문에 육진 또는 육적(六賊)이라 한다.

34) 어긔여: 어긔(어기다, 違)- + -여(←-어: 연어)

35) 다와ᄃᆞ며: 다왇(다그치다, 迫)- + -ᄋᆞ며(연어, 나열)

36) 苦相: 고상. 괴로움의 모습이다.

37) 壞苦: 괴고. '삼고(三苦)의 하나'이다. 사랑하거나 즐기는 대상이 없어졌을 때에 느끼는 고통을 이른다.

38) 달오ᄆᆞᆯ: 달(다르다: 다르다, 異)- + -옴(명전) + -ᄋᆞᆯ(목조)

39) 시르미: 시름(걱정, 愁) + -이(주조)

40) ᄊᆡ니: ᄊᆞ(←-ᄉᆞ: 것, 者, 의명)- + -이(서조)- + -니(연어, 설명 계속)

41) 니르논: 니르(이르다, 曰)- + -ᄂᆞ(←-ᄂᆞ-: 현시)- + -오(대상)- + -ᄂᆞ(관전) ※ '니르논'은 '이른바'로 의역하여 옮긴다.

즐거부믈몯마쳐셔슬푸미
호미니곧愛·힁別·볋離·링求·끃不·붏得·득
類·뤙·이·올·마가·셰호行·행
蘊·훈苦·콩ㅣ·니五·옹趣·충·엣·
苦·콩·애드ㅣ·다行·행相·샹·이·니念·념念·념
·라·니·다니·라行·행 ·오·눐날世·솅尊·존·이

·우·리·를諸·졍法·법戲·힁論·론·앳·똥·
랑·야·덜·에·호·실·씨戲·힁論·론·은弄·롱談·땀
·우·리·브·즈·러·니精·졍進·진·호·야涅·넗槃·빤
·빤·애·니·르·러·하·룻갑·술·ᄒ·마得·득·ᄒ·고

'즐거움을 못 마쳐서 슬픔이 또 잇는다.'고 하는 것이니, 곧 愛別離(애별리)와 求不得(구부득)의 類(유)이다. 셋은 行苦(행고)이니 念念(염념)이 옮아가는 相(상)이니, 五趣(오취)에 있는 蘊苦(온고)가 다 行苦(행고)에 들었니라.】, 오늘날 世尊(세존)이 우리에게 諸法(제법)의 戲論(희론)인 똥을 생각하여 덜게 하시므로【戲論(희론)은 농담의 議論(의논)이다.】, 우리가 부지런히 精進(정진)하여 涅槃(열반)에 이르러 하루의 품삯을 이미 得(득)하고,

즐거부믈⁴²⁾ 몯 ᄆᆞ차셔⁴³⁾ 슬푸미⁴⁴⁾ ᄯᅩ 닛ᄂᆞ다⁴⁵⁾ ᄒᆞ미니 곧 愛ᅙᅵᆼ別ᄤᅧᇙ離링⁴⁶⁾ 求ᄀᆜᇢ不붏得득⁴⁷⁾ 類ᄅᆔᆼ라⁴⁸⁾ 세흔 行ᅘᅢᆼ苦콩⁴⁹⁾ㅣ니 念념念념⁵⁰⁾이 올마가ᄂᆞᆫ 相샹이니 五ᅌᅩᆼ趣츙앳⁵¹⁾ 蘊훈苦콩⁵²⁾ㅣ 다 行ᅘᅢᆼ苦콩애 드ᄂᆞ니라】 오ᄂᆞᆲ날 世솅尊존이 우리를⁵³⁾ 諸졍法법 戲ᅘᅴᆼ論론앳⁵⁴⁾ ᄯᅩᆼ⁵⁵⁾을 ᄉᆞ랑ᄒᆞ야 덜에⁵⁶⁾ ᄒᆞ실ᄊᆡ【戲ᅘᅴᆼ論론ᄋᆞᆫ 롱담⁵⁷⁾ 議ᅌᅴᆼ論론이라】 우리 브즈러니⁵⁸⁾ 精졍進진ᄒᆞ야 涅녏槃빤애 니르러 ᄒᆞᆳᄹᅮᆺ⁵⁹⁾ 갑슬⁶⁰⁾ ᄒᆞ마 得득ᄒᆞ고

---

42) 즐거부믈: 즐거봄[즐거움, 樂: 즑(즐거우하다, 歡)-+-업(←-업-: 형접)-+-움(명접)]+-을 (목조)

43) ᄆᆞ차셔: 몿(마치다, 끊다, 切)-+-아셔(-아서: 연어)

44) 슬푸미: 슬품[슬픔, 哀: 슳(슬퍼하다)-+-브(형접)-+-움(명접)]+이(주조)

45) 닛ᄂᆞ다: 닛(잇다, 繼)-+-ᄂᆞ(현시)-+-다(평종)

46) 愛別離: 애별리. 사랑하는 사람과 헤어지는 것이다.

47) 求不得: 구부득. 원하는 것을 얻지 못하는 것이다.

48) 類라: 類(유, 따위)+-Ø(←-이-: 서조)-+-Ø(현시)-+-라(←-다: 평종)

49) 行苦: 행고. 삼고의 하나이다. 세간(世間)의 모든 현상의 변화가 끝없기 때문에 받는 괴로움이다.

50) 念念이: [순간순간(부사): 念念(염념: 명사)+-이(부접)] ※ '念'은 본래 '찰나'의 뜻이며, '念念'은 매우 짧은 시간이다. 여기서 '念念이'은 '순간순간'으로 의역할 옮길 수 있다.

51) 五趣앳: 五趣(오취)+-예(←-에: 부조, 위치)+-ㅅ(-의: 관조) ※ '五趣(오취)'는 중생이 선악의 업보에 따라 가는 다섯 세계이다. 곧 천도(天道), 인도(人道), 축생도(畜生道), 아귀도(餓鬼道), 지옥도(地獄道)이다.

52) 蘊苦: 온고. 누적된 괴로움이다.

53) 우리를: 우리(우리, 我等: 인대, 정칭)+-를(-에게: 목조, 의미상 부사격)

54) 戲論앳: 戲論(희론)+-애(-에: 부조, 위치)+-ㅅ(-의: 관조) ※ '戲論(희론)'은 '희롱거리'의 논의이다.

55) 諸法 戲論앳 ᄯᅩᆼ: 이 구절은 '諸法戲論糞'을 언해한 것이다. 이는 '모든 사물에 대하여 아무 쓸모가 없는 말을 하는 것을 낮추어서 이르는 말이다.

56) 덜에: 덜(덜다, 없애다, 除)-+-에(←-게: 연어, 사동)

57) 롱담: 농담(弄談).

58) 브즈러니: [부지런히, 꾸준하게, 勤(부사): 브즈런(부지런, 勤: 명사)+-Ø(←-ᄒᆞ-: 형접)-+-이(부접)]

59) ᄒᆞᆳᄹᅮᆺ: ᄒᆞ르(하루, 1일)+-ㅅ(-의: 관조)

60) 갑슬: 값(값, 품삯, 價)+-을(목조)

모수매 장ᄉ거제足ㆍ족ㆍ호라ᄒᆞ야ᄂᆞᆯ
오딕 佛ᄈᆢᇙ 法ᄇᆸ 中ᄃᆔᇰ에 브즈러니 精ᅒᆼ
進진ᄒᆞᆯᄊᆡ 得ᄃᆨ혼거시만ᄒᆞ라ᄒᆞ다니
그러나 世솅 尊존 이 우리돌ᄒᆡᆺ모ᅀᆞ미
헌 欲욕 오 著땍ᄒᆞ야져근 法ᄇᆸ 즐기ᄂᆞᆫ
돌ᄆᆞᆫ져 알ᄊᆞ곧ᄆᆞ리샤너희돌ᄒᆡᄅᆞᆫ
영 来ᄅᆡᇰ 人知딩 見견 寶ᄫᅳᇢ 藏ᄍᆞᇰ 앳 分분

마음에 매우 기뻐하여 스스로 "足(족)하다."고 하여 이르되, "(우리가) 佛
法(불법) 中(중)에 부지런히 精進(정진)하므로 得(득)한 것이 많다."고 하였
더니, 그러나 世尊(세존)이 우리들의 마음이 헌 欲(욕)에 著(착)하여 작은
法(법, 小乘法)을 즐기는 줄을 먼저 아시어, 곧 (우리들을) 내버려 두시어
"너희들이 如來(여래)의 知見寶藏((지견보장)의 分(분)을

ᄆᆞᅀᅢ ᄀᆞ장 깃거⁶¹⁾ 제 足_쪽호라⁶²⁾ ᄒᆞ야 닐오ᄃᆡ 佛_뿛法_법 中_듕에 브즈러니 精_졍進_진홀ᄊᆡ 得_득혼 거시 만호라⁶³⁾ ᄒᆞ다니⁶⁴⁾ 그러나 世_솅尊_존이 우리들히⁶⁵⁾ ᄆᆞᅀᆞ미 헌⁶⁶⁾ 欲_욕을 著_땩ᄒᆞ야⁶⁷⁾ 져근 法_법⁶⁸⁾ 즐기ᄂᆞᆫ 들⁶⁹⁾ 몬져 아ᄅᆞ샤 곧 ᄇᆞ리샤 너희들히 如_셩來_{ᄅᆡᆼ}ㅅ 知_딩見_견寶_봏藏_짱⁷⁰⁾앳 分_뿐⁷¹⁾을

---

61) 깃거: 깄(기뻐하다, 歡喜)- + -어(연어)
62) 足호라: 足ᄒᆞ[← 足ᄒᆞ다(족하다): 足(족: 불어) + -ᄒᆞ(형접)-] + -Ø(현시)- + -오(화자)- + -라(←-다: 평종)
63) 만호라: 만ᄒᆞ(← 만ᄒᆞ다: 많다, 多)- + -Ø(현시)- + -오(화자)- + -라(←-다: 평종)
64) ᄒᆞ다니: ᄒᆞ(하다, 謂)- + -다(←-더-: 회상)- + -Ø(←-오-: 화자)- + -니(연어, 설명 계속)
65) 우리들히: 우리들ㅎ[우리들, 我等: 우리(우리, 我) + -들ㅎ(-들: 복접)] + -의(관조)
66) 헌: 허(← 헐다: 헐다, 毁)- + -Ø(과시)- + -ㄴ(관전)
67) 著ᄒᆞ야: 著ᄒᆞ[착하다, 貪著하다: 著(착: 불어)- + -ᄒᆞ(동접)-] + -야(←-아: 연어) ※ '著(착)'은 만족할 줄 모르고 탐하는 마음을 버리지 못하는 것이다.
68) 져근 法: 작은 법. 소승법(小乘法)을 이른다.
69) 들: ᄃᆞ(것, 줄: 의명) + -ㄹ(목조)
70) 知見寶藏: 지견보장. '智見(지견)'은 지식과 견문을 아울러 이르는 말이며, '寶藏(보장)은 보배를 보관하는 창고이다. 부처님의 말과 생각에는 지혜를 체득하고 대승 보살의 삶을 실천할 수 있는 가르침이 들어 있는데, 그것을 '知見寶藏(지견보장)'으로 표현하였다.
71) 分: 분. '몫'이다.

을탕다이두리라호야골히야니르디
아니호시고【權·꿘에머굴우옛던일
늘그나리라 호문한生싱을對됭호야닐오
러·ㅻ볼씨라더 ㅊ·리 一·힗切·쳉法·법
染·셤은더러온것이라
種·종種·쯍心·심地·띵롱議·읭論·론을갓ㄱ로마리戲·훵
論·론앳똥이라ᄒᆞᄅᆞᆺ갑손小·숄果·광戝

마땅히 두리라."고 하여, 가려서 이르지 아니하시고【權(권)에 막히어 있던 일을 펴서 일렀니라. "오늘날이라."고 한 것은 많은 生(생)을 對(대)하여 이르니, 많은 生(생)을 작은 일을 즐겨서 "오늘 오히려 막혀 있다."고 하였니라. (우리 중생들이) 一切法(일체법)에 망령되이 惑染(혹염)을 일으켜서,

　　染(염)은 더러운 것이다.

種種(종종)의 농담하는 議論(의논)을 거꾸로 가려서 心地(심지)를 더럽히므로, 이름이 '戲論(희론)의 똥'이다. 하루의 품삯은 小果(소과)의 利(이)를 얻은 것이 크지 아니한 것을 비유하였니라.】,

당다이[72] 두리라 ᄒᆞ야 글히야[73] 니ᄅᆞ디 아니ᄒᆞ시고【權권[74]에 머굴우

옛던[75] 이를 펴 니ᄅᆞ니라 오ᄂᆞᆳ나리라[76] ᄒᆞ문 한 生ᅀᅵᆼ을 對됭ᄒᆞ야 니ᄅᆞ니 한 生ᅀᅵᆼ

을 져근 일 즐겨 오늘 순지[77] 머굴우옛노라[78] ᄒᆞ니라 一ᅙᅵᆳ切쳉法법[79]에 거츠리[80]

惑ᅘᅷᆨ染ᅀᅧᆷ[81]을 니ᄅᆞ와다[82]

染ᅀᅧᆷ은 더러ᄫᅳᆯ 씨라

種죵種죵 롱담 議ᅌᅴᆼ論론을 갓ᄀᆞ리[83] 글ᄒᆞ야[84] 心심地띵[85]를 더러빌ᄊᆡ[86] 일후미 戱ᅘᅴᆼ論

론앳 ᄯᅩ이라 ᄒᆞ롯 갑손 小숄果광[87]ㅅ 利링 어둔[88] 거시 ᄒᆞ디 아니호ᄆᆞᆯ 가ᄌᆞᆯ비니라】

---

72) 당다이: 마땅히, 반드시, 必(부사)

73) 글히야: 글히(가리다, 分別)-＋-야(←-아: 연어)

74) 權: 권. 방편(方便)의 다른 이름이다.

75) 머굴우옛던: 머굴위[막히다, 障: 머굴우(막다)-＋-ㅣ(←-이-: 피접)-]-＋-어(연어)＋잇(←
이시다: 있다, 보용, 완료 지속)-＋-더(회상)-＋-ㄴ(관전) ※ '머굴우옛던'은 '머굴위여 잇던'
이 축약된 형태이다.

76) 오ᄂᆞᆳ나리라: 오ᄂᆞᆳ날[오늘날, 今日: 오늘(오늘)＋-ㅅ(관조, 사잇)＋날(날, 日)]＋-이(서조)＋
-∅(현시)-＋-라(←-다: 평종)

77) 순지: 오히려, 猶(부사)

78) 머굴우옛노라: 머굴위[막히다, 障: 머굴우(막다)-＋-ㅣ(←-이-: 피접)-]-＋-어(연어)＋잇(←
이시다: 있다, 보용, 완료 지속)-＋-ㄴ(←-ᄂᆞ-: 현시)-＋-오(화자)-＋-라(←-다: 평종)

79) 一切法: 일체법. 일체의 사물, 모든 현상, 정신적 물질적인 것 등의 모든 존재를 말한다. 유위
법(有爲法)과 무위법(無爲法)을 포함한다.

80) 거츠리: [허망하게, 妄(부사): 거츨(허망하다, 망령되다, 妄)-＋-이(부접)]

81) 惑染: 혹염. '혹(惑)'은 번뇌의 일이며, '염(染)'은 그 번뇌로 인해서 더럽혀지는 것이다.

82) 니ᄅᆞ와다: 니ᄅᆞ왇[일으키다, 起: 닐(일다, 일어나다, 起: 자동)-＋-ᄋᆞ(사접)-＋-완(강접)-]-＋
-아(연어)

83) 갓ᄀᆞ리: [거꾸로, 逆(부사): 갓골(거꾸로 되다, 逆: 자동)-＋-이(부접)]

84) 글ᄒᆞ야: 글ᄒᆞ(← 글히다: 가리다, 分別)-＋-야(←-아: 연어)

85) 心地: 심지. 마음의 본바탕이다.

86) 더러빌ᄊᆡ: 더러비[더럽히다: 더럽(← 더럽다, ㅂ불: 더럽다, 汚, 형사)-＋-이(사접)-]-＋-ㄹᄊᆡ
(-므로: 연어, 이유)

87) 小果: 소과. 작은 과보(果報)이다.

88) 어둔: 얻(얻다, 得)-＋-∅(과시)-＋-우(대상)-＋-ㄴ(관전)

비니世·꽝
성尊·乘如
존이 씽來
·이方·에ㅅ링
方便求智
便·꿈딩
·뼌力·흟慧
·을·ㅎ·휑
·으를·룰
·업·다·다·닐
·니·엇·어시
如如·시·ᄂ
·ᅌ·ᅌ놀
링링우
반若·우·리·ㅅ般·드·涅
般·교如·ᄭᄂ涅·녠
·니·라來·쫑槃
·링·득涅·바
慧·ㅎ·야·득·득·盤
·횡·ᄒ·ᄒ·을·ᄇᄙ
·를·야·라得·득·ᅙ
因菩·야·득·ᄒ·을
·힌薩·야菩·ᄒ
·ᄒ·삻·야薩·야·大
·야·룰·삻떙
爲·룰·룰爲
·윙·윙·윙為

世尊(세존)이 方便力(방편력)으로 如來(여래)의 智慧(지혜)를 이르시거늘, "우리가 부처를 좇아서 涅槃(열반)을 得(득)하여 하루의 품삯을 크게 得(득)하였다."고 하여, 이 大乘(대승)에는 求(구)할 뜻이 없더니【如來(여래)의 智慧(지혜)를 이르신 것은 곧 般若(반야)의 敎(교)이다.】, 우리가 또 如來(여래)의 智慧(지혜)를 因(인)하여 菩薩(보살)들을 爲(위)하여

世솅尊존이 方방便뼌力륵⁸⁹⁾으로 如셩來링ㅅ 智딩慧휑를 닐어시늘⁹⁰⁾ 우리

부텨를 조쫍바⁹¹⁾ 涅녏槃빤올 得득ᄒᆞ야 ᄒᆞᄅᆞᆺ⁹²⁾ 갑ᄉᆞᆯ ᄀᆞ장⁹³⁾ 得득호라⁹⁴⁾

ᄒᆞ야 이 大땡乘씽에⁹⁵⁾ 求꿀홀 ᄠᅳ디 업다니⁹⁶⁾【如셩來링ㅅ 智딩慧휑 니ᄅᆞ샤

ᄆᆞᆫ 곧 般반若샹⁹⁷⁾ 敎ᄀᆞᆯ丨라】우리 ᄯᅩ 如셩來링ㅅ 智딩慧휑를 因ᅙᅵᆫᄒᆞ야

菩뽕薩삻ᄃᆞᆯ 爲윙ᄒᆞ야

---

89) 方便力: 방편력. 방편의 힘이다. ※ '方便(방편)'은 십바라밀의 하나로서, 중생을 구제하기 위
하여 쓰는 묘한 수단과 방법이다.

90) 닐어시늘: 닐(←니ᄅᆞ다: 이르다, 說)- + -시(주높)- + -어…늘(연어, 상황)

91) 조쫍바: 조(←좇다: 쫓다, 隨)- + -ᄍᆞᆸ(←-ᄌᆞᆸ-: 객높)- + -아(연어)

92) ᄒᆞᄅᆞᆺ: ᄒᆞᄅᆞ(하루, 一日) + -ㅅ(-의: 관조)

93) ᄀᆞ장: 가장. 매우. 한껏(부사) ※ 『묘법연화경』에는 '大得'으로 표현되어 있으므로, 'ᄀᆞ장'을 '크
게'로 옮긴다.

94) 得호라: 得ᄒᆞ[←得ᄒᆞ다: 득하다, 얻다]- + -Ø(과시)- + -오(화자)- + -라(←-다: 평종)

95) 大乘에: 大乘(대승) + -에(부조, 위치)

96) 업다니: 업(←없다: 없다, 無)- + -다(←-더-: 회상)- + -Ø(←-오-: 화자)- + -니(연어, 설명
계속)

97) 般若: 반야. 대승 불교에서, 만물의 참다운 실상을 깨닫고 불법을 꿰뚫는 지혜이다. 온갖 분별
과 망상에서 벗어나 존재의 참모습을 앎으로써 성불에 이르게 되는 마음의 작용을 이른다.

호야어리보야불어늘오뒤져는이
·어긔願·원·호·는·뜬·디업·다·니엇·뎨·어·뇨
·호·란·뒤부·톄우·리·돌·히·쳐·근法·법·즐·기
·눌·알·시·고方·방便·뻔力·륵·으·로우
·리·룰조차·니르·시·거·든우·리·눈眞·진實·씷
人佛·뿡子·중·니·둘·몰·다이·다 온·놀·사
·쑹若·샹·로菩·뽕薩·삻·올·올·겨·그·로
·쵸·뒤·져·논求·꿍·티·아·니·호·미·라

(부처의 지혜를) 열어 보이어 퍼트려 이르되, "자기(= 보살)는 여기(대승법)에 願(원)하는 뜻이 없더니, '(그것이) 어째서이냐?'고 한다면, 부처가 우리들이 작은 法(법, 소승법)을 즐기는 것을 아시고 方便力(방편력)으로 우리를 좇아 이르시는데, 우리는 眞實(진실)한 佛子(불자)인 것을 몰랐더이다. 【 이는 (부처님이) 般若(반야)로써 菩薩(보살)에게 옮겨 가르치되, 자기(보살)는 (반야를) 求(구)하지 아니한 것이다. 】 오늘에야

여러 뵈야⁹⁸⁾ 불어⁹⁹⁾ 닐오디 저는¹⁰⁰⁾ 이어긔¹⁾ 願_원ᄒᆞ논 ᄠᅳ디 업다니

엇뎨어뇨 ᄒᆞ란디 부톄 우리ᄃᆞᆯ히²⁾ 져근 法_법 즐기ᄂᆞᆫ 둘 아ᄅᆞ시고

方_방便_뻔力_륵으로 우리를 조차 니ᄅᆞ시거든 우리는 眞_진實_싏ㅅ 佛_뿛子_증

ㄴ³⁾ 둘 모ᄅᆞ다이다⁴⁾【 이ᄂᆞᆫ 般_반若_{ᅀᅣᆼ}로 菩_뽕薩_삻ᄋᆞᆯ 옮겨 ᄀᆞᄅᆞ쵸ᄃᆡ 저ᄂᆞᆫ 求_꿀티

아니호미라⁵⁾ 】 오ᄂᆞᆯᅀᅡ⁶⁾

---

98) 뵈야: 뵈[보이다, 示: 보(보다, 見: 타동)-+-ㅣ(←-이-: 사접)-]-+-야(←-아: 연어)

99) 불어: 불(← 부르다: 퍼트리다, 演)-+-어(연어)

100) 저는: 저(자기, 己: 인대, 재귀칭)+-는(보조사, 주제) ※ 재귀칭 대명사인 '저'는 '보살'을 가리킨다.

1) 이어긔: 여기, 여기에, 此處(지대, 정칭) ※ '이이긔'는 대승법을 이른다.

2) 우리ᄃᆞᆯ히: 우리ᄃᆞᆯ히[우리들, 我等: 우리(우리, 我: 인대, 1인칭, 복수)+-ᄃᆞᆯ히(-들: 복접)]+-의(관조, 의미상 주격)

3) 佛子ㄴ: 佛子(불자)+-ㅣ(←-이-: 서조)-+-∅(현시)-+-ㄴ(관전)

4) 모ᄅᆞ다이다: 모ᄅᆞ(모르다, 不知)-+-다(←-더-: 회상)-+-∅(←-오-: 화자)-+-이(상높, 아높)-+-다(평종)

5) 아니호미라: 아니ᄒᆞ[← 아니ᄒᆞ다(아니하다, 不: 보용, 부정): 아니(아니, 不: 부사, 부정)+-ᄒᆞ(동접)-]-+-옴(명전)-+-이(서조)-+-∅(현시)-+-라(←-다: 평종)

6) 오ᄂᆞᆯᅀᅡ: 오ᄂᆞᆯ(오늘, 今)+-ᅀᅡ(-야: 보조사, 한정 강조)

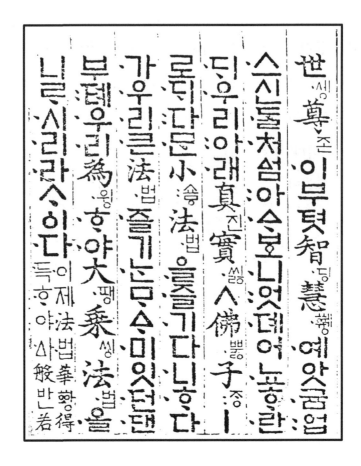

世尊(세존)이 부처의 智慧(지혜)에 아낌이 없으신 것을 (우리가) 처음 알았으니, '(그것이) 어째서이냐?'라고 한다면, 우리가 예전에 眞實(진실)한 佛子(불자)이되 다만 小法(소법)을 즐기더니, 만일 우리가 큰 法(법)을 즐기는 마음이 있다면 부처가 우리를 爲(위)하여 大乘法(대승법)을 이르시겠더이다. 【 이제 法華(법화)를 得(득)하여서야 (부처님께서) 般若(반야)의

世_솅尊_존이 부텻 智_딩慧_휑예 앗굠⁷⁾ 업스신 둘⁸⁾ 처섬 아슨보니⁹⁾ 엇
데어뇨 ᄒ란ᄃᆡ 우리 아래 眞_진實_씷ㅅ 佛_뿛子_중ㅣ로ᄃᆡ¹⁰⁾ 다ᄆᆞᆫ¹¹⁾ 小_숗法
_법을 즐기다니 ᄒ다가 우리 큰 法_법 즐기는 ᄆᆞᅀᆞ미 잇던댄¹²⁾ 부톄
우리 爲_윙ᄒ야 大_땡乘_씽法_법을 니ᄅᆞ시리라ᅀᅵ다¹³⁾ 【 이제 法_법華_{ᅘᅪᆼ} 得_득ᄒ
야ᅀᅡ 般_반若_샹ㅅ

---

7) 앗굠: 앗기(아끼다, 恪惜)-+-움(명전)
8) 둘: ᄃ(것: 의명)+-ㄹ(←-를: 목조) ※ "세존이 부텻 智慧예 앗굠 업스신 둘"은 우리들이 일
  승법을 이해할 수 있는 근기가 갖추어질 때까지 기다려서, 세존이 우리에게 일승법을 설하였
  다는 것이다. 따라서 세존이 전에 우리에게 일승법을 설하지 않은 것은 일승법을 아껴서 그런
  것이 아니라는 뜻이다. 우리는 세존의 그러한 뜻을 오늘에야 깨달았다는 것이다.
9) 아슨보니: 아(←알다: 알다, 知)-+-ᅀᆞᆸ(←-ᅀᆸ-: 객높)-+-오(화자)-+-니(연어, 설명 계속)
10) 佛子ㅣ로ᄃᆡ: 佛子+-ㅣ(←-이-: 서조)-+-로ᄃᆡ(←-오ᄃᆡ: 연어, 설명 계속)
11) 다ᄆᆞᆫ: 다만, 오직, 唯(부사)
12) 잇던댄: 잇(←이시다: 있다, 有)+-더(회상)-+-ㄴ댄(-다면: 연어, 조건)
13) 니ᄅᆞ시리라ᅀᅵ다: 니ᄅᆞ(이르다, 說)-+-시(주높)-+-리(미시)-+-라(←-다←-더-: 회
  상)-+-ᅀ(←-ᅀᆺ-: 감동)-+-ᅌᅵ(상높, 아높)-+-다(평종)

샹ᄉ 時쎙節졇에 ᄇᆞᆯ쎠 오ᄅᆞ맛뎌 고져 ᄒᆞ시던 ᄃᆞᆯ 처엄 아ᅀᆞ보니 오직 큰 法법을 즐겨 제 迷명惑혹ᄒᆞ더 댄 ᄃᆞ로 맛뎌니 ᄒᆞ야미다오가 法라 니 이 經경 中듕에 오직 一ᇙ乘쎵을 닐ᄉᆞᆫ니 녜 菩뽕薩삻ᄉ 알ᄑᆡ 聲셩聞문의 小숗法법 즐기ᄂᆞᆯ 나무라시더니 그러면 부톄 實씷로 大땡乘쎵ᄋᆞ로 敎굘化황ᄒᆞ시ᄂᆞᆫ이라 이럴ᄊᆡ

時節(시절)에 벌써 (대승법을 우리에게) 온전히 맡기고자 하시던 것을 처음 알았으니, (우리가) 오직 작은 法(법)을 즐겨 스스로 迷惑(미혹)하더니, 만일 (우리가) 큰 法(법)을 즐겼더라면 (부처님께서 우리에게 큰 법을) 온전히 맡기신 것이 오래니라. 】 이 經(경, 법화경)의 中(중)에 오직 一乘(일승)을 이르시나니, 예전에 菩薩(보살)의 앞에서 聲聞(성문)이 小法(소법)을 즐기는 것을 나무라시더니, 그러면 부처가 實(실)로 大乘(대승)으로 敎化(교화)하시더이다. 이러므로

時_씽節_졇¹⁴⁾에 불쎠¹⁵⁾ 오로¹⁶⁾ 맛디고져¹⁷⁾ 하시던 들 처엄 아ᅀᆞ보니¹⁸⁾ 오직 져근 法

법을 즐겨 제 迷_몡惑_획하더니 하다가 큰 法_법을 즐기던댄 오로 맛디샤미¹⁹⁾ 오라니

라²⁰⁾ 】 이 經_경 中_듕에 오직 一_힗乘_씽을 니르시ᄂᆞ니 녜 菩_뽕薩_삻ㅅ

알피²¹⁾ 聲_셩聞_문의²²⁾ 小_숗法_법²³⁾ 즐기ᄂᆞ니를²⁴⁾ 나ᄆᆞ라시더니²⁵⁾ 그러면

부톄 實_씷로 大_땡乘_씽²⁶⁾으로 敎_골化_황하시다ᅀᆞ이다²⁷⁾ 이럴씨²⁸⁾

---

14) 般若 時節: 반야 시절. 천태종에서 이르는 오시(五時)의 넷째 시기이다. 방등시(方等時) 다음에 있은 22년 동안으로 이때에 석가모니가 『반야경』을 설법하였다.(= 般若時)

15) 블쎠: 벌써, 既(부사)

16) 오로: [온전히, 온통, 全(부사): 올(← 오올다: 온전하다, 형사)- + -오(부접)]

17) 맛디고져: 맛디[맡기다, 託: 맜(맡다, 任: 타동)- + -이(사접)]- + -고져(-고자: 연어, 의도)

18) 아ᅀᆞ보니: 아(← 알다: 알다, 知)- + -ᅀᆞ(←-ᅀᆞᆸ-: 객높)- + -오(화자)- + -니(연어, 설명 계속)

19) 맛디샤미: 맛디[맡기다, 託: 맜(맡다, 任: 타동)- + -이(사접)]- + -샤(←-시-: 주높)- + -ㅁ (←-옴: 명전) + -이(주조)

20) 오라니라: 오라(오래다, 久)- + -Ø(현시)- + -니(원칙)- + -라(←-다: 평종)

21) 알피: 앎(앞, 前) + -이(-에: 부조, 위치)

22) 聲聞의: 聲聞(성문) + -의(관조, 의미상 주격) ※ '聲聞(성문)'은 불교의 교설(教說)을 듣고 스스로의 해탈을 위하여 정진하는 출가 수행자이다.

23) 小法: 소법. 소승법(小乘法)이다. 행을 통한 개인의 해탈을 가르치는 교법이다. 석가모니가 죽은 지 약 100년 뒤부터 시작하여 수백 년간 지속된 교법으로 성문승(聲聞乘)과 연각승(緣覺乘)이 있다. 소극적이고 개인적인 열반만을 중시한 나머지, 자유스럽고 생명력이 넘치는 참된 인간성의 구현을 소홀히 하는 데에 반발하여 대승이 일어났다.

24) 즐기ᄂᆞ니를: 즐기[즐기다, 嗜: 즑(즐거워하다, 喜: 자동)- + -이(사접)]- + -ᄂᆞ(현시)- + -ㄴ (관전) # 이(것, 者: 의명) + -를(목조)

25) 나ᄆᆞ라시더니: 나ᄆᆞ라(나무라다, 毁呰)- + -시(주높)- + -더(회상)- + -니(연어, 설명 계속)

26) 大乘: 대승. 중생을 제도하여 부처의 경지에 이르게 하는 것을 이상으로 하는 불교이다. 교리, 이상, 목적이 모두 크고 깊으며 그것을 받아들이는 중생의 능력도 큰 그릇이라 하여 이렇게 이른다. 소승을 비판하면서 일어난 유파로 한국, 중국, 일본의 불교가 이에 속한다.

27) 敎化하시다ᅀᆞ이다: 敎化하[교화하다: 敎化(교화) + -하(동접)]- + -시(주높)- + -다(←-더-: 회상)- + -ᄉ(←-옷-: 감동)- + -ᅀᆞ이(상높, 아높)- + -다(평종)

28) 이럴씨: 이러[← 이러하다: 이러(불어)- + -하(형접)]- + -ㄹ씨(-므로: 연어, 이유)

우리가 이르되 "本來(본래) (一乘法을 修證하는 法을) 求(구)하는 마음이 없더이다."고 하나니, 오늘 法王(법왕)의 大寶(대보)가 自然(자연)히 오니, (우리가) 佛子(불자)가 得(득)함직한 것을 다 이미 得(득)하였습니다. 【得(득)함직한 것은 一乘(일승)을 닦아 證(증)하는 法(법)이다.

○ 이까지 信解品(신해품)을 마치고 아래는 藥草喩品(약초유품)이니, 이 品(품)은 中根(중근)을 爲(위)하시어 안(領悟) 뜻을 마저 이루시니, 大迦葉(대가섭) 등이 앞에 비록 마땅함을 좇으시는

우리 닐오디 本_본來_링 求_꿈ᄒᆞ논 ᄆᆞᅀᆞᆷ 업다이다²⁹⁾ ᄒᆞ노니 오늘 法_법
王_왕³⁰⁾ 大_땡寶_봉ㅣ 自_쫑然_션히 오니 佛_뿛子_{ᄌᆞᆼ}ㅣ 得_득ᄒᆞ얌직³¹⁾ ᄒᆞᆫ 거슬
다 ᄒᆞ마 得_득과이다³²⁾【得_득ᄒᆞ얌직 ᄒᆞᆫ 거슨 一_힗乘_씽 닷가³³⁾ 證_징ᄒᆞ논³⁴⁾ 法_법
이라 ○ 잇 ᄀᆞ장³⁵⁾ 信_신解_{ᄒᆡᆼ}品_픔³⁶⁾ 뭇고³⁷⁾ 아래ᄂᆞᆫ 藥_약草_촐喻_융品_픔³⁸⁾이니 이 品_픔
은 中_듕根_근³⁹⁾ 爲_윙ᄒᆞ샤 안⁴⁰⁾ ᄠᅳ들 ᄆᆞᆽ⁴¹⁾ 일우시니 大_땡迦_강葉_셥⁴²⁾ ᄃᆞᆯ히⁴³⁾ 알픽
비록 맛당호ᄆᆞᆯ⁴⁴⁾ 조ᄎᆞ시논⁴⁵⁾

---

29) 업다이다: 업(← 없다: 없다, 無)-+-다(←-더-: 회상)-+-Ø(←-오-: 화자)-+-이(상높, 아
   높)-+-다(평종)

30) 法王: 법왕. 법문(法門)의 왕이라는 뜻으로, '부처'를 달리 이르는 말이다.

31) 得ᄒᆞ얌직: 得ᄒᆞ[득하다(얻다): 得(득: 불어)-+-ᄒᆞ(동접)-]-+-얌직(←-암직: 연어, 가치)

32) 得과이다: 得[←得ᄒᆞ다(득하다): 得(득: 불어)-+-ᄒᆞ(동접)-]-+-Ø(과시)-+-과(←-거-: 확
   인)-+-이(상높, 아높)-+-다(평종)

33) 닷가: 닭(닦다, 修)-+-아(연어)

34) 證ᄒᆞ논: 證ᄒᆞ[증하다(깨닫다): 證(증: 불어)-+-ᄒᆞ(동접)-]-+-ㄴ(←-ᄂᆞ-: 현시)-+-오(대
   상)-+-ㄴ(관전)

35) 잇 ᄀᆞ장: 이(이, 이것, 此: 지대, 정칭)+-ㅅ(-의: 관조) # ᄀᆞ장(끝까지: 의명)

36) 信解品: 신해품. 『묘법연화경』의 제4품이다. 바르게 이해했을 때에 바른 믿음이 일어나는 이
   치를 예를 들어 설명한 품이다.

37) 뭇고: 뭇(← 뭋: 마치다, 終)-+-고(연어, 나열, 계기)

38) 藥草喻品: 약초유품. 『묘법연화경』의 제5품이다. 부처님의 평등한 법과 다양한 중생의 근기를
   약초에 비유하여 설명하였다.

39) 中根: 중근. 교법(教法)을 받을 수 있는 중생의 능력 중에서, 상근(上根)과 하근(下根)의 가운
   데 있는 사람이다. 상근은 기근(機根)이 남보다 뛰어난 사람을 이르고, 하근은 기근이 열등한
   사람을 이른다.

40) 안: 아(← 알다: 알다, 領悟)-+-Ø(과시)-+-ㄴ(관전)

41) ᄆᆞᆽ: 마저, 남김없이 모두, 全(부사)

42) 大迦葉: 대가섭. 석가모니의 10대 제자의 한 사람(?~?)인 가섭(迦葉)을 높여서 이르는 말이다.
   욕심이 적고 엄격한 계율로 두타(頭陀)를 행하였고 교단의 우두머리로 존경을 받았다.

43) ᄃᆞᆯ히: ᄃᆞᆯᄒ(들, 따위, 等: 의명)+-이(주조)

44) 맛당호ᄆᆞᆯ: 맛당ᄒᆞ[← 맛당ᄒᆞ다(마땅하다, 當): 맛당[마땅: 불어]+-ᄒᆞ(형접)-]-+-옴(명전)-+-
   ᄋᆞᆯ(목조)

45) 조ᄎᆞ시논: 좇(좇다, 從)-+-ᄋᆞ시(주높)-+-ㄴ(←-ᄂᆞ-: 현시)-+-오(대상)-+-ㄴ(관전)

ᄒᆞ·니·비·비·록 道·똠은 品·픔 호·미 듫 다 기 叢·큰 知 호 權·꿘·과 모·아
·니 ᄠᅳᆮ 草·쫗 굠·이·나 慈·쭝 ·시·아 디 구·딣 ·소·리·과 모·아
·비 理·링 木·목 ·이·나 ·토 ᄆᆞᆺ 林·림 ·로 ·미 그 ·ᄉᆞ 秘·밍
록 ·로 ·목 ·올·니 ·셜·놀 天·텬 ·일 ·홀·이 一·ᅙᅵᇙ 스 密·밇·가
·호 教·굘 ·니 ·라 ·씨 萬·먼 ·텬 ·우 ·씨 ·제 쎯 ·기·ᄒᆞ ·게
·ᄆᆞᆫ ·라 三·삼 ·후 地·띵 ·사 切·촁化·황 ·쳥·황 ·히 ·시 ·논
·시 化·황 ·졸 ·삼 物·뭃 ·이 私·ᄉᆞᆼ 人·ᅀᅵᆫ ·가·주 ·비·시 ·논 實·쎯
·나 ·황 ·비 桑·삽 藥·약 ·제 ·승 ·신·졸 ·미·와 功·공 ·씨·며
·쎼 ·호 ·고 覺·각 ·씨 情·쪙 人·ᅀᅵᆫ ·비·곤 草·쫗 ·공 ·이 ·아
제 ·라 ·샤 根·군 草·쫗 私·ᄉᆞᆼ 平·뼝 ·샤 ·호 木·목 真·진 ·니
·여·고 ·밀·씨 皇·횡 根·군 ·쭝 情·쪙 等·ᄃᆡᆼ ·무 ·들 ·이·볼 ·더·진 ·니
·씨 性·셩·유 喩·윻 情·쪙 ·쎵 ·수 等·ᄃᆞᆼ ·로·볼 ·득

權(권)과 모아서 가게 하시는 實(실)을 아나, (부처님이) 한 소리로 秘密(비밀)히 밝히시며 眞知(진지)로 그윽히 化(화)하시는 功(공)이, 저 큰 구름이 一切(일체)에 비가 와서, 草木(초목)과 叢林(총림)이 제각기 젖는 것과 같은 줄을 밝게 알지 못하므로, 부처가 이 비유함으로써 다시 마저 이루시어, 聖人(성인)의 平等慈(평등자)가 天地(천지)의 私情(사정)이 없음과 같으시거늘, 萬物(만물)이 스스로 私情(사정)함을 나타내시므로 이름을 藥草喩品(약초유품)이라고 하였니라. 三乘(삼승)의 根性(근성)은 草木(초목)을 비유하고, 覺皇(각황)이 道理(도리)로 (중생을) 敎化(교화)하신 것은 한 (줄기의) 비와 같으니, 비가 비록 한 맛(味)이나 씨(種)가 제각각이므로

權_꿘⁴⁶⁾과 뫼화⁴⁷⁾ 가게 ᄒᆞ시논 實_씷⁴⁸⁾을 아니 ᄒᆞᆫ 소리로 秘_빙密_밇히 블기시며 眞_진

知_딩로 그스기⁴⁹⁾ 化_황ᄒᆞ시논⁵⁰⁾ 功_공이 뎌 큰 구루미 一_힗切_촁예 비 와 草_{ᄎᆞᆯ}木_목

叢_쫑林_림⁵¹⁾이 제여곰⁵²⁾ 저주미⁵³⁾ ᄀᆞᆮᄒᆞᆫ 들 블기 아디 몯ᄒᆞᆯᄊᆡ 부톄 이 가ᄌᆞᆯ비샤ᄆᆞ

로⁵⁴⁾ 다시 ᄆᆞᄎᆞ⁵⁵⁾ 일우샤 聖_셩人_{ᅀᅵᆫ}ㅅ 平_뼝等_등慈_쭝⁵⁶⁾ㅣ 天_텬地_띵ㅅ 私_{ᄉᆞ}情_쪙⁵⁷⁾ 업

수미⁵⁸⁾ ᄀᆞᆮ거시ᄂᆞᆯ 萬_먼物_묿이 제 私_{ᄉᆞ}情_쪙호믈 나토실ᄊᆡ⁵⁹⁾ 일후믈 藥_약草_{ᄎᆞᆯ}喩_융品

픔이라 ᄒᆞ니라 三_삼乘_씽 根_{ᄀᆞᆫ}性_셩⁶⁰⁾은 草_{ᄎᆞᆯ}木_목을 가ᄌᆞᆯ비고 覺_각皇_{ᅘᅪᆼ}이⁶¹⁾ 道_{ᄠᅶᇂ}理_링

로 敎_귷化_황ᄒᆞ샨 ᄒᆞᆫ 비 ᄀᆞᆮᄒᆞ니 비 비록 ᄒᆞᆫ 마시나⁶²⁾ ᄡᅵ⁶³⁾ 제여고밀ᄊᆡ⁶⁴⁾

---

46) 權: 권. '방편(方便)'이나 '수단(手段)'의 다른 이름이다. 십바라밀의 하나로서, 중생을 구제하기
위하여 쓰는 묘한 수단과 방법이다.

47) 뫼호아: 뫼호(모으다, 集)- + -아(연어)

48) 實: 실, 실체(實體)이다. '權'에 대립되는 것으로 영구 불변의 진실을 이르는 말이다.

49) 그스기: [그윽히, 隱(부사): 그슥(그윽: 불어) + -Ø(←-ᄒᆞ-: 형접)- + -이(부접)]

50) 化ᄒᆞ시논: 化ᄒᆞ[화하다: 化(화: 불어) + -ᄒᆞ(동접)-]- + -시(주높)- + -ㄴ(←-ᄂᆞ-: 현시)- + -
오(대상)- + -ㄴ(관전) ※ '化(화)'는 가르치거나 교화하는 것이다.

51) 叢林: 총림. 우거진 숲이다.

52) 제여곰: 제각기, 제가끔, 各自(부사)

53) 저주미: 젖(젖다, 潤)- + -움(명전) + -이(-과: 부조, 비교)

54) 가ᄌᆞᆯ비샤ᄆᆞ로 : 가ᄌᆞᆯ비(비유하다, 比喩)- + -샤(←-시-: 주높)- + -ㅁ(←-옴: 명전) + -ᄋᆞ로
(부조, 방편)

55) ᄆᆞᄎᆞ: 마저, 終(부사)

56) 平等慈: 평등자. 모든 중생들에게 평등하게 내리는 자비심이다.

57) 私情: 사정. 객체가 개별적으로 내는 마음의 작용이다.

58) 업수미: 없(없다, 無)- + -움(명전) + -이(-과: 비교)

59) 나토실ᄊᆡ: 나토[나타내다, 現: 낟(나타나다, 現: 자동)- + -호(사접)-]- + -시(주높)- + -ㄹᄊᆡ(-
ᄆᆞ로: 연어, 이유)

60) 根性: 근성. 태어날 때부터 지니고 있는 근본적인 성질이다.

61) 覺皇이: 覺皇(각황) + -이(과조, 의미상 주격) ※ '覺皇(각황)'은 깨달음의 황제(皇帝), 곧 부처
님을 가리킨다.

62) 마시나: 맛(맛, 味) + -이(서조)- + -나(연어, 대조)

63) ᄡᅵ: ᄡᅵ(씨, 種) + -Ø(←-이: 주조)

64) 제여고밀ᄊᆡ: 제여곰(제각기) + -이(서조)- + -ㄹᄊᆡ(-ᄆᆞ로: 연어, 이유)

뿌리와 줄기가 크며 작은 것이 같지 아니하며, 法(법)이 비록 한 相(상)이나 機(기)가 날카로운 이와 무딘 이가 있으므로 道果(도과)를 證(증)한 것이 各各(각각) 다르니, 이는 (부처님의) 慈(자)가 한가지이시거늘 萬物(만물)이 스스로 私情(사정)한 것이다. 풀이 能(능)히 病(병)을 고치는 것을 藥草(약초)라고 하나니, (약초는) 人天(인천)의 善(선)한 씨와 三乘(삼승)의 智因(지인)이 能(능)히 害(해)를 멀리 하며 궂은 일이 없게 한 것을 비유하니, 四趣(사취)의 궂은 씨와 生死(생사)의 業因(업인)은 한갓 거칠고 더러워서 藥草(약초)가 아니다. 이 三乘(삼승)을 비유하신 글(文)이 나무와 兼(겸)하거늘, 한갓 藥草(약초)로 品(품)의 이름을 붙인 것은 中根(중근)을 爲(위)하여 마저 불휘[65] 줄기 크며 져구미 굳디 아니ᄒᆞ며 法법이 비록 ᄒᆞᆫ 相샹이나 機긩[66] 늘카ᄫᆞ니[67] 무듸니[68] 이실ᄊᆡ 道뚤果광[69] 證징호미 各각各각 다ᄅᆞ니 이 慈쫑ㅣ ᄒᆞᆫ가지어시ᄂᆞᆯ[70] 萬먼物뭃이 제 私ᄉᆞᆼ情쪙호미라[71] 프리[72] 能능히 病뼝 고티ᄂᆞ니를[73] 藥약草촐ㅣ라 ᄒᆞᄂᆞ니 人ᅀᅵᆫ天텬 善쎤ᄒᆞᆫ 씨와 三삼乘씽 智딩因ᅙᅵᆫ[74]이 能능히 害ᅘᆡᆼᄅᆞᆯ 머리 ᄒᆞ며 구즌 일 업게 호ᄆᆞᆯ 가ᄌᆞᆯ비니 四ᄉᆞᆼ趣츓의 구즌 씨와 生ᄉᆡᆼ死ᄉᆞᆼ 業업因ᅙᅵᆫ[75]은 ᄒᆞᆫ갓[76] 거ᄉᆞᆯ오 더러ᄫᅥ 藥약草촐ㅣ 아니라 이 三삼乘씽 가ᄌᆞᆯ비신 그리 남기[77] 兼겸커ᄂᆞᆯ[78] ᄒᆞᆫ갓 藥약草촐로 品픔[79] 일홈 지호ᄆᆞᆫ[80] 中듕根ᄀᆞᆫ[81]을 爲윙ᄒᆞ야 ᄆᆞᆺ

---

65) 불휘: 뿌리, 根.

66) 機: 부처님의 가르침에 접하여 발동되는 수행자의 정신적 능력이다.

67) 늘카ᄫᆞ니: 늘캅[← 늘캅다, ㅂ불(날카롭다, 利): 늘ㅎ(날, 칼날, 刃) + -갑(형접)-]- + -Ø(현시)- + -은(관전) # 이(이, 者: 의명)

68) 무듸니: 무듸(무듸다, 鈍)- + -Ø(현시)- + -ㄴ(관전) # 이(이, 者: 의명) + -Ø(← -이: 주조)

69) 道果: 도과. 도를 닦음으로써 얻는 결과이다.

70) ᄒᆞᆫ가지어시ᄂᆞᆯ: ᄒᆞᆫ가지[한가지, 同(명사): ᄒᆞᆫ(한, 一: 관사, 양수) + 가지(가지, 類: 의명)] + -Ø(← -이-: 서조)- + -시(주높)- + -어…ᄂᆞᆯ(← -거늘: 연어, 상황)

71) 私情호미라: 私情ᄒᆞ[← 私情ᄒᆞ다(사정하다): 私情(사정) + -ᄒᆞ(동접)-]- + -옴(명전) + -이(서조)- + -Ø(현시)- + -라(← -다: 평종) ※ '私情(사정)'은 객체가 개별적으로 마음의 작용을 내는 것이다.

72) 프리: 플(풀, 草) + -이(주조)

73) 고티ᄂᆞ니를: 고티[고치다, 療: 곧(곧다, 直)- + -히(사접)-]- + -ᄂᆞ(현시)- + -ㄴ(관전) # 이(것, 者: 의명) + -를(목조)

74) 智因: 지인. 선악의 과보(果報)를 일으키는 원인이 되는 지혜이다.

75) 業因: 업인. 선악의 과보(果報)를 일으키는 원인이 되는 행위이다.

76) ᄒᆞᆫ갓: 한갓, 단지, 唯(부사)

77) 남기: 남ㄱ(← 나모: 나무, 木) + -이(-와: 부조, 비교)

78) 兼커ᄂᆞᆯ: 兼ᄒᆞ[← 兼ᄒᆞ다(겸하다): 兼(겸: 불어) + -ᄒᆞ(동접)-]- + -거ᄂᆞᆯ(연어, 상황)

79) 品: 품. 차례를 정하는 단위이다.

80) 지호ᄆᆞᆫ: 짛(이름 붙이다, 名)- + -옴(명전)- + -ᄋᆞᆫ(보조사, 주제)

81) 中根: 중근. 불교의 진리를 이해하고 실천할 수 있는 능력이 중간 정도인 사람이다.

> 일우·실·씨 當당호 機긩·를 取·츙호·야 일훔 지·호·시·니 偈·꼥·예 니르·샤디 聲셩聞문 緣원覺·각·이 法·법 드·러 果:광 得·득호 이 이 일훔이 藥·약草:촣ㅣ 各·각 各 자란 것 得·득호 니·라 菩薩·삻들흔 일훔이 큰 大·땡 나모ㅣ라 當당호 機긩 아니·라】 그 ·쁴 世솅尊존·이 摩망訶항迦강葉·셥과 녀느 大·땡弟·똉子:중 ᄃ·려 니르·샤디 됴·타 됴·타 迦강葉·셥아 如來ㅅ 真진實·씷功공德·득·을 이·대 니르·ᄂ·니

이루시므로 當(당)한 機(기)를 取(취)하여 이름을 붙이시니, 偈(게)에 이르시되 "聲聞(성문)·緣覺(연각)이 法(법)을 들어 果(과)를 得(득)한 이(= 사람)는 이(= 그) 이름이 藥草(약초)가 各各(각각) 자란 것을 得(득)한 것이다."고 하신 것이 (바로) 이것이다. 菩薩(보살)들은 이름이 큰 나무이라서 (약초라는 이름에) 當(당)한 機(기)가 아니다. 】

〈 묘법연화경(妙法蓮華經) 제3권, 제오(第五) 약초유품(藥草喩品) 〉

그때에 世尊(세존)이 摩訶迦葉(마하가섭)과 다른 大弟子(대제자)에게 이르시되 "좋다, 좋다, 迦葉(가섭)아, (네가) 如來(여래)의 眞實功德(진실공덕)을 잘 이르나니,

일우실씨 當_당ᄒᆞᆫ⁸²⁾ 機_긩를 取_츙ᄒᆞ야 일홈 지ᄒᆞ시니 偈_꼥예⁸³⁾ 니ᄅ샤ᄃᆡ⁸⁴⁾ 聲_셩聞

문 緣_원覺_각⁸⁵⁾이 法_법 드러 果_광 得_득ᄒᆞᄂᆞ닌⁸⁶⁾ 이 일후미⁸⁷⁾ 藥_약草_춈ㅣ 各_각各_각

ᄌᆞ람 得_득호미라 ᄒᆞ샤미 이라⁸⁸⁾ 菩_뽕薩_삻ᄃᆞᆯᄒᆞᆫ 일후미 큰 남기라⁸⁹⁾ 當_당ᄒᆞᆫ 機_긩

아니라 】

그 ᄢᅴ 世_솅尊_존이 摩_망訶_항迦_강葉_셥¹⁾과 녀나ᄆᆞᆫ²⁾ 大_땡弟_뗑子_중ᄃᆞ려 니ᄅᆞ

샤ᄃᆡ 됴타³⁾ 됴타 迦_강葉_셥아 如_셩來_링ㅅ 眞_진實_{ᄊᆞᆯ}功_공德_득⁴⁾을 이대⁵⁾

니ᄅᆞᄂᆞ니

---

82) 當ᄒᆞᆫ: 當ᄒᆞ[당하다, 적당하다, 알맞다: 當(당: 불어) + -ᄒᆞ(형접)-]- + -Ø(현시)- + -ㄴ(관전)

83) 偈예: 偈(게) + -예(←-에: 부조, 위치) ※ '偈(게)'는 부처의 공덕이나 가르침을 찬탄하는 노래 글귀이다.

84) 니ᄅ샤ᄃᆡ: 니ᄅ(이르다, 曰)- + -ᄋᆞ샤(←-ᄋᆞ시-: 주높)- + -ᄃᆡ(←-오ᄃᆡ: -되, 연어, 설명의 계속)

85) 緣覺: 연각. 연각은 불교의 가르침을 듣고 도를 깨닫는 성문과는 달리 외부의 가르침에 의하지 않고 스스로 인연의 법칙을 관찰함으로써 깨달음을 얻는 자이다. 그리고 남을 구제하는 부처와는 달리, 자기만의 깨침을 목적으로 삼아 산림(山林)에 은둔하여 세상 사람들을 지도하거나 제도하지 않는 독선자로 알려져 있다.(= 辟支佛, 벽지불) ※ 여기서는 삼승 가운데 성문과 보살과 달리 스스로 깨달음 얻은 수행자를 가리키는 불교 교리를 이른다.

86) 得ᄒᆞᄂᆞ닌: 得ᄒᆞ[득하다, 얻다: 得(득: 불어) + -ᄒᆞ(동접)-]- + -ᄂᆞ(현시)- + -ㄴ(관전) # 이(이, 者: 의명) + -ㄴ(←-ᄂᆞᆫ: 보조사, 주제)

87) 일후미: 일홈(이름, 名) + -이(주조)

88) 이라: 이(이것, 此: 지대, 정칭) + -Ø(←-이-: 서조)- + -Ø(현시)- + -라(←-다: 평종)

89) 남기라: 남ㄱ(←나모: 나무, 木) + -이(서조)- + -Ø(현시)- + -라(←-다: 평종)

1) 摩訶迦葉: 마하가섭(kāśyapa). 십대제자(十大弟子)의 하나이다. 마가다국(magadha國) 출신으로, 엄격하게 수행하여 두타제일(頭陀第一)이라 일컫는다. 석가가 입멸한 직후, 왕사성(王舍城) 밖의 칠엽굴(七葉窟)에서 행한 제1차 결집(結集) 때, 의장이 되어 그 모임을 주도하였다.

2) 녀나ᄆᆞᆫ: [다른, 有餘(관사): 년(←녀느: 여느, 他) + 남(남다, 餘: 동사)- + -ᄋᆞᆫ(관전▷관접)]

3) 됴타: 둏(좋다, 善)- + -Ø(현시)- + -다(평종)

4) 眞實功德: 진실공덕. 좋은 일을 행한 덕으로 훌륭한 결과를 가져오게 하는 능력을 공덕(功德)이라고 한다. 공덕 중에서 종교적으로 순수한 것을 진실공덕(眞實功德)이라 이르고, 세속적인 것을 부실공덕(不實功德)이라 한다.

5) 이대: [잘, 善(부사): 읻(좋다, 곱다, 善: 형사)- + -애(부접)]

眞實(진실)로 (네가) 이른 것과 같으니라.【 迦葉(가섭)이 喩說(유설)에 (부처의 뜻을) 알아, 즉시 매우 부유한 長者(장자)를 비유한 것을 펴서, 부처가 勝身(승신)을 숨기시고 劣身(열신)을 나타내시어,

하나는 "自性身(자성신)"이니, 諸如來(제여래)의 眞淨(진정)한 法界(법계)이니, 受用(수용)과 變化(변화)가 平等(평등)히 의지하는 바이시니, 相(상)을 떠나서 고요하여 여러 가지의 농담으로 하는 議論(의논)이 끊어져, 가없는 眞實(진실)의 功德(공덕)이 갖추어져 있으니, 이것이 一切法(일체법)이 平等(평등)한 實性(실성)이니, 곧 이것이 自性(자성)이며

眞_진實_씷로 닐옴⁶⁾ ᄀᆞᆮᄒᆞ니라【迦_강葉_셥이 喩_융說_쉃⁷⁾에 아라 즉재 ᄀᆞ장 가ᅀᆞ
면⁸⁾ 長_댱者_쟝의 가줄뷰믈⁹⁾ 펴 부톄 勝_싱身_신¹⁰⁾을 숨기시고 劣_렳身_신¹¹⁾을 나토샤¹²⁾
ᄒᆞ나흔 自_쫑性_셩身_신¹³⁾이니 諸_졍如_셩來_링ㅅ 眞_진淨_쪙¹⁴⁾ 法_법界_갱니 受_쓯用_용과
變_변化_황왜 平_뼁等_등히 브튠¹⁵⁾ 배시니¹⁶⁾ 相_샹을 여희여 괴외ᄒᆞ야¹⁷⁾ 여러 가짓
롱담앳¹⁸⁾ 議_읭論_론이 그처 ᄀᆞᆺ업슨¹⁹⁾ 眞_진實_씷ㅅ 功_공德_득이 ᄀᆞᄌᆞ시니 이 一_힗
切_쳉法_법²⁰⁾이 平_뼁等_등ᄒᆞᆫ 實_씷性_셩²¹⁾이니 곧 이 自_쫑性_셩²²⁾이며

---

6) 닐옴: 닐(←니르다: 이르다, 言)- + -옴(명전)

7) 喩說: 유설. 비유로써 행하는 설법이다.

8) 가ᅀᆞ면: 가ᅀᆞ며(←가ᅀᆞ멸다: 부유하다, 富)- + -Ø(현시)- + -ㄴ(관전)

9) 가줄뷰믈: 가줄비(비유하다, 喩)- + -움(명전) + -을(목조)

10) 勝身: 승신. 매우 큰 몸(신장, 身長)이다.

11) 劣身: 열신. 매우 작은 몸(신장, 身長)이다.

12) 나토샤: 나토[나타내다, 現: 낟(나타나다, 現: 자동)- + -호(사접)-]- + -샤(←-시-: 주높)- + -Ø(←-아: 연어)

13) 自性身: 삼신(三身)의 하나이다. 저절로 존재하는 진리 그 자체, 또는 그 진리를 있는 그대로 드러낸 우주 그 자체를 뜻한다. ※ 부처는 세 가지 모습을 드러낸다. ① 자성신(自性身)은 저절로 존재하는 진리 그 자체, 또는 그 진리를 있는 그대로 드러낸 우주 그 자체이다. ② 자수용신(自受用身)은 깨달음의 경지를 되새기면서 스스로 즐기는 부처이다. ③ 타수용신(他受用身)은 깨달음의 경지를 중생들에게 설하여 그들을 즐겁게 하는 부처이다. ④ 변화신(變化身)은 중생을 구제하기 위해 변화하여 나타나는 부처이다. 여기서 '자수용신'과 '타수용신'을 보신(報身)으로 일컫는다.

14) 眞淨: 진정. 여래가 증득(證得)한 법이 참으로 청정함을 이르는 말이다.

15) 브튠: 븥(붙다, 附)- + -Ø(과시)- + -우(대상)- + -ㄴ(관전)

16) 배시니: 바(바, 所: 의명) + -ㅣ(←-이-: 서조)- + -시(주높)- + -니(연어, 설명 계속)

17) 괴외ᄒᆞ야: 괴외ᄒᆞ[고요하다, 靜: 괴외(고요: 명사) + -ᄒᆞ(형접)-]- + -야(←-아: 연어)

18) 롱담앳: 롱담(농담) + -애(-에: 부조, 위치) + -ㅅ(-의: 관조) ※ '롱담앳'은 '농담으로 하는'으로 의역하여 옮긴다.

19) ᄀᆞᆺ업슨: ᄀᆞᆺ없[가없다, 無邊: ᄀᆞᆺ(가, 邊: 명사) + 없(없다, 無: 형사)-]- + -Ø(현시)- + -은(관전)

20) 一切法: 일체법. 일체의 사물, 모든 현상, 정신적 물질적인 것 등의 모든 존재를 말한다. 유위법(有爲法)과 무위법(無爲法)을 포함한다.

21) 實性: 실성. 있는 그대로의 본성이나 상태이다. 혹은 모든 현상의 있는 그대로의 참모습이다.

22) 自性: 자성. 본디부터 갖추고 있는 불성(佛性)이다.

德득身신·올 ᄲᅵ·샤 純쓘·히 조ᄒᆞ ᄯᅡ·해
ᄲᅧᇰ等ᄃᆡᆼ·을 智·딩·로 브·터 妙·묳淨·쪙功공
오·ᄃᆞᆯ·흔 他탕受·쏭用·요ᇰ身신·이·오
大·땡法·법樂·락 受·쏭用·요ᇰ·ᄒᆞ시·ᄂᆞ·니
랑·에 ᄉᆞ·ᄀᆞ 受·쏭用·요ᇰ身신·용·이ᄒᆞ·니
ᄀᆞ·ᄉᆞᆫ 眞진實·씷ㅅ 功공德득·이·며
劫·겁·을 닷·가 니·겨 니·ᄅᆞ와·ᄃᆞ·신 ᄀᆞ업·슨
량·을 無뭉量량 福·복德득·와 色·ᄉᆡᆨ身신·에 ᄀᆞᄃᆞᆨᄒᆞ·야 未·밍來링·ㅅ
신·지·이 잇·ᄂᆞ·니 諸졍如셩來링 受·쏭 無뭉數·숭
라 셩·이·며 ᄯᅩ 일후·미 法·법身신·이·니 아·시·가·니
受·쏭用·요ᇰ身신 自·ᄍᆞᆼ受·쏭用·요ᇰ身신·이·니 資ᄌᆞ粮랑

또 이름이 法身(법신)이시니라. 둘은 "受用身(수용신)"이니 이것이 두 가지가 있나니, 하나는 '自受用身(자수용신)'이니 諸如來(제여래)가 세 無數劫(무수겁)에 無量(무량)한 福德(복덕)의 資粮(자량)을 닦아 익히시어 일으키신 가없는 眞實(진실)의 功德(공덕)이시니, 또 매우 원만하게 깨끗한 것이 항상 色身(색신)에 가득하여 서로 이어서 맑아, 未來(미래)의 끝이 다하도록 항상 스스로 廣大(광대) 法樂(법락)을 受用(수용)하시는 것이요, 둘은 '他受用身(타수용신)'이니, 平等智(평등지)를 의지하여 妙淨功德身(묘정공덕신)을 보이시어 純(순)히 깨끗한 땅에

또 일후미 法_법身_신²³⁾이시니라 둘흔 受_쓩用_용身_신²⁴⁾이니 이 두 가지 잇느니 흐나흔 自_쭝受_쓩用_용身_신²⁵⁾이니 諸_정如_셩來_링 세 無_뭉數_숭劫_겁²⁶⁾에 無_뭉量_량福_복德_득 資_중粮_량을 닷가 니기샤²⁷⁾ 니르와ᄃ샨²⁸⁾ ᄀᆺ업슨 眞_진實_씷ㅅ 功_공德_득이시니 또 ᄀᆞ장 두려비²⁹⁾ 조호미³⁰⁾ 샹녜 色_식身_신³¹⁾에 ᄀᆞ득ᄒᆞ야 서르 니서 믈가 未_밍來_링ㅅ ᄀᆞᅀᅵ³²⁾ 다ᄋᆞᄃ록³³⁾ 샹녜 ᄌᆞ개³⁴⁾ 廣_광大_땡 法_법樂_락을 受_쓩用_용ᄒᆞ실 씨오³⁵⁾ 둘흔 他_탕受_쓩用_용身_신³⁶⁾이니 平_뼁等_등智_딩³⁷⁾를 브터 妙_묠淨_쪙功_공德_득身_신³⁸⁾을 뵈샤 純_쓘히³⁹⁾ 조흔 따해

---

23) 法身: 법신. 삼신(三身)의 하나이다. 불법의 이치와 일치하는 부처의 몸을 이른다.

24) 受用身: 수용신. 삼신(三身)의 하나이다. 스스로 얻은 법락(法樂)을 수용하고, 또 다른 보살들에게도 수용하게 하는 부처인데, '자수용신(自受用身)'과 '타수용신(他受用身)'이 있다.

25) 自受用身: 자수용신. 수행이 끝나 복덕과 지혜가 원만하고 밝아 늘 진리를 관조하여 스스로 법락을 받는 불신이다.

26) 無數劫: 무수겁. 헤아릴 수 없을 만큼 긴 시간이다.

27) 니기샤: 니기[익히다, 習: 닉(익다, 熟: 자동)- + -이(사접)-]- + -샤(←-시-: 주높)- + -Ø(←-아: 연어)

28) 니르와ᄃ샨: 니르완[일으키다, 起: 닐(일어나다, 起: 자동)- + -으(사접)- + -완(강접)-]- + -ᄋᆞ샤(←-ᄋᆞ시-: 주높)- + -Ø(과시)- + -Ø(←-오-: 대상)- + -ㄴ(관전)

29) 두려비: [둥그렇게, 圓(부사): 두렵(← 두렵다, ㅂ불: 둥글다, 圓, 형사)- + -이(부접)]

30) 조호미: 좋(깨끗하다, 맑다, 淨)- + -옴(명전) + -이(주조)

31) 色身: 색신. 물질적 존재로서 형체가 있는 몸, 혹은 석가모니나 보살의 육신이다.

32) ᄀᆞᅀᅵ: ᄀᆞᇫ(← ᄀᆞᆽ: 가, 邊) + -이(주조)

33) 다ᄋᆞᄃ록: 다ᄋᆞ(다하다, 盡)- + -ᄃ록(-도록: 연어, 도달)

34) ᄌᆞ개: ᄌᆞ갸(자기, 己) + -ㅣ(←-이: 주조) ※ 'ᄌᆞ개'는 '스스로'로 의역하여 옮긴다.

35) 씨오: 씨(←ᄉ: 것, 者, 의명)- + -ㅣ(←-이-: 서조)- + -오(←-고: 연어, 나열)

36) 他受用身: 타수용신. 깨달음의 경지를 중생들에게 설하여 그들을 즐겁게 하는 부처이다.

37) 平等智: 평등지. 일체가 한결같고 평등함을 관(觀)하여, 자타에 대한 차별적인 견해를 대자비심(大慈悲心)으로 바꾸어서, 중생을 교화하기 위한 평등한 지혜이다.

38) 妙淨功德身: 묘정공덕신. 중생을 위하여 지극히 깨끗한 공덕을 실행하는 부처의 몸이다.

39) 純히: [순히, 순수하게(부사): 純(순: 불어) + -ᄒ(←-ᄒ-: 형접)- + -이(부접)]

[40 앞]

사시어, 十地(십지)에 住(주)한 菩薩(보살)을 爲(위)하시어 큰 神通(신통)을 나타내시어, 正法輪(정법륜)을 轉(전)하시어 많은 사람의 疑心(의심) 그물을 決斷(결단)하시어, 그들이 大乘(대승)의 法樂(법락)을 受用(수용)하게 하시는 것이니, 이 두 몸을 아울러서 이름을 報身(보신)이시다라고 하나니라. 셋은 '變化身(변화신)'이니, 諸如來(제여래)가 成事智(성사지)를 의지하여

成事(성사)는 일을 이루는 것이다.

變(변)하여 나타내신 것이 그지없으시어, 類(유)를 좇아서 化身(화신)하시어, 깨끗하며 더러운

사ᄅ샤 十_씹地_띵⁴⁰⁾예 住_뜡ᄒᆫ 菩_뽕薩_삻ᅵ 爲_윙ᄒᆞ샤 큰 神_씬通_통 나토샤⁴¹⁾ 正_정法_법

輪_륜⁴²⁾을 轉_뒨ᄒᆞ샤 한 사ᄅ미 疑_읭心_심 그므를 決_궗斷_돤ᄒᆞ샤 뎨⁴³⁾ 大_땡乘_씽 法

법樂_락올 受_쓯用_용킈⁴⁴⁾ ᄒᆞ실 씨니 이 두 모ᄆᆞᆯ⁴⁵⁾ 어울워 일후믈 報_봉身_신⁴⁶⁾이시

다 ᄒᆞᄂᆞ니라 세흔 變_변化_황身_신⁴⁷⁾이니 諸_정如_셩來_링 成_쎵事_쌍智_딩⁴⁸⁾를 브터

　　　成_쎵事_쌍ᄂᆞᆫ 일 일울 씨라

變_변ᄒᆞ야 나토샤미 그지업스샤⁴⁹⁾ 類_뤵⁵⁰⁾를 조차 化_황身_신⁵¹⁾ᄒᆞ샤 조ᄒᆞ며 더러ᄫᆞᆫ

---

40) 十地: 십지. 보살이 수행하는 오십이위(五十二位) 단계 가운데 제41위에서 제50위까지의 단계이다. 환희지(歡喜地), 이구지(離垢地), 명지(明地), 염지(焰地), 난승지(難勝地), 현전지(現前地), 원행지(遠行地), 부동지(不動地), 선혜지(善慧地), 법운지(法雲地)이다. 부처의 지혜를 생성하고 온갖 중생을 교화하여 이롭게 하는 단계이다.

41) 나토샤: 나토[나타내다, 現: 낟(나타나다, 現: 자동)-+-호(사접)-]-+-샤(←-시-: 주높)-+-Ø(←-아: 연어)

42) 正法輪: 정법륜. ① 부처의 가르침이 번뇌를 부수고 악마를 굴복시키는 것을 전륜성왕(轉輪聖王)의 윤보(輪寶)에 비유한 말이다. ② 부처의 가르침이 여러 사람에게 전해지는 것을 바퀴가 굴러 가는 것에 비유한 말이다. 여기서는 ②의 뜻으로 쓰였다.

43) 뎨: 뎌(저, 彼: 인대, 정칭)+-ㅣ(←-이: 주조) ※ 여기서 '뎌'는 '한 사름(많은 사람)'을 대용한다.

44) 受用킈: 受用ᄒ[←受用ᄒ다(수용하다): 受用(수용)+-ᄒ(동접)-]-+-긔(-게: 연어, 도달)

45) 두 모ᄆᆞᆯ: 이 두 몸. 자수용신(自受用身)과 타수용신(他受用身)을 아울러 이르는 말이다.

46) 報身: 보신. 삼신(三身)의 하나이다. 선행 공덕을 쌓은 결과로 부처의 공덕이 갖추어진 몸을 이른다. 보신은 오랜 수행의 과정을 겪어 무궁무진한 공덕이 갖추어진 몸을 의미한다. 이러한 공덕을 갖춘 전형적인 예가 바로 불신의 특징인 32상 80종호(三十二相八十種好)로 나타난다.

47) 變化身: 변화신. 삼신(三身)의 하나로서, 중생을 구제하기 위해 변화하여 나타나는 부처이다. 곧, 부처가 중생을 구제하기 위해 범천(梵天)·제석(帝釋)·범부(凡夫)·마왕(魔王)·축생(畜生) 등 여러 가지 모습으로 변화하여 나타나는 것이다.

48) 成事智: 성사지. 일을 이루는 지혜이다.

49) 그지업스샤: 그지없[그지없다, 無量: 그지(끝, 한계, 限: 명사)+없(없다, 無: 형사)-]-+-으샤(←-으시-: 주높)-+-Ø(←-아: 연어)

50) 類: 유. 일의 종류(類)이다.

51) 化身: 화신. 신불(神佛)이 인간(人間)으로 형상(形狀)을 바꾸어 세상(世上)에 나오는 일, 또는 그렇게 나타난 몸이다.

[40 뒤]

·해 ᄉᆞᄅᆞ샤 未·밍來·링옛 地·띵예 오론 菩·뽕薩·삻와 二乘·씽과 다론 生·ᄉᆡᇰᄋᆞᆯ 爲·윙ᄒᆞ샤 뎌 機·긩ᄋᆡ 맛당호ᄆᆞᆯ 조차 神·씬通·통ᄋᆞᆯ 나토아 說·쉃法·법ᄒᆞ샤 應·ᅙᅳᆼ身·신에 나ᅀᅡ가 變·변化·황ᄅᆞᆯ 여러 내시면 네 모미 ᄃᆞ외시ᄂᆞ니 始와 乃終이 ᄀᆞᆮᄒᆞ샤ᄆᆞᆯ 보샤미 일후미 應·ᅙᅳᆼ이오 업다가 믄득 이쇼미 일후미 化·황ㅣ라 그러나 이 三삼身신ㅅ 法·법은 시혹 나ᅀᅡ간 ᄠᅳ들 자ᄇᆞ면 일후미 三身을 일타 ᄒᆞ고 시혹 버은 ᄠᅳ들 자ᄇᆞ면 相·샹이 體·톙예 어긔니 이제 세 ᄠᅳ들 모도아 자바 ᄀᆞ장 ᄀᆞᆯᄒᆡ야 니ᄅᆞ노니 ᄒᆞ나ᄒᆞᆫ 體·톙用·용이니

땅에 사시어, 未來(미래)에 있는 地(지)에 오른 菩薩(보살)과 二乘(이승)과 다른 生(생)을 爲(위)하시어, 저 機(기)에 마땅함에 맞추어서 神通(신통)을 나타내어 說法(설법)하시나니, 應身(응신)에 나아가 變化(변화)를 열어 내시면 네(四) 몸이 되시나니, 처음과 나중(乃終)이 같음을 보신 것이 이름이 應(응)이요, 없다가 문득 있는 것이 이름이 化(화)이다. 그러나 이 三身(삼신)의 法(법)은 혹은 나아간 뜻을 잡으면 "이름이 三身(삼신)을 잃었다."고 하고, 혹은 헤어진 뜻을 잡으면 相(상)이 體(체)에 어그러지니, 이제 세 뜻을 모아서 잡아 사뭇 구분하여 이르니, 하나는 體用(체용)이니

ᄯᅡ해 사ᄅᆞ샤 未밍來링옛 地띵[52]에 오ᄅᆞᆫ 菩뽕薩삻와 二싱乘씽[53]과 다ᄅᆞᆫ 生ᄉᆡᆼ[54]ᄋᆞᆯ 爲윙ᄒᆞ샤 뎌 機긩의 맛당호매 마초[55] 神씬通통 나토아[56] 說쉻法법ᄒᆞ시ᄂᆞ니 應ᅙᅳᆼ身신[57]에 나ᅀᅡ가[58] 變변化황ᄅᆞᆯ 여러 내시면 네 모미 ᄃᆞ외시ᄂᆞ니 처ᅀᅥᆷ 乃냉終즁 ᄀᆞ호ᄆᆞᆯ 뵈샤미[59] 일후미 應ᅙᅳᆼ이오 업서셔[60] 믄득 이쇼미[61] 일후미 化황ㅣ라 그러나 이 三삼身신ㅅ 法법은 시혹 나ᅀᅡ간 ᄠᅳ들 자ᄇᆞ면 일후미 三삼身신ᄋᆞᆯ 일타[62] ᄒᆞ고 시혹 여흰[63] ᄠᅳ들 자ᄇᆞ면 相샹이 ᄒᆞᆫ 體톙예 어긔니[64] 이제 ᄠᅳ들 모도자바[65] ᄉᆞᄆᆞᆺ[66] ᄀᆞᆯᄒᆡ야[67] 니ᄅᆞ노니[68] ᄒᆞ나ᄒᆞᆫ[69] 體톙用용[70]이니

---

52) 地: 지. 불교 보살의 수행 단계이다.(십지, 十地)

53) 二乘: 이승. 두 가지의 수레라는 뜻으로, 소승과 대승 또는 성문승과 연각승을 가리킨다.

54) 生: 생. 생명체이다.

55) 마초: [맞추어, 알맞게, 的當(부사): 맞(맞다, 合: 동사)-+-호(사접)-+-오(부접)]

56) 나토아: 나토[나타내다, 現: 낟(나타나다, 現: 자동)-+-호(사접)-]-+-아(연어)

57) 應身: 응신. 삼신(三身)의 하나로서, 과거세에 행한 수행의 과보(果報)로 얻는 몸을 이른다.

58) 나ᅀᅡ가: 나ᅀᅡ가[나아가다, 進: 나ᇫ(낫다, ㅅ불: 나아가다, 進)-+-아(연어)+가(가다, 去)-]-+-아(연어)

59) 뵈샤미: 뵈[보이다, 現: 보(보다, 觀: 타동)-+-ㅣ(←-이-: 사접)-]-+-샤(←-시-: 주높)-+-ㅁ(←-옴: 명전)+-이(주조)

60) 업서셔: 없(없다, 無)-+-어(연어)+-셔(보조사, 강조) ※ '업서셔'는 '없다가'로 의역한다.

61) 이쇼미: 이시(있다, 有)-+-옴(명전)+-이(주조)

62) 일타: 잃(잃다, 失)-+-Ø(과시)-+-다(평종)

63) 여흰: 여희(여의다, 버리다, 떠나다, 棄, 別)-+-Ø(과시)-+-ㄴ(관전)

64) 어긔니: 어긔(어기다, 違)-+-니(연어, 설명 계속)

65) 모도자바: 모도잡[모아서 잡다, 총괄하다, 摠: 몯(모이다, 集: 자동)-+-오(부접)-+잡(잡다, 執)-]-+-아(연어)

66) ᄉᆞᄆᆞᆺ: [사뭇, 꿰뚫어, 철저히, 貫(부사): ᄉᆞᄆᆞᆺ(←ᄉᆞᄆᆞᆾ다: 꿰뚫다, 貫, 동사)-+-Ø(부접)]

67) ᄀᆞᆯᄒᆡ야: ᄀᆞᆯᄒᆡ(가리다, 택하다, 擇)-+-야(←-아: 연어)

68) 니ᄅᆞ노니: 니ᄅᆞ(이르다, 說)-+-ㄴ(←-ᄂᆞ-: 현시)-+-오(화자)-+-니(연어, 설명 계속)

69) ᄒᆞ나ᄒᆞᆫ: ᄒᆞ나ㅎ(하나, 一: 수사, 양수)+-ᄋᆞᆫ(보조사, 주제)

70) 體用: 체용. '체(體)'와 '용(用)'을 아울러 이르는 말이다. 사물을 본체와 작용, 또는 사람의 본래 성품과 그 작용. 진리, 사물, 사람의 성품을 구조와 작용의 두 측면으로 나누어 각각의 의미와 상호 관계를 이해하는 개념을 말한다.

智톙(지체)와 ᄀᆞ초 能(능)히 大用(대용)을 니르와다 自報(ᄌᆞ보)ㅣ 우흐로 法性體(법셩톙)ㅅ 體(톙)예 마ᄌᆞ샤미 일후미 眞身(진신)이시고 他報(타보)ㅣ 아래로 機緣(긩원)ㅅ 用(용)애 가샤미 일후미 應身(ᅙᅳᆼ신)이시니라 그럴ᄊᆡ 光明(광명)에 닐오ᄃᆡ 부텻 眞法身(진법신)은 虛空(헝콩)ᄀᆞᆮ ᄒᆞ시고 物應(뭃ᅙᅳᆼ)ᄒᆞ야 形體(형톙)나토샤ᄆᆞᆫ 므레 잇ᄂᆞᆫ ᄃᆞᆯ ᄀᆞᆮ ᄒᆞ시니 觀世音(관솅음)이 普門(퐁몬)으로 나토아 뵈샤 ᄀᆞᆺ 업슨 사ᄅᆞ미 어드ᄫᅳ며 ᄇᆞᆯ곤 두 가짓 利益(링혁)을 얻ᄌᆞᄫᅡ내샤미 이 두 모ᄆᆞᆯ 브트시니라 둘흔 權實(꿘ᄊᆞᆯ)이니 權(꿘)의 일후믄

智體(지체)와 아울러 能(능)히 大用(대용)을 일으켜서, 自報(자보)가 위로 法性體(법성)의 體(체)에 맞으신 것이 이름이 眞身(진신)이시고, 他報(타보)가 아래로 機緣(기연)의 용(用)에 가신 것이 이름이 應身(응신)이시니라. 그러므로 『光明(광명)』에 이르되 "부처의 眞法身(진법신)은 虛空(허공)과 같으시고, 物應(물응)하여 形體(형체)를 나타내신 것은 물에 있는 달과 같으시니, 觀世音(관세음)이 普門(보문)으로 나타내어 보이시어, 가없는 사람이 어두우며 밝은 두 가지의 利益(이익)을 얻게 하신 것이 이 두 몸(= 진신과 응신)을 의지하셨니라. 둘은 '權實(권실)'이니, 權(권)의 이름은

智_딩體_톙⁷¹⁾와 어우러 能_능히 大_땡用_용⁷²⁾을 니르와다 自_쫑報_볼⁷³⁾ l 우흐로⁷⁴⁾ 法_법性_셩 體_톙⁷⁵⁾예 마즈샤미⁷⁶⁾ 일후미 眞_진身_신⁷⁷⁾이시고 他_탕報_볼⁷⁸⁾ l 아래로 機_긩緣_원 用_용⁷⁹⁾애 가샤미 일후미 應_흥身_신이시니라 그럴씨 光_광明_명에 닐오디 부텻 眞_진法_법身_신은 虛_헝空_콩이 근호시고 物_뭃應_흥⁸⁰⁾호야 形_형體_톙 나토샤믄 므렛⁸¹⁾ 둘 근호시니 觀_관世_솅音_흠⁸²⁾이 普_퐁門_몬⁸³⁾으로 나토아 뵈샤 궂업슨 사르미 어드브며 볼곤 두 가짓 利_링益_혁 얻긔 호샤미 이 두 모믈 브트시니라⁸⁴⁾ 둘혼 權_꿘實_씷⁸⁵⁾이니 權_꿘 일후믄

---

71) 智體: 지체. 지혜의 몸이다

72) 大用: 대용. 크게 쓰는 것이다.

73) 自報: 자보. 수행이 끝나 복덕과 지혜가 원만하고 밝아 늘 진리를 관조하여 스스로 그 법락(法樂)을 받는 것이다.

74) 우흐로: 우ㅎ(위, 上) + -으로(부조, 방향)

75) 法性 體: 법성의 체. 법성은 우주 만물의 본체이다. 따라서 '법성(法性) 체(體)'는 존재를 존재이게 하는 것, 또는 존재의 진실로서 불변하는 본성의 몸이다.

76) 마즈샤미: 맞(맞다, 當)- + -으샤(←-으시-: 주높)- + -ㅁ(←-옴: 명전) + -이(주조)

77) 眞身: 진신. 진리의 몸이다.

78) 他報: 타보. 다른 이에게 깨달음의 기쁨을 수용하게 하는 것이다.

79) 機緣 用: 기연의 용. ※ 기연(機緣)은 중생의 소질이나 능력이 부처의 가르침을 받을 만한 조건이 되는 것이다

80) 物應: 물응. 어떠한 실제에 반응하는 것이다.

81) 므렛: 믈(물, 水) + -에(부조, 위치) + -ㅅ(-의: 관조) ※ '므렛'은 '물에 있는'으로 의역하여 옮긴다.

82) 觀世音: 관세음. 아미타불의 원편에서 교화를 돕는 보살이다. 사보살의 하나이다. 세상의 소리를 들어 알 수 있는 보살이므로 중생이 고통 가운데 열심히 이 이름을 외면 도움을 받게 된다.

83) 普門: 보문. 원만하고 완전한 가르침을 이른다.

84) 브트시니라: 븥(붙다, 의지하다, 비롯하다, 由)- + -으시(주높)- + -Ø(과시)- + -니(원칙)- + -라 (←-다: 평종)

85) 權實: 권실. 權智(권지)와 實知(실지)를 이른다. 권지(權智)는 부처와 보살의 방편으로 중생을 교화하는 지혜이며, 실지(實智)는 모든 존재의 있는 그대로의 진실한 모습을 밝게 아는 지혜이다.

權(권)이 잠깐 함이요 實(실)의 이름은 實(실)이 오램을 이르니, 權(권)을 펴시므로 勝(승)으로부터서 劣(열)을 일으키시니, 三佛(삼불)이 밝음을 떨쳐 버리치시고

勝(승)은 어진 것이요 劣(열)은 사나운 것이다.

實(실)을 나타내시프로 劣(열)로부터서 勝(승)을 일으키시니, (權과 實은) 오직 한 몸이다. 그러므로 이르시되 "나의 이제의 이 몸이 곧 이 法身(법신)이라." 고 하시며, 또 이르시되 "微妙(미묘)한 淨法身(정법신)이 三十二相(삼십이상)이 갖추어져 있느니라."고 하시니, 이러므로 機(기)를 順(순)하시면 三身(삼신)을 權(권)으로 펴시고, 應(응)에 나아간다면

權_꿘⁸⁶⁾ 잢간⁸⁷⁾ 호미오 實_씷은⁸⁸⁾ 實_씷 오라물⁸⁹⁾ 니른니 權_꿘을 펴실씨 勝_씽으로셔 劣_뤓을 니른와드시니 三_삼佛_뿛⁹⁰⁾이 블고믈 여희시고

　　勝_씽은 어딜 씨오 劣_뤓은 사오나볼 씨라

實_씷을 나토실씨⁹¹⁾ 劣_뤓로셔 勝_씽을 니른와드시니 오직 흔 모미라 그럴씨 니른샤디 내⁹²⁾ 이젯⁹³⁾ 이 모미 곧 이 法_법身_신이라 ᄒᆞ시며 쏘 니른샤디 微_밍妙_묠 淨_쪙法_법身_신⁹⁴⁾이 三_삼十_씹二_{ᅀᅵᆼ}相_샹⁹⁵⁾이 ᄀᆞ즈니라⁹⁶⁾ ᄒᆞ시니 이럴씨⁹⁷⁾ 機_긩⁹⁸⁾를 順_쓘ᄒᆞ시면 三_삼身_신⁹⁹⁾을 權_꿘으로 펴시고 應_{ᅙᅳᆼ}¹⁰⁰⁾에 나ᅀᅡ가건댄¹⁾

---

86) 權: 권. 권지(權智)이다. 곧, 방편이다.

87) 잢간: [잠깐, 暫間(부사): 잠(잠, 暫) + -ㅅ(관조, 사잇) + 간(간, 間)]

88) 實은: 실. 실지(實智)이다. ※ 문맥을 고려하여 '實의 이름은'으로 의역하여 옮긴다.

89) 오라몰: 오라(오래다, 久)- + -ㅁ(←-옴: 명전) + -올(목조)

90) 三佛: 삼불. 극락세계(極樂世界)에 있다는 아미타불(阿彌陀佛)과 관세음보살(觀世音菩薩)과 대세지보살(大勢至菩薩)을 일컫는 말이다.

91) 나토실씨: 나토[나타내다, 現: 낟(나타나다, 現: 자동)- + -호(사접)-]- + -시(주높)- + -ㄹ씨(-므로: 연어, 이유)

92) 내: 나(나, 我: 인대, 정칭) + -ㅣ(←-의: 관전)

93) 이젯: 이제[이제, 이때, 此時: 이(이, 此: 관사, 정칭) + 제(때에: 의명)] + -ㅅ(-의: 관조)

94) 淨法身: 정법신. 깨끗한 법신(法身)이다. ※ '법신(法身)'은 삼신(三身)의 하나로서, 불법의 이치와 일치하는 부처의 몸을 이른다.

95) 三十二相: 삼십이상. 부처의 몸에 갖춘 서른두 가지의 독특한 모양이다.

96) ᄀᆞ즈니라: 궂(갖추어져 있다, 具)- + -Ø(현시)- + -ᄋᆞ니(원칙)- + -라(←-다: 평종)

97) 이럴씨: [이러므로, 故(부사, 이유): 이러(← 이러ᄒᆞ다: 이러하다, 형사)- + -ㄹ씨(-므로: 연어 ▷부접)]

98) 機: 기. 교법(敎法)을 받을 수 있는 중생의 능력을 이른다. '근기(根機)'나 '기근(根機)'이라고도 한다.

99) 三身: 삼신. 부처가 변신하여 세상에 현신(現身)하였다는 세 가지 모양이다. 곧 화신(化身)·보신(報身)·법신(法身)이다.

100) 應: 응. 어떠한 실체에 반응하는 것이다.

1) 나ᅀᅡ가건댄: 나ᅀᅡ가[나아가다, 進: 낫(낫다, ㅅ불: 나아가다, 進)- + -아(연어) + 가(가다, 去)-]- + -건댄(연어, 조건)

理·링實·씷·로 ᄒᆞ·샨 부:톄·시·니·라 세·흔 事·ᄊᆞ理·링·니 觀관 經경 疏송·애 닐·오·ᄃᆡ 부:톄 本·본來·ᄅᆡ 몸 업·스·시·며 목:숨 업·스·시·며 ᄯᅩ 量·량 업·스·시·건마·ᄅᆞᆫ 世·솅間간·ᄋᆞᆯ 조·차 順·쓘ᄒᆞ·실·ᄊᆡ 三삼身신·ᄋᆞᆯ 論론ᄒᆞ·샷·다 ᄒᆞ·니 이·러·면 至·징極·끅ᄒᆞᆫ 理·링·ᄅᆞᆯ 울·워·러 보·건·댄 本·본來·ᄅᆡ 實·씷·로 形·ᅘᅧᆼ體·톙 업·스·시·건마·ᄅᆞᆫ 物·뭀機·긩·ᄅᆞᆯ 구·버 조·ᄎᆞ·샤 敎·굫化·황·ᄅᆞᆯ 드·리·우·샤·미 ᄆᆞᆯ·ᄀᆞᆫ 거·우·루 ᄀᆞᆮ·ᄒᆞ·시·니·라 像·썅體·톙 本·본來·ᄅᆡ 虛헝·ᄒᆞ·야 므·레 이·ᄂᆞᆫ ᄃᆞᆯ ᄀᆞᆮ·ᄒᆞ·야 그르·메 本·본來·ᄅᆡ 實·씷 업·스·니 眞진實·씷·로 자·최·옛 이·레 자·본 ᄆᆞᅀᆞᆷ 니·ᄅᆞ·와·ᄃᆞ·면

實(실)로 한 부처이시니라. 셋은 '事理(사리)'이니 『觀經疏(관경소)』에 이르되, "부처가 本來(본래) 몸이 없으시며 목숨이 없으시며 또 量(양)이 없으시건마는, 世間(세간)을 좇아 順(순)하시므로 三身(삼신)을 論(논)하셨다."고 하니, 이러면 至極(지극)한 理(이)를 우러러 본다면 (부처가) 本來(본래) 實(실)로 形體(형체)가 없으시건마는, 物機(물기)를 굽어 좇으시어 敎化(교화)를 드리우신 것이 맑은 거울과 같으시니라. 像體(상체)가 本來(본래) 虛(허)하여, 물에 있는 달과 같아서 그림자가 本來(본래) 實(실)이 없으니, 眞實(진실)로 자취의 일에 붙잡은 마음을 일으키면 迷惑(미혹)한 원숭이가

實_씷로 흔 부톄시니라²⁾ 세흔 事_쏭理_링³⁾니 觀_관經_경疏_송⁴⁾애 닐오되 부톄 本_본

來_링 몸 업스시며 목숨 업스시며 쏘 量_량 업거신마른⁵⁾ 世_셍間_간올 조차 順_쑨

ㅎ실씨 三_삼身_신올 論_론ㅎ시다 ㅎ니 이러면 至_징極_끅흔 理_링를 울워러⁶⁾ 보건

댄 本_본來_링 實_씷로 形_혱體_톙 업거신마른 物_뭃機_긩⁷⁾를 구버 조츠샤 敎_굘化_황

드리우샤미⁸⁾ 물군 거우루 フ투시니라 像_썅體_톙⁹⁾ 本_본來_링 虛_헝ㅎ야 므렛¹⁰⁾

돌 フ투야 그리메¹¹⁾ 本_본來_링 實_씷 업스니 眞_진實_씷로 자최¹²⁾ 이레 븥자본¹³⁾

ᄆᆞᅀᆞ믈 니르와ᄃᆞ면 迷_몡惑_홱흔 나비¹⁴⁾

---

2) 부톄시니라: 부텨(부처, 佛) + -ㅣ(←-이-: 서조) + -시(주높) + -Ø(현시) + -니(원칙) + -라(←-다: 평종)

3) 事理: 사리. '事(사)'는 상대적(相對的)이면서 차별(差別)이 있는 현상(現象)이며, '理(리)'는 절대적(絶對的)이면서 평등(平等)한 법성(法性)이다. 곧, 사리(事理)는 변화하는 현상과 그 배후에 있는 불변하는 진리를 아울러서 이른 말이다.

4) 觀經疏: 관경소. 『관무량수경』(觀無量壽經)의 딴 이름이다. 정토삼부경의 하나로서, 송(劉宋)대에 서역 출시인 강량야사(畺良耶舍, 383~442)가 AD 424년에 번역했다고 한다. 정토삼부경이란 구마라습(Kumarajiva)이 번역한 〈아미타경〉, 동진(東晋)시대 각현(覺賢)과 보운(寶雲)이 421년에 한역한 〈무량수경〉, 그리고 〈관무량수경〉을 함께 일컫는 말이다.

5) 업거신마른: 업(←없다: 없다, 無) + -시(주높) + -거…ㄴ마른(-건마는: 연어, 인정 대조)

6) 울워러: 울월(우러르다, 仰) + -어(연어)

7) 物機: 물기. 근기(根機)이다. 산스크리트로는 인드리야(indriya)이며, 근기(根器) 또는 줄여서 기(機)라고도 한다. 사람이 가지고 있는 근본적인 바탕, 즉 본성을 나무의 뿌리(根)에 비유하고 그것의 작용을 기(機)라고 한 것이다.

8) 드리우샤미: 드리우(드리우다, 垂) + -샤(←-시-: 주높) + -ㅁ(←-옴: 명전) + -이(주조)

9) 像體: 상체. 본뜬 형상의 몸이다.

10) 므렛: 믈(물, 水) + -에(부조, 위치) + -ㅅ(-의: 관조) ※ '므렛'은 '물에 있는'으로 의역하여 옮긴다.

11) 그리메: 그리메(그림자, 影) + -Ø(←-이: 주조)

12) 자최: 자최(자취, 跡) + -ㅅ(-의: 관조)

13) 븥자본: 븥잡[붙잡다: 븥(←붙다: 붙다) + 잡(잡다)-] + -Ø(과시) + -은(관전)

14) 나비: 납(원숭이, 猿) + -이(주조)

ᄆ례ᄢᄠ러디여 經경에 주구미 ᄀᆞᆮ호니라 ○ 賢현愚ᅇᅮᆼ經경에 닐오ᄃᆡ 가줄비건댄 ᄆᆞᆯᄀᆞᆫ 바미 한 獼몽猴ᅘᅮᇢ ㅣ 큰 나모와 우믓 ᄀᆞ애 ᄃᆞ랫ᄂᆞᆫ ᄃᆞᆯ 그림제ᄅᆞᆯ 보고 서르 ᄀᆞ라 우므레 ᄂᆞ려 ᄃᆞᄅᆞᆯ 잡고져 호ᄃᆡ ᄆᆞᄎᆞ매 몯ᄒᆞ니라 偈꼥ㅣ 乃냉終즁에 慈ᄍᆞᆼ悲빙 方ᄫᅡᆼ便뼌ㅅ 큰 恩ᅙᅳᆫ德득을 感감動똥ᄒᆞ야 眞진實ᄊᆞᆯ 讚잔歎탄ᄒᆞ니 이 如ᅀᅧᆼ來링ㅅ 眞實 功공德득을 如셩來링 … 坐無뭉量량無뭉邊변 阿항僧ᄉᆞᆼ祇낑

우물에 떨어져서 죽은 것과 같으니라. ○『賢愚經(현우경)』에 이르되 "비유하건대 맑은 밤에 많은 獼猴(미후)가 큰 나무와 우물가에서 달의 그림자를 보고, 서로 번갈아 우물에 내려와 달을 잡고자 하되 끝내 못한 것과 같다." 고 하셨니라.

사나운 사람을 달래시어 큰 法利(법리)를 得(득)하게 하신 것을 讚歎(찬탄)하고, 또 偈(게)가 나중(乃終)에 慈悲(자비)한 方便(방편)의 큰 恩德(은덕)을 感動(감동)하여 讚歎(찬탄)하니, 이것이 如來(여래)의 眞實功德(진실공덕)을 잘 이른 것이다. 】

如來(여래)가 또 無量無邊(무량무변)한 阿僧祇(아승기)의

우므레¹⁾ 뻐러디여²⁾ 주구미³⁾ 굳ᄒᆞ니라 ○ 賢_현愚_응經_경⁴⁾에 닐오ᄃᆡ 가ᄌᆞᆯ비건

댄⁵⁾ 믈ᄀᆞᆫ 바ᄆᆡ 한 獼_밍猴_{ᅘᅮᇢ}⁶⁾ㅣ 즘게나모와⁷⁾ 우믌ᄀᆞ새셔⁸⁾ ᄃᆞᆳ 그림제 보고 서

르 ᄀᆞ라⁹⁾ 우므레 ᄂᆞ려 ᄃᆞᆯ 잡고져 호ᄃᆡ 乃_냉終_즁내¹⁰⁾ 몯홈 굳다 ᄒᆞ시니라

사오나ᄫᆞᆯ 사ᄅᆞᄆᆞᆯ 달애샤¹¹⁾ 큰 法_법利_링 得_득게 ᄒᆞ샤ᄆᆞᆯ 讚_잔歎_탄ᄒᆞ고 ᄯᅩ 偈_꼥¹²⁾ 乃

_냉終_즁에¹³⁾ 慈_{ᄍᆞ}悲_빙 方_방便_뼌의 큰 恩_{ᅙᆞᆫ}德_득을 感_감動_똥ᄒᆞ야 讚_잔歎_탄ᄒᆞ니 이 如

_셩來_링ㅅ 眞_진實_씷功_공德_득¹⁴⁾을 이대¹⁵⁾ 닐오미라¹⁶⁾ 】 如_셩來_링 ᄯᅩ 無_뭉量_량無_뭉

邊_변 阿_항僧_승祇_낑¹⁷⁾

---

1) 우므레: 우믈[우물, 井: 움(움, 穴) + 믈(물, 水)] + -에(부조, 위치)

2) 뻐러디여: 뻐러디[떨어지다, 落: 뻘(떨다, 離)- + -어(연어) + 디(지다, 落)-] + -여(←-어: 연어)

3) 주구미: 죽(죽다, 死)- + -움(명전) + -이(-과:부조, 비교)

4) 賢愚經: 현우경. 원위(元魏)의 혜각(慧覺)이 번역한 13권의 책이다. 인연과 비유로 된 이야기를 모은 경으로, 대부분 현명함과 어리석음에 대한 교훈과 인과응보(因果應報)가 주요 내용으로 되어 있다.

5) 가ᄌᆞᆯ비건댄: 가ᄌᆞᆯ비(비유하다, 比喩)- + -거(확인)- + -ㄴ댄(-은즉슨, -면: 연어, 조건)

6) 獼猴: 미후. 원숭이이다.

7) 즘게나모와: 즘게나모[큰나무, 大木: 즘게(나무, 木) + 나모(나무, 木)] + -와(←-과: 접조)

8) 우믌ᄀᆞ새셔: 우믌ᄀᆞ[우물가: 움(움, 穴) + 믈(물, 水) + ᄀᆞ(←ᄀᆞᆺ: 가, 邊)] + -애(-에: 부조, 위치) + -셔(-서: 보조사, 위치, 강조)

9) ᄀᆞ라: ᄀᆞᆯ(갈다, 바꾸다, 替)- + -아(연어)

10) 乃終내: [끝내, 終(부사): 乃終(내종, 끝: 명사) + -내(부접)]

11) 달애샤: 달애(달래다, 꾀다, 권하다, 誘)- + -샤(←-시-: 주높)- + -Ø(←-아: 연어)

12) 偈: 게. 부처의 공덕이나 가르침을 찬탄하는 노래 글귀이다.(= 가타, 伽陀)

13) 乃終에: 乃終(내종, 나중) + -에(부조, 위치)

14) 眞實功德: 진실공덕. 좋은 일을 행한 덕으로 훌륭한 결과를 가져오게 하는 능력을 공덕(功德)이라고 한다. 공덕 중에서 종교적으로 순수한 것을 진실공덕(眞實功德)이라 이르고, 세속적인 것을 부실공덕(不實功德)이라 한다.

15) 이대: [잘, 善(부사): 읻(좋다, 곱다, 善: 형사)- + -애(부접)]

16) 닐오미라: 닐(←니ᄅᆞ다: 이르다, 曰)- + -옴(명전) + -이(서조)- + -Ø(현시)- + -라(←-다: 평종)

17) 阿僧祇: 아승기. 엄청나게 많은 수로서 10의 64승의 수에 해당한다.

功德(공덕)을 두어 있나니, 너희가 無量(무량)한 億劫(억겁)에 (무량 공덕을 말로써) 일러도 못다 이르리라. 【 이는 한 소리로 秘密(비밀)히 밝히시며 眞知(진지)로 그윽이 化(화)하시는 平等(평등)한 慈(자)가 더욱 無量(무량)한 功德(공덕)인 것을 밝히시니, 비록 迦葉(가섭)이 (말로써) 잘 이르나, (가섭의) 말씀이 여기 (여래가 둔 아승기의 공덕)에 미치지 못하므로 다시 보이셨느니라. 】 迦葉(가섭)아 알라. 如來(여래)가 諸法(제법)의 王(왕)이라서 말만 이르면 다 虛(허)하지 아니하니, 一切法(일체법)에 (대하여)

功_공德_득을 뒷ᄂᆞ니[18] 너희 無_뭉量_량 億_흑劫_겁[19]에 닐어도[20] 몯다[21] 니

르리라【이ᄂᆞᆫ ᄒᆞᆫ 소리로 秘_빙密_밇히 ᄇᆞᆯ기시며 眞_진知_딩로 그스기[22] 化_황ᄒᆞ시

논[23] 平_뼁等_등ᄒᆞᆫ 慈_쭝[24]ㅣ 더욱 無_뭉量_량 功_공德_득이론[25] 주를 ᄇᆞᆯ기시니 비록 迦_강

葉_셥[26]이 잘 니ᄅᆞ나 말ᄊᆞ미 이어긔[27] 밋디[28] 몯ᄒᆞᆯᄊᆡ 다시 뵈시니라[29]】迦_강葉_셥

아 알라 如_셩來_링 諸_정法_법엣 王_왕이라[30] 말옷[31] 니ᄅᆞ면 다 虛_헝

티[32] 아니ᄒᆞ니 一_힗切_쳉法_법[33]에

---

18) 뒷ᄂᆞ니: 두(두다, 有)- + -어(연어) + 잇(← 이시다: 있다, 보용, 완료 지속)- + -ᄂ(현시)- + -니 (연어, 설명 계속) ※ '뒷ᄂᆞ니'는 '두어 잇ᄂᆞ니'가 축약된 형태이다.

19) 億劫: 억겁. 무한하게 오랜 시간이다.

20) 닐어도: 닐(← 니르다: 이르다, 說)- + -어도(연어, 양보)

21) 몯다: [못다, 다하지 못하여(부사): 몯(못, 不能: 부사, 부정) + 다(다, 悉: 부사)]

22) 그스기: [그윽이, 隱(부사): 그슥(그윽: 불어)- + -Ø(← -ᄒᆞ-: 형접)- + -이(부접)]

23) 化ᄒᆞ시논: 化ᄒᆞ[화하다(화하다, 교화하다): 化(화, 교화: 불어) + -ᄒᆞ(동접)-]- + -시(주높)- + -ᄂ(← -ᄂᆞ-: 현시)- + -오(대상)- + -ㄴ(관전) ※ '化(화)'는 '교화(敎化)'를 뜻한다.

24) 慈: 자. 자비(慈悲)이다.

25) 功德이론: 功德(공덕) + -이(서조)- + -Ø(현시)- + -로(← -오-: 대상)- + -ㄴ(관전)

26) 迦葉: 가섭(kāśyapa). 십대제자(十大弟子)의 하나이다. 마가다국(magadha國) 출신으로, 엄격하게 수행하여 두타제일(頭陀第一)이라 일컫는다. 석가가 입멸한 직후, 왕사성(王舍城) 밖의 칠엽굴(七葉窟)에서 행한 제1차 결집(結集) 때, 의장이 되어 그 모임을 주도하였다.

27) 이어긔: 여기, 여기에, 此處(지대, 지시, 정칭)

28) 밋디: 밋(← 및다: 미치다, 及)- + -디(-지: 연어, 부정)

29) 뵈시니라: 뵈[보이다, 示: 보(보다, 見)- + -ㅣ(← -이-: 사접)-]- + -시(주높)- + -Ø(과시)- + -니(원칙)- + -라(← -다: 평종)

30) 王이라: 王(왕) + -이(서조)- + -라(← -아: 연어)

31) 말옷: 말(말, 言) + -옷(← -곳: 보조사, 한정 강조)

32) 虛티: 虛ᄒᆞ[← 虛ᄒᆞ다(허하다): 虛(허: 불어) + -ᄒᆞ(형접)-]- + -디(-지: 연어, 부정)

33) 一切法: 일체법. 일체의 사물, 모든 현상, 정신적 물질적인 것 등의 모든 존재를 말한다. 유위법(有爲法)과 무위법(無爲法)을 포함한다. '유위법(有爲法)'은 인연에 의하여 생멸하는 만유일체의 법이며, 무위법(無爲法)은 인연을 따라 이루어진 것이 아니며 생멸(生滅)의 변화를 떠나 상주 불변하는 참된 법이다.

切쳉法법에〮 智딩慧훼方방便뼌으〮로〮 너〮퍼〮 니〮르〮나〮 니〮르〮논〮 法법이〮다〮 一힗切쳉智딩地띵예〮 다ᄃᆞ〮르니라〮 【一힗切쳉智딩地띵예〮 다ᄃᆞ〮르니라〮 方방便뼌이〮 權꿘이〮오〮 智딩地띵 實실이〮니 一힗切쳉法법에〮 方방便뼌으〮로〮 니르〮시〮나〮 一힗切쳉智딩地띵예〮 다ᄃᆞ〮라〮 일〮온〮 秘密密비〮밀〮히〮 ᄇᆞᆯ기〮샤〮미〮라〮 一힗切쳉智딩地띵예〮 다ᄃᆞ〮로〮ᄆᆞᆫ〮 實실相샹ᄋᆡ 智딩境경에〮 마〮ᄌᆞᆯ〮써〮라〮】 如來링 一힗切쳉 諸法법〮의〮 歸귕趣츙를〮 보〮아〮 알〮며〮

智慧(지혜)의 方便(방편)으로 널리 이르나, 이르는 法(법)이 다 一切智地(일체지지)에 다다랐느니라.【 方便(방편)이 權(권)이요 智地(지지)가 實(실)이니, 一切法(일체법)에 (대하여) 方便(방편)으로 이르시나, 다 智地(지지)에 다다르니, 이른바 秘密(비밀)히 밝히신 것이다. 一切智地(일체지지)에 다다른 것은 實相(실상)의 智境(지경)에 맞은 것이다. 】 如來(여래)가 一切(일체) 諸法(제법)의 歸趣(귀취)를 보아 알며

智_딩慧_휑 方_방便_뼌으로 너펴³⁴⁾ 니르나 니르논³⁵⁾ 法_법이 다 一_힗切_촁

智_딩地_띵³⁶⁾예 다드르니라³⁷⁾【方_방便_뼌이 權_꿜이오 智_딩地_띵 實_쓿이니 一_힗切_촁

法_법에 方_방便_뼌으로 니르시나 다 智_딩地_띵예 다드르니 닐온³⁸⁾ 秘_빙密_밇히 불기샤

미라³⁹⁾ 一_힗切_촁智_딩地_띵예 다드로문 實_쓿相_샹 智_딩境_겅⁴⁰⁾에 마줄 씨라】 如_셩來

_링 一_힗切_촁 諸_졍法_법의 歸_귕趣_츙⁴¹⁾를 보아 알며

---

34) 너펴: 너피[넓히다, 演: 넙(넓다, 廣)- + -히(사접)-]- + -어(연어) ※ '너펴 니르나'는 '연설하
나'로 의역하여 옮길 수 있다.

35) 니르논: 니르(이르다, 說)- + -ㄴ(←-ᄂᆞ-: 현시)- + -오(대상)- + -ㄴ(관전)

36) 一切智地: 일체지지. 모든 것을 다 아는 지위로 곧 부처님의 지위, 곧 불과(佛果)의 자리를 이
른다. ※ '지지(智地)'는 지혜의 경지이다. ※ '一切智(일체지)'는 부처의 지지혜(佛智)의 다른 이
름이고, '地(지)'는 그 출소(出所, 경지)를 가르킨다.

37) 다드르니라: 다돌[← 다돈다, ㄷ불(다다르다, 到): 다(다, 盡: 부사) + 돈(닫다, 달리다, 走)-]- +
-Ø(과시)- + -ᄋᆞ니(원칙)- + -라(←-다: 평종)

38) 닐온: 닐(← 니르다: 이르다, 말하다, 說)- + -Ø(과시)- + -오(대상)- + -ㄴ(관전) ※ '닐온'은
'이른바(所謂)'로 의역하여 옮긴다.

39) 불기샤미라: 불기[밝히다, 明: 붉(밝다)- + -이(사접)-]- + -샤(←-시-: 주높)- + -ㅁ(←-옴:
명전) + -이(서조)- + -Ø(현시)- + -라(←-다: 평종)

40) 智境: 지경. 지혜의 대상이나 그 상태나 조건이다.

41) 歸趣: 귀취. 일이 되어가는 형편이다.

諸·졍法·법歸귕趣·츙·는 쏘一·힗切·쳉衆·즁
生ᄉᆡᇰ·이 기·픈 ᄆᆞᅀᆞᆷ·으·로 行·ᅘᆡᇰ·ᄒᆞ논·이
롤 아·라 ᄉᆞᄆᆞᆺ·차 마·ᄀᆞᆫ·ᄃᆡ 업·스·며 쏘 諸·졍
法·법·에 다 ᄇᆞᆯ·겨 衆·즁生ᄉᆡᇰ·ᄃᆞᆯ·히·게 一·힗
切·쳉 智·딩慧·ᅘᆒ·롤 뵈ᄂᆞ·니·라 諸·졍法·법歸귕趣·츙
ᄂᆞᆫ 곧 一·힗乘·씽實·씷相·샹·이·오 衆·즁
生ᄉᆡᇰ·이 ᄆᆞᅀᆞᆷ·애 行·ᅘᆡᇰ·ᄒᆞ논 거·슨 곧 三삼
乘·씽·의 性·셔ᇰ·의 ᄒᆞ고·져 ·샤ᇝ 거·시·니 부텨
一·힗切·쳉法·법 니ᄅᆞ·샤ᄆᆞᆫ 一·힗

【 諸法(제법)의 歸趣(귀취)는 諸法(제법)이 간 데이다. 】, 또 一切(일체) 衆生(중생)이 깊은 마음으로 行(행)하는 일을 알아서 통달하여 막은 데가 없으며, 또 諸法(제법)에 다 밝히어 衆生(중생)들에게 一切(일체)의 智慧(지혜)를 보이느니라. 【 諸法(제법)의 歸趣(귀취)는 곧 一乘(일승)의 實相(실상)이요, 衆生(중생)이 마음에 行(행)하는 것은 곧 三乘(삼승)의 性(성)이 하고자 하는 것이니, 부처가 一切法(일체법)을 이르신 것은 一切(일체)의 마음을

【諸_정法_법 歸_귕趣_츙는 諸_정法_법의 간 디라⁴²⁾】 또⁴³⁾ 一_힗切_촁 衆_즁生_싱이⁴⁴⁾ 기픈 ᄆᆞᅀᆞᄆᆞ로⁴⁵⁾ 行_{ᅘᅵᆼ}ᄒᆞᄂᆞᆫ⁴⁶⁾ 이ᄅᆞᆯ 아라 ᄉᆞᄆᆞ차⁴⁷⁾ 마ᄀᆞᆫ 디⁴⁸⁾ 업스며 또 諸_정法_법에 다 ᄇᆞᆯ겨⁴⁹⁾ 衆_즁生_싱ᄃᆞᆯᄒᆡ 게⁵⁰⁾ 一_힗切_촁 智_딩慧_{ᅘᆒᆼ}ᄅᆞᆯ 뵈ᄂᆞ니라【諸_정法_법의 歸_귕趣_츙는 곧 一_힗乘_씽 實_{씷}相_샹이오 衆_즁生_싱 ᄆᆞᅀᆞ미 行_{ᅘᅵᆼ}ᄒᆞᄂᆞᆫ 거슨 곧 三_삼乘_씽ㅅ 性_셩의⁵¹⁾ ᄒᆞ고져⁵²⁾ ᄒᆞᄂᆞᆫ 거시니 부톄 一_힗切_촁法_법 니ᄅᆞ샤ᄆᆞᆫ 一_힗切_촁 ᄆᆞᅀᆞᆷ

---

42) 간 디라: 가(가다, 디(데, 곳, 處: 의명) + -∅(←-이-: 서조)- + -∅(현시)- + -라(←-다: 평종)

43) 또: 또, 又(부사)

44) 衆生이: 衆生(중생) + -이(관조, 의미상 주격)

45) ᄆᆞᅀᆞᄆᆞ로: ᄆᆞᅀᆞᆷ(마음, 心) + -ᄋᆞ로(부조, 방편)

46) 行ᄒᆞᄂᆞᆫ: 行ᄒᆞ[행하다: 行(행: 불어) + -ᄒᆞ(동접)-]- + -ㄴ(←-ᄂᆞ-: 현시)- + -오(대상)- + -ㄴ(관전)

47) ᄉᆞᄆᆞ차: ᄉᆞᄆᆞᆾ(통달하다, 꿰뚫다, 通達)- + -아(연어)

48) 디: 디(데, 處: 의명) + -∅(←-이: 주조)

49) ᄇᆞᆯ겨: ᄇᆞᆯ기[밝히다, 明了: ᄇᆞᆰ(밝다)- + -이(사접)-]- + -어(연어)

50) 衆生ᄃᆞᆯᄒᆡ 게: 衆生ᄃᆞᆯᄒᆞ[중생들: 衆生(중생) + -ᄃᆞᆯᄒᆞ(-들: 복접)] + -ᄋᆡ(관조) # 게(거기에: 의명) ※ '衆生ᄃᆞᆯᄒᆡ 게'를 직역하면 '중생들의 거기에'로 되는데, 여기서는 문맥을 감안하여 '중생들에게'로 의역하여 옮긴다.

51) 性의: 性(성) + -의(관조, 의미상 주격)

52) ᄒᆞ고져: ᄒᆞ(하다: 보용, 의도)- + -고져(-고자: 연어, 의도)

濟度(제도)하는 것을 爲(위)하시니, 法(법)의 歸趣(귀취)를 알지 못하시면 마음을 濟度(제도)하는 것이 어려우며, 마음이 行(행)하는 것을 알지 못하시면 說法(설법)하는 것이 어려우니, (如來는) 이 둘에 통달하여 막은 데가 없으시니 "眞知(진지)로 그윽히 化(화)하셨다."고 이르겠구나. 또 (여래는) 諸法(제법)을 다 밝히시어 衆生(중생)에게 一切(일체)의 智慧(지혜)를 열어 보이시어 알아듣게 하고자 하시니, 다 이른바 無邊(무변)한 僧祇(승기)의 功德(공덕)이시니라. 】 迦葉(가섭)아, 비유한다면 三千大千世界(삼천대천세계)에 있는 山川(산천)·谿谷(계곡)·

濟_젱度_똥호물 爲_윙ᄒ시니 法_법의 歸_귕趣_츙를 아디 몯ᄒ시면⁵³⁾ ᄆ슴 濟_젱度_똥호미 어려ᄫ며⁵⁴⁾ ᄆᅀ미⁵⁵⁾ 行_{ᅘᅵᆼ}ᄒ논 거슬 아디 몯ᄒ시면 說_쉃法_법호미 어려ᄫ니 이 둘헤⁵⁶⁾ ᄉ마차 마ᄀ 뒤 업스시니 眞_진知_딩로 그스기 化_황ᄒ시다 닐어리로다⁵⁷⁾ ᄯᅩ 諸_졍法_법을 다 ᄇ기샤 衆_즁生_{싱}ᄋᆞᆯ⁵⁸⁾ 一_{ᅙᅵᆯ}切_촁 智_딩慧_{ᅘᆐ}를 여러 뵈샤 아라들에⁵⁹⁾ 코져⁶⁰⁾ ᄒ시니 다 닐온⁶¹⁾ 無_뭉邊_변 僧_{ᄉᆞᆼ}祇_낑⁶²⁾ 功_공德_득이시니라 】 迦_강葉_셥아 가줄비건댄⁶³⁾ 三_삼千_쳔大_땡千_쳔 世_솅界_갱옛⁶⁴⁾ 山_산川_쳔 谿_켕谷_곡

---

53) 몯ᄒ시면: 몯ᄒ[몯ᄒ다, 不能(보용, 부정): 몯(못, 不: 부사, 부정)+ -ᄒ(동접)-]-+-시(주높)-+-면(연어, 조건)

54) 어려ᄫ며: 어렿(←어렵다, ㅂ불: 어렵다, 難)-+-으며(연어, 나열)

55) ᄆᅀ미: ᄆᅀᆷ(마음, 心)+-이(관조, 의미상 주격)

56) 둘헤: 둘ㅎ(둘, 二: 수사, 양수)+-에(부조, 위치)

57) 닐어리로다: 닐(←니르다: 이르다, 曰)-+-어(확인)-+-리(미시)-+-로(←-도-: 감동)-+-다(평종)

58) 衆生(중생)+-ᄋᆞᆯ(-에게: 목조, 보조사적 용법, 의미상 부사격)

59) 아라들에: 아라들[←아라듣다, ㄷ불(알아듣다, 解): 알(알다, 知)-+-아(연어)+듣(듣다, 聞)-]-+-에(←-게: 연어, 사동)

60) 코져: ᄒ(←ᄒ다: 보용, 사동)-+-고져(-고자: 연어, 의도)

61) 닐온: 닐(←니르다: 이르다, 曰)-+-Ø(과시)-+-오(대상)-+-ㄴ(관전) ※ '닐온'을 '이른바'로 의역하여 옮긴다.

62) 僧祇: 승기. 아승기(阿僧祇)이다. 10의 56승의 수를 말하며, 수로 표현할 수 없는 가장 많은 수를 뜻한다.

63) 가줄비건댄: 가줄비(비유하다, 譬如)-+-거(확인)-+-ㄴ댄(-면: 연어, 조건)

64) 三千大千世界옛: 三千大千世界(삼천대천세계)+-예(←-에: 부조, 위치)+-ㅅ(-의: 관조) ※ '三千大千世界(삼천대천세계)'는 불교 사상에서 거대한 우주 공간을 나타내는 술어(術語)로 삼천세계라고도 한다. 대천세계는 소천(小千)·중천(中千)·대천(大千)의 3종의 천(千)이 겹쳐진 것이기 때문에 삼천대천세계라고 한다. 이만큼의 공간이 한 부처의 교화 대상이 되는 범위이다. ※ '三千大千世界옛'은 '三千大千世界(삼천대천세계)에 있는'으로 의역하여 옮긴다.

土地·예 :냇·는【谿켱·눈 믈 잇·는 묏 고리오 谷·곡·은 골·이고
목 니·라 卉·휘木·목叢쫑林림·에 이 잇·ᄂᆞ니·라 木·목·애 林림·이 잇·ᄂᆞ니·라】
卉·휘·는 플 모·ᄃᆞᆫ 일·후미·고
卉·휘木·목叢쫑林림·과【卉·휘·는 플 모·ᄃᆞᆫ 일·후미·니 卉·휘·예 叢쫑·이 잇·고
藥·약草·촐·들히 種·죵類·뤙 여·러 가·지·며 名·명色·ᄉᆡᆨ·이
各·각各·각 다·ᄅᆞ·니【大·땡千쳔·이 ᄒᆞᆫ 짜·히·ᄒᆞᆯ山산川쳔·이오
谿켱谷·곡·이 놉·ᄀᆞ·비 이·셔 真진實·씷·ㅅ 境·경界·갱·예 三삼界·갱·예 잇·ᄂᆞᆫ 여·러 趣·츙ㅣ 달·옴이 달·옴 잇·논 ᄃᆞᆯ 가·ᄌᆞᆯ·비·시·니·라 種·죵類·뤙 名·명·이·라】
卉·휘木·목·이 ᄒᆞᆫ 짜·해 나·되 種·죵類·뤙 名·명·이

土_통地_띵예 냇는⁶⁵⁾【谿_켱는 믈 잇는 묏고리오⁶⁶⁾ 谷_곡은 고리라 】 卉_휑木_목⁶⁷⁾

叢_쫑林_림⁶⁸⁾과【卉_휑는 프리⁶⁹⁾ 모돈⁷⁰⁾ 일후미니 卉_휑예 叢_쫑⁷¹⁾이 잇고 木_목애 林_림

이 잇ᄂ니라 】 藥_약草_촐들히 種_죵類_륑 여러 가지며 名_명色_싴⁷²⁾이 各_각各_각

各 다ᄅ니【大_땡千_쳔⁷³⁾이 ᄒᆞᆫ ᄯᅡ히로ᄃᆡ⁷⁴⁾ 山_산川_쳔 谿_켱谷_곡의 노ᄑᆞ며 ᄂᆞᆺ가봄⁷⁵⁾

이쇼미⁷⁶⁾ ᄒᆞᆫ 眞_진實_씷ㅅ 境_경界_갱예 三_삼界_갱옛⁷⁷⁾ 여러 趣_츙⁷⁸⁾ㅣ 달옴⁷⁹⁾ 이쇼믈 가

ᄌᆞᆯ비시니라 卉_휑木_목이 ᄒᆞᆫ ᄯᅡ해 나ᄃᆡ 種_죵類_륑 名_명色_싴이

---

65) 냇는: 나(나, 生)- + -아(연어) + 잇(← 이시다: 보용, 완료 지속)- + -ᄂ(현시)- + -ㄴ(관전) ※
   '냇는'은 '나 잇는'이 축약된 형태이다.

66) 묏고리오: 묏골[산골, 溪: 뫼(산, 山) + -ㅅ(관조, 사잇) + 골(골, 谷)] + -이(서조)- + -오(←-
   고: 연어, 나열)

67) 卉木: 훼목. 초목의 다른 명칭이다. '훼(卉)'는 풀이며, '목(木)'은 나무이다.

68) 叢林: 총림. 잡목(雜木)이 우거진 숲이다.

69) 프리: 플(풀, 草) + -의(관조, 의미상 주격)

70) 모돈: 몯(모이다, 集)- + -Ø(과시)- + -은(관전)

71) 叢: 총. 떨기. 식물의 한 뿌리에서 여러 개의 줄기가 나와 더부룩하게 된 무더기이다.

72) 名色: 명색. 어떤 부류(部類)에 붙여져 불리는 이름이다.

73) 大千世界: 대천세계. 삼천세계(三千世界)의 셋째로, 십억(十億) 국토(國土)를 이른다. 곧 중천
   세계(中千世界)의 천 갑절이 되는 세계(世界)이다.

74) ᄯᅡ히로ᄃᆡ: ᄯᅡᇂ(땅, 地) + -이(서조)- + -로ᄃᆡ(←-오ᄃᆡ: 연어, 설명 계속)

75) ᄂᆞᆺ가봄: ᄂᆞᆺ갑[← ᄂᆞᆺ갑다, ㅂ불(낮다, 低): ᄂᆞᆺ(← 낮다: 낮다)- + -갑(형접)-]- + -옴(명전)

76) 이쇼미: 이시(있다, 有)- + -옴(명전) + -이(주조)

77) 三界옛: 三界(삼계) + -예(←-에: 부조, 위치) + -ㅅ(-의: 관조) ※ '三界(삼계)'는 중생이 생사
   왕래하는 세 가지 세계. 욕계, 색계, 무색계이다. ※ '三界옛'은 '三界에 있는'으로 의역하여 옮
   긴다.

78) 趣: 취. 중생이 자신이 지은 업인(業因)으로 인하여 이끌리어 가거나, 스스로 찾아 가는 삶의
   상태이다. 또는 그런 세계이다. '취(趣)'에는 '오취(五趣), 육취(六趣), 선취(善趣), 악취(惡趣)'
   따위가 있다.

79) 달옴: 달(← 다ᄅ다: 다르다, 異)- + -옴(명전)

색ᄉᆡ이各각들이요 미ᄒᆞ야 法법性셩
에 三삼乘쎵 大땡小숄ㅣ 골히윰 이슈믈
ㅣ가 죠비ᄒᆞ시니라 密밀雲운은 특
특ᄒᆞᆫ만ᄒᆞᆫ 구룸마라 三삼千쳔大땡千쳔世솅界
ㄹᆞᆯ다두퍼 一힗時씽예 ᄒᆞᆫ가지로브
석 澤딱이 저질씨라 澤딱ᄋᆞᆫ비와
든 구루믄 慈쭝意힁를 가죠비시고 澤딱
ᄋᆞᆫ法법雨웅를 가죠비시니 密밀雲운
이라 ᄒᆞ샤ᄆᆞᆫ 구루미 密밀티 아니ᄒᆞ면
고ᄅᆞᆺ디 몯ᄒᆞ며 慈쭝ㅣ密밀티

各各(각각) 다른 것이, 한 法性(법성)에 三乘(삼승)의 大小(대소)를 구분함이 있음을 비유하셨니라. 】, 密雲(밀운)이 차서 퍼지어【密雲(밀운)은 빽빽한 많은 구름이다. 】 三千大千世界(삼천대천세계)를 다 덮어, 一時(일시)에 한가지로 부어서 그 澤(택)이【澤(택)은 비가 와서 적시는 것이다. 】 널리 흡족하거든【 구름은 慈意(자의)를 비유하시고 澤(택)은 法雨(법우)를 비유하시니, 密雲(밀운)이라고 하신 것은 구름이 密(밀)하지 아니하면 (비를) 고루 붓지 못하며, 慈(자)가 密(밀)하지

各_각各_각 달오미 흔 法_법性_셩⁸⁰⁾에 三_삼乘_씽⁸¹⁾ 大_땡小_숑 글히욤⁸²⁾이 이쇼믈 가줄비시니라】 密_밒雲_운⁸³⁾이 차⁸⁴⁾ 펴디여⁸⁵⁾【密_밒雲_운은 특특흔⁸⁶⁾ 만흔⁸⁷⁾ 구루미라】 三_삼千_천大_땡千_쳔世_셩界_갱를 다 두퍼⁸⁸⁾ 一_힗時_씽예 흔가지로⁸⁹⁾ 브서⁹⁰⁾ 그 澤_띡⁹¹⁾이【澤_띡은 비 와 저질⁹²⁾ 씨라】 너비⁹³⁾ 흐웍거든⁹⁴⁾【구루믄 慈_쭝意_흿⁹⁵⁾를 가줄비시고 澤_띡은 法_법雨_웅⁹⁶⁾를 가줄비시니 密_밒雲_운이라 ᄒᆞ샤ᄆᆞᆫ 구루미 密_밒티⁹⁷⁾ 아니ᄒᆞ면 골오⁹⁸⁾ 붓디 몯ᄒᆞ며 慈_쭝ㅣ 密_밒티

---

80) 法性: 법성. 우주 만물의 본체이다.

81) 三乘: 삼승. 중생을 열반에 이르게 하는 세 가지 교법, 곧 성문승, 독각승, 보살승이다.

82) 글히욤: 글히(가리다, 구분하다, 分別)- + -욤(←-옴: 명전)

83) 密雲: 밀운. 두껍게 낀 구름이다.

84) 차: ᄎ(← ᄎ다: 차다, 滿)- + -아(연어)

85) 펴디여: 펴디(퍼지다, 布)- + -여(←-어: 연어)

86) 특특흔: 특특ᄒᆞ[빽빽하다, 密: 특특(빽빽: 불어) + -ᄒᆞ(형접)-]- + -Ø(현시)- + -ㄴ(관전)

87) 만흔: 만ᄒᆞ(많다, 多)- + -Ø(현시)- + -ㄴ(관전)

88) 두퍼: 둪(덮다, 蔽)- + -어(연어)

89) 흔가지로: 흔가지[한가지, 同(명사): 흔(한, 一: 관사, 양수) + 가지(가지, 種: 의명)] + -로(부조, 방편)

90) 브서: 븟(← 븟다, ㅅ불: 붓다, 注)- + -어(연어)

91) 澤: 택. 축축하게 젖는 것이다.

92) 저질: 저지[적시다, 젖게 하다 : 젖(젖다, 潤: 자동)- + -이(사접)-]- + -ㄹ(관전)

93) 너비: [널리, 넓게, 普(부사): 넙(넓다, 廣: 형사)- + -이(부접)]

94) 흐웍거든: 흐웍[← 흐웍ᄒᆞ다(흐벅지다, 흡족하다, 洽): 흐웍(흐벅: 불어) + -ᄒᆞ(형접)-]- + -거든(연어, 조건)

95) 慈意: 자의. 자비(慈悲)의 뜻이다.

96) 法雨: 법우. 중생을 교화하여 덕화(德化)를 입게 하는 것을 비에 비유하여 이르는 말이다.

97) 密티: 密ᄒᆞ[← 密ᄒᆞ다(밀하다, 빽빽하다): 密(밀: 불어) + -ᄒᆞ(형접)-]- + -디(-지: 연어, 부정)

98) 골오: [고루, 均(부사): 골(← 고ᄅᆞ다: 고르다, 均, 형사)- + -오(부접)]

아니하면 널리 利(이)하지 못하겠으니, 한 구름의 비에 大千(대천)이 널리 흡족한 것은, (부처가) 한 (마디의) 소리로 秘密(비밀)히 밝히신 것에 大小(대소)가 고루 (이익을) 입은 것을 비유하셨니라. 】, 卉木(훼목)·叢林(총림)과 藥草(약초)들이 小根(소근)·小莖(소경)·小枝(소지)·小葉(소엽)과【 根(근)은 뿌리요 莖(경)은 줄기요 枝(지)는 가지요 葉(엽)은 잎이다. 】 中根(중근)·中莖(중경)·中枝(중지)·中葉(중엽)과 大根(대근)·大莖(대경)·大枝(대지)·大葉(대엽)과 아니ᄒᆞ면 너비 利�B티⁹⁹⁾ 몯ᄒᆞ리니 ᄒᆞᆫ 구룸 비예 大ᄄᆡᆼ千쳔이 너비 흐웍호ᄆᆞᆫ ᄒᆞᆫ 소리로 秘ᄬᅵᆼ密ᄆᆞᆯ히 블기샤매 大ᄄᆡᆼ小숄ㅣ 골오¹⁰⁰⁾ 닙ᄉᆞ보ᄆᆞᆯ¹⁾ 가줄비시니라 】 卉ᅘᆔᆼ木목²⁾ 叢쫑林림³⁾과 藥약草쵷들히 小숄根ᄀᆞᆫ 小숄莖ᅘᆡᆼ 小숄枝징 小숄葉엽과 【 根ᄀᆞᆫ은 불휘오⁴⁾ 莖ᅘᆡᆼ은 줄기오⁵⁾ 枝징ᄂᆞᆫ 가지오⁶⁾ 葉엽은 니피라 】 中듕根ᄀᆞᆫ 中듕莖ᅘᆡᆼ 中듕枝징 中듕葉엽과 大ᄄᆡᆼ根ᄀᆞᆫ 大ᄄᆡᆼ莖ᅘᆡᆼ 大ᄄᆡᆼ枝징 大ᄄᆡᆼ葉엽과

---

99) 利티: 利ᄒᆞ[←利ᄒᆞ다(이하다, 이롭다): 利(이: 불어) + -ᄒᆞ(형접)-]- + -디(-지: 연어, 부정)
100) 골오: [고루, 均(부사): 골(←고ᄅᆞ다(고르다: 형사)- + -오(부접)
 1) 닙ᄉᆞ보ᄆᆞᆯ: 닙(입다, 被)- + -ᄉᆞ(←-ᅀᆞᆸ-: 객높)- + -옴(명전) + -ᄋᆞᆯ(목조)
 2) 卉木: 훼목. 초목의 다른 명칭이다. '훼(卉)'는 풀이며, '목(木)'은 나무이다.
 3) 叢林: 총림. 잡목(雜木)이 우거진 숲이다.
 4) 불휘오: 불휘(뿌리, 根) + -∅(←-이-: 서조)- + -오(←-고: 연어, 나열)
 5) 줄기오: 불기(줄기, 莖) + -∅(←-이-: 서조)- + -오(←-고: 연어, 나열)
 6) 가지오: 가지(가지, 枝) + -∅(←-이-: 서조)- + -오(←-고: 연어, 나열)

```
結
결
ᄒ
야
크
며
져
구
든
草
ᄎ
木
목
가
사
니
라
ᄒ
```
```
돌
ᄒ
야
크
며
根
근
機
긍
달
오
ᄆᆞᆯ
오
ᄆᆞᆯ
ᄒᆞ
야
져
구
든
草
木
목
ᄆᆞ
을
골
아
```
```
제
이
ᄃᆞ
루
ᄆᆞᆯ
가
ᄌ
ᄒᆞᆯ
씨
니
라
物
믈
와
줄
마
다
```
```
知
딩
로
그
ᅀᅳ
기
化
황
ᄒᆞ
샤
ᄆᆡ
휘
와
나
아
모
골
```
```
ᄒᆞ
야
곳
과
여
름
괘
펴
디
여
염
ᄀᆞ
니
眞真
진
```
```
온
ᄒᆡ
種
죵
性
셩
에
마
자
기
러
나
ᄆᆞᆯ
得
득
```
```
下
ᅘᅡᆼ
를
조
차
各
각
各
각
바
다
흐
ᄆᆞᆯ
```
```
菜
엽
과
나
모
들
히
大
땡
小
ᅌᅭᆼ
ㅣ
上
쌍
中
듕
```

나무들의 大小(대소)가 上(상) · 中(중) · 下(하)를 좇아 各各(각각) (비를) 받아, 한 구름에서 온 비가 (초목의) 種性(종성)에 맞아서 자라남을 得(득)하여, 꽃과 열매가 퍼지어 여무나니【眞知(진지)로 그윽히 化(화)하심에 物(물)마다 스스로 이루어지는 것을 비유하셨니라. 뿌리와 줄기가 크며 작은 것은 草木(초목)을 모아서 구분하여 根機(근기)가 다른 것을 밝히시고, 나무들이 크며 작은 것은 草木(초목)을 모아서 結(결)하여 (내리는 비는) 한 비(雨)와 같음을 밝히셨니라. 한

나모둘히⁷⁾ 大땡小숍ㅣ 上쌍中듕下행를 조차 各각各각 바다⁸⁾ 혼 구룸 온 비 種죵性셩⁹⁾에 마자 기러나물¹⁰⁾ 得득ᄒᆞ야 곳과¹¹⁾ 여름쾌¹²⁾ 퍼디 여¹³⁾ 염그ᄂᆞ니¹⁴⁾【眞진知딩로 그스기 化황ᄒᆞ샤매¹⁵⁾ 物뭀마다 제¹⁶⁾ 이루물¹⁷⁾ 가ᄌᆞᆯ 비시니라 불휘와 줄기의 크며 져구믄 草죻木목을 모도아¹⁸⁾ 골히야 根근機긩¹⁹⁾ 달 오믈²⁰⁾ 불기시고 나모둘히 크며 져구믄 草죻木목을 모도아 結겷ᄒᆞ야 혼 비 근호 믈 불기시니라 혼

---

7) 나모둘히: 나모둘ㅎ[나무들, 諸樹: 나모(나무, 樹) + -둘ㅎ(-들: 복접)] + -의(관조)

8) 바다: 받(받다, 受)- + -아(연어)

9) 種性: 종성. 깨달음의 바탕이 되는 소질. 깨달을 가능성. 깨달을 수 있는 잠재력 등이다. 혹은 타고난 성품이다.

10) 기러나물: 기러나[자라나다, 成長: 길(길다, 자라다, 長)- + -어(연어) + 나(나다, 出)-]- + -ㅁ (←-옴: 명전) + -올(목조)

11) 곳과: 곳(← 곶: 꽃, 華) + -과(접조)

12) 여름쾌: 여름[열매, 菓: 열(열다, 結)- + -음(명접)] + -과(접조) + -ㅣ (←-이: 주조)

13) 퍼디여: 퍼디[퍼지다, 敷: ㅍ(←프다: 펴다, 伸)- + -어(연어) + 디(지다: 보용, 피동)-]- + -여 (←-어: 연어)

14) 염그ᄂᆞ니: 염그(← 염글다: 여물다, 實)- + -ᄂᆞ(현시)- + -니(연어, 설명 계속)

15) 化ᄒᆞ샤매: 化ᄒᆞ[화하다, 교화하다: 化(화, 교화: 불어) + -ᄒᆞ(동접)-]- + -샤(←-시-: 주높)- + -ㅁ(←-옴: 명전) + -애(부조, 위치)

16) 제: 저(저, 彼: 인대, 재귀칭) + -ㅣ (←-이: 주조) ※ '제'는 문맥을 감안하여 '스스로'로 의역하 여 옮긴다.

17) 이루믈: 일(이루어지다, 成: 자동)- + -움(명전) + -을(목조)

18) 모도아: 모도[모으다, 聚: 몯(모이다, 集)- + -오(사접)-]- + -아(연어)

19) 根機: 근기. 사람이 누구나 가지고 있는 종교적인 자질이나 능력이다. 사람이 가지고 있는 근 본적인 바탕, 즉 본성을 나무의 뿌리(根)에 비유하고 그것의 작용을 기(機)라고 한 것이다.

20) 달오믈: 달(← 다ᄅᆞ다: 다르다, 異)- + -옴(명전) + -올(목조)

구름과 한 비로 여러 物(물)을 적시어, 크며 작은 種性(종성)에 맞아서 요절(夭折)하여 막히는 것이 없어, 꽃이 피는 것도 피며 열매가 열리는 것도 여물게 하여, 各各(각각) 스스로 되니, 부처의 眞知(진지)로 그윽히 化(화, 敎化)하신 것이 이와 같을 따름이시니라. "나무의 으뜸은 幹(간)이다."라고 하고 "풀의 으뜸은 莖(경)이다."라고 하나니, 다 뿌리를 의지하여서 나니, 뿌리는 種性(종성)을 비유하시고, 줄기는 發心(발심)을 비유하시고, 가지와 잎은 熏(훈)하는 敎理(교리)를 비유하시고, 꽃과 열매는 닦는 行果(행과)를 비유하시니, 三乘(삼승)이 가진 種性(종성)의 發心(발심)과 熏習(훈습)이 같지 아니하여,

구룸 흔 비로 여러 物_뭃을 저져²¹⁾ 크며 져근 種_죵性_셩에 마자 즐어디여²²⁾ 머굴우

미²³⁾ 업서 곳 프리도²⁴⁾ 프며 여름 열리도²⁵⁾ 염글에²⁶⁾ ᄒᆞ야 各_각各_각 제 ᄃᆞ외니

부텻 眞_진知_딩로 그스기 化_황ᄒᆞ샤미 이 ᄀᆞᆮᄒᆞᆯ ᄯᆞ름이시니라²⁷⁾ 남기²⁸⁾ 읏드믄²⁹⁾ 幹

_간이라 ᄒᆞ고 프릐 읏드믄 莖_{ᄒᆡᆼ}이라 ᄒᆞᄂᆞ니 다 불휘를 브터셔³⁰⁾ ᄂᆞ니 불휘는 種_죵

性_셩을 가ᄌᆞᆯ비시고 줄기는 發_볋心_심³¹⁾을 가ᄌᆞᆯ비시고 가지와 닙과는 熏_훈ᄒᆞ논³²⁾ 敎

_{ᄀᆢᆸ}理_링를 가ᄌᆞᆯ비시고 곳과 여름과는 닷논³³⁾ 行_{ᄒᆡᆼ}果_광³⁴⁾를 가ᄌᆞᆯ비시니 三_삼乘_씽

種_죵性_셩의 發_볋心_심과 熏_훈習_씹괘³⁵⁾ ᄀᆞᆮ디 아니ᄒᆞ야

---

21) 저져: 저지[적시다, 潤: 젖(젖다)- + -이(사접)-]- + -어(연어)

22) 즐어디여: 즐어디[요절하다, 夭閼: 즐(← 즈르다: 지르다, 遧)- + -어(연어) + 디(지다, 落)-]- + -여(← -어: 연어) ※ '즐어디다'는 젊은 나이에 죽는 것이다.

23) 머굴우미: 머굴우(막다, 滯)- + -움(명전) + -이(주조)

24) 프리도: 프(피다, 開)- + -ㄹ(관전) # 이(이, 者: 의명) + -도(보조사, 첨가)

25) 열리도: 열(열다, 結)- + -ㄹ(관전) # 이(이, 者: 의명) + -도(보조사, 첨가)

26) 염글에: 염글(여물다, 實)- + -에(← -게: 연어, 사동)

27) ᄯᆞ름이시니라: ᄯᆞ름(따름: 의명, 한정) + -이(서조)- + -시(주높)- + -Ø(현시)- + -니(원칙)- + -라(← -다: 평종)

28) 남기: 남ㄱ(← 나모: 나무, 木)- + -익(-에: 부조, 위치)

29) 읏드믄: 읏듬(으뜸, 제일) + -은(보조사, 주제)

30) 브터셔: 븥(붙다, 의지하다, 말이맘다)- + -어(연어) + -셔(보조사, 강조)

31) 發心: 발심. 발보리심(發菩提心)의 준말이다. 불도의 깨달음을 얻고 중생을 제도하려는 마음을 일으키는 일이다.

32) 熏ᄒᆞ논: 熏ᄒᆞ[훈하다, 교화하다: 熏(훈: 불어) + -ᄒᆞ(동접)-]- + -ㄴ(← -ᄂᆞ-: 현시)- + -오(대상)- + -ㄴ(관전) ※ '훈(熏)'은 불교에서 향기가 옷에 스며들듯이 불법을 들어 마음을 닦아 가게 하는 것을 이른다. 곧, 어떤 것에 계속하여 자극을 줄 때에, 그것이 점차 그 영향을 받는 작용이다. 불법(佛法)을 듣고서 마음을 차차 닦아가는 것이다.

33) 닷논: 닷(← 닦다: 닦다, 修)- + -ㄴ(← -ᄂᆞ-: 현시)- + -오(대상)- + -ㄴ(관전)

34) 行果: 행과. 행업(行業)과 과보(果報)를 아울러 이르는 말이다. 곧 수행과 그 결과를 이른다.

35) 熏習괘: 熏習(훈습) + -과(접조) + -ㅣ(← -이: 주조) ※ '熏習(훈습)'은 불교에서 향기가 옷에 스며들듯이 불법을 들어 마음을 닦아 가는 현상을 이른다.

[47 뒤]

비록 호 ᄯᅡ해 나며 ᄒᆞᆫ 비 저져도 草木
목 돌히 各각 各각 差챵別ᄫᅧᇙ 잇ᄂᆞ니 草
木목은 다 셧ᄂᆞᆫ 類ᄅᆡᇢ니 셧ᄂᆞᆫ ᄒᆞᆫ
生ᄉᆡᆼ도 類ᄅᆡᇢ니 받ᄂᆞᆫ 一性ᄉᆡᆼ이라
달옴 이슈믄 불휘 ...
공化황ᅵ ᄒᆞᆫ 道ᄯᅲᇢ理링 ...
의달옴이슈ᄆᆞᆫ 機긩 ... 다ᄅᆞᆯ씨라
熏훈은 發벓ᄒᆞ며 닐윌씨오 習씁은
은 나며 갓가ᄫᆞ며 조ᄌᆞᆯ씨라
디 ᄒᆞᆫ가지로 一ᅙᅵᆳ音흠敎굡澤ᄙᅥᆨ을 닙
보디 各각各각 이로ᄆᆞᆯ 니ᄅᆞ시니라

熏(훈)은 發(발)하며 일으키는 것이요, 習(습)은 나며 가까우며 잦은 뜻이다. 한가지로 一音敎澤(일음교택)을 입되 各各(각각) 이루어짐을 이르셨니라.】, 비록 한 땅에 나며 한 비가 적셔도 草木(초목)들이 各各(각각) 差別(차별)이 있나니 【草木(초목)은 다 서 있는 類(유)이니, 서 있는 한 땅이 같으며 적시는 한 비가 같되 크며 작음의 다름이 있는 것은, 뿌리가 제각기 다르기 때문이니라. 群生(군생)도 類(유)이니, 타고나는 것이 한 性(성)이며 敎化(교화)가 한 道理(도리)이시되, 三乘(삼승)의 다름이 있는 것은 또 機(기)가 제각기 다르기 때문이니라.】,

熏훈은 發벓ᄒ며 닐윌³⁶⁾ 씨오 習씹은 나며 갓가ᄫᅥ³⁷⁾ 즈즌³⁸⁾ ᄠᅳ디라³⁹⁾ ᄒᆞ가지로 一힗音흠敎ᄀᆛ澤뜍⁴⁰⁾을 닙스ᄫᅩ딕⁴¹⁾ 各각各각 이로믈⁴²⁾ 니ᄅᆞ시니라⁴³⁾ 】 비록 ᄒᆞᆫ ᄯᅡ해 나며 ᄒᆞᆫ 비 저져도 草촐木목ᄃᆞᆯ히 各각各각 差챵別볋 잇ᄂᆞ니【草촐木목ᄋᆞᆫ 다 셧ᄂᆞᆫ⁴⁴⁾ 類뤻니 셧논 ᄒᆞᆫ ᄯᅡ히 ᄀᆞᆮᄒᆞ며 저지논⁴⁵⁾ ᄒᆞᆫ 비 ᄀᆞᆮ호ᄃᆡ 크며 져구믜⁴⁶⁾ 달옴⁴⁷⁾ 이슈믄⁴⁸⁾ 불휘 제⁴⁹⁾ 다ᄅᆞᆯ씨니라⁵⁰⁾ 群꾼生ᄉᆡᆼ도 類뤻니 타나미⁵¹⁾ ᄒᆞᆫ 性셩이며 敎ᄀᆛ化황ㅣ ᄒᆞᆫ 道똘理링샤ᄃᆡ⁵²⁾ 三삼乘씽의 달옴 이쇼믄 ᄯᅩ 機긩 제 다ᄅᆞᆯ씨니라 】

---

36) 닐윌: 닐위[일으키다, 起: 닐(일어나다, 起: 자동)- + -우(사접)- + -ㅣ(←-이-: 사접)-]- + -ㄹ(관전)

37) 갓가ᄫᅥ며: 갓갑(← 갓갑다, ㅂ불: 가깝다, 近)- + -ᄋᆞ며(연어, 나열)

38) 즈즌: 즞(잦다, 빈번하다, 習)- + -Ø(현시)- + -은(관전)

39) ᄠᅳ디라: ᄠᅳᆮ(뜻, 意) + -이(서조)- + -Ø(현시)- + -라(←-다: 평종)

40) 一音敎澤: 일음교택. 부처님의 설법으로써 가르침을 주는 혜택이다. ※ '일음(一音)'은 원래 부처의 설법은 동일하다는 뜻이고, '교택(敎澤)'은 가르침으로써 주는 혜택이다.

41) 닙스ᄫᅩ딕: 닙(입다, 당하다, 被)- + -ᄉᆞᇦ(←-ᅀᆞᆸ-: 객높)- + -오ᄃᆡ(-되: 연어, 설명 계속)

42) 이로믈: 일(이루어지다, 成)- + -옴(명전)- + -ᄋᆞᆯ(목조)

43) 니ᄅᆞ시니라: 니ᄅᆞ(이르다, 說)- + -시(주높)- + -Ø(과시)- + -니(원칙)- + -라(←-다: 평종)

44) 셧ᄂᆞᆫ: 셔(서다, 立: 자동)- + -어(연어) + 잇(← 이시다: 있다, 보용, 완료 지속)- + -ᄂᆞ(현시)- + -ㄴ(관전)

45) 저지논: 저지[적시다, 潤: 젖(젖다, 潤)- + -이(사접)-]- + -ㄴ(←-ᄂᆞ-: 현시)- + -오(대상)- + -ㄴ(관전)

46) 져구믜: 젹(작다, 小)- + -움(명전)- + -의(관전)

47) 달옴: 달(← 다ᄅᆞ다: 다르다, 異)- + -옴(명전)

48) 이슈믄: 이시(있다, 有)- + -움(명전) + -은(보조사, 주제)

49) 제: 저(저: 인대, 재귀칭) + -ㅣ(←-이: 주조) ※ '제'는 '스스로'나 '각자'로 의역하여 옮긴다.

50) 다ᄅᆞᆯ씨니라: 다ᄅᆞ(다르다, 異)- + -ㄹ씨(-므로: 연어, 이유)- + -Ø(←-이-: 서조)- + -Ø(현시)- + -니(원칙)- + -라(←-다: 평종)

51) 타나미: 타나[타고나다, 生得: ᄐᆞ(타다, 得)- + -아(연어) + 나(나다, 生)-]- + -ㅁ(←-옴: 명전) + -이(주조)

52) 道理샤ᄃᆡ: 道理(도리) + -Ø(←-이-: 서조)- + -샤(←-시-: 주높)- + -ᄃᆡ(←-오ᄃᆡ: -되, 연어, 설명 계속)

迦葉(가섭)아 알라. 如來(여래)가 또 이와 같아서 世間(세간)에 나는 것이 큰 구름이 일듯 하여, 큰 音聲(음성)으로 世界(세계)의 天(천)·人(인)·阿脩羅(아수라)에게 널리 가득한 것이, 저 큰 구름이 三千大千國土(삼천대천국토)에 널리 덮듯 하니라. 【 부처가 일어나시어 群有(군유)를 널리 덮으신 것을 밝히셨니라.

迦강葉셥아 알라 如셩來링 쏘 이 굳ᄒ야 世솅間간애 나미⁵³⁾ 큰 구
루미 니듯⁵⁴⁾ ᄒ야 큰 音흠聲셩으로 世솅界갱 天텬人싄⁵⁵⁾ 阿항脩슣羅랑
이 게⁵⁶⁾ 너비⁵⁷⁾ ᄀ득호미 뎌 큰 구루미 三삼千쳔大땡千쳔國귁土통⁵⁸⁾애
너비 둡듯⁵⁹⁾ ᄒ니라【부톄 니러나샤⁶⁰⁾ 群꾼有ᅌᅮᇢ⁶¹⁾를 너비 두프샤ᄆᆯ⁶²⁾ 볼기시
니라

---

53) 나미: 나(나다, 出)- + -ㅁ(← -옴: 명전) + -이(주조)

54) 니듯: 니(← 닐다: 일다, 起)- + -듯(-듯: 연어, 흡사)

55) 天人: 천인. 하늘(天)과 사람(人)을 아울러 이르는 말이다.

56) 阿脩羅이 게: 阿脩羅(아수라) + -이(관조) # 게(거기에: 의명, 위치) ※ '阿脩羅이 게'는 '阿脩羅에
게'로 의역하여 옮긴다. '阿脩羅(아수라)'는 팔부중(八部衆)의 하나이다. 싸우기를 좋아하는 귀신
으로, 항상 제석천과 싸움을 벌인다. '팔부중(八部衆)'은 불법을 지키는 여덟 신장(神將)이다. '천
(天), 용(龍), 야차(夜叉), 건달바(乾闥婆), 아수라(阿修羅), 가루라(迦樓羅), 긴나라(緊那羅), 마후라
가(摩睺羅迦)'가 있다.

57) 너비: [널리, 넓게, 普(부사): 넙(넓다, 廣: 형사)- + -이(부접)]

58) 三千大千國土: 삼천대천국토(=삼천대천세계). 소천, 중천, 대천의 세 종류의 천세계가 이루어
진 세계이다. 이 끝없는 세계가 부처 하나가 교화하는 범위가 된다.

59) 둡듯: 둡(← 둪다: 덮다, 覆)- + -듯(-듯: 연어, 흡사)

60) 니러나샤: 니러나[일어나다, 起: 닐(일다, 일어나다)- + -어(연어) + 나(나다, 出)-]- + -샤(← -
시-: 주높)- + -Ø(← -아: 연어)

61) 群有: 군유. 삼계(三界)에 있는 중생이다. 혹은 이 세상에 있는 모든 사물이다.

62) 두프샤ᄆᆯ: 둪(덮다, 覆)- + -ᄋᆞ샤(← -ᄋᆞ시-: 주높)- + -ㅁ(← -옴: 명전) + -올(목조)

聲끈有흫情쪙이는 물

곤有흫情쪙이 無뭉緣원은

慈쭝룰 가니 즐비딕 시니라 큰 音흠聲셩은

곧 廣광長땅舌쎪 相샹ㅅ 소리시니라 天텬人신 阿항脩슣羅랑 는 세 리 됴흔 길

이니 세 구즌 길 아니 니르샤 문 障

쟝히 아니 세 구즌 길 야 機긩 아니 샬 씨 니라

重뜡호 야 機긩 아니 닐씨 라

衆즁中듕에 이 마 룰 오 딕 내 如영來 大땡

應흥供공正정徧변知딩明명行혱

링

足죡善쎤逝쎙世셩間간解행無뭉上

群有(군유)는 무리의 有情(유정)이다.

구름이 일되 마음이 없으니, 無緣慈(무연자)를 비유하셨느니라. 큰 音聲(음성)은 곧 廣長舌相(장광설상)의 소리이시니라. 天(천)·人(천)·阿脩羅(아수라)는 세 (가 지의) 좋은 길(三善道)이니, 세 (가지의) 궂은 길(三惡道)을 아니 이르신 것은 (세 궂은 길이) 障(장)이 重(중)하여 機(기)가 아니기 때문이니라. 】 大衆(대중)의 中 (중)에 이 말을 이르되, "내가 '如來(여래)·應供(응공)·正徧知(정변지)·明 行足(명행족)·善逝(선서)·世間解(세간해)·無上士(무상사)·

群꾼有ᅟᅲᇰ는 물⁶³⁾ 有ᅟᅲᇰ情쪙이라⁶⁴⁾

구루미 니루듸⁶⁵⁾ ᄆᆞᅀᆞᆷ 업스니 無뭉緣ᅟᅯᆫ慈ᄍᅟᆼ⁶⁶⁾ᄅᆞᆯ 가즐비시니라 큰 音ᅙᅳᆷ聲셔ᇰ은 곧 廣광長땨ᇰ舌쎯相샤ᇰ⁶⁷⁾ㅅ 소리시니라 天텬人ᅀᅵᆫ 阿ᅙᅡᆼ脩ᄉᆔ羅랑ᄂᆞᆫ 세 됴ᄒᆞᆫ 길히니⁶⁸⁾ 세 구즌 길⁶⁹⁾ 아니 니르샤ᄆᆞᆫ 障쟈ᇰ⁷⁰⁾이 重뜌ᇰᄒᆞ야 機긩⁷¹⁾ 아닐ᄊᆡ니라 】 大땡衆쮸ᇰ 中듀ᇰ에 이 마ᄅᆞᆯ 닐오ᄃᆡ 내 如셔ᇰ來ᄅᆡᆼ⁷²⁾ 應ᅙᅵᇰ供고ᇰ⁷³⁾ 正져ᇰ偏변知딩⁷⁴⁾ 明며ᇰ行혀ᇰ足죡⁷⁵⁾ 善쎤逝쎼⁷⁶⁾ 世셰間간解혀ᇰ⁷⁷⁾ 無뭉上샤ᇰ士ᄊᆞ⁷⁸⁾

---

63) 물: 무리, 群.

64) 有情이라: 有情(유정) + -이(서조)- + -Ø(현시)- + -라(← -다: 평종) ※ '有情(유정)'은 모든 생명체, 곧 중생(衆生)이다.

65) 니루듸: 닐(일다, 起)- + -우듸(-되: 연어, 설명 계속)

66) 無緣慈: 무연자. 無緣慈悲(무연자비)라고도 한다. '無緣慈悲(무연자비)'는 온갖 차별된 견해를 여의고 모든 법의 실상(實相)을 아는 부처에게만 있는 자비이다.

67) 廣長舌相: 장광설상. 삼십이상(三十二相)의 하나로서, 넓고 긴 부처님의 혀 모양을 이른다. 이는 허망하지 아니함을 나타내는 상(相)이다.

68) 세 됴ᄒᆞᆫ 길ᄒᆞ: 세 가지의 좋은 길(三善道)이다. 선인이 죽어서 가는 세 가지의 세계이다. 천도(天道), 인도(人道), 아수라도(阿修羅道)이다.

69) 세 구즌 길ᄒᆞ: 세 가지의 궂은 길(三惡道)이다. '三惡道(삼악도)'는 악인이 죽어서 가는 세 가지의 괴로운 세계로서, 지옥도(地獄道), 축생도(畜生道), 아귀도(餓鬼道)를 이른다.

70) 障: 장. 수행에 장애(障礙)가 되는 번뇌이다.

71) 機: 기. 근기(根機). 곧, 교법(敎法)을 받을 수 있는 중생의 능력이다.

72) 如來: 여래. 지금까지의 부처들과 같은 길을 걸어서 열반의 피안에 간 사람, 또는 진리에 도달한 사람이라는 뜻이다.

73) 應供: 응공. 온갖 번뇌를 끊어서 인간, 천상의 모든 중생으로부터 공양을 받을 만한 사람이라는 뜻이다.

74) 正偏知: 정변지. 온 세상의 모든 일을 모르는 것 없이 바로 안다는 뜻이다.

75) 明行足: 명행족. 삼명(三明)의 신통한 지혜와 육도만행(六度萬行)을 갖추었다는 뜻이다. ※ '삼명(三明)'은 아라한(阿羅漢)이 가지고 있는 세 가지 지혜로서, 숙명명(宿命明), 천안명(天眼明), 누진명(漏盡明)을 이른다. 그리고 '육도만행(六度萬行)'은 보살이 육바라밀(六波羅密)을 완전하고 원만하게 수행하는 일이다.

76) 善逝: 선서. '잘 가신 분'이라는 뜻으로, 피안(彼岸)에 가서 다시는 이 세상에 돌아오지 않는다고 하여 이렇게 이른다.

77) 世間解: 세간해. 세상의 모든 것을 안다는 뜻이다.

78) 無上士: 무상사. 정(情)을 가진 존재 가운데 가장 높아서 그 위가 없는 대사(大士)라는 뜻이다.

調御丈夫(조어대부)·天人師(천인사)·佛(불)·世尊(세존)'이라서, 度(도)를 못
한 이를 度(도)하게 하며, 解(해)를 못 한 이를 解(해)하게 하며, 安(안)을
못 한 이를 安(안)하게 하며, 涅槃(열반)을 못 한 이를 涅槃(열반)하게 하니
【이는 부처가 道場(도량)에 처음 앉으시어, 敎化(교화)를 나타내시는 자취를
이르시며 衆生(중생)을 濟度(제도)할 일을 이르시어, 聖人(성인)이 일어나신 뜻을
알게 하신 것을 이르셨니라.

調똥御엉丈땽夫붕⁷⁹⁾ 天텬人신師ᄉᆞ⁸⁰⁾ 佛뿛世솅尊존⁸¹⁾⁸²⁾이라 度똥⁸³⁾ 몯 ᄒᆞ니를⁸⁴⁾ 度똥케⁸⁵⁾ ᄒᆞ며 解ᄒᆡᆼ⁸⁶⁾ 몯 ᄒᆞ니를 解ᄒᆡᆼ케 ᄒᆞ며 安한⁸⁷⁾ 몯 ᄒᆞ니를 安한케 ᄒᆞ며 涅녏槃빤⁸⁸⁾ 몯 ᄒᆞ니를 涅녏槃빤케 ᄒᆞ노니【이는 부톄 道똘場땽⁸⁹⁾애 처섬⁹⁰⁾ 안ᄌᆞ샤 敎ᄀᆛ化황 나토시논⁹¹⁾ 자최를⁹²⁾ 니ᄅᆞ시며 衆즁生ᄉᆡᆼ 濟곙度똥홀 이를 니ᄅᆞ샤 聖셩人ᅀᅵᆫ 니러나신⁹³⁾ ᄠᆮ 알에⁹⁴⁾ ᄒᆞ샤ᄆᆞᆯ 니ᄅᆞ시니라

---

79) 調御丈夫: 조어장부. 중생을 잘 이끌어 가르치는 사람이라는 뜻이다.

80) 天人師: 천인사. 하늘과 인간 세상의 모든 중생들의 스승이라는 뜻이다.

81) 佛: 불. 진리를 깨달은 사람을 뜻이다.

82) 世尊: 세존. 세상에서 가장 존귀한 존재라는 뜻이다.

83) 度: 도. 미혹한 중생을 깨달음의 피안에 이르게 하는 것이다.

84) 몯 ᄒᆞ니를: 몯(못: 부사, 부정) # ᄒᆞ(하다, 爲)- + -Ø(과시)- + -ㄴ(관전) # 이(이, 者: 의명) + -를(목조)

85) 度케: 度ᄒᆡ[← 度ᄒᆞ다(도하다): 度(도: 불어) + -ᄒᆞ(동접)-]- + -게(연어, 사동)

86) 解: 해. 해득(解得), 깨달음이다.

87) 安: 안. 편안한 것이다.

88) 涅槃: 열반. 모든 번뇌의 얽매임에서 벗어나고, 진리를 깨달아 불생불멸의 법을 체득한 경지다.

89) 道場: 도장(도량). 부처나 보살이 도를 얻는 곳이나, 도를 얻으려고 수행하는 곳이다. 여러 가지로 뜻이 바뀌어, 불도를 수행하는 절이나 승려들이 모인 곳을 이르기도 한다.

90) 처섬: [처음, 初: 첫(← 첫: 첫, 初, 관사) + -엄(명접)]

91) 나토시논: 나토[나타내다, 現: 낟(나타나다, 現: 자동)- + -호(사접)-]- + -시(주높)- + -ㄴ(← -ᄂᆞ-: 현시)- + -오(대상)- + -ㄴ(관전)

92) 자최를: 자최(자취, 跡) + -를(목조)

93) 니러나신: 니러나[일어나다, 起: 닐(일어나다, 起)- + -어(연어) + 나(나다, 出現)-]- + -시(주높)- + -Ø(과시)- + -ㄴ(관전)

94) 알에: 알(알다, 知)- + -에(← -게: 연어, 사동)

菩뽕提똉 法법을 걷나 證징호미 度똥ㅣ오 萬먼法법을 ᄉᆞ못 아로미 解행오 ᄆᆞᅀᆞᆷ 여희요미 安한이오 究귷竟경호미 아ᄀᆞ리 寂쪅滅몛호미 涅녏槃빤이라 今금世솅 後뿔世솅를 實씷 다비 아라 내이 一힗切쳥 아는사ᄅᆞ미며 一힗切쳥 보는사ᄅᆞ미며 道똫를 아는사ᄅᆞ미며 道똫여는사ᄅᆞ미며 道똫 니ᄅᆞ는사ᄅᆞ밀로니 너희 天텬人ᅀᅵᆫ 阿항脩슣羅랑

菩提(보리)를 건너 證(증)하는 것이 度(도)이요, 萬法(만법)을 꿰뚫어 아는 것이 解(해)이요, 큰 얽매임을 떨치는 것이 安(안)이요, 究竟(구경)하여 길이 寂滅(적멸)한 것이 涅槃(열반)이다. 】, 今世(금세) · 後世(후세)를 사실대로 알아서, 내가 이 一切(일체)를 아는 사람이며, 一切(일체)를 보는 사람이며, 道(도)를 아는 사람이며, 道(도)를 여는 사람이며, 道(도)를 이르는 사람이니, 너희 天(천) · 人(인) · 阿脩羅(아수라)의

菩_뽕提_똉⁹⁵⁾를 건나⁹⁶⁾ 證_징호미⁹⁷⁾ 度_똉ㅣ오 萬_먼法_법을 스뭇⁹⁸⁾ 아로미 解_갱오 한 얽미욤⁹⁹⁾ 여희요미¹⁰⁰⁾ 安_한이오 究_굴竟_경호야¹⁾ 기리²⁾ 寂_쪅滅_멿호미³⁾ 涅_넗槃_빤이라】, 今_금世_솅 後_흏世_솅를 實_씷다비⁴⁾ 아라 내 이⁵⁾ 一_힗切_촁 아는 사르미며 一_힗切_촁 보는 사르미며 道_똥 아는 사르미며 道_똥 여는 사르미며 道_똥 니르는 사르미로니⁶⁾ 너희 天_텬 人_신 阿_항脩_슣羅_랑

---

95) 菩提: 보리. 불교 최고의 이상인 불타(佛陀) 정각(正覺)의 지혜이다.

96) 건나: 건나[건너다, 渡]: 걷(걷다, 步)- + 나(나다, 出)-]- + -아(연어)

97) 證호미: 證ㅎ[← 證ㅎ다(증하다: 깨닫다): 證(증: 불어) + -ㅎ(동접)-]- + -옴(명전) + -이(주조)

98) 스뭇: [꿰뚫어, 철저하게, 완전히, 貫(부사): 스뭇(← 스뭋다: 꿰뚫다, 貫, 동사)- + -∅(부접)]

99) 얽미욤: 얽미에[얽매이다, 縛: 얽(얽다)- + 미(매다)- + -ㅇ(← -이-: 피접)-]- + -옴(명전)

100) 여희요미: 여희(떠나다, 떨치다, 別)- + -욤(-옴: 명전) + -이(주조)

1) 究竟호야: 究竟ㅎ[구경하다: 究竟(구경) + -ㅎ(동접)-]- + -야(← -아: 연어) ※ '究竟(구경)'은 가장 지극하게 깨닫는 것이다.

2) 기리: [길이, 永(부사): 길(길다, 長)- + -이(부접)]

3) 寂滅호미: 寂滅ㅎ[적멸하다: 寂滅(적멸: 명사) + -ㅎ(동접)-]- + -옴(명전)- + -이(주조) ※ '寂滅(적멸)'은 세계를 영원히 벗어나거나 또는 그런 경지를 이른다.

4) 實다비: [사실대로(부사): 實(실: 불어) + -답(← -답-: 형접) + -이(부접)]

5) 이: 이, 是(관사). 한문에서 강조 용법으로 사용하는 '是'를 직역한 표현이다.

6) 사르미로니: 사름(사람, 人) + -이(서조)- + -로(← -오-: 화자)- + -니(연어, 설명 계속)

衆(중)·이 다 이·에 오·라 法(법)ㄷ·를·ᄆᆞ·로 爲(윙)·ᄒᆞ
·ᄫᅵ·라 【이·는 正(뎡)·ᄒᆞᆫ 知(딩)見(견)을
뵈·야 너·비 여·러 알·외요·리·라 ᄒᆞ·샤·미·라 今(금)世(솅)
와 後(훃)世(솅)·를 實(씷)·히 아·샤·ᄆᆞᆫ 實(씷)相(샹)
智(딩)·로 三(삼)世(솅)ㅅ 이·를 ᄉᆞ·ᄆᆞ·차 아·샤·미·니 華(ᅘᅪ)嚴(엄)·에
一(ᅙᅵᆶ)念(념)·에 去(컹)來(ᄅᆡᆼ)住(뜡)ㅣ 업·순 ᄃᆞᆯ 너·비 보·시·다 호·미 ᄀᆞᆮ·ᄐᆞ·니·라
一(ᅙᅵᆶ)切(촁)·를 아·롬·과 一(ᅙᅵᆶ)切(촁)·를 보·샤·ᄆᆞᆫ 부텻 知(딩)見(견)·으·로 諸(졍)法(법)을 ᄉᆞ·ᄆᆞ·차 아·샤·미·라
道(똘)·ᄅᆞᆯ 아·다 호·샤·ᄆᆞᆫ ᄒᆞ·마 몬·져 알·며 몬·져 覺(각)호·ᄆᆞᆯ 니르·샤미·라
道(똘)·ᄅᆞᆯ 여·다 호·샤·ᄆᆞᆫ 能(능)·히 이 道(똘)·로 後(훃)ㅅ 사·ᄅᆞ·ᄆᆞᆯ

衆(중)이 다 여기에 오라. (이는) 法(법)을 듣는 것을 爲(위)한 까닭이다. 【 이는 "正(정)한 知見(지견)을 보이시어 널리 열어서 알리겠다."고 하신 것이다. 今世(금세)와 後世(후세)를 사실대로 아신 것은 實相(실상)의 智(지)로 三世(삼세)의 일을 꿰뚫어 아시는 것이니, 『華嚴(화엄)』에서 "一念(일념)에 去來住(거래주)가 없은 것을 널리 보셨다."고 한 것과 같으니라. 一切(일체)를 아는 것과 一切(일체)를 보신 것은 부처의 知見(지견)으로 諸法(제법)을 꿰뚫어 아시는 것이다. "道(도)를 알았다."고 하신 것은 이미 먼저 알며 먼저 覺(각)하신 것을 이르셨느니라. "道(도)를 열었다."고 하신 것은 能(능)히 이 道(도)로 後(후)의 사람을

衆_즁이 다 이에⁷⁾ 오라 法_법 드로믈 爲_윙혼 젼치라⁸⁾【이ᄂᆞᆫ 正_졍혼 知_딩見_견⁹⁾을 뵈샤 너비 여러 알외요리라¹⁰⁾ ᄒᆞ샤미라¹¹⁾ 今_금世_솅 後_휳世_솅를 實_씷다비 아ᄅᆞ샤ᄆᆞᆫ 實_씷相_샹¹²⁾ 智_딩로 三_삼世_솅ㅅ 이ᄅᆞᆯ ᄉᆞᄆᆞᆺ 아ᄅᆞ실 씨니 華_횅嚴_엄¹⁴⁾에 一_힗念_념에 去_컹來_링住_뜡¹⁵⁾ㅣ 업슨 ᄃᆞᆯ 너비 보시다 호미¹⁶⁾ ᄀᆞᆮᄒᆞ니라 一_힗切_촁 알미¹⁷⁾ 一_힗切_촁 보샤ᄆᆞᆫ 부텻 知_딩見_견으로 諸_졍法_법을 ᄉᆞᄆᆞᆺ 아ᄅᆞ실 씨라 道_뜡 아다¹⁸⁾ ᄒᆞ샤ᄆᆞᆫ ᄒᆞ마 몬져 알며 몬져 覺_각ᄒᆞ샤ᄆᆞᆯ 니ᄅᆞ시니라 道_뜡 여다¹⁹⁾ ᄒᆞ샤ᄆᆞᆫ 能_능히 이 道_뜡로 後_휳ㅅ 사ᄅᆞᄆᆞᆯ

---

7) 이에: 여기에, 此處(지대, 정칭)

8) 젼치라: 젼ᄎᆞ(까닭, 故) + - ㅣ (←-이-: 서조) + -Ø(현시) + -라(←-다: 평종)

9) 知見: 지견. 지식과 견문을 아울러 이르는 말이다.

10) 알외요리라: 알외[알리다, 通知: 알(알다, 知) + -오(사접) + - ㅣ (←-이-: 사접)-] + -요(←-오(화자, 의도) + -리(미시) + -라(←-다: 평종)

11) ᄒᆞ샤미라: ᄒᆞ(하다, 曰) + -샤(←-시-: 주높) + -ㅁ(←-옴: 명전) + -이(서조) + -Ø(현시) + -라(←-다: 평종)

12) 實相: 실상. 모든 것의 있는 그대로의 참모습이다.

13) 三世: 삼세. 전세(前世), 현세(現世), 내세(來世)의 세 가지이다.

14) 華嚴: 화엄. 석가모니가 성도(成道)한 깨달음의 내용을 그대로 설법한 경문(經文)이다. 여기서는 석가모니 부처가 화엄경을 설법한 법회를 이른다.

15) 去來住: 거래주. 가고 오고 머무는 것이다.

16) 호미: ᄒᆞ(← ᄒᆞ다: 하다, 說) + -옴(명전) + -이(-과: 부조, 비교)

17) 알미: 앎(앎, 지혜, 智: 명사) + -이(←-과: 접조) '알미'는 '앎과'를 오기한 것으로 보인다. ※ 『법화경언해』에는 "一切知 一切見은 부텻 知見으로 諸法을 ᄉᆞᄆᆞᆺ 아ᄅᆞ실 씨오"로 기술되어 있는데, 이를 현대어로 옮기면, "一切知(일체지)와 一切見(일체견)은 부처의 智見(지견)으로 諸法(제법)을 꿰뚫어 아시는 것이요"가 된다.

18) 아다: 아(← 알다: 알다, 知) + -Ø(과시) + -다(평종)

19) 여다: 여(← 열다: 열다, 開) + -Ø(과시) + -다(평종)

여러 알외실 씨라 道똫ㄹ 니ㄹ다 ᄒᆞ샤ᄆᆞᆫ 能ᄂᆞᆼ히 이 道똫ㄹ로 方방便뼌으로 불어 니ㄹ실 씨라 이리 니ㄹ샤ᄆᆞᆫ 여러 機긩ᄅᆞᆯ 알외요리라 ᄒᆞᆯ씨 天텬人ᅀᅵᆫ ᄋᆞᆯ 블르샤 을 드러 受쓩케 ᄒᆞ시니라 그ᄢᅴ 無뭉數숭 千쳔 萬먼億흑 種죵 衆즁生ᄉᆡᆼ 이 부텨씌 와 法법 듣거늘 如ᅀᅧ來ᄅᆡᆼ 그ᄢᅴ 衆즁生ᄉᆡᆼ 이 諸졍根곤 이 놀카ᄫᆞ며 鈍뜐ᄒᆞ며 精졍 進진ᄒᆞ며 게을우믈 보아 ᄒᆞᆯ대ᄅᆞᆯ 조

열어 알리시는 것이다. "道(도)를 일렀다."고 하신 것은 能(능)히 이 道(도)로 方便(방편)으로 퍼트려 이르시는 것이다. 이렇듯이 이르신 것은 "여러 機(기)에게 알리리라."라고 하신 것이므로, 天人(천인)을 부르시어 (부처의 말씀을) 들어서 受(수)하게 하셨니라. 】 그때에 無數(무수)한 千萬億(천만억) 種(종)의 衆生(중생)이 부처께 와서 法(법)을 듣거늘, 如來(여래)가 그때에 衆生(중생)의 諸根(제근)이 날카로우며 鈍(둔)하며 精進(정진)하며 게으른 것을 보아, (중생이) 감당할 수 있는 바를 좇아서

여러 알외실²⁰⁾ 씨라 道똘 니르다 ᄒ샤ᄆ 能능히 이 道똘로 方방便뼌으로 부러²¹⁾ 니르실 씨라 이러트시²²⁾ 니르샤ᄆ 여러 機긩를 알외요리라²³⁾ ᄒ실씨 天텬人ᅀᅵᆫ을 브르샤²⁴⁾ 드러 受쓯케²⁵⁾ ᄒ시니라 】 그 ᄢᅴ²⁶⁾ 無뭉數숭 千쳔萬먼億흑 種죵 衆즁生ᄉᆡᆼ이 부텨ᄭᅴ²⁷⁾ 와 法법 듣거늘 如ᅌᅧ來ᄅᆡᆼ 그 ᄢᅴ 衆즁生ᄉᆡᆼ이 諸 졍根ᄀᆞᆫ이²⁸⁾ ᄂᆞᆯ카ᄫᆞ며²⁹⁾ 鈍뙨ᄒ며 精졍進진ᄒ며 게을우믈³⁰⁾ 보아 ᄒᆞᆶ대를³¹⁾ 조차

次為ᄒᆞ야法법을닐어種죵種죵無뭉
量랑이다歡환喜ᄒᆡᄒᆞ야善쎤利링
를快쾡히得득게ᄒᆞ니【온衆즁들
이根ᄀᆞ
性셩이ᄀᆞ조
디아니ᄒᆞᆯᄊᆡ부톄各각
人ᅀᅵᆫ天텬이드외얌직ᄒᆞ니
란爲윙ᄒᆞ야十씹善쎤을니르
시고二ᅀᅵᆼ乘씽드외얌직ᄒᆞ
니란爲윙ᄒᆞ야四ᄉᆞᆼ諦뎽와
十씹二ᅀᅵᆼ因ᅙᅵᆫ緣원을니
ᄅᆞ시고大땡乘씽드외얌직ᄒᆞ
니란爲윙ᄒᆞ야六륙度똥ᄅᆞᆯ
니ᄅᆞ시고定떙性셩과不
定떙性셩과人ᅀᅵᆫ과非빙人ᅀᅵᆫᄋᆞᆯ

(중생을) 爲(위)하여 法(법)을 일러, 種種(종종)의 無量(무량)이 다 歡喜(환희)
하여 善利(선리)를 快(쾌)히 得(득)하게 하니【온 衆(중)들이 根性(근성)이 같
지 아니하므로, 부처가 (衆들이) 各各(각각) 감당할 바를 조차 敎化(교화)하시되,
人天(인천)이 됨직한 이는 (그를) 爲(위)하여 十善(십선)을 이르시시고, 二乘(이승)
을 함직한 이는 (그를) 爲(위)하여 四諦(사제)와 十二因緣(십이인연)을 이르시고,
大乘(대승)을 함직한 이는 (그를) 爲(위)하여 六度(육도)를 이르시고, 定性(정성)과
不定性(부정성)과 人(인)과 非人(비인)에

爲윙ᄒᆞ야 法법을 닐어 種죵種죵 無뭉量량이 다 歡환喜횡ᄒᆞ야 善쎤利링32)를 快쾡히 得득게 ᄒᆞ니【온33) 衆즁ᄃᆞᆯ히34) 根군性셩이 ᄀᆞᆮ디 아니ᄒᆞᆯᄊᆡ 부톄 各각各각 ᄒᆞᆯ대ᄅᆞᆯ 조차 敎굘化황ᄒᆞ샤ᄃᆡ 人ᅀᅵᆫ天텬 ᄃᆞ외얌직35)ᄒᆞ니란36) 爲윙ᄒᆞ야 十씹善쎤37)을 니르시고 二ᅀᅵᆼ乘씽38)ᄒᆞ얌직 ᄒᆞ니란 爲윙ᄒᆞ야 四ᄉᆞᆼ諦뎽39) 十씹二ᅀᅵᆼ因ᅙᅵᆫ緣원40)을 니르시고 大땡乘씽41)ᄒᆞ얌직 ᄒᆞ니란 爲윙ᄒᆞ야 六륙度똥42)를 니르시고 定뗭性셩43)과 不붏定뗭性셩44)과 人ᅀᅵᆫ과 非빙人ᅀᅵᆫ과애45)

---

32) 善利: 선리. 좋은 이익이다.

33) 온: [온, 全(관사): 오(← 오올다: 온전하다, 全)- + -ㄴ(관전▷관접)]

34) 衆ᄃᆞᆯ히: 衆ᄃᆞᆯㅎ[무리들: 衆(중: 불어) + -ᄃᆞᆯㅎ(-들: 복접)] + -이(주조)

35) ᄃᆞ외얌직: ᄃᆞ외(되다, 爲)- + -얌직(← -엄직: -음직, 연어, 가치)

36) ᄒᆞ니란: ᄒᆞ(보용, 가치)- + -Ø(과시)- + -ㄴ(관전) # 이(이, 者: 의명) + -란(보조사, 주제) ※ 'ᄃᆞ외얌직 ᄒᆞ니란'에서 보조사 '-란'은 주로 목적어나 부사어에 붙어서 '주제'를 나타내는 보조사이다.

37) 十善: 십선. 십악(十惡)을 행하지 않는 것이다. 곧, 불살생(不殺生), 불투도(不偸盜), 불사음(不邪淫), 불망어(不妄語), 불기어(不綺語), 불악구(不惡口), 불양설(不兩舌), 불탐욕(不貪慾), 불진에(不瞋恚), 불사견(不邪見)을 지킴을 이른다.

38) 二乘: 이승. 중생을 깨달음으로 인도하는 부처의 두 가지 가르침이다. 곧, 성문승(聲聞乘)과 연각승(緣覺乘)의 가르침이다.

39) 四諦: 사제. 네 가지가 영원(永遠)히 변(變)하지 않는 진리(眞理)이다. 곧 '고제(苦諦)·집제(集諦)·멸제(滅諦)·도제(道諦)'를 통틀어 일컫는 말이다.

40) 十二因緣: 십이인연. 과거에 지은 업(業)을 따라서 현재의 과보(果報)를 받으며, 현재의 업을 따라 미래의 고통을 받는 열두 가지의 인연(因緣)이다. 곧 무명(無明)·행(行)·식(識)·명색(名色)·육입(六入)·촉(觸)·수(受)·애(愛)·취(取)·유(有)·생(生)·노사(老死) 등이 있다.

41) 大乘: 대승. 중생을 제도하여 부처의 경지에 이르게 하는 것을 이상으로 하는 불교나 교리이다.

42) 六度: 육도. 열반(涅槃)에 이르기 위하여 보살(菩薩)이 수행해야 할 여섯 가지 덕목(德目)으로 육바라밀(六波羅蜜)이라고도 한다. 보시(布施)·지계(持戒)·인욕(忍辱)·정진(精進)·선정(禪定)·지혜(智慧)가 육도에 속한다.

43) 定性: 정성. 성문(聲聞), 연각(緣覺), 보살 가운데 하나만 되도록 타고난 본성이다.

44) 不定性: 부정성. 오성(五性)의 하나이다. 선천적으로 보살·연각·성문 가운데 어떤 소질인지 정해지지 않은 자이다.

45) 非人과애: 非人(비인) + -과(접조) + -애(-에: 부조, 위치) ※ '非人(비인)'은 사람을 닮은 모습을 하고 있으나 사람은 아닌 것이다. 천신(天神), 용 따위를 포함하는 팔부중(八部衆)과 변화신(變化身), 요귀 따위를 이른다.

이르도록 各各(각각) 감당할 수 있는 바를 좇아 爲(위)하여 說法(설법)하시어, 비록 根(근)이 無量(무량)이 있으나 다 利益(이익)하여 기뻐하게 하시니, 이를 이른 것이 그윽한 敎化(교화)이다. 】, 이 衆生(중생)들이 이 法(법)을 듣고 現世(현세)에 便安(편안)하며, 後(후)에 善(선)한 곳에 나서 道(도)로 樂(낙)을 受(수)하여 또 法(법)을 들으며, 이미 法(법)을 듣고 여러 障碍(장애)를 떨쳐 버려, 諸法(제법)의 中(중)에 힘에 니르리⁴⁶⁾ 各_각各_각 홀대를 조차 爲_윙ᄒᆞ야 說_쉃法_법ᄒᆞ샤 비록 根_군이 無_뭉量_량이 이시나 다 利_링益_혁ᄒᆞ야 깃게⁴⁷⁾ ᄒᆞ시니 이를 닐온⁴⁸⁾ 그슥ᄒᆞᆫ 敎_곻化_황 ㅣ라 】 이 衆_즁生_{ᄉᆡᆼ}들히 이 法_법 듣고 現_현世_솅예 便_뼌安_한ᄒᆞ며 後_{ᅘᅮᇢ}에 善_쎤ᄒᆞᆫ 고대⁴⁹⁾ 나 道_뚷로 樂_락을 受_{쑤ᇢ}ᄒᆞ야 ᄯᅩ 法_법을 드르며 ᄒᆞ마 法_법 듣고 여러 障_쟝碍_{ᅌᅢᆼ}를 여희여⁵⁰⁾ 諸_졍法_법 中_듕에 히믜⁵¹⁾

---

46) 니르리: [이르게, 이르도록, 至(부사): 니를(이르다, 至: 동사)- + -이(부접)]

47) 깃게: 깃(← 깄다: 기뻐하다, 歡)- + -게(연어, 사동)

48) 닐온: 닐(← 니ᄅᆞ다: 이르다, 말하다, 曰)- + -Ø(과시)- + -오(대상)- + -ㄴ(관전, 명사적 용법)
　　※ '닐온'은 관형사형 전성 어미가 명사적인 용법으로 쓰인 예로서, '이른 것'으로 의역하여 옮긴다.

49) 고대: 곧(곳, 處) + -애(-에: 부조, 위치)

50) 여희여: 여희(여의다, 떠나다, 떨치다, 別)- + -여(← -어: 연어)

51) 히믜: 힘(힘, 力) + -의(-에: 부조, 위치)

能(능)히 ᄒᆞᆯ 홀ᄊᆞ대로 漸(쩜)漸(쩜) 道(똘)애 들리니 뎌 큰 구루미 一(힗)切(쳉)예 비와 卉(휑)木(목) 叢(쭝)林(림)과 藥(약)草(촐)들ᄒᆡ 種(죵)性(셩)ᄃᆞ비 ᄀᆞ초 저저 各(각)各(각) 기러남 得(득)호미 곤ᄒᆞ니라 【益(혁)을 볼기시니라 法(법) 듣ᄌᆞᆸ고 便(뼌)安(한)호ᄆᆞᆫ 衆(즁)生(ᄉᆡᆼ)은 塵(띤)勞(롤)애 ᄃᆞᆷ고 二(싱)乘(씽)은 空(쾅)寂(쪅)에 얽ᄆᆡ여 잇다가 이 法(법) 듣ᄌᆞᆸ부니ᄂᆞᆫ 어루 塵(띤)勞(롤)ᄅᆞᆯ 시

能(능)히 감당할 수 있는 바로 漸漸(점점) 道(도)에 들겠으니, 저 큰 구름이 一切(일체)에 비와 卉木(훼목)·叢林(총림)과 藥草(약초)들이 種性(종성)대로 갖추 젖어서, 各各(각각) 자라남을 得(득)한 것과 같으니라. 【지어 이루신 利益(이익)을 밝히셨니라. 法(법)을 듣고 便安(편안)한 것은, 衆生(중생)은 塵勞(진로)에 잠기고 二乘(이승)은 空寂(공적)에 얽매여 있다가, 이 法(법)을 들은 이는 가히 塵勞(진로)를 씻으며 (空寂의) 얽매임을

能_능히 홂대로 漸_쪔漸_쪔 道_뚛애 들리니 뎌⁵²⁾ 큰 구루미 一_힗切_쳉예 비와 卉_휭木_목 叢_쫑林_림과 藥_약草_촐들히 種_죵性_셩 다비⁵³⁾ ᄀ초⁵⁴⁾ 저저 各_각各_각 기러남⁵⁵⁾ 得_득호미⁵⁶⁾ ᄀᆮᄒ니라【지석⁵⁷⁾ 일우신 利_링益_혁을 불기시니라 法_법 듣좁고 便_뼌安_한호ᄆᆫ 衆_즁生_싱은 塵_띤勞_롷애⁵⁸⁾ 듐고⁵⁹⁾ 二_싱乘_씽은 空_콩寂_쪅⁶⁰⁾에 얽미여⁶¹⁾ 잇다가 이 法_법 듣ᄌᆞᄫ니ᄂᆞᆫ⁶²⁾ 어루⁶³⁾ 塵_띤勞_롷를 시스며⁶⁴⁾ 얽미요ᄆᆯ⁶⁵⁾

---

52) 뎌: 저, 彼(관사, 정칭)

53) 種性 다비: 種性(종성) # 다비(대로, 의명) ※ '種性(종성)'은 종류와 성품을 아울러서 있는 말이다. 여기서는 깨달음의 바탕이 되는 소질, 깨달을 가능성, 깨달을 수 있는 잠재력으로서, '성문·연각·보살·여래' 등의 종류와 성품을 이른다.

54) ᄀ초: [모두, 갖추어서, 具(부사): ᄀᆽ(갖추어져 있다, 具: 형사)- + -호(사접)- + -Ø(부접)]

55) 기러남: 기러나[자라나다, 成長: 길(길다, 자라다, 長)- + -어(연어) + 나(나다, 出)-]- + -ㅁ(← -옴: 명전)

56) 得호미: 得ᄒ[← 得ᄒ다(득하다, 얻다): 得(득: 불어) + -ᄒ(동접)]- + -옴(명전) + -이(부조, 비교)

57) 지석: 짛(← 짓다, ㅅ불: 짓다, 만들다, 作)- + -어(연어)

58) 塵勞: 진로. 마음이나 몸을 괴롭히는 노여움이나 욕망 따위의 망념(妄念)이다.

59) 듐고: 듐(잠기다, 담기다, 沈)- + -고(연어, 나열)

60) 空寂: 공적. 만물이 모두 실체가 없고 상주(常住)가 없는 것이다. '공(空)'은 그 어느 것도 형상이 없음을 이르고, '적(寂)'은 일어나거나 스러짐이 없음을 이른다.

61) 얽미여: 얽미에[얽매이다, 纏縛: 얽(얽다, 纏)- + 미(매다, 縛)- + -에(← -이-: 피접)-]- + -어(연어)

62) 듣ᄌᆞᄫ니ᄂᆞᆫ: 듣(듣다, 聞)- + -ᄌᆞᇦ(← -ᄌᆞᆸ-: 객높)- + -Ø(과시)- + -은(관전) # 이(이, 者: 의명) + -ᄂᆞᆫ(보조사, 주제)

63) 어루: 가히, 능히, 可, 能(부사)

64) 시스며: 싯(씻다, 洗)- + -으며(연어, 나열)

65) 얽미요ᄆᆯ: 얽미에[얽매이다, 纏縛: 얽(얽다, 纏)- + 미(매다, 縛)- + -에(← -이-: 피접)-]- + -옴(명전) + -ᄋᆯ(목조)

굴어 物(뭃)ㅅ 밧긔 버서나 一生(ᅙᅵᆶᄉᆡᆼ)애 노니ᄂᆞ니 이 現世(ᅘᅧᆫ셰)예 잇ᄂᆞᆫ 便安(뼌한)호미라 後(뜰)에 善(쎤)ᄒᆞᆫ ᄃᆡ 나ᄆᆞᆫ 法(법) 드른 報(봉)ㅣ오 道(뜰)로 樂受(락쓩)호ᄆᆞᆫ 道(뜰) 닷곤 果(광)ㅣ니 道(뜰)로 호라 ᄒᆞ샤ᄆᆞᆫ 各各(각각) 道(뜰)ᄅᆞᆯ 조차 樂受(락쓩)호미 ᄀᆞᆮ디 아니ᄒᆞ니 十善(씹쎤)ᄋᆞᆯ 닷ᄀᆞ면 人天(신텬)의 樂(락)ᄋᆞᆯ 受(쓩)ᄒᆞ고 四諦(ᄉᆞ뎽)와 十二因緣(씹ᅀᅵ힌원)을 닷ᄀᆞ면 二乘(ᅀᅵ씽)의 樂(락)ᄋᆞᆯ 受(쓩)ᄒᆞ고 六度(륙똥)ᄅᆞᆯ 닷ᄀᆞ면 菩薩(뽕삻)ᄋᆡ 樂(락)ᄋᆞᆯ 受(쓩)ᄒᆞ야 各各(각각) 제 道(뜰)로 ᄒᆞᄂᆞ니라 여러 障碍(쟝애)ᄅᆞᆯ ᄲᅥ ᄇᆞ려다 ᄒᆞ샤ᄆᆞᆫ 구즌 길흔 業障(업쟝)ᄋᆞᆯ ᄲᅥ ᄇᆞ려 人天(신텬)에 가고 人天(신텬)

끌러 物(물)의 밖에 벗어나 一生(일생)에 노니나니, 이것이 現世(현세)에 있는 便安(편안)함이다. 後(후)에 善(선)한 곳에 나는 것은 法(법)을 들은 報(보)이요, 道(도)로 樂受(낙수)한 것은 道(도)를 닦은 果(과)이니, "道(도)로 하였다."고 하신 것은, (중생들이) 各各(각각) 道(도)를 좇아서 樂受(낙수)함이 (서로) 같지 아니하니, (중생들이) 十善(십선)을 닦으면 人天(인천)의 樂(낙)을 受(수)하고, 四諦(사제)와 十二因緣(십이인연)을 닦으면 二乘(이승)의 樂(낙)을 受(수)하고, 六度(육도)를 닦으면 菩薩(보살)의 樂(낙)을 受(수)하여, (중생들이) 各各(각각) 자기의 道(도)로 하느니라. "여러 障碍(장애)를 떨쳐 버렸다."고 하신 것은 궂은 길은 業障(업장)을 떨쳐 버려 人天(인천)에 가고, 人天(인천)은 글어⁶⁶⁾ 物_믏 밧긔⁶⁷⁾ 버서나 一_힗生_싱애 노니ᄂᆞ니⁶⁸⁾ 이⁶⁹⁾ 現_현世_셍옛 便_뼌安_한호미라 後_{ᄬᅟᅮ}에 善_쎤ᄒᆞᆫ 고대⁷⁰⁾ 나ᄆᆞᆫ 法_법 듣즈ᄫᅳᆯ 報_봏ㅣ오⁷¹⁾ 道_똠로 樂_락受_{ᄊᆢᇢ}호ᄆᆞᆫ⁷²⁾ 道_똠 닷곤 果_광ㅣ니 道_똠로 ᄒᆞ다 ᄒᆞ샤ᄆᆞᆫ 各_각各_각 道_똠ᄅᆞᆯ 조차 樂_락受_{ᄊᆢᇢ}호미 ᄀᆞᆮ디 아니ᄒᆞ니 十_씹善_쎤⁷³⁾을 닷ᄀᆞ면 人_{ᅀᅵᆫ}天_텬 樂_락을 受_{ᄊᆢᇢ}ᄒᆞ고 四_승諦_뎽 十_씹二_{ᅀᅵᆼ}因_힌緣_원⁷⁴⁾을 닷ᄀᆞ면 二_{ᅀᅵᆼ}乘_씽 樂_락을 受_{ᄊᆢᇢ}ᄒᆞ고 六_륙度_똥⁷⁵⁾ᄅᆞᆯ 닷ᄀᆞ면 菩_뽕薩_삻 樂_락을 受_{ᄊᆢᇢ}ᄒᆞ야 各_각各_각 제 道_똠로 ᄒᆞᄂᆞ니라 여러 障_쟝碍_{ᅌᅢᆼ} 여희다 ᄒᆞ샤ᄆᆞᆫ 구즌 길혼⁷⁶⁾ 業_업障_쟝⁷⁷⁾을 여희여 人_{ᅀᅵᆫ}天_텬에 가고 人_{ᅀᅵᆫ}天_텬은

---

66) 글어: 글(← 그르다: 끄르다, 解)- + -어(연어)

67) 밧긔: 밧(밖, 外) + -의(-에: 부조, 위치)

68) 노니ᄂᆞ니: 노니[← 노닐다(노닐다, 遊): 노(← 놀다: 놀다, 遊)- + 니(가다, 다니다, 行)-]- + -ᄂᆞ(현시)- + -니(연어, 설명 계속)

69) 이: 이(이것, 此: 지대, 정칭) + -Ø(←-이: 주조)

70) 고대: 곧(곳, 것, 處, 者) + -애(부조, 위치)

71) 報ㅣ오: 報(보) + -ㅣ(←-이-: 서조)- + -오(←-고: 연어, 나열)

72) 樂受호ᄆᆞᆫ: 樂受ᄒᆞ[← 樂受ᄒᆞ다: 樂受(낙수) + -ᄒᆞ(동접)-]- + -옴(명전) + -ᄋᆞᆫ(보조사, 주제) ※ '樂受(낙수)'는 삼수(三受)의 하나이다. 외계(外界)와의 접촉에 의하여 몸과 마음으로 받는 즐거운 느낌을 이른다. ※ '三受(삼수)'는 과보(果報)에 대하여 느끼는 세 가지 느낌이다. 괴로움을 느끼는 '고수(苦受)', 즐거움을 느끼는 '낙수(樂受)', 괴롭지도 즐겁지도 않은 '불고불락수(不苦不樂受)' 등이 있다.

73) 十善: 십선. 십악(十惡)을 행하지 않는 것이다. '불살생(不殺生), 불투도(不偸盜), 불사음(不邪淫), 불망어(不妄語), 불기어(不綺語), 불악구(不惡口), 불양설(不兩舌), 불탐욕(不貪慾), 불진에(不瞋恚), 불사견(不邪見)' 등을 지키는 것을 이른다.

74) 十二因緣: 십이인연. 과거에 지은 업(業)을 따라서 현재의 과보(果報)를 받으며, 현재의 업을 따라 미래의 고통을 받는 열두 인연(因緣)이다. 곧 무명(無明)·행(行)·식(識)·명색(名色)·육입(六入)·촉(觸)·수(受)·애(愛)·취(取)·유(有)·생(生)·노사(老死) 등이 있다.

75) 六度: 육도. 열반(涅槃)에 이르기 위하여 보살(菩薩)이 수행해야 할 여섯 가지 덕목(德目)이다. '보시(布施)·지계(持戒)·인욕(忍辱)·정진(精進)·선정(禪定)·지혜(智慧)' 등이 있다.

76) 길혼: 길ㅎ(길, 道) + -은(보조사, 주제)

77) 業障: 업장. 삼장(三障)의 하나이다. 말, 동작 또는 마음으로 지은 악업에 의한 장애를 이른다. ※ '삼장(三障)'은 불도를 수행하여 착한 마음이 생기도록 하는 데에 장애가 되는 세 가지이다. 이에는 '번뇌장(煩惱障), 업장(業障), 보장(報障)'이 있다.

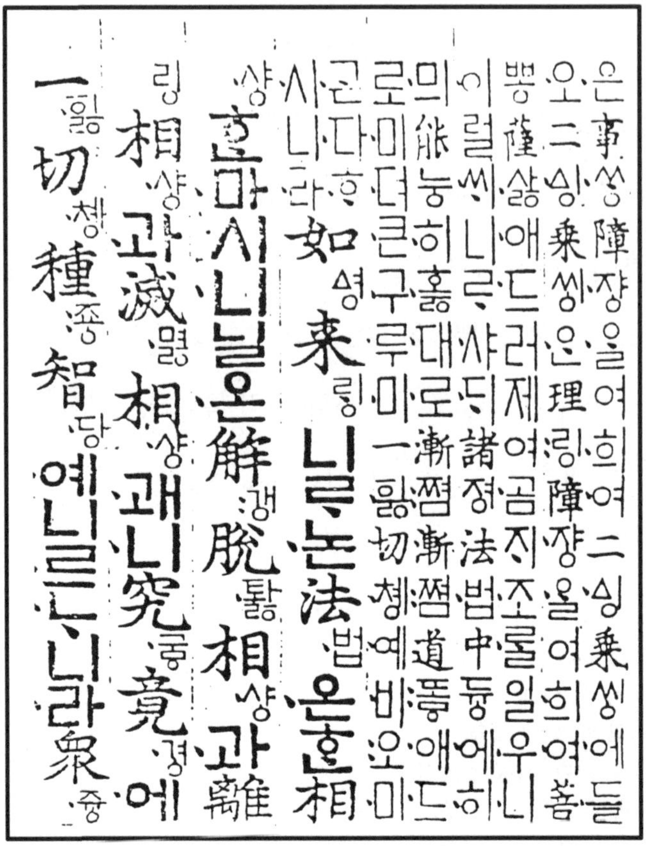

相샹과 滅ᄆᆯ相샹 一힗切촁種죵智딩 예 니르ᄂᆞ니라 衆
호마 시니ᄅᆞ온 解갱脫ᇙ相샹과 離리
시니ᄅᆞ논 法법 온호 相샹
如來링 ᄒᆞ시니라 나다
로미 能눙히 홀 큰 구루마로 ᄒᆞᆫ
이럴씨 니ᄅᆞᄉᆞᄃᆡ 諸정法법中듕道뚭애 비
은 事쌍障쟝을 여희여 二싱乘쌩에 �菩뽕薩삻애 드러 제여곰 一힗切촁 漸쪔漸쪔
오 二싱乘쌩은 理링障쟝올 여희여 �菩뽕薩삻애 ᄠᅩ

事障(사장)을 떨쳐 버려 二乘(이승)에 들고, 二乘(이승)은 理障(이상)을 떨쳐 버려 菩薩(보살)에 들어 제각기 재주를 이루니, 이러므로 이르시되 "諸法(제법)의 中(중)에서 힘에 能(능)히 감당할 능력으로 漸漸(점점) 道(도)에 드는 것이, 저 큰 구름이 일체(一切)에 비가 오는 것과 같다."고 하셨니라. 】 如來(여래)가 이르는 法(법)은 한 相(상) 한 맛(味)이니, 이른바 解脫相(해탈상)과 離相(이상)과 滅相(멸상)이니, 究竟(구경)에 一切種智(일체종지)에 이르느니라.

事ᄊᆼ障쟝[78]을 여희여 二ᅀᅵᆼ乘ᄊᆼ에 들오 二ᅀᅵᆼ乘ᄊᆼᄋᆫ 理링障쟝[79]을 여희여 菩뽕薩ᇙ삻애

드러 제여곰[80] 지조ᄅᆞᆯ[81] 일우니 이럴ᄊᆡ[82] 니ᄅᆞ샤ᄃᆡ 諸정法법 中듕에 히믜[83] 能ᄂᆞᆼ

히 ᄒᆞᆫ대로 漸쪔漸쪔 道똘애 드로미[84] 뎌 큰 구루미 一ᅙᅵᇙ切촁예[85] 비 오미[86] ᄀᆞᆮ다

ᄒᆞ시니라 】 如ᅀᅧᆼ來링 니ᄅᆞ논[87] 法법은 ᄒᆞᆫ 相샹 ᄒᆞᆫ 마시니[88] 닐온[89]

解갱脫톼ᇙ相샹[90]과 離링相샹[91]과 滅멿相샹괘니[92] 究구ᇢ竟경[93]에 一ᅙᅵᇙ切촁種죵

智딩[94]예 니르ᄂᆞ니라

---

78) 事障: 사장. 괴로움을 되풀이하게 하는 탐(貪)·진(瞋)·치(癡) 등의 번뇌이다.

79) 理障: 이장. 정견(正見)에 장애가 되는 무명(無明)의 번뇌이다.

80) 제여곰: 제각기, 제가끔, 各自(부사)

81) 지조ᄅᆞᆯ: 지조(재주, 才) + -ᄅᆞᆯ(목조)

82) 이럴ᄊᆡ: 이러[← 이러ᄒᆞ다(이러하다, 如此): 이러(불어) + -ᄒᆞ(형접)-)-]- + -ᆯᄊᆡ(연어, 이유)

83) 히믜: 힘(힘, 力) + -의(-에: 부조, 위치)

84) 드로미: 들(들다, 入)- + -옴(명전) + -이(주조)

85) 一切예: 一切(일체) + -예(← -에: 부조, 위치) ※ '一切예'는 '한꺼번에'로 의역하여 옮길 수가 있다.

86) 오미: 오(오다, 降)- + -ㅁ(← 옴: 명전) + -이(부조, 비교)

87) 니ᄅᆞ논: 니ᄅᆞ(이르다, 말하다, 曰)- + -ㄴ(← -ᄂᆞ-: 현시)- + -오(대상)- + -ㄴ(관전)

88) 마시니: 맛(맛, 味) + -이(서조)- + -니(연어, 설명 계속)

89) 닐온: 닐(← 니ᄅᆞ다: 이르다, 曰)- + -∅(과시)- + -오(대상)- + -ㄴ(관전) ※ '닐온'은 '이른바'로 의역하여 옮긴다.

90) 解脫相: 해탈상. 해탈의 모습으로, 모든 법(諸法)에 얽매이지 아니하는 것이다.

91) 離相: 이상. 두 가지의 치우침을 떠나 집착이 없는 중도의 지혜를 얻어, 일체의 번외에서 벗어난 열반의 모습이다.

92) 滅相괘니: 滅相(멸상) + -과(접조) + -ㅣ(← -이-: 서조)- + -니(연어, 설명 계속) ※ '滅相(멸상)'은 생사(生死)가 영원히 다하는 것이다.

93) 究竟: 구경. 마지막에 이르는 것이다.

94) 一切種智: 일체종지. 현상계의 모든 존재의 각기 다른 모습과 그 속에 감추어져 있는 참모습을 알아내는 부처의 지혜이다.

生ᅀᅵᇰ이 如ᅀᅧᇰ來ᆼㅅ 法법 듣고 ᄒᆞᆫ다가 디녀 닑ᄀᆞ며 외와 말ᄃᆞᄫᅵ 修슈ᇢ行ᅘᆡᇰᄒᆞ호ᄃᆡ 得득ᄒᆞᆫ 功공德득을 제 아디 몯ᄒᆞᄂ니라 【教굘化황ᄅᆞᆯ 불기시ᄂᆞᆫ 功공을 니ᄅᆞ시니 如ᅀᅧᇰ來ᆼ ㅅ 說ᄉᆑᇙ法법과 方방便뼌이 비록 하시나 實ᄊᆞᇙ은 ᄒᆞᆫ 相샹 ᄒᆞᆫ 맛 相샹이 ᄒᆞᆫ 구룸 ᄒᆞᆫ 비 ᄀᆞᆮᄒᆞ니라 脱ᄐᆞᆯ相샹 離링相샹 滅며ᇙ相샹ᄋᆞᆫ ᄒᆞᆫ 相샹 ᄒᆞᆫ 맛 體톙ᄅᆞᆯ 니ᄅᆞ시니라 脱ᄐᆞᆯ相샹ᄋᆞᆫ 諸졍法법에 얽ᄆᆡᅇᅵ디 아니호미오 離링相샹ᄋᆞᆫ 諸졍塵띤에 어우니

衆生(중생)이 如來(여래)의 法(법)을 듣고, 만일 (여래의 법을) 지녀서 읽으며 외워서 말대로 修行(수행)하되, 得(득)한 功德(공덕)을 스스로 알지 못하느니라. 【教化(교화)를 밝히시는 功(공)을 이르시니, 如來(여래)의 說法(설법)과 方便(방편)이 비록 많으시나, 實(실)은 한 相(상), 한 맛(味)인 것이 한 구름과 한 비와 같으니라. 解脫相(해탈상)・離相(이상)・滅相(멸상)은 한 相(상), 한 맛의 體(체)를 이르셨니라. 解脫相(해탈상)은 諸法(제법)에 얽매이지 아니하는 것이요, 離相(이상)은 諸塵(제진)에 어울리지

衆_즁生_싱이 如_셩來_링ㅅ 法_법 듣고 ᄒᆞ다가⁹⁵⁾ 디녀⁹⁶⁾ 닐그며⁹⁷⁾ 외와⁹⁸⁾ 말 다비⁹⁹⁾ 修_슣行_{ᅘᆡᇰ}호ᄃᆡ 得_득혼 功_공德_득을 제¹⁰⁰⁾ 아디 몯ᄒᆞᄂᆞ니라 【 敎_{ᄀᆞᆯ}化_황 ᄇᆞᆯ기시논¹⁾ 功_공을 니ᄅᆞ시니 如_셩來_링ㅅ 說_{ᅌᅯᇙ}法_법 方_{바ᇰ}便_뼌이 비록 하시나 實_씷은 ᄒᆞᆫ 相_{샤ᇰ} ᄒᆞᆫ 마시로미²⁾ 한 구룸 ᄒᆞᆫ 비 ᄀᆞᆮᄒᆞ니라 解_갱脫_{ᄐᆞᇙ}相_{샤ᇰ} 離_링相_{샤ᇰ} 滅_몓相_{샤ᇰ}은 ᄒᆞᆫ 相_{샤ᇰ} ᄒᆞᆫ 마시³⁾ 體_톙를 니ᄅᆞ시니라 解_갱脫_{ᄐᆞᇙ}相_{샤ᇰ}은 諸_경法_법에 얽ᄆᆡ예디⁴⁾ 아니홀 씨오 離_링相_{샤ᇰ}은 諸_경塵_띤⁵⁾에 어우디⁶⁾

---

95) ᄒᆞ다가: 만일. 若(부사)

96) 디녀: 디니(지니다, 持)- + -어(연어)

97) 닐그며: 닑(읽다, 讀)- + -으며(연어, 나열)

98) 외와: 외오(외우다, 誦)- + -아(연어)

99) 말 다비: 말(말, 說) # 다비(대로: 의명)

100) 제: 저(저, 彼: 인대, 재귀칭) + -ㅣ(←-이: 주조) ※ '제'는 『묘법연화경』에는 '自(스스로)'로 기술되어 있다. 여기서는 '스스로'로 의역하여 옮긴다.

1) ᄇᆞᆯ기시논: ᄇᆞᆯ기[밝히다, 明: ᄇᆞᆰ(밝다, 明)- + -이(사접)-]- + -시(주높)- + -ㄴ(←-ᄂᆞ-: 현시)- + -오(대상)- + -ㄴ(관전)

2) 마시로미: 맛(맛, 味) + -이(서조)- + -롬(←-옴: 명전) + -이(주조)

3) 마시: 맛(맛, 味) + -이(관조)

4) 얽ᄆᆡ예디: 얽ᄆᆡ예디[얽ᄆᆡ예[얽매이다, 纏縛: 얽(얽다, 纏)- + ᄆᆡ(매다, 縛)- + -예(←-이-: 피접)-]- + -디(-지: 연어, 부정)

5) 諸塵: 제진. 모든 티끌이다.

6) 어우디: 어우[←어울다: 어울리다, 竝]- + -디(-지: 연어, 부정)

ᄒᆞ란ᄃᆡ오·직 如영來·링 오·직 衆·즁生ᅀᆡᆼ·이
種·죵相·샹 體·톙 性·셩·을 아·라 어·느 일·을

·뎌 아니홀·씨·오 滅·멿相·샹·은 生·ᄉᆡᆼ死:ᄉᆞᆼㅣ ·永:ᅌᅧᆼ·히 ·다·ᄋᆞᆯ·씨·니 究·귷竟·겅·에 ·다 一·ᅙᅵᇙ切·촁種:죵智·딩·예 니·르·러 두 道:똘ㅣ 업·스니·라 衆·즁生ᅀᆡᆼ·이 드·러 디·녀 得·득ᄒᆞᆫ 功공利·링를 제 아·디 :몯·호·미 ·人교敎·굘化·황ㅣ ᄀᆞ·ᄆᆞ니 ·뮈·워 ·샤미 地·띵·의 온 가·짓 :됴ᄒᆞᆫ 것 내·샴·과 비·와 이·슬·왜 한 플 저·쥬ᄆᆞ·로 ᄀᆞ·ᄐᆞ·니 제 ·나·아 제 ·외·요·물 뉘 알·리·오 ·제 :엇·뎨어·뇨

아니하는 것이요, 滅相(멸상)은 生死(생사)가 永(영)히 다하는 것이니, 究竟(구경)에 (모두) 다 一切種智(일체종지)에 이르러 두 道(도)가 없으니라. 衆生(중생)이 (여래의 법을) 듣고 지니되 얻은 功利(공리)를 자기가 알지 못하는 것은, 한 소리로 秘密(비밀)히 밝히시며 眞實(진실)의 敎化(교화)가 그윽히 움직이게 하시는 것이, (여래가) 天地(천지)의 온가지의 좋은 것을 내시는 것과 비와 이슬이 많은 풀을 젖게 하는 것과 같으니, (중생이) 스스로 나서 스스로 되는 것을 누가 알겠느냐? 】 "(그것이) 어째서이냐?"라고 한다면, 오직 如來(여래)야말로 衆生(중생)의 種(종)·相(상)·體(체)·性(성)을 알아서, (중생들이) '어느 일을

아니홀 씨오 滅_멸相_샹은 生_싱死_숭ㅣ 永_윙히⁷⁾ 다올⁸⁾ 씨니 究_귤竟_경에 다 一_힗切_촁
種_죵智_딩예 니르러 두 道_똘⁹⁾ㅣ 업스니라 衆_즁生_싱이 듣줍고 디뉴듸¹⁰⁾ 어둔¹¹⁾ 功_공
利_링¹²⁾를 제 아디 몯호믄 흔 소리로 秘_빙密_밇히 블기시며 眞_진實_쎓ㅅ 敎_꿀化_황ㅣ
그스기 뮈우샤미¹³⁾ 天_텬地_띵의 온가짓¹⁴⁾ 됴흔 것 내샴과¹⁵⁾ 비와 이슬왜¹⁶⁾ 흔 플 저
쥬미¹⁷⁾ 굳흐니 제 나 제 두외요몰¹⁸⁾ 뉘¹⁹⁾ 알리오²⁰⁾ 】 엇뎨어뇨²¹⁾ ᄒ란듸²²⁾ 오
직 如_셩來_링옷²³⁾ 衆_즁生_싱이 種_죵 相_샹 體_톙 性_셩²⁴⁾을 아라 어느 이를

---

7) 永히: [영원히(부사): 永(영: 불어) + -ᄒ(←-ᄒᆞ-: 형접)- + -이(부접)]

8) 다올: 다ᄋ(다하다, 盡)- + -ㄹ(관전)

9) 두 道: 도를 닦는 데 있어 서로 반대되는 두 가지 길이다.

10) 디뉴듸: 디니(지니다, 持)- + -우듸(-되: 연어, 설명 계속)

11) 어둔: 얻(얻다, 得)- + -Ø(과시)- + -ㄴ(관전)

12) 功利: 공리. 공명(功名)과 이욕(利慾)을 아울러 이르는 말이다.

13) 뮈우샤미: 뮈우[움직이게 하다, 使動: 뮈(움직이다, 動)- + -우(사접)-]- + -샤(←-시-: 주높)- + -ㅁ(←-움: 명전) + -이(주조)

14) 온가짓: 온가지[온가지, 가지가지, 百種: 온(백, 百: 관사, 양수) + 가지(가지, 種: 의명)]

15) 내샴과: 내[내다, 出: 나(나다, 出: 자동)- + -ㅣ(←-이-: 사접)-]- + -샤(←-시-: 주높)- + -ㅁ(←-움: 명전) + -과(접조)

16) 이슬왜: 이슬(이슬, 露) + -와(←-과: 접조) + -ㅣ(←-이: 주조)

17) 저쥬미: 저지[젖게 하다: 젖(젖다, 潤)- + -이(사접)-]- + -움(명전) + -이(-과: 부조, 비교)

18) 두외요몰: 두외(되다, 爲)- + -욤(←-옴: 명전) + -올(목조)

19) 뉘: 누(누구, 誰: 인대, 미지칭)- + -ㅣ(←-이: 주조)

20) 알리오: 알(알다, 知)- + -리(미시)- + -오(←-고: 의종, 설명)

21) 엇뎨어뇨: 엇뎨(어째서, 所以: 부사) + -Ø(←-이-: 서조)- + -어(←-거-: 확인)- + -뇨(-냐: 의종, 설명) ※ '엇뎨어뇨'는 중생들이 법화경을 읽고 외우며 설법하신 대로 수행을 하여 얻게 되는 공덕을 자기 스스로는 알지 못하는 이유가 무엇인가?라는 뜻으로 쓰인 표현이다.

22) ᄒ란듸: ᄒ(하다, 謂)- + -란듸(-을 것이면, -을진대: 연어, 가정)

23) 如來옷: 如來(여래) + -옷(-야말로: 보조사, 한정 강조)

24) 種 相 體 性: 종·상·체·성. '종류(種)'와 '모습(相)'과 '본질 자체(體)'와 '성품(性)'이다.

念념ᄒ며어ᄂᆞ이ᄅᆞᆯᄉᆞ랑ᄒ며어ᄂᆞ:이
ᄅᆞᆯ닷ᄀᆞ며엇:뎨念념ᄒ며엇:뎨ᄉᆞ랑ᄒ
며엇:뎨닷ᄀᆞ며어ᄂᆞ法법으로念념ᄒ
며어ᄂᆞ法법으로ᄉᆞ랑ᄒ며어ᄂᆞ法법
으로닷ᄀᆞ며어ᄂᆞ法법으로어ᄂᆞ法법
을得득ᄒᆞᆯ고衆즁生ᄉᆡᆼ이種죵種죵地띵
ᅇᅥ住뜡ᄒᆞ옛거든오직如ᅀᅧ來ᄅᆡᆼ옷

念(염)하며, 어느 일을 생각하며, 어느 일을 닦으며, 어찌 念(염)하며, 어찌 생각하며, 어찌 닦으며, 어느 法(법)으로 念(염)하며, 어느 法(법)으로 생각하며, 어느 法(법)으로 닦으며, 어느 法(법)으로 어느 法(법)을 得(득)하겠는가?'를 알기 때문이니라. 衆生(중생)이 種種(종종)의 地(지)에 住(주)하여 있는데, 오직 如來(여래)야말로

念_념ᄒ며 어느 이를 ᄉ랑ᄒ며²⁵⁾ 어느 이를 닷ᄀ며²⁶⁾ 엇뎨²⁷⁾ 念_념ᄒ며 엇뎨 ᄉ랑ᄒ며 엇뎨 닷ᄀ며 어느 法_법으로 念_념ᄒ며 어느 法_법으로 ᄉ랑ᄒ며 어느 法_법으로 닷ᄀ며 어느 法_법으로 어느 法_법을 得_득ᄒ고²⁸⁾ 衆_즁生_{ᄉᆡᆼ}이 種_죵種_죵 地_띵예²⁹⁾ 住_뜡ᄒ얫거든³⁰⁾ 오직 如_셩來_{ᄅᆡᆼ}옷

---

25) ᄉ랑ᄒ며: ᄉ랑ᄒ[생각하다, 思: ᄉ랑(생각, 思) + -ᄒ(동접)-]- + -며(연어, 나열)

26) 닷ᄀ며: 닦(닦다, 修)- + -ᄋ며(연어, 나열)

27) 엇뎨: 어찌, 何(부사)

28) 得ᄒ고: 得ᄒ[득하다, 얻다: 得(득: 불어) + -ᄒ(동접)-]- + -ᇙ고(-을까: 의종, 미시, 설명) ※ 『묘법연화경』의 원문이 "<u>所以者何</u> 唯有如來<u>知</u>此衆生種相體性, 念何事 思何事 修何事 云何念 云何思 云何修, 以何法念 以何法思 以何法修, <u>以何法得何法</u>"로 기술되어 있다. 원문에서 주어인 '如來'에 대응하는 서술어인 '知'가 번역되지 않았다. 이를 감안하면 '得ᄒ고'의 뒤에 서술어인 '아ᄂ니라'를 실현해야 이 문장의 주어와 서술어가 일치한다. 그리고 문장의 맨 처음이 '어뎨어뇨 ᄒ란ᄃᆡ(所以者何)'로 시작하는데, 이에 호응하려면 문장 전체의 서술어를 '~알기 때문이니라'로 표현해야 한다.

29) 地예: 地(지, 처지) + -예(←-에: 부조, 위치) ※ '地(지)'는 불교에서 대승의 보살 수행의 과정 상에서 거치게 되는 단계의 경지이다.

30) 住ᄒ얫거든: 住ᄒ[주하다, 머무르다: 住(주: 불어) + -ᄒ(동접)-]- + -야(←-아: 연어) + 잇(←이시다: 있다, 보용, 완료 지속)- + -거든(-는데: 연어, 설명 계속) ※ '住ᄒ얫거든'은 '住ᄒ야 잇거든'이 축약된 형태이다.

寶·실씨 다비·보·아 볼·가 마·ᄀᆞ·딕 업·수·미·뎌
卉·휑木·목叢·쫑林·림藥·약草·촐 돌·히·제
上·썅中·듕下·ᅘᅡᆼ性·셩 아·디 몯·호·미·곧·ᄒᆞᆼ
니·라 이 는 제 根·ㄱᆞᆫ性·셩·을·에 거·샤 마·초 초·敎·ᄀᆢᆯ化·황·아·옷 ·기·아·라·호·
三·삼乘·씽物·뭃 之 지 種·죵類·륑·의 性·셩 ·의·로 몯·블
·다· ·그·며 得·득 如·셩 ·미 念·념 各·각 能·ᄂᆞᆼ·히·오·라·가·로 ·려 ·슈·랑·후· ·호·ᅘᅡᆼ·라·캐·홧
·샤·지·며·요·며·아·能·ᄂᆞᆼ·니·히·오敎·ᄀᆢᆯ化·황ᅘᅡᆼ·거·시·든 衆·즁·ᅌ·ㄹ·가

사실대로 보아서 밝아 막은 데가 없는 것이, 저 卉木(훼목) · 叢林(총림) ·
藥草(약초)들이 스스로 上(상) · 中(중) · 下(하)의 性(성)을 알지 못하는 것과
같으니라. 【이는 (부처가 중생의) 根(근)을 보시어 (根에) 알맞게 敎化(교화)하시
어 자기의 性(성)에 거스르지 아니하게 하시므로, 物(물)이 스스로 이루어지는
것을 밝히셨니라. 三乘(삼승)의 種類(종류)가 性(성)에 (맞추어서) 하고자 하는 것
이 한가지가 아니므로, 念(염)하며 생각하며 닦으며 得(득)한 것이 또 各各(각
각) 한가지가 아니니, 오직 如來(여래)가 能(능)히 아시며 能(능)히 敎化(교화)하
시는데, 衆生(중생)이

實쎯다비³¹⁾ 보아 불가 마ᄀᆞᆫ 듸³²⁾ 업수미 ᄃᆞ여 卉휭木목 叢쭝林림 藥 약草촐ᄃᆞᆯ히 제 上쌍中듕下행 性셩 아디 몯호미 ᄀᆞᆮ하니라【이ᄂᆞᆫ 根ᄀᆞᆫ을 보샤 마초³³⁾ 敎굘化황ᄒᆞ샤 제 性셩에 거슬ᄡᅳ디³⁴⁾ 아니케 ᄒᆞ실ᄊᆡ 物뭃이 제 이로 몷³⁵⁾ 블기시니라 三삼乘씽 種죵類뤙의³⁶⁾ 性셩의³⁷⁾ 코져³⁸⁾ ᄒᆞ요미³⁹⁾ ᄒᆞᆫ가지⁴⁰⁾ 아닐ᄊᆡ 念념ᄒᆞ며 ᄉᆞ랑ᄒᆞ며 닷그며 得득호미 ᄯᅩ 各각各각 ᄒᆞᆫ가지 아니니 오직 如셩來링 能ᄂᆞᆼ히⁴¹⁾ 아ᄅᆞ시며 能ᄂᆞᆼ히 敎굘化황ᄒᆞ거시든⁴²⁾ 衆즁生ᄉᆡᆼ이

---

31) 實다비: [사실대로(부사): 實(실: 불어) + -답(←-답-: 형접)- + -이(부접)]

32) 듸: 듸(데, 處) + -∅(←-이: 주조)

33) 마초: [맞게, 알맞추, 順(부사): 맞(맞다, 들어맞다, 當: 자동)- + -호(사접)- + -∅(부접)]

34) 거슬ᄡᅳ디: 거슬ᄡᅳ[거스르다, 逆: 거슬(거스르다)- + -ᄡᅳ(강접)-]- + -디(-지: 연어, 부정)

35) 이로몷: 일(이루어지다, 成)- + -롬(←-옴: 명전) + -ᄋᆞᆯ(목조)

36) 種類의: 種類(종류) + -의(관조, 의미상 주격)

37) 性의: 性(성, 성품) + -의(-에: 부조)

38) 코져: ᄒᆞ(← ᄒᆞ다: 하다, 보용)- + -고져(-고자: 연어, 의도)

39) ᄒᆞ요미: ᄒᆞ(하다: 보용, 의도)- + -욤(←-옴: 명전) + -이(주조)

40) ᄒᆞᆫ가지: ᄒᆞᆫ가지[한가지, 마찬가지, 同一: ᄒᆞᆫ(한, 一: 관사, 양수) + 가지(가지, 種: 의명)] + -∅ (←-이: 보조)

41) 能히: [능히(부사): 能(능: 불어) + -ᄒᆞ(←-ᄒᆞ-: 형접)- + -이(부접)]

42) 敎化ᄒᆞ거시든: 敎化ᄒᆞ[교화하다: 敎化(교화) + -ᄒᆞ(동접)-]- + -시(주높)- + -거…든(연어, 설명 계속)

生싱·이 제 아·디 몯·ᄒᆞ·ᄂᆞ시니·라 어·느 念념·을 ·ᄒᆞ거·뇨 ·ᄒᆞ·샴 ᄃᆞᆯ·ᄒᆞᆫ 或·혹 人ᅀᅵᆫ天텬 ·이·를 念념·ᄒᆞ거·나 聲셩聞문 菩뽕薩삻 念념·에 ·니르·리 ·니르·시·니·라 엇·뎨 念념·ᄒᆞ거·뇨 ·ᄒᆞ·샴 ᄃᆞᆯ·ᄒᆞᆫ 或·혹 正·졍·ᄒᆞ거·나 或·혹 邪썅·ᄒᆞ거·나 有:ᄋᆞᆯ爲윙어·나 無뭉爲윙어·나 ·ᄒᆞ·시·니·라 어·느 法법·으·로 念념·ᄒᆞ거·뇨 ·ᄒᆞ·샴 ᄃᆞᆯ·ᄒᆞᆫ 或·혹 大땡小:숑 頓돈漸ᄍᆞᆷ이·어·나 或·혹 定·뗭慧·휑 覺·각觀관·ᄋᆞᆯ 니르·시·니·라 어·느 法법·으·로 得·득·ᄒᆞ거·뇨 ·ᄒᆞ·샴 ᄃᆞᆯ·ᄒᆞᆫ 或·혹 四·ᄉᆞ諦·뎡 六·륙度·똥·로 聲셩聞문法법·을 得·득거·나 菩뽕薩삻法법·을 得·득·호·매 ·니르·리 ·ᄒᆞ·시·니·라 ·이ᄀᆞ·티 念념·ᄒᆞ·며 ·ᄉᆞ·랑·호·미 잇·ᄂᆞ

스스로 알지 못하느니라. "어느 일을 念(염)하는가?"라고 하신 것 등은 혹은 人天(인천)의 일을 念(염)하거나 聲聞(성문)·菩薩(보살)의 일에 이르도록 이르셨니라. "어떻게 念(염)하는가?"라고 하신 것 등은 혹은 正(정)하거나 혹은 邪(사)하거나, 有爲(유위)이거나 無爲(무위)이거나를 이르셨니라. "어느 法(법)으로 念(염)하는가?"라고 하신 것 등은 혹은 大小(대소)의 頓漸(돈점)이거나 혹은 定慧(정혜)·覺觀(각관)을 이르셨니라. "어느 法(법)으로 得(득)하는가?"라고 하신 것은 혹은 四諦(사제)로 聲聞法(성문법)을 得(득)하거나 혹은 六度(육도)로 菩薩法(보살법)을 得(득)함에 이르도록 이르셨니라. 이렇듯이 (중생이) 念(염, 기억)하며 생각함에 있는 제 아디 몯ᄒᄂ니라 어느 이를 念념ᄒᄂᆫ고 ᄒ샴 ᄃᆞᆯ흔⁴³⁾ 시혹⁴⁴⁾ 人ᅀᅵᆫ天텬ㅅ 이를 念념커나 聲셩聞문 菩뽕薩삻ㅅ 이레 니르리⁴⁵⁾ 니르시니라 엇뎨 念념ᄒᄂᆫ고 ᄒ샴 ᄃᆞᆯ흔 시혹 正졍커나 시혹 邪썅커나⁴⁶⁾ 有ᅌᅮᆸ爲윙어나⁴⁷⁾ 無뭉爲윙⁴⁸⁾어나 니르시니라 어느 法법으로 念념ᄒᄂᆫ고 ᄒ샴ᄃᆞᆯ흔 시혹 大땡小숗 頓돈漸쪔이어나⁴⁹⁾ 시혹 定명慧휑⁵⁰⁾ 覺각觀관⁵¹⁾ᄋᆞᆯ 니르시니라 어느 法법으로 得득ᄒᄂᆫ고 ᄒ샤ᄆ 시혹 四ᄉᆞ諦뎽⁵²⁾로 聲셩聞문 法법을 得득거나⁵³⁾ 시혹 六륙度뙁⁵⁴⁾로 菩뽕薩삻法법 得득호매 니르리 니르시니라 이러트시⁵⁵⁾ 念념ᄒ며 ᄉᆞ랑호ᄆᆡ⁵⁶⁾ 잇논⁵⁷⁾

---

43) ᄃᆞᆯ흔: ᄃᆞᆯㅎ(들, 等: 의명) + -은(보조사, 주제)

44) 시혹: 時或. 혹은, 혹시, 어쩌다가. 또는 어떠한 때에(부사)

45) 니르리: [이르도록, 이르게, 至(부사): 니를(이르다, 至)- + -이(부접)]

46) 邪커나: 邪ᄒ[← 邪ᄒ다(사하다): 邪(사: 불어) + -ᄒ(형접)-] - + -거나(연어, 선택) ※ '邪(사)'는 '사기(邪氣)'의 준말인데, 바르지 못하고 요망스러움을 뜻한다.

47) 有爲어나: 有爲(유위) + -어나(← -이어나: 보조사, 선택) ※ '有爲(유위)'는 불교에서 말하는, 인연(因緣)에 따라 발생하고 형성되는 모든 현상이다.

48) 無爲: 무위. 인연(因緣)에 의(依)하여 이루어진 것이 아닌 생멸(生滅) 불변(不變)의 것이다.

49) 頓漸이어나: 頓漸(돈점) + -이어나(← -이거나: 보조사, 선택). ※ '頓漸(돈점)'은 '돈교(頓敎)'와 '점교(漸敎)'를 아울러서 이르는 말이다. '돈교(頓敎)'는 일정한 수행 단계를 거치지 않고 단박 깨달음에 이르게 하는 것이고, '점교(漸敎)'는 얕고 깊은 순서에 따라 점진적으로 수행하여 깨달음에 이르게 하는 것이다.

50) 定慧: 정혜. '선정(禪定)'과 '지혜(智慧·知慧)'를 아울러서 이르는 말이다.

51) 覺觀: 각관. '각(覺)'은 개괄적으로 사유하는 마음의 작용이며, '관(觀)'은 세밀하게 고찰하는 마음의 작용이다.

52) 四諦: 사제(사체). 사성제(四聖諦)라고도 한다. '고(苦)·집(集)·멸(滅)·도(道)'의 네 가지 진리로 구성되어 있다. 사제설은 인연설을 알기 쉽게 타인에게 알리기 위해 체계를 세운 법문(法文)이다.

53) 得거나: 得[← 得ᄒ다(득하다, 얻다): 得(득: 불어) + -ᄒ(동접)]- + -거나(연어, 선택)

54) 六度: 육도. 열반(涅槃)에 이르기 위하여 보살(菩薩)이 수행해야 할 여섯 가지 덕목(德目)으로 육바라밀(六波羅蜜)이라고도 한다. 보시(布施)·지계(持戒)·인욕(忍辱)·정진(精進)·선정(禪定)·지혜(智慧)가 육도에 속한다.

55) 이러트시: 이렇(← 이러ᄒ다: 이렇다, 此)- + -드시(연어, 흡사)

56) ᄉᆞ랑호ᄆᆡ: ᄉᆞ랑ᄒ[← ᄉᆞ랑ᄒ(생각하다, 思): ᄉᆞ랑(생각, 思) + -ᄒ(동접)-]- + -옴 + -ᄋᆡ(-에: 부조, 위치)

57) 잇논: 잇(← 이시다: 있다, 在)- + -ㄴ(← -ᄂᆞ-: 현시)- + -오(대상)- + -ㄴ(관전)

논ᄊᆞ해 各각各각 호가지 아니니 이롤
닐온 種죵種죵ᄯᅡ해 잇거든 如셩來링이라
다 能눙히 實ᄊᆞᆯ다비 보시다 호미 如셩來링이라
그티 委윙曲콕히 니르샤ᄆᆞᆫ 如셩來링
根곤ᄋᆞᆯ 아ᄅᆞ샤미 子ᄌᆞ細솅
셩호ᄆᆞᆯ 불기시니라] 如셩來링 이
相샹ᄒᆞᆫ 맛 法법을 아ᄂᆞ니 닐ᄋᆞᆫ 解갱
脫ᇢ相샹 離링相샹 滅ᇢ相샹 究궇竟
涅ᇢ槃빤 常썅寂쪅滅ᇢ相샹 임
太맹空콩 애 간ᄂᆞ니 부톄 이ᄅᆞᆯ 아나 衆

곳(= 地, 경지)가 各各(각각) 한가지가 아니니, (중생들이) 이른바 '種種(종종)의 곳'에 있는데, "如來(여래)가 다 能(능)히 사실대로 보셨다."고 한 것이다. 이와 같이 委曲(위곡)히 이르신 것은 如來(여래)가 (중생의) 根(근)을 아시는 것이 子細(자세)한 것을 밝히셨느니라. 】 如來(여래)가 이 한 相(상), 한 맛의 法(법)을 아나니, 이른바 解脫相(해탈상), 離相(이상), 滅相(멸상), 究竟涅槃(구경열반)과 常寂滅相(상적멸상)이 마침내 空(공)에 가나니, 부처가 이를 알지만 衆生(중생)이

싸히[58] 各각各각 혼가지 아니니 이를 닐온[59] 種쫑種쫑 싸해 잇거든 如셩來링 다 能

능히 實씷다비[60] 보시다[61] 호미라 이 ᄀ티[62] 委윙曲콕히[63] 니르샤문 如셩來링 根ᄀᆫ

아르샤미[64] 子쭝細솅호믈 불기시니라 】 如셩來링 이 혼 相샹 혼 맛 法법

을 아ᄂ니 니르논 解갱脫ᄠᅪᇙ相샹 離링相샹 滅몛相샹 究굴竟경涅넗槃빤[65]

常쌍寂쪅滅몛相샹[66]이 ᄆᆞᄎᆞ매[67] 空콩애 가ᄂ니 부톄 이를 아나 衆쮱生

ᄉᆡᇰ이

---

58) 싸히: 싸ㅎ(곳, 땅, 地) + -이(주조) ※ 여기서 '싸ㅎ(땅, 地)'는 중생의 지위이다.

59) 닐온: 닐(←니르다: 이르다, 曰)- + -Ø(과시)- + -오(대상)- + -ㄴ(관전) ※ '이를 닐온'은 '이
른바'로 의역하여 옮긴다.

60) 實다비: [사실대로(부사): 實(실: 불어) + -답(←-답-: 형접)- + -이(부접)]

61) 보시다: 보(보다, 見)- + -시(주높)- + -Ø(과시)- + -다(평종)

62) ᄀ티: [같이, 如(부사): ᄀᆮㅎ(←ᄀᆮㅎ다: 같다, 如)- + -이(부접)]

63) 委曲히: [위곡히(부사): 委曲(위곡) + -ㅎ(←-ㅎ-: 동접)- + -이(부접)] ※ '委曲(위곡)'은 자세
한 사정이나 곡절이다. 따라서 '委曲히'는 '찬찬하고 자세히'의 뜻을 나타낸다.

64) 아르샤미: 알(알다, 知)- + -ᄋ샤(←-ᄋ시-: 주높)- + -ㅁ(←-옴: 명전) + -이(관조, 의미상
주격)

65) 究竟涅槃: 구경열반. 가장 높은 경지에 이른 열반, 곧 부처의 경지이다.

66) 常寂滅相: 상적멸상. 모든 대립이나 차별을 떠난 있는 그대로의 평온한 모습이다.

67) ᄆᆞᄎᆞ매: ᄆᆞ춤[마침, 결국, 終: 몿(마치다, 終: 동사)- + -움(명접)] + -애(-에: 부조, 위치)

衆生ᄉᆞᆷ 이ᄆᆞᅀᆞᆷ 고져 호ᇝ고ᄅᆞᆯ 보아 將護ᄒᆞᇙᄊᆡ 【將쟝ᄋᆞᆫ 디니며 ᄢᆡᇙ ᄊᆡ라】 곧 一힗切쳉 種죵智딩ᄅᆞᆯ 니ᄅᆞ디 아니ᄒᆞ니 너희 迦葉섭이 甚씸히 希희有ᄋᆢᇢ ᄒᆞ야 能ᄂᆞᆼ히 如셩來링 ㅅ 隨쒱宜읭 說쉃法법을 아라 【隨쒱宜읭ᄂᆞᆫ 마ᇰ당호ᄆᆞᆯ 조ᄎᆞᆯᄊᆡ라】 能ᄂᆞᆼ히 信신ᄒᆞ며 能ᄂᆞᆼ히 受쓯ᄒᆞᄂ니 엇뎨어ᄂᆞ뇨 ᄒᆞ란ᄃᆡ

마음에 하고자 함을 보아 (중생을) 將護(쟝호)하므로【將(쟝)은 지니며 끼는 것이다.】 곧 一切種智(일체종지)를 이르지 아니하니, 너희 迦葉(가섭)이 甚(심)히 希有(희유)하여 能(능)히 如來(여래)의 隨宜說法(수의설법)을 알아【隨宜(수의)는 마땅한 것을 좇는 것이다.】 能(능)히 信(신)하며 能(능)히 受(수)하나니, "(그것이) 어째서이냐?"라고 한다면,

무슨 ⁶⁸⁾ ᄒᆞ고져 호ᄆᆞᆯ 보아⁶⁹⁾ 將_쟝護_뽕홀씨⁷⁰⁾【將_쟝은 ᄃᆞ니며 ᄢᆯ⁷¹⁾ 씨라⁷²⁾】

곧 一_힔切_촁種_죵智_딩⁷³⁾를 니ᄅᆞ디 아니ᄒᆞ니⁷⁴⁾ 너희⁷⁵⁾ 迦_강葉_셥⁷⁶⁾이 甚_씸히

希_힁有_읗ᄒᆞ야⁷⁷⁾ 能_능히 如_셩來_{ᄛᆡᆼ}ㅅ 隨_쒕宜_읭說_쉃法_법⁷⁸⁾을 아라【隨_쒕宜_읭ᄂᆞᆫ

맛당호ᄆᆞᆯ⁷⁹⁾ 조출 씨라】能_능히 信_신ᄒᆞ며 能_능히 受_쓩ᄒᆞᄂᆞ니 엇뎨어뇨 ᄒᆞ

란ᄃᆡ

---

68) 무스믜: 무슴(마음, 心) + -의(←-ᄋᆡ: -에, 부조, 위치)

69) 衆生이 무스믜 ᄒᆞ고져 홈: 『묘법연화경』의 한문 원문에 기술된 '心欲(심욕)'을 옮긴 것이다. ※ '心欲(심욕)'은 공(空)을 틀어쥐고 끝까지 놓지 않겠다는 중생들의 마음의 욕심이다.

70) 將護홀씨: 將護ᄒᆞ[장호하다: 將護(장호) + -ᄒᆞ(동접)-] + -ㄹ씨(-므로: 연어, 이유) ※ '將護(장호)'는 도와주고 보호하거나 호위하는 것이다.

71) ᄢᆯ: ᄢᅵ(끼다, 挾)- + -ㄹ(관전)

72) 씨라: ᄊ(←ᄉ: 것, 의명) + -이(서조)- + -Ø(현시)- + -라(←-다: 평종)

73) 一切種智: 일체종지. 현상계의 모든 존재의 각기 다른 모습과 그 속에 감추어져 있는 참 모습을 알아내는 부처의 지혜이다.

74) 아니ᄒᆞ니: 아니ᄒᆞ[← 아니ᄒᆞ다(아니하다, 不: 보용, 부정): 아니(아니, 不: 부사, 부정) + -ᄒᆞ(동접)-] + -오(화자)- + -니(연어, 설명 계속)

75) 너희: [너희, 汝等: 너(너: 인대, 2인칭) + -희(-희, 等: 복접)]

76) 迦葉: 가섭. 석가모니의 10대 제자의 한 사람(?~?). 욕심이 적고 엄격한 계율로 두타(頭陀)를 행하였고 교단의 우두머리로 존경을 받았다. ※ '너희 迦葉'은 『묘법연화경』에 '汝等迦葉'으로 표현되어 있으므로, '너희와 가섭'으로 의역하여서 옮긴다.

77) 希有ᄒᆞ야: 希有ᄒᆞ[희유하다: 希有(희유) + -ᄒᆞ(형접)-] + -야(←-아: 연어) ※ '希有(희유)'는 드물게 있어서 흔하지 아니한 것이다.

78) 隨宜說法: 수의설법. 중생들의 근기에 맞추어서 그때그때에 따라 적절하게 가르침을 설하는 것이다.

79) 맛당호ᄆᆞᆯ: 맛당ᄒᆞ[← 맛당ᄒᆞ다(마땅하다, 當): 맛당[마땅: 불어] + -ᄒᆞ(형접)-] + -옴(명전) + -ᄋᆞᆯ(목조)

디諸졍佛뿛世솅尊존ㅅ隨쒕宜읭說
쒏法법이 아로미 어려ᄫᅩ니라【前쪈相샹앳
ᄒᆞᆫ 相샹과 ᄒᆞᆫ 맛 等등 文문을 다시샤 隨쒕宜읭
說쉃法법이 아로미 어려ᄫᅮᆯ ᄇᆞᆯ기샤 迦강葉셥이 能ᄂᆡᇰ히
信신受쓩호ᄆᆞᆯ 讚잔歎탄ᄒᆞ시니라 ᄒᆞᆫ 相샹과
ᄒᆞᆫ 맛 等등은 곧 一ᅙᅵᇙ切촁種죵智딩ᄅᆞᆯ 證징ᄒᆞ샨
法법이니 如ᅀᅧᆼ來ᄅᆡᇰ 비록 아ᄅᆞ샤ᄃᆡ 衆즁生ᄉᆡᇰ
ᄋᆡ 性셰ᇰ欲욕이 ᄀᆞᆮ디 아니호ᄆᆞᆯ 보샤 아직
將쟝ᄒᆞ며 護ᅘᅩᆼᄒᆞ샤 곧 ᄇᆞᆯ기 니ᄅᆞ디 아니ᄒᆞ실ᄊᆡ
아로미 甚씸히 어려ᄫᅥᆯ 迦강葉셥이 能ᄂᆡᇰ히 信신
受쓩호미

諸佛世尊((제불세존)의 隨宜說法(수의설법)이 (그것을) 아는 것이 어려우니라. 【前(전)에 있은 한 相(상)과 한 맛 等(등)의 文(문)을 다시 하시어, 隨宜說法(수의설법)이 알기가 어려움을 밝히시어, 迦葉(가섭)이 能(능)히 信受(신수)한 것을 讚歎(찬탄)하셨니라. 한 相(상)과 한 맛 등(等)은 곧 (여래가) 一切種智(일체종지)를 證(증)하신 法(법)이니, 如來(여래)가 비록 (일체종지를) 아시나, 衆生(중생)의 性欲(성욕)이 같지 아니한 것을 보시어, 아직 將(장)하며 護(호)하시어 곧 밝게 이르지 아니하시므로 아는 것이 甚(심)히 어렵거늘, 迦葉(가섭)이 能(능)히 信受(신수)한 것이

諸_정佛_뿛世_솅尊_존ㅅ 隨_쒕宜_읭說_쉃法_법이 아로미⁸⁰⁾ 어려ᄫᅳ니라⁸¹⁾【前_쪈엣⁸²⁾

ᄒᆞᆫ 相_샹 ᄒᆞᆫ 맛 等_{ᄃᆡᆼ} 文_문⁸³⁾을 다시 ᄒᆞ샤 隨_쒕宜_읭說_쉃法_법이 아디 어려ᄫᅮ믈 볼기

샤 迦_강葉_셥의⁸⁴⁾ 能_능히 信_신受_쓩호ᄆᆞᆯ 讚_잔歎_탄ᄒᆞ시니라 ᄒᆞᆫ 相_샹 ᄒᆞᆫ 맛 들흔⁸⁵⁾ 곧

一_힗切_촁種_죵智_딩이 證_징ᄒᆞ샨⁸⁶⁾ 法_법이니 如_셩來_링 비록 아라시나⁸⁷⁾ 衆_즁生_{ᄉᆡᆼ}이 性_셩

欲_욕⁸⁸⁾이 ᄀᆞᆮ디 아니호ᄆᆞᆯ 보샤 안즉⁸⁹⁾ 將_쟝ᄒᆞ며⁹⁰⁾ 護_홍ᄒᆞ샤⁹¹⁾ 곧 볼기⁹²⁾ 니르디

아니ᄒᆞ실ᄊᆡ 아로미 甚_씸히 어렵거늘 迦_강葉_셥이 能_능히 信_신受_쓩호미⁹³⁾ 이

---

80) 아로미: 알(알다, 知)- + -옴(명전) + -이(주조)

81) 어려ᄫᅳ니라: 어렵(←어렵다, ㅂ불: 어렵다, 難)- + -으니(원칙)- + -Ø(현시)- + -라(←-다: 평종)

82) 前(전) + -에(부조, 위치) + -ㅅ(-의: 관조) ※ '前엣'은 '前(전)에 있은'으로 의역하여 옮긴다.

83) 文: 문. 글이다.

84) 迦葉의: 迦葉(가섭) + -의(관조, 의미상 주격)

85) 들흔: 들ㅎ(들, 等: 의명) + -은(보조사, 주제)

86) 證ᄒᆞ샨: 證ᄒᆞ[증하다(증명하다, 깨우치다): 證(증: 불어) + -ᄒᆞ(동접)-]- + -샤(←-시-: 주높)- + -Ø(과시)- + -오(대상)- + -ㄴ(관전)

87) 아라시나: 알(알다, 知)- + -아(확인)- + -시(주높)- + -나(연어, 대조)

88) 性欲: 성욕. 버릇으로 길들여진 성향(性向)과 욕망(慾望)이다.

89) 안즉: 아직, 당분간, 當(부사)

90) 將ᄒᆞ며: 將ᄒᆞ[장하다: 將(장: 불어) + -ᄒᆞ(동접)-]- + -며(연어, 나열) ※ '將(장)'은 도와주는 것이다.

91) 護ᄒᆞ샤: 護ᄒᆞ[호하다: 護(호: 불어) + -ᄒᆞ(동접)-]- + -샤(←-시-: 주높)- + -Ø(←-아: 연어) ※ '護(호)'는 보호하는 것이다.

92) 볼기: [밝게, 明(부사): 붉(밝다, 明: 형사)- + -이(부접)]

93) 信受호미: 信受ᄒᆞ[신수하다: 信受(신수) + -ᄒᆞ(동접)-]- + -옴(명전) + -이(주조) ※ '信受(신수)'는 믿고 받아들이는 것이다.

희유(希有)한 것이다. 이는 前(전)에 있은 文字(문자)를 다시 하시니, 前(전)에는 이르시되 "究竟(구경)에 一切種智(일체종지)에 이르느니라."고 하시고, 여기에는 이르시되 "究竟涅槃(구경열반)하여 常寂滅相(상적멸상)이라."고 하신 것은, 前(전)에는 正智(정지)를 의지하여 이르시고 여기에는 實相(실상)을 의지하여 이르시니, 헤아려 본다면 한가지이다. 마지막에 "空(공)에 갔다."고 하신 것은 解脫相(해탈상)·離相(이상)·滅相(멸상)을 의지하여 究竟(구경)하여 常寂滅相(상적멸상)에 이르면, 識心(식심)의 緣影(연영)이 다 없어져서 實相(실상)의 妙空(묘공)에 가니, (이는) 斷空(단공)이 아니니라.

○ 이까지 藥草喩品(약초유품)을 마치고 아래는

希ᅙᅵᆼ有ᅌᅮᇢ호미라 이ᄂᆞᆫ 前쪈엣 文문字ᄍᆞᆼᄅᆞᆯ 다시 ᄒᆞ시니 前쪈엔[94] 니ᄅᆞ샤ᄃᆡ 究ᄀᆑᇂ竟경[95]에 一ᅙᅵᇙ切촁種죵智딩예 니르ᄂᆞ니라[96] ᄒᆞ시고 이엔[97] 니ᄅᆞ샤ᄃᆡ 究ᄀᆑᇂ竟경涅ᄂᆑᇙ槃빤[98]ᄒᆞ야 常쌍寂쪅滅몋相샹[99]이라 ᄒᆞ샤ᄆᆞᆫ 前쪈엔 正정智딩[100]ᄅᆞᆯ 브터 니르시고 이엔 實씷相샹ᄋᆞᆯ 브터 니르시니 혜여[1] 보건댄 ᄒᆞᆫ가지라 ᄆᆞᄎᆞ매[2] 空콩애 가다 ᄒᆞ샤ᄆᆞᆫ 解갱脱ᄐᆑᇙ相샹 離링相샹 滅몋相샹ᄋᆞᆯ 브터 究ᄀᆑᇂ竟경ᄒᆞ야 常쌍寂쪅滅몋相샹애 니를면[3] 識식心심[4]의 緣원影ᅙᅧᆼ[5]이 다 업서 實씷相샹 妙묳空콩[6]애 가니 斷돤空콩[7]이 아니니라 ○ 잇 ᄀᆞ장[8] 藥약草촐喩융品픔[9] ᄆᆞᆺ고[10] 아래ᄂᆞᆫ

---

94) 前엔: 前(전) + -에(부조, 위치) + -ㄴ(←-는: 보조사, 주제)

95) 究竟: 구경. 마지막에 이르는 것이다.

96) 니르ᄂᆞ니라: 니르(이르다, 至)- + -ᄂᆞ(현시)- + -니(원칙)- + -라(←-다: 평종)

97) 이엔: 이에(여기에, 此: 지대, 정칭) + -에(부조, 위치) + -ㄴ(←-는: 보조사, 주제)

98) 究竟涅槃: 구경열반. 가장 높은 경지(境地)에 이른 열반(涅槃)이다.

99) 常寂滅相: 상적멸상. 언제나 저절로 적멸한 모습이다. ※ '적멸(寂滅)'은 에서, 번뇌(煩惱)의 경지(境地)를 벗어나 생사(生死)의 괴로움을 끊는 것이다.(= 죽음. 입적(入寂). 열반(涅槃))

100) 正智: 정지. 진리를 보는 바른 지혜이다.

1) 혜여: 혜(헤아리다. 量)- + -여(←-어: 연어)

2) ᄆᆞᄎᆞ매: ᄆᆞᄎᆞᆷ[마침, 결국, 終: ᄆᆞᆾ(마치다, 終: 동사)- + -ᄋᆞᆷ(명접)] + -애(-에: 부조, 위치)

3) 니를면: 니를(이르다, 至)- + -면(연어, 조건)

4) 識心: 식심. 사물을 인식하는 정신 작용이다. '육식(六識)'과 '팔식(八識)'으로 구분된다. ※ '육식(六識)'은 6근에 의해 대상을 깨닫는 안식·이식·비식·설식·신식·의식 등 6가지 의식을 가리킨다. 그리고 '팔식(八識)'은 유식사상에서 일컫는 것으로 인간 마음의 기본적인 여덟 가지 활동을 이른다. 앞에 든 '육식(六識)'에 마나식(末那識)을 더하면 '칠식(七識)'이 되고, 여기에 아뢰야식(阿賴耶識)을 다시 더하면 '팔식(八識)'이 된다.

5) 緣影: 연경. 대상으로 비친 그림자이다.

6) 妙空: 묘공. 묘하고 공허한 것이다.

7) 斷空: 단공. 끊어진 공(空)이다.

8) 잇 ᄀᆞ장올: 이(이, 여기, 此處: 지대, 정칭) + -ㅅ(-의: 관조) # ᄀᆞ장(-까지: 의명, 도달) + -ᄋᆞᆯ(목조)

9) 藥草喩品: 약초유품. 『묘법연화경』의 제5품이다. 부처님의 평등한 법과 다양한 중생의 근기를 약초에 비유하여 설명하였다.

10) ᄆᆞᆺ고: ᄆᆞᆾ(←마치다, 終)- + -고(연어, 나열, 계기)

授記品(수기품)이니, 大迦葉(대가섭) 等(등)이 (부처님의) 喩說(유설)에서 알아, 부처의 正道(정도)를 得(득)하여 부처의 位(위)를 밟겠으므로 오는 果(과)를 일러 주시니, (그) 이름이 授記品(수기품)이다. 法華(법화)의 '한 會(회, 靈山會)'는 무리의 機(기)가 正(정)하고 實(실)하여 하는 일을 이미 이룬 時節(시절)이므로, 正宗(정종)을 일러 보이심에

宗(종)은 마루이다.

많은 일(多事)이 없어, 바로 三乘(삼승)을 한데(一乘法)에 모으시며 네 見(四見)을 열어서 알아 들게 하시어,

네 見(견)은 方便品(방편품)에 있는 부처의 知見(지견)을 열며, 보이며, 알며, 듣는 것이다.

授_쓩記_긩品_픔[11]이니 大_땡迦_강葉_셥 等_등이 喩_융說_쉃[12]에 아라 부텻 正_졍道_똘를 得_득

ᄒᆞ야 부텻 位_윙[13]를 ᄇᆞᆯ리ᇙᄊᆡ[14] 오ᄂᆞᆫ 果_광[15]를 닐어 주시니 일후미 授_쓩記_긩品_픔이

라 法_법華_{ᅘᅪᆼ} ᄒᆞᆫ 會_{ᅘᅬᆼ}[16]ᄂᆞᆫ 믈[17] 機_긩[18] 正_졍코 實_싏ᄒᆞ야 ᄒᆞᄂᆞᆫ 이를 ᄒᆞ마 일운 時_씽

節_젎일ᄊᆡ 正_졍宗_죵[19] 닐어 뵈샤매[20]

　　宗_죵은 ᄆᆞᆯ리라[21]

ᄒᆞᆫ 이리 업서 바ᄅᆞ[22] 三_삼乘_씽을 ᄒᆞᆫ게[23] 모도시며[24]

　　네 見_견을 여러 아라 들에[25] ᄒᆞ샤 네 見_견은 方_방便_뼌品_픔엣 부텻 知_딩見_견을
　　열며 뵈며 알며 드로미라[26]

---

11) 授記品: 수기품. 『묘법연화경』의 28품 중에서 제6품이다. 부처님께서 중근(中根)의 능력을 가지
가섭(迦葉) 등 사대성문(四大聲聞)에게 그들이 나중에 부처가 되어 나타나리라는 수기를 설한
품이다. ※ '사대성문(四大聲聞)'은 '마하가섭, 수보리, 가전연, 목건련' 등이다.

12) 喩說: 유설. 비유(譬喩)로써 하는 설법이다.

13) 位: 위. 지위(地位)이다.

14) ᄇᆞᆯ리ᇙᄊᆡ: 볿[← 넓다, ㅂ불: 밟다, 履]- + -ᄋᆞ리(미시)- + -ㄹᄊᆡ(-ㅭ로: 연어, 이유)

15) 果: 과. 원인에 따라 일어나는 결과이다. '오ᄂᆞᆫ 果'는 오는 세상에 얻을 과보이다

16) 會: 회. 모임이다. ※ '법화의 한 회'는 부처님이 처음으로 『묘법연화경』을 영취산에서 설법할
때의 모임이다. 이 모임을 일러 불교에서는 '영산회(靈山會)'라고 한다.

17) 믈: 무리, 衆.

18) 機: 기. 근기(根機), 곧 부처의 가르침에 접하여 발동되는 수행자의 정신적 능력이다.

19) 正宗: 정종. 바른 줄기. 불교에서 개조(開祖)의 정통을 이어받은 종파(宗派)를 말한다. 또는
『묘법연화경』을 말하기도 한다. 여기서는 『묘법연화경』을 이른다.

20) 뵈샤매: 뵈[보이다, 示: 보(보다, 見)- + -ㅣ(← -이-: 사접)-]- + -샤(← -시-: 주높)- + -ㅁ
(← -옴: 명전) + -애(-에: 부조, 위치)

21) ᄆᆞᆯ리라: ᄆᆞᆯㄹ(← ᄆᆞᄅᆞ: 마루, 우두머리, 으뜸, 宗) + -이(서조)- + -Ø(현시)- + -라(← -다: 평종)

22) 바ᄅᆞ: [바로, 直(부사): 바ᄅᆞ(바르다, 直: 형사)- + -Ø(부접)]

23) ᄒᆞᆫ게: [한데, 一處, 一乘法: ᄒᆞᆫ(한, 一: 관사, 양수) + 게(거기에, 데, 處: 의명)]

24) 모도시며: 모도[모으다, 集: 몯(모이다, 集: 자동)- + -오(사접)-]- + -시(주높)- + -며(연어, 나열)

25) 아라 들에: 알(알다, 悟)- + -아(연어) # 들(들다, 入)- + -에(← -게: 연어, 도달)

26) 드로미라: 들(← 듣다, ㄷ불: 듣다, 聞)- + -옴(명전) + -이(서조)- + -Ø(현시)- + -라(← -다:
평종)

낫나치 授쑣記긩ᄒᆞ샤 成쎵佛뿛ᄒᆞ논 이ᄅᆞᆯ 印힌ᄒᆞ샤
印힌은 一ᅙᅵᇙ定띵ᄒᆞ야 고티디 몯ᄒᆞᄂᆞᆫ ᄠᅳ디라
닐위샤 功공 일우샤 本본願ᅌᅯᆫ ᄀᆞᄃᆞᆨᄒᆞ신 ᄠᅳ들 뵈실 ᄯᆞᄅᆞ미라 그러나 녜 淨쪙名명이 彌밍勒륵이 一ᅙᅵᇙ生ᄉᆡᇰ앳 記긩 授쑣호ᄆᆞᆯ 荒황唐땅히 너교ᄃᆡ 正졍ᄒᆞᆫ 位윙ㅅ 中듀ᇰ엔 本본來ᄅᆡᆼ 授쑣記긩 업스며 ᄯᅩ 菩뽕提똉 得득호미 업다 ᄒᆞ니 法법華ᅘᅪᆼㅣ ᄒᆞ마 正졍位윙예 드르시니 엇뎨 자최예 거리ᄭᅵ료 ᄯᅩ 몸 이실ᄊᆡ 記긩 잇ᄂᆞ니 正졍位윙예 든 사ᄅᆞ미 오히려 모미 이시려 正졍位윙ㅅ 中듀ᇰ에 비록 授쑣記긩

낱낱이 授記(수기)하시어 成佛(성불)하는 것을 印(인)하시어,

　印(인)은 一定(일정)하여 변하지 못하는 뜻이다.

일어나시어 功(공)을 이루시어 本願(본원)이 가득하신 뜻을 보이실 따름이다. 그러나 옛날에 淨名(정명)이 '彌勒(미륵)이 一生(일생)의 記(기)를 授(수)한 것'을 荒唐(황당)하게 여기되, "'正(정)한 位(위)'의 中(중)에는 本來(본래) 授記(수기)가 없으며, 또 菩提(보리)를 得(득)한 것이 없다."고 하니, 法華(법화)가 이미 正位(정위)에 드시었으니 어찌 자취에 걸리었느냐? 또 몸(己)이 있으므로 記(기)가 있나니, 正位(정위)에 든 사람이 오히려 몸이 있겠느냐? 正位(정위)의 中(중)에 비록 授記(수기)가

낫나치²⁷⁾ 授_쓩記_긩²⁸⁾ㅎ샤 成_쎵佛_뿛호물 印_힌ㅎ샤²⁹⁾

　　印_힌은 一_힗定_뎡ㅎ야³⁰⁾ 가시디³¹⁾ 몯ㅎ는 쁘디라³²⁾

니러나샤 功_공 일우샤 本_본願_원³³⁾이 ᄀᆞ득ㅎ신 ᄠᅳ들 뵈실 ᄯᆞᄅᆞ미라³⁴⁾ 그러나 네 淨_쪙名_명³⁵⁾이 彌_밍勒_륵³⁶⁾이 一_힗生_싱 記_긩³⁷⁾ 授_쓩 호물 荒_황唐_땅이³⁸⁾ 너교ᄃᆡ 正_졍ᄒᆞᆫ 位_윙 中_듕에 本_본來_{ᄅᆡᆼ} 授_쓩記_긩 업스며 ᄯᅩ 菩_뽕提_똉 得_득호미 업다 ㅎ니 法_법華_{ᅘᅪᆼ}³⁹⁾ㅣ ㅎ마 正_졍位_윙⁴⁰⁾예 들어시니⁴¹⁾ 엇뎨 자최예⁴²⁾ 거뇨⁴³⁾ ᄯᅩ 모미 이실씨 記_긩 잇ᄂᆞ니 正_졍位_윙예 든 사ᄅᆞ미 ᄉᆞᆫ지⁴⁴⁾ 모미 이시려⁴⁵⁾ 正_졍位_윙 中_듕에 비록 授_쓩記_긩

---

27) 낫나치: [낱낱이, 箇箇(부사): 낫(← 낯: 낱, 個, 명사) + 낯(낱, 個: 명사) + -이(부접)]

28) 授記: 수기. 부처가 그 제자에게 내생에 성불(成佛)하리라는 예언기(豫言記)를 주는 것이다.

29) 印ㅎ샤: 印ㅎ[인하다: 印(인: 불어) + -ㅎ(동접)-] + -샤(←-시-: 주높) + -Ø(←-아: 연어) ※ '印(인)'은 하나로 정하여 변하지 못하게 하는 것이다.

30) 一定ㅎ야: 一定ㅎ[일정하다: 一定(일정: 명사) + -ㅎ(←-ᄒᆞ-: 형접)-] + -야(←-아: 연어) ※ '一定(일정)'은 하나로 정하는 것이다.

31) 가시디: 가시(가시다, 변하다, 變)- + -디(-지: 연어, 부정)

32) 쁘디라: 뜬(뜻, 意) + -이(서조)- + -Ø(현시)- + -라(←-다: 평종)

33) 本願: 본원. 부처가 되기 이전, 즉 보살로서 수행할 때에 세운 서원(誓願)이다.

34) ᄯᆞᄅᆞ미라: ᄯᆞ름(따름, 耳: 의명) + -이(서조)- + -Ø(현시)- + -라(←-다: 평종)

35) 淨名: 정명. 『유마경』(維摩經)의 주인공이다. '무구칭(無垢稱), 정명(淨名)' 등으로 번역한다.

36) 彌勒: 미륵. 내세에 성불하여 사바세계에 나타나서 중생을 제도하리라는 보살이다.

37) 一生 記: 일생기. 어떤 사람의 일생을 지난 후에 받을 수기(受記)이다.

38) 荒唐이: [← 荒唐히(황당히: 부사): 荒唐(황당) + -ㅎ(←-ᄒᆞ-: 형접)- + -이(부접)] ※ '荒唐(황당)'은 언행(言行)이 허황(虛荒)하여 믿을 수 없는 것이다.

39) 法華: 법화. 여기서는 영산회(靈山會)에서 법화경을 들은 대중을 이른다.

40) 正位: 정위. 지혜로써 열반을 깨달아 얻는 자리이다. ※ '위(位)'는 보살이 수행하는 단계이다.

41) 들어시니: 들(들다, 入)- + -어(←-거-: 확인)- + -시(주높)- + -니(연어, 설명 계속)

42) 자최예: 자최(자취, 跡) + -예(←-에: 부조, 위치)

43) 거뇨: 거(← 걸다: 걸리다, 滯)- + -Ø(과시)- + -뇨(의종, 설명) ※ '-뇨'는 '-니(원칙)- + -오 (←-고: 의종, 설명)'이 축약된 형태이다.

44) ᄉᆞᆫ지: 오히려, 猶(부사)

45) 이시려: 이시(있다, 有)- + -리(미시)- + -어(←-아 ←-가: 의종, 판정)

業본나쓩·법아디界 청ㅈ位닌아쓩
업來ᄒ·엄·이·니說갱 淨ㅈ뜽·엇니記
·이링·니 ·수ㄴ·커·쎵·엿 정記ㅅ·뎨ᄒ·긩
·엇·몸·라·되ㄴ마 法·뎨心긩·쳐正ㄴ·업
·뎨업ᄒ善나·른·법업 심前 섬정니·ㅅ
·모·건니·쎤나因·이·ㅅ과·뭻과位華·나
·미마포惡·업·힌리·니·을妙윙뺭·쏘
記·른·졍·학·스緣·다·오·른몽ᅀᅡ嚴授
긩그證業·며·원아淨산ㅈ覺·엄쓩
·호·러·장업지전니·쎵·각리乃記
·주나·엇이·숨太ᄒ名쑹니·오·셩긩
·리쏨·샤·쏘·업·로·며명勝니·낭마海·를
·이·쎤·른·업·스諸·쏘·에·싱·른終·린·링廢
·시惡·미·디·며정업·닐境·샨즁十·에·병
·며·학本아受法·다·오·경淸·에쁨ᄒ·티

없으나 또 授記(수기)를 廢(폐)하지 아니하나니, 華嚴(화엄)의 (성해)와 같은 것은 어찌 正位(정위)가 아니겠느냐마는, 十住(십주)의 처음과 妙覺(묘각)의 나중(乃終)에 자주 記莂(기별)을 들으니, 이른바 淸淨心(청정심)과 이른바 殊勝(수승)의 境界(경계)가 어찌 없겠느냐? 淨名(정명)에 이르되 "說法(설법, 諸法 ?)이 있지도 아니하며 또 없지도 아니하건마는, 因緣(인연)의 까닭으로 諸法(제법)이 나나니, 내가 없으며 지은 것이 없으며 受(수)가 없되, 善惡業(선악업)이 또 없지 아니하니라."고 하니, 正證(정증)을 얻은 사람이 本來(본래) 몸(己: 자기)이 없건마는, 그러나 善惡業(선악업)이 어찌 몸이 (있어서) 記(기, 기억)할 수가 있으며,

업스나 또 授_쓩記_긩를 廢_뼹티⁴⁶⁾ 아니ᄒᆞᄂᆞ니 華_뼝嚴_엄 性_셩海_{ᄒᆡᆼ}⁴⁷⁾ ᄀᆞᆮᄒᆞ닌⁴⁸⁾ 엇뎨

正_졍位_윙 아니리오마ᄅᆞᆫ⁴⁹⁾ 十_씹住_뜡⁵⁰⁾ㅅ 처섬과 妙_묳覺_각⁵¹⁾ 乃_냉終_즁에 ᄌᆞ조⁵²⁾ 記_긩莂_{ᄡᆑᇙ}⁵³⁾을 듣ᄌᆞᄫᅩ니 니ᄅᆞ샨 淸_쳥淨_쪙心_심과 니ᄅᆞ샨 殊_쓩勝_싱⁵⁴⁾ 境_경界_갱 엇뎨

업스리오 淨_쪙名_명에 닐오ᄃᆡ 說_쉃法_법이 잇디 아니ᄒᆞ며 ᄯᅩ 업디 아니컨마ᄅᆞᆫ⁵⁵⁾

因_힌緣_원 젼ᄎᆞ로 諸_졍法_법이 나ᄂᆞ니 나⁵⁶⁾ 업스며 지숨⁵⁷⁾ 업스며 受_쓩 업수ᄃᆡ 善

_쎤惡_{ᅙᅡᆨ}業_업⁵⁸⁾이 ᄯᅩ 업디 아니ᄒᆞ니라 ᄒᆞ니 正_졍證_징엣⁵⁹⁾ 사ᄅᆞ미 本_본來_{ᄅᆡᆼ} 몸 업건

마ᄅᆞᆫ 그러나 善_쎤惡_{ᅙᅡᆨ}業_업이 엇뎨 모미 記_긩홇⁶⁰⁾ 주리 이시며⁶¹⁾

---

46) 廢티: 廢ᄒ[← 廢ᄒ다(폐하다): 廢(폐: 불어) + -ᄒ(동접)-]- + -디(-지: 연어, 부정)

47) 性海: 성해. 변하지 않는 진리나 청정한 본성을 바다에 비유한 말이다. 진리의 세계. 깨달음의 세계이다.

48) ᄀᆞᆮᄒᆞ닌: ᄀᆞᆮᄒᆞ(같다, 如)- + -Ø(현시)- + -ㄴ(관전) # 이(이, 者: 의명) + -ㄴ(←-ᄂᆞᆫ: 보조사, 주제)

49) 아니리오마ᄅᆞᆫ: 아니(아니다, 非)- + -리(미시)- + -오(←-고: 의종, 설명) + -마ᄅᆞᆫ(보조사, 인정 대조)

50) 十住: 십주. 보살이 닦는 열 가지 수행 단계이다. 진리에 안주하는 단계라는 뜻으로 주(住)라고 한다.

51) 妙覺: 묘각. 보살이 수행하는 단계 가운데 가장 높은 단계이다. 온갖 번뇌를 끊어 버린 부처의 경지에 해당한다.

52) ᄌᆞ조: [자주, 頻(부사): 즟(잦다, 頻: 형사)- + -오(부접)]

53) 記莂: 기별. 부처님이 수행하는 사람에 대하여 미래에 성불할 것을 낱낱이 구별하여 예언하는 것이다.

54) 殊勝: 수승. 세상에 희유(稀有)하리만큼 아주 뛰어난 것이다.

55) 아니컨마ᄅᆞᆫ: 아니ᄒ[← 아니ᄒ다(아니하다): 보용, 부정): 아니(아니, 不: 부사, 부정) + -ᄒ(동접)-]- + -건마ᄅᆞᆫ(-건마는: 연어, 인정 대조)

56) 나: 나, 我.

57) 지숨: 짓[← 짓다, ㅅ불: 짓다, 만들다, 作)- + -움(명전)

58) 善惡業: 선악업. 선업과 악업을 아울러서 이르는 말이다.

59) 正證엣: 正證(정증) + -에(부조, 위치) + -ㅅ(-의: 관조) ※ '正證(정증)'은 올바른 깨달음이다. '正證엣'은 '올바른 깨달음을 얻은'의 뜻이다.

60) 記홇: 記ᄒ[← 記ᄒ다(기하다, 기억하다): 記(기: 불어) + -ᄒ(동접)-]- + -오(대상)- + -ㅭ(관전)

61) 善惡業이 엇뎨 모미 記홇 주리 이시며: '善惡業이 어찌 몸이 있어서 기억할 수가 있으며'로 의역하여 옮길 수 있다.

엇뎨 모미 니ᄌᆞ리오마ᄅᆞᆫ 世間앳 艱難ᄒᆞ며 가ᅀᆞ멸며 貴ᄒᆞ며 賤ᄒᆞ며 기리 살며 뎌러 살며 受苦ᄅᆞᄫᆞ며 즐거ᄫᅮ미 녜 지ᅀᅩᆫ 業報로 브터 이제 受ᄒᆞ며 몬져 블룐 거스로 後에 應ᄒᆞ야 섯긘 그므를 쳐도 아니 ᄉᆡ며 큰 劫에 ᄢᅥ디옛다가 기티디 아니호ᄆᆞᆫ 뉘 記ᄅᆞᆯ 주뇨 이제 니ᄅᆞ논 記ᄂᆞᆫ 오직 업디 아니ᄒᆞᄂᆞᆫ 理ᄅᆞᆯ 도ᄫᅡ 볼기샤 行홀 사ᄅᆞᄆᆞᆯ 引導ᄒᆞ시ᇙ ᄯᆞᄅᆞ미시니라 偈ᄂᆞᆫ 本經에 잇ᄂᆞ니라 大衆ᄃᆞ려

어찌 몸이 (없다고) 잊을 수가 있겠느냐마는, 世間(세간)에 있는 艱難(가난)하며 부유하며 貴(귀)하며 賤(천)하며 길이 살며 짧게 살며 受苦(수고)로우며 즐거운 것이 옛날에 지은 것(業報)으로부터 이제 受(수)하며, 먼저 부른 것으로 後(후)에 應(응)하여, 성긴 그물을 쳐도 새지 아니하며, 큰 劫(겁)에 꺼지어 있다가도 남기지 아니한 것은 누가 記(기, 수기)를 주었느냐? 이제 이르는 記(기, 수기)는 오직 없어지지 아니하는 理(이)를 도와서 밝히시어, 行(행)할 사람을 이끌어 내실 따름이다. 】

〈 묘법연화경(妙法蓮華經) 제3권, 제육(第六) 수기품(授記品) 〉

그때에 世尊(세존)이 이 偈(게)를 이르시고【 偈(게)는 本經(본경)에 있느니라. 】 大衆(대중)에게 이르시되,

엇뎨 모미 니슳 주리 업스리오마른⁶²⁾ 世솅間간앳 艱간難난ᄒᆞ며⁶³⁾ 가ᅀᆞ멸며⁶⁴⁾ 貴귕

ᄒᆞ며 賤쪈ᄒᆞ며 기리⁶⁵⁾ 살며 뎔이⁶⁶⁾ 살며 受쓩苦콩ᄅᆞᄫᅵ며⁶⁷⁾ 즐거부미⁶⁸⁾ 네 지소ᄆᆞ

로⁶⁹⁾ 이제 受쓩ᄒᆞ며 몬져 블로ᄆᆞ로⁷⁰⁾ 後흫에 應ᅙᅳᆼᄒᆞ야 얼믠⁷¹⁾ 그므를 디허도⁷²⁾ 시

디⁷³⁾ 아니ᄒᆞ며 큰 劫겁에 ᄭᅥ디여⁷⁴⁾ 잇다가도 기티디⁷⁵⁾ 아니호ᄆᆞ 뉘⁷⁶⁾ 記긩를 주뇨

이제 니ᄅᆞ논 記긩는 오직 업디 아니ᄒᆞᄂᆞᆫ 理링를 도바⁷⁷⁾ 불기샤 行ᅘᆜᆼ홀 사ᄅᆞᄆᆞᆯ

혀⁷⁸⁾ 내실 ᄯᆞᄅᆞ미라 】 그 ᄢᅴ 世솅尊존이 이 偈꼥¹⁾ 니ᄅᆞ시고 【偈꼥ᄂᆞᆫ 本

본經꼉에 잇ᄂᆞ니라 】 大땡衆즁ᄃᆞ려²⁾ 니ᄅᆞ샤ᄃᆡ

---

62) 업스리오마른: 없(없다, 無)- + -으리(미시)- + -오(←-고: 의종, 설명) + -마른(-마는: 보조사, 인정 대조)

63) 艱難ᄒᆞ며: 艱難ᄒᆞ[간난하다: 艱難(간난, 가난, 貧: 명사) + -ᄒᆞ(형접)-]- + -며(연어, 나열)

64) 가ᅀᆞ멸며: ᄀᆞᅀᆞ멸(부유하다, 富)- + -며(연어, 나열)

65) 기리: [길이, 永(부사): 길(길다, 長: 형사)- + -이(부접)]

66) 뎔이: [짧게, 短(부사): 뎔(←뎌르다: 짧다, 短)- + -이(부접)]

67) 受苦ᄅᆞᄫᅵ며: 受苦ᄅᆞᄫᅵ[수고롭다: 受苦(수고: 명사) + -ᄅᆞᄫᅵ(←-롭-: 형접)-]- + -며(←-ᄋᆞ며: 연어, 나열)

68) 즐거부미: 즐겁[←즐겁다, 喜, ㅂ불(형사): 즑(즐거워하다, 歡: 자동)- + -업(형접)-]- + -움(명전)- + -이(주조)

69) 지소ᄆᆞ로: 짓(←짓다, ㅅ불: 짓다, 作)- + -옴(명전)- + -ᄋᆞ로(부조, 방편)

70) 블로ᄆᆞ로: 블ᄅ(←브르다: 부르다, 喚)- + -옴(명전)- + -ᄋᆞ로(부조, 방편)

71) 얼믠: 얼믜(성기다, 疏)- + -Ø(현시)- + -ㄴ(관전)

72) 디허도: 딯(치다, 드리우다, 垂)- + -어도(연어, 양보)

73) 시디: 시(새다, 漏)- + -디(-지: 연어, 부정)

74) ᄭᅥ디여: ᄭᅥ디(꺼지다, 빠지다, 陷)- + -여(←-어: 연어)

75) 기티디: 기티[남기다, 버리다, 餘: 긷(남다, 餘: 자동)- + -이(사접)-]- + -디(-지: 연어, 부정)

76) 뉘: 누(누구, 誰: 인대, 미지칭) + -ㅣ(←-이: 주조) ※ '·뉘'가 거성(去聲)으로 표기되었으므로 '-ㅣ'는 주격 조사이다. '누'에 관형격 조사가 결합하면 ':뉘'가 상성(上聲)으로 표기된다.

77) 도바: 돕(←돕다, ㅂ불: 돕다, 助)- + -아(연어)

78) 혀: 혀(당기다, 끌다, 引)- + -Ø(←-어: 연어)

1) 偈: 게. 부처의 공덕이나 가르침을 찬탄하는 노래 글귀이다.

2) 大衆ᄃᆞ려: 大衆(대중) + -ᄃᆞ려(-더러, -에게: 부조, 상대) ※ '大衆(대중)'은 많이 모인 승려, 또는 비구, 비구니, 우바새, 우바니를 통틀어 이르는 말이다.

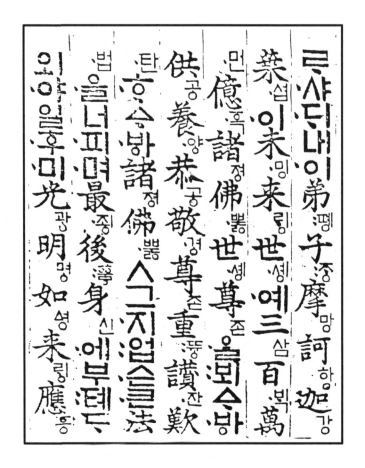

"나의 이 弟子(제자)인 摩訶迦葉(마하가섭)이 未來世(미래세)에 三百萬億(삼백만 억)의 諸佛世尊(제불세존)을 뵈어, 供養(공양) · 恭敬(공경) · 尊重(존중) · 讚歎(찬탄)하여 諸佛(제불)의 그지없는 큰 法(법)을 넓히며, 最後身(최후신)에 부처가 되어 이름이 光明如來(광명여래) ·

[60 앞]

내[3] 이 弟뗑子중 摩망訶항迦강葉셥[4]이 未밍來링世솅예 三삼百빅萬먼億흑 諸졍佛뿛世솅尊존[5]올 뵈ᄉᆞᄫᅡ[6] 供공養양[7] 恭공敬경 尊존重뜡 讚잔歎탄ᄒᆞᄉᆞᄫᅡ 諸졍佛뿛ㅅ 그지업슨[8] 큰 法법을 너피며[9] 最죙後ᅘᅮᇢ身신[10]에 부톄 ᄃᆞ외야 일후미 光광明명[11] 如ᅀᅧᆼ來링[12]

---

3) 내: 나(나, 我: 인대, 정칭) + -ㅣ(←-ᄋᆡ: 관조)

4) 摩訶迦葉: 마하가섭(kāśyapa). 십대제자(十大弟子)의 하나이다. 마가다국(magadha國) 출신으로, 엄격하게 수행하여 두타제일(頭陀第一)이라 일컫는다. 석가가 입멸한 직후, 왕사성(王舍城) 밖의 칠엽굴(七葉窟)에서 행한 제1차 결집(結集) 때, 의장이 되어 그 모임을 주도하였다.

5) 諸佛世尊: 제불세존[제- + 불세존]. 여러 부처님들이다.

6) 뵈ᄉᆞᄫᅡ: 뵈[뵈다, 뵙다, 謁見: 보(보다, 見)- + -ㅣ(←-이-: 사접)-]- + -ᅌᆞᇦ(←-ᅀᆞᇦ-: 객높)- + -아(연어)

7) 供養: 공양. 불(佛) · 법(法) · 승(僧)의 삼보(三寶)나 죽은 이의 영혼에게 음식, 꽃 따위를 바치는 것이다. 또는 그 음식이다.

8) 그지업슨: 그지없[그지업다, 한없다, 無量: 그지(한도, 量) + 없(없다, 無)-]- + -Ø(현시)- + -은(관전)

9) 너피며: 너피[넓히다, 演: 넙(넓다, 演: 형사)- + -히(사접)-]- + -며(연어, 나열)

10) 最後身: 최후신. 유전윤회의 생사(生死)가 끊기는 마지막 몸이다. 수행이 완성되어 불과(佛果)에 이르려고 하는 몸으로서, 소승에서는 무여열반을 증득(證得)하는 아라한의 몸이며, 대승에서는 불과를 증득하는 보살의 몸이다.

11) 光明: 광명. 번뇌나 죄악의 암흑에 신앙상의 지혜와 견해를 갖도록 밝게 비추는 일로서, 부처의 이름 중의 하나이다.

12) 如來: 여래. 지금까지의 부처들과 같은 길을 걸어서 열반의 피안에 간 사람, 또는 진리에 도달한 사람이라는 뜻이다. ※ '光明如來(광명여래)'는 지혜의 광명으로 불법(佛法)을 두루 비추어 중생을 교화하기 때문에 부처님을 광명(光明)이라고 말씀하신 것이다.

供_공正_졍遍_변知_딩明_명行_행足_죡善

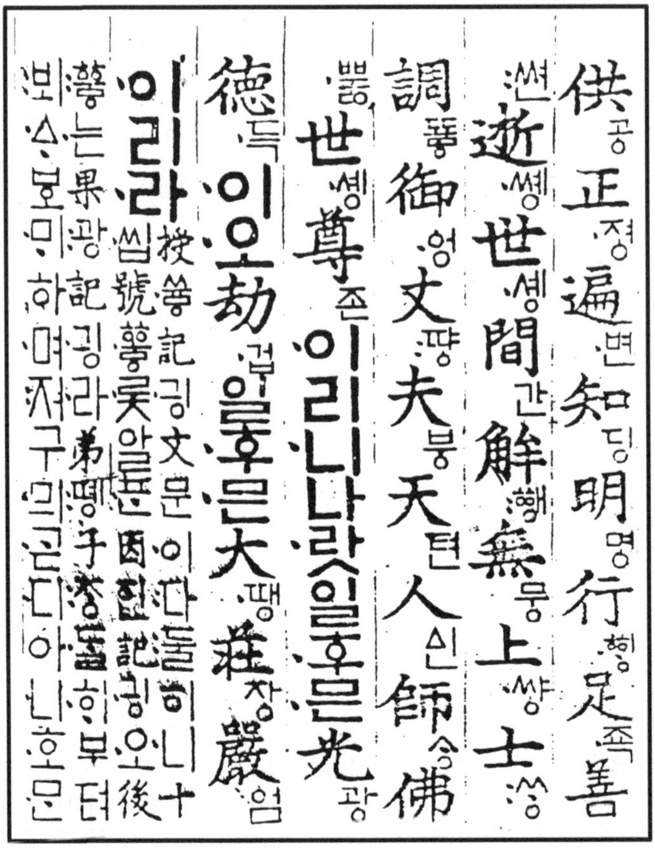

供공 正졍 遍변 知딩 明명 行행 足죡 善
逝쎵 世솅 間간 解ᄒᆡᆼ 無뭉 上쌍 士씀
調ᄯᅭᇢ 御ᅌᅥᆼ 丈ᄣᅡᇰ 夫붕 天텬 人ᅀᅵᆫ 師ᄉᆞᆼ 佛
世솅 尊존 이리니 나라ᄉᆞᆯ 후믄 光광
德득 이오 劫겁 일후믄 大땡 莊쟝 嚴엄
이리라 【授ᄊᆛᇢ記긩文문이 다 둘히니 十씹
號ᅘᅩᇢ로브터 앏픈 因ᅙᅵᆫ記긩오 後ᅘᅮᇢ
는 果광記긩라 弟똉子ᄌᆞᆼ돌히 부텨 보ᅀᆞᇦ미 하며 져그미 ᄀᆞᆮ디 아니호ᄆᆞᆫ

應供(응공) · 正遍知(정변지) · 明行足(명행족) · 善逝(선서) · 世間解(세간해) · 無上士(무상사) · 調御丈夫(조어장부) · 天人師(천인사) · 佛世尊(불세존)이겠으니, 나라의 이름은 光德(광덕)이요 劫(겁)의 이름은 大莊嚴(대장엄)이리라. 【授記文(수기문)이 다 둘이니, 十號(십호)로부터의 앞은 因記(인기)이요 後(후)는 果記(과기)이다. 弟子(제자)들이 부처를 뵙는 것이 많으며 적은 것이 같지 아니한 것은

應_흥供_공¹³⁾ 正_졍徧_변知_딩¹⁴⁾ 明_명行_헹足_죡¹⁵⁾ 善_쎤逝_쎙¹⁶⁾ 世_솅間_간解_갱¹⁷⁾ 無_뭉上_썅士_쏭¹⁸⁾ 調_뚈御_엉丈_땽夫_붕¹⁹⁾ 天_텬人_신師_숭²⁰⁾ 佛_뿛世_솅尊_존²¹⁾이리니 나랏 일후믄 光_광德_득²²⁾이오 劫_겁 일후믄 大_땡莊_장嚴_엄이리라²³⁾ 【授_쓩記_긩文_문이 다 둘히니²⁴⁾ 十_씹號_뽛롯²⁵⁾ 알픈²⁶⁾ 因_힌記_긩²⁷⁾오 後_흫는 果_광記_긩²⁸⁾라 弟_똉子_중둘히²⁹⁾ 부텨 뵈ᅀᆞᄫᆞ미³⁰⁾ 하며 져구믜³¹⁾ 근디 아니호문

---

13) 應供: 응공. 온갖 번뇌를 끊어서 인간, 천상의 모든 중생으로부터 공양을 받을 만한 사람이다.

14) 正徧知: 정변지. 온 세상의 모든 일을 모르는 것 없이 바로 안다.

15) 明行足: 명행족. 삼명(三明)의 신통한 지혜와 육도만행(六度萬行)을 갖추었다. ※ '삼명(三明)'은 아라한(阿羅漢)이 가지고 있는 세 가지 지혜이다. 그리고 '육도만행(六度萬行)'은 보살이 육바라밀(六波羅密)을 완전하고 원만하게 수행하는 일이다.

16) 善逝: 선서. '잘 가신 분'이라는 뜻으로, 피안(彼岸)에 가서 다시는 이 세상에 돌아오지 않는다.

17) 世間解: 세간해. 세상의 모든 것을 안다는 뜻이다.

18) 無上士: 무상사. 정(情)을 가진 존재 가운데 가장 높아서 그 위가 없는 대사(大師)이다.

19) 調御丈夫: 조어장부. 중생을 잘 이끌어 가르치는 사람이다.

20) 天人師: 천인사. 하늘과 인간 세상의 모든 중생들의 스승이라는 뜻이다.

21) 佛世尊: 불 · 세존. 불(佛)은 진리를 깨달은 사람이며, '세존(世尊)'은 세상에서 가장 존귀한 존재이다.

22) 나랏 일후믄 光德이오: 광명여래(光明如來)의 공덕(功德)을 가지고 불국토(佛國土)의 이름이 이루어졌기 때문에 광덕(光德)이라 말씀을 하신 것이다.

23) 劫 일후믄 大莊嚴이라: 대장엄. 부처님이 출현하여 열반에 드시고, 다시 정법(正法)과 상법(像法)과 말법(末法)에 이르기까지의 이름을 겁명대장엄(劫名大莊嚴)이라 한다.

24) 둘히니: 둘ㅎ(둘, 二: 수사, 양수) + -이(서조) - + -니(연어, 설명 계속)

25) 十號롯: 十號(십호) + -로(부조, 방편) + -ㅅ(-의: 관조) ※ '十號(십호)'는 부처의 공덕을 기리는 열 가지 이름이다. 곧 여래(如來), 응공(應供), 정변지(正邊知), 명행족(明行足), 선서(善逝), 세간해(世間解), 무상사(無上士), 조어장부(調御丈夫), 천인사(天人師), 불세존(佛世尊)을 이른다.

26) 알픈: 앒(앞, 前) + -은(보조사, 주제)

27) 因記: 인기. 수기를 받는 동기가 무엇인가를 밝힌 수기문이다.

28) 果記: 과기. 수기를 받은 결과가 무엇인가를 밝힌 수기문이다.

29) 弟子둘히: 弟子둘ㅎ[제자들: 弟子(제자) + -둘ㅎ(-들: 복접)] + -이(관조, 의미상 주격)

30) 뵈ᅀᆞᄫᆞ미: 뵈[뵈다, 謁見: 보(보다, 見)- + -ㅣ(← -이-: 사접)-]- + -ᅀᆞᇦ(← -ᅀᆞᆸ-: 객높)- + -옴(명전) + -이(관조, 의미상 주격)

31) 져구믜: 젹(적다, 少)- + -움(명전) + -의(관조, 의미상 주격)

各各(각각) 願緣(원연)을 좇으며, 부처를 섬기는 功用(공용)이 같지 아니한 것은 各各(각각) 재주의 힘을 좇으며, 부처가 되는 果號(과호)가 같지 아니한 것은 各各(각각) 因行(인행)을 따르느니라. 大迦葉(대가섭)이 因地(인지)에서 日月燈佛(일월등불)을 섬기어, 부처가 없어지신 後(후)에 燈(등)을 켜며 밝음을 이어, 紫光金(자광금)으로 부처의 形像(형상)에 바르고, 또 法華(법화 설법회)에서 妙性(묘성)이 열어 밝으므로 號(호)를 光明(광명)이라고 하며, 나라의 이름을 光德(광적)이라고 하며, 劫(겁) 이름을 莊嚴(장엄)이라고 함에 이르니, 다 因行(인행)을 같게 하였느니라. 】 부처의 목숨이

各_각各_각 願_원緣_원32)을 조추며 부텨 셤기숩는 功_공用_용33)이 궃디 아니호 各_각各_각 지죗34) 히믈 조추며 부텨 드외논 果_광號_뽷35)ㅣ 궃디 아니호 各_각各_각 因_{ᅙᅵᆫ}行_행36)을 좃느니라37) 大_땡迦_강葉_셥이 因_{ᅙᅵᆫ}地_띵38)예 日_{ᅀᅵᇙ}月_{ᅌᅯᇙ}燈_등佛_뿛39)을 셤기ᅀᆞ바 부텨 업스신40) 後_{ᅘᅮᇢ}에 燈_등을 혀며41) 브구믈 니어42) 紫_증光_광金_금43)으로 부텼 形_{ᅘᅧᆼ}像_쌍애 ᄇᆞᄅᆞᅀᆞᆸ고44) 쏘 法_법華_{ᅘᅪᆼ}45)애 妙_묳性_셩46)이 여러47) 블ᄀᆞᆯ씨 號_뽷를 光_광明_명이라 ᄒᆞ며 나랏 일후믈 光_광德_득이라 ᄒᆞ며 劫_겁 일후믈 莊_장嚴_엄이라 호매 니르니 다 因_{ᅙᅵᆫ}行_행을 근게 ᄒᆞ니라48) 】 부텼 목수미49)

---

32) 願緣: 원연. 願(원)과 緣(연)을 아울러서 이르는 말이다. ※ '願(원)'은 바라는 바 소원이다. 종교적으로 신앙과 수행을 통해 성취하고자하는 원을 세운다고 할 때에 이를 서원(誓願)이라 하며, 서원을 줄여서 원(願)이라고 한다. ※ '緣(연)'은 어떤 결과를 일으키는 간접 원인이나 외적 원인 또는 조건이다. 넓은 뜻으로는 직접 원인이나 내적 원인을 뜻하는 인(因)도 포함한다.

33) 功用: 공용. 몸과 입과 뜻으로 짓는 행위, 말, 생각 따위를 이르는 말이다.

34) 지죗: 지조(재주, 才) + -ㅅ(-의: 관조)

35) 果號: 과호. 수행의 결과로 도달할 불과위(佛果位)의 명호이다.

36) 因行: 인행. 수행에 방해가 되는 외부의 요인에 흔들리지 아니하고 오롯이 수행 정진하는 것이다.

37) 좃느니라: 좃(← 좇다: 좇다, 따르다, 從)- + -느(현시)- + -니(원칙)- + -라(← -다: 평종)

38) 因地: 인지. 불법의 수행이 아직 성불에 이르지 아니한 보살의 지위이다.

39) 日月燈佛: 일월등불. 광명이 하늘에서는 해와 달과 같고, 땅에서는 등불과 같은 부처이다.

40) 업스신: 없(없어지다, 滅: 자동)- + -으시(주높)- + -Ø(현시)- + -ㄴ(관전)

41) 혀며: 혀(켜다, 點火)- + -며(연어, 나열)

42) 니어: 닛(← 잇다, ㅅ불: 잇다, 繼)- + -어(연어)

43) 紫光金: 자광금. 자색(紫色)의 빛이 나는 금(金)이다.

44) ᄇᆞᄅᆞᅀᆞᆸ고: ᄇᆞᄅᆞ(바르다, 塗)- + -ᅀᆞᆸ(객높)- + -고(연어, 나열)

45) 法華: 법화. 여기서는 부처님이 『법화경』을 강설한 영산회의 법회를 이른다.

46) 妙性: 묘성. 최종 열반의 진여문(眞如門)이다.

47) 여러: 열(열다, 結)- + -어(연어)

48) ᄒᆞ니라: ᄒᆞ(하다: 보용, 사동)- + -Ø(과시)- + -니(원칙)- + -라(← -다: 평종)

49) 목수미: 목숨[목숨, 壽: 목(목, 喉) + 숨(숨, 息)] + -이(주조)

두 小令劫겁이오 正法법住뜡世솅
二싱十씹 小令劫겁이오 像썅法법이
二싱十씹 小令劫겁이 올 住뜡호리라
됴로호미 法법界갱예 소신마 모 그 미리 나
셰생에 버거나 살 十씹二싱 小令劫겁이 리니 本본
世世세법차가 이나 뵈실 마 크 悲빙願원力
업슨 衆즁生싱 各각각 인機긩感감을 조차
드다 에 업나
盛쎙호며 衰쉬호 佛뿛身신

열두 小劫(소겁)이요, 正法住世(정법주세)가 二十(이십) 小劫(소겁)이요, 像法(상법)이 또 二十(이십) 小劫(소겁)을 住(주)하리라. 【맑은 法界(법계)의 몸이 本來(본래) 나며 드는 것이 없으시건마는, 그러나 (부처가) 未來世(미래세)에 나시어 十二(십이) 小劫(소겁)을 계시다가 없어지신 것은, 大悲(대비)의 願力(원력)을 좇아서 나서 보이실 따름이다. 正法(정법)·像法(상법)이 各各(각각) 스물 劫(겁)의 後(후)에 없어지는 것은 衆生(중생)의 機感(기감)을 좇아 盛(성)하며 衰(쇠)할 따름이지, 佛身(불신)의 열두 小숖劫겁⁵⁰⁾이오 正정法법住뜡世솅⁵¹⁾ 二싱十씹 小숖劫겁이오 像썅法법⁵²⁾이 쏘 二싱十씹 小숖劫겁을 住뜡ᄒᆞ리라⁵³⁾【조ᄒᆞ 法법界갱ㅅ 모미⁵⁴⁾ 本본來ᄅᆡᆼ 나며 드로미 업거신마ᄅᆞᆫ⁵⁵⁾ 그러나 未밍來ᄅᆡᆼ世솅예 나샤 十씹二싱 小숖劫겁을 겨시다가 업스샤ᄆᆞᆫ⁵⁶⁾ 大땡悲빙 願원力륵⁵⁷⁾을 조차 나 뵈실 ᄯᆞᄅᆞ미라 正정法법 像썅法법이 各각各각 스믈 劫겁 後ᅘᅮᇢ에 업수믄 衆즁生ᄉᆡᇰ이 機긩感감⁵⁸⁾을 조차 盛쎵ᄒᆞ며 衰쇠홀 ᄯᆞᄅᆞ미디비⁵⁹⁾ 佛ᅋᅮᇙ身신⁶⁰⁾】

---

50) 小劫: 소겁. 사람의 목숨이 팔만 살에서부터 일 백년마다 한 살씩 줄어들어 열 살에 이르기까지의 동안을 감겁(減劫)이라고 한다. 그리고 열 살에서부터 일백년마다 한 살씩 늘어 팔만 살에 이르는 동안을 증겁(增劫)이라고 한다.

51) 正法住世: 정법주세. 정법이 이 세상에 머무는 것이다. ※ '正法(정법)'은 삼시법(三時法)의 하나이다. 석가모니가 열반한 뒤에 오백 년 또는 천 년 동안이다. 이 시기에는 교법(教法)·수행(修行)·증과(證果)가 다 있어, 정법이 행하여진 시기이다.

52) 像法: 상법. 삼시법(三時法)의 하나이다. 정법시 다음의 천 년 동안이다. 이 동안에는 교법이 있기는 하지만 진실한 수행은 이루어지지 않으며, 증과를 얻는 사람도 없다.

53) 住ᄒᆞ리라: 住ᄒᆞ[주하다(머무르다): 住(주: 불어) + -ᄒᆞ(동접)-]- + -리(미시)- + -라(←-다: 평종)

54) 조ᄒᆞ 法界ㅅ 몸: '비로자나불(毗盧遮那佛)'을 이른다. 연화장세계(蓮華藏世界)에 살며 그 몸은 법계(法界)에 두루 차서 큰 광명을 내비치어 중생을 제도하는 부처이다. 천태종에서는 법신불, 화엄종에서는 보신불, 밀교에서는 대일여래라고 한다.

55) 업거신마ᄅᆞᆫ: 업(←없다: 없다, 無)- + -시(주높)- + -거…ㄴ마ᄅᆞᆫ(-건마는: 인정 대조)

56) 업스샤ᄆᆞᆫ: 업(←없다: 없어지다, 滅, 자동)- + -으샤(←-으시-: 주높)- + -ㅁ(←-옴: 명전) + -ᄋᆞᆫ(보조사, 주제)

57) 願力: 원력. 부처에게 빌어 원하는 바를 이루려는 마음의 힘이다.

58) 機感: 기감. 중생이 각자의 근기(根機)에 따라서 부처나 보살의 교화를 받아들이는 것이다.

59) ᄯᆞᄅᆞ미디비: ᄯᆞᄅᆞᆷ(따름: 의명) + -이(서조)- + -디비(-지: 연어, 대조)

60) 佛身: 불신. 부처의 몸이다.

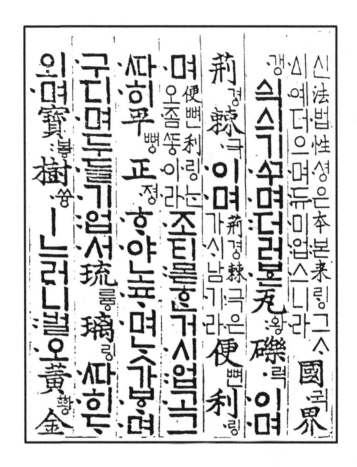

法性(법성)은 本來(본래) 그 사이에 더하며 주는 것이 없으니라. 】 國界(국계)를 장엄하게 꾸며서 더러운 瓦礫(와력)이며 荊棘(형극)이며【荊棘(형극)은 가시나무이다. 】 便利(변리)며【便利(변리)는 오줌똥이다. 】 깨끗하지 못한 것이 없고, 그 땅이 平正(평정)하여 높으며 낮으며 구덩이며 두둑이 없어 琉璃(유리)의 땅이 되며, 寶樹(보수)가 죽 벌여서 나열되고, 黃金(황금)으로

258 월인석보 제십삼 (묘법연화경 – 제6 수기품)

法ᄲ性ᅌ⁶¹⁾은 本본來ᇙ 그 ᄉᅀᅵ예⁶²⁾ 더으며⁶³⁾ 듀미⁶⁴⁾ 업스니라 】 國귁界갱⁶⁵⁾ 싁싁기⁶⁶⁾ ᄭᅮ며⁶⁷⁾ 더러ᄫᅳᆫ 瓦ᅌᅪᆼ礫력이며⁶⁸⁾ 荊경棘극이며⁶⁹⁾【荊경棘극은 가시남기라⁷⁰⁾ 】 便뼌利링며【便뼌利링ᄂᆫ 오좀ᄯᅪᆼ이라⁷¹⁾ 】 조티 몯ᄒᆫ 거시 업고 그 ᄯᅡ히 平뼝正져ᇰᄒᆞ야 노ᄑᆞ며 ᄂᆞᆺ가ᄫᅵ며⁷²⁾ 구디며⁷³⁾ 두들기⁷⁴⁾ 업서 琉륳璃링⁷⁵⁾ ᄯᅡ히 ᄃᆞ외며 寶ᄫᅩᇢ樹쓩⁷⁶⁾ㅣ ᄂᆞ러니⁷⁷⁾ 벌오⁷⁸⁾ 黃ᅘᅪᆼ金금으로

---

61) 法性: 법성. 존재를 존재이게 하는 것, 또는 존재의 진실로서 불변하는 본성이다.(= 法相, 正理, 眞如, 空)

62) ᄉᅀᅵ예: ᄉᅀᅵ(사이, 間) + -예(←-에: 부조, 위치)

63) 더으며: 더으(더하다, 加)- + -며(연어, 나열)

64) 듀미: 디(줄다, 떨어지다, 損)- + -움(명전) + -이(주조)

65) 國界: 국계. 불국토(佛國土)이다.

66) 싁싁기: [엄숙하게, 장엄하게, 嚴(부사): 싁싁(불어) + -Ø(←-ᄒᆞ-: 형접)- + -이(부접)]

67) ᄭᅮ며: ᄭᅮ미(꾸미다, 飾)- + -어(연어)

68) 瓦礫이며: 瓦礫(와력, 기와와 돌) + -이며(접조)

69) 荊棘이며: 荊棘(형극, 가시) + -이며(접조)

70) 가시남기라: 가시남[← 가시나모(가시나무, 荊棘): 가시(가시, 荊) + 나모(나무, 木)] + -이(서조)- + -Ø(현시)- + -라(←-다: 평종)

71) 오좀ᄯᅪᆼ이라: 오좀ᄯᅪᆼ[오줌똥, 便利: 오좀(오줌) + ᄯᅪᆼ(똥, 糞)] + -이(서조)- + -Ø(현시)- + -라(←-다: 평종)

72) ᄂᆞᆺ가ᄫᅵ며: ᄂᆞᆺ갑[← ᄂᆞᆺ갑다, ㅂ불(낮다, 低: 형사): ᄂᆞᆺ(← ᄂᆞᆺ다: 낮다, 형사)- + -갑(형접)-]- + -ᄋᆞ며(연어, 나열)

73) 구디며: 굳(구덩이, 坑坎) + -이며(연어, 나열)

74) 두들기: 두듥(두둑, 堆阜) + -이(주조)

75) 琉璃: 유리. 석영, 탄산 소다, 석회암을 섞어 높은 온도에서 녹인 다음 급히 냉각하여 만든 물질이다. 투명하고 단단하며 잘 깨진다.

76) 寶樹: 보수. 보배로 된 나무이다.

77) ᄂᆞ러니: [느런히, 죽 벌여서, 列(부사): ᄂᆞ런(불어) + -이(부접)]

78) 벌오: 벌(나열되다, 行)- + -오(←-고: 연어, 나열)

金으로 노ᄉᆞ아 길ㅅ ᄀᆞ새 ᄂᆞ리고 여러 가짓 寶·봉華·ᅘᅪᆼ롤 비·허 周·쥴遍·변·히 淸·쳥淨·쪙·ᄒᆞ·리니【依報·를 感·호·미 다 心·地·예브·터 나·니 瓦·礫·과 荊·棘·은 雜·잡 ᄆᆞᅀᆞ·미 感·호·미·오 便·便·利·링·ᄋᆡ 조·티 아·니·호·미 더·러ᄫᅳᆫ ᄆᆞᅀᆞ·미 感·호·미·오 구·덩·과 두·들·기 諂·텸·호ᇝ ᄆᆞᅀᆞ·미 感·호·미·니 諸·졍佛·뿛·이 雜·잡 더·러ᄫᅳᆫ 諂·텸혼 ᄆᆞᅀᆞ·미 업·스·며 國·귁界·갱·롤 싁·싀·기 ᄭᅮ·며 더·러ᄫᅳᆫ 것 업·스·며 오·직 淸·쳥淨·쪙ᄒᆞᆫ 妙·ᄆᆛ行·ᅘᆡᆼ·ᄋᆞᆯ 닥ᆞᆯ·씨 그 ᄯᅡ·히 平·뼝正·졍·ᄒᆞ·야 온·갓

끈을 꼬아 길가에 늘어뜨리고, 여러 가지의 寶華(보화)를 흩뿌려 周遍(주변)히 淸淨(청정)하겠으니【依報(의보)를 感(감)한 것이 다 心地(심지)에서 유래하나니, 瓦礫(와력)과 荊棘(형극)은 雜(잡) 마음이 感(감)한 것이요, 便利(변리)가 깨끗하지 아니한 것은 더러운 마음이 感(감)한 것이요, 구덩이와 두둑은 諂(도)한 마음이 感(감)한 것이다. 諸佛(제불)이 雜(잡) 더러운 諂(도)한 마음이 없으므로 國界(국계)를 장엄하게 꾸며 더러운 것들이 없으며, 오직 淸淨(청정)한 妙行(묘행)을 닦으므로 그 땅이 平正(평정)하여 온갖

노⁷⁹⁾ 꼬아⁸⁰⁾ 긼ᄀ새⁸¹⁾ 느리고⁸²⁾ 여러 가짓 寶_봄華_{ᅘᅪᇰ}⁸³⁾를 비허⁸⁴⁾ 周_즣

遍_변히⁸⁵⁾ 淸_{쳐ᇰ}淨_{쪄ᇰ}ᄒᆞ리니【依_{ᅙᅴᇰ}報_봄⁸⁶⁾ 感_감호미⁸⁷⁾ 다 心_심地_{띠ᇰ}⁸⁸⁾를 븓ᄂᆞ니⁸⁹⁾

瓦_{와ᇰ}礫_력과 荊_{겨ᇰ}棘_극과ᄂᆞᆫ 雜_짭 므ᅀᆞ미 感_감호미오 便_뼌利_{리ᇰ} 조티 아니호ᄆᆞᆫ 더러본

므ᅀᆞ미 感_감호미오 굳과 두듥과ᄂᆞᆫ 諂_텸ᄒᆞᆫ⁹⁰⁾ 므ᅀᆞ미 感_감호미라 諸_졍佛_{ᄤᅟᅮᇙ}이 雜_짭

더러본 諂_텸ᄒᆞᆫ 므ᅀᆞ미 업스실ᄊᆡ 國_귁界_갱 석석기 꾸며 더러본 것들히 업스며 오

직 淸_{쳐ᇰ}淨_{쪄ᇰ} 妙_{묘ᇢ}行_{혀ᇰ}⁹¹⁾ᄋᆞᆯ 닷ᄀᆞᆯᄊᆡ⁹²⁾ 그 ᄯᅡ히 平_{뼈ᇰ}正_{져ᇰ}ᄒᆞ야 온가짓⁹³⁾

---

79) 노: 끈, 繩.

80) 꼬아: 꼬(꼬다, 爲繩)- + -아(연어)

81) 긼ᄀ새: 긼ᄀᆞ[길가: 길(길, 路) + -ㅅ(관조, 사잇) + ᄀᆞ(← ᄀᆞᆺ: 가, 邊)] + -애(-에: 부조, 위치)

82) 느리고: 느리[늘어뜨리다, 散: 늘(늘다, 長)- + -이(사접)-]- + -고(연어, 나열)

83) 寶華: 보화. 보배로 된 꽃이다.

84) 비허: 빟(흩뿌리다, 散)- + -어(연어)

85) 周遍히: [주변히, 두루(부사): 周遍(주변) + -ᄒᆞ(← -ᄒᆞ-: 동접)- + -이(부접)] ※ '周遍(주변)'은 모든 면에 두루 걸치는 것이나, 또는 그렇게 아주 넓은 범위이다.

86) 依報: 의보. 과거에 지은 행위의 과보로 받은 부처나 중생의 몸이 의지하고 있는 국토와 의식주 등이다.

87) 感호미: 感ᄒᆞ[← 感ᄒᆞ다(감하다, 느끼다): 感(감: 불어) + -ᄒᆞ(동접)-]- + -옴(명전) + -이(주조)

88) 心地: 심지. 마음의 본바탕이다.

89) 븓ᄂᆞ니: 븓(← 븥다: 붙다, 유래하다, 의지하다, 말미암다, 由)- + -ᄂᆞ(현시)- + -니(연어, 설명 계속)

90) 諂ᄒᆞᆫ: 諂ᄒᆞ[도하다(의심하다, 잘못되다, 어긋나다, 틀리다): 諂(도: 불어) + -ᄒᆞ(동접)-]- + -Ø(과시)- + -ㄴ(관전)

91) 妙行: 묘행. 뛰어난 수행(修行)이다.

92) 닷ᄀᆞᆯᄊᆡ: 닦(닦다, 修)- + -ᄋᆞᆯᄊᆡ(-으므로: 연어, 이유)

93) 온가짓: 온가지[온갖 종류, 가지가지, 一切: 온(온, 全: 관사) + 가지(가지, 種: 의명)] + -ㅅ(-의: 관조)

[63 앞]

보배가 周遍(주변)하였니라. 淨名(정명)에 이르되 "마음이 깨끗함을 좇아 佛土(불토)가 깨끗하며, 마음이 깨끗함을 좇아 一切(일체)의 功德(공덕)이 좇느니라." 고 하니, 이것이 證(증)이다. 】, 그 나라의 菩薩(보살)이 無量(무량)한 千億(천억)이며, 諸聲聞(제성문) 衆(중)도 또 無數(무수)하며, 魔事(마사)가 없으며, 비록 魔(마)와 魔民(마민)이 있어도 다 佛法(불법)을 護持(호지)하리라."【 묻되, "釋尊(석존)이 成佛(성불)하실 보비 周_즇遍_변ᄒ니라⁹⁴⁾ 淨_쪙名_명⁹⁵⁾에 닐오ᄃᆡ 므슴 조호ᄆᆞᆯ⁹⁶⁾ 조차 佛_뿛土_통⁹⁷⁾ㅣ 조

ᄒ며 므슴 조호ᄆᆞᆯ 조차 一_{ᅙᇙ}切_촁 功_공德_득이 졷ᄂᆞ니라⁹⁸⁾ ᄒ니 이⁹⁹⁾ 證_징이라¹⁰⁰⁾】

그 나랏 菩_뽕薩_삻이 無_뭉量_량 千_쳔億_흑이며 諸_졍聲_셩聞_문 衆_즁도 ᄯᅩ

無_뭉數_숭ᄒ며 魔_망事_{ᄉᆞᆼ}¹⁾ㅣ 업스며 비록 魔_망와 魔_망民_민괘²⁾ 이셔도

다 佛_뿛法_법을 護_{ᅘᅮᇰ}持_띵ᄒ리라³⁾【 무로ᄃᆡ 釋_셕尊_존이 成_쎵佛_뿛ᄒ싫

---

94) 周遍ᄒ니라: 周遍ᄒ[주변하다: 周遍(주변) + -ᄒ(동접)-]- + -Ø(과시)- + -니(원칙)- + -라(← -다: 평종) ※ '周遍(주변)'은 두르는 것이다.

95) 淨名: 정명. 『유마경』(維摩經)의 주인공이다. '무구칭(無垢稱), 정명(淨名)' 등으로 번역한다. 여기서 정명(淨名)은 『유마경』을 이른다. ※ '유마경(維摩經)'은 반야경에서 말하는 공(空)의 사상에 기초한 윤회와 열반, 번뇌와 보리, 예토(穢土)와 정토(淨土) 따위의 구별을 떠나, 일상생활 속에서 해탈의 경지를 체득하여야 함을 설한 경전이다. '유마(維摩)'라는 주인공을 내세워 설화식으로 설한 경전이다.

96) 조호ᄆᆞᆯ: 좋(깨끗하다, 淨)- + -옴(명전) + -ᄋᆞᆯ(목조)

97) 佛土: 불토. 부처가 사는 극락. 또는 부처가 교화한 땅이다.

98) 졷ᄂᆞ니라: 졷(← 좇다: 좇다, 따르다, 追)- + -ᄂᆞ(현시)- + -니(원칙)- + -라(← -다: 평종)

99) 이: 이(이것, 此: 지대, 정칭) + -Ø(← -이: 주조)

100) 證이라: 證(증, 증명) + -이(서조)- + -Ø(현시)- + -라(← -다: 평종)

1) 魔事: 마사. '마(魔)의 일'이다. ※ '魔(마)'는 사람의 목숨을 빼앗고 수행을 방해하는 귀신이다. 여기서 마사(魔事)는 천마(天魔)가 불법(佛法)을 방해하는 일이다. 참고로 욕계(欲界)를 지배하는 타화자재천(他化自在天)의 우두머리를 마왕(魔王)이라 한다.

2) 魔民괘: 魔民(마민) + -과(접조) + -ㅣ(← -이: 주조) ※ '魔民(마민)'은 마귀(魔鬼)의 백성이다.

3) 護持ᄒ리라: 護持ᄒ[호지하다: 護持(호지) + -ᄒ(동접)-]- + -리(미시)- + -라(← -다: 평종) ※ '護持(호지)'는 보호하여 지니는 것이다.

戔剪ᄒᆞ시니 戔ᄋᆞᆫ 이긜씨오 剪ᄋᆞᆫ 버힐씨니 졔쳐다 ᄒᆞ샨 마리라 飮光이 엇뎨 ᄒᆞ오ᅀᅡ 魔事ㅣ 업스료 迦葉ᄋᆞᆫ 飮光이라 혼 마리니 飮光ᄋᆞᆫ 光明 마실씨니 몸 光明이 소사나 녀느 光明을 ᄀᆞ리ᄢᅧ 나디 몯게 ᄒᆞᆯ씨라 닐오ᄃᆡ 釋尊ᄋᆞᆫ 五濁애 敎化 뵈샤 正히 한 魔와 ᄒᆞᆫᄢᅴ 버디 ᄃᆞ외시니 ᄒᆞ다가 魔事옷 업스면 惡世라 일훔 몯호리라

적에 오히려 (魔事를) 어지러이 戔剪(감전)하시니,

戔(감)은 이기는 것이요 剪(전)은 베는 것이니, "제쳤다."고 한 말이다.

飮光(음광)이 어찌 홀로 魔事(마사)가 없느냐?"

迦葉(가섭)은 飮光(음광)이라고 한 말이니, 飮光(음광)은 光明(광명)을 마시는 것이니, 몸의 光明(광명)이 솟아나서 다른 光明(광명)을 가리껴서 나지 못하게 하는 것이다.

이르되 "釋尊(석존)은 五濁(오탁)에 敎化(교화)를 보이시어 正(정)히 많은 魔(마)와 함께 고단한 벗이 되시니, 만일 魔事(마사)야말로 없으면 惡世(악세)라고 이름을 붙이지 못하리라.

제 오히려 어즈러비[4] 戩_쟘剪_젼ㅎ시니[5]

　戩_쟘은 이글 씨오 剪_젼은 버힐 씨니 졔티다[6] 혼 마리라

飮_흠光_광[7]이 엇뎨 ㅎ오사[8] 魔_망事_쏭ㅣ 업스뇨

　迦_강葉_셥은 飮_흠光_광이라 혼 마리니 飮_흠光_광은 光_광明_명을 마실 씨니 몺 光_광

　明_명이 소사나 녀느 光_광明_명을 ᄀ리쪄[9] 나디 몯게[10] 홀 씨니라[11]

닐오ᄃ 釋_셕尊_존은 五_옹濁_똭[12]애 敎_귤化_황를 뵈샤 正_졍히 한 魔_망와 ᄒᆞᆫ디[13] 잇븐[14]

버디[15] ᄃᆞ외시니 ᄒᆞ다가 魔_망事_쏭옷[16] 업스면 惡_학世_셍라[17] 일훔 지티[18] 몯ᄒ리라

---

4) 어즈러비: [어지러이, 어지럽게, 耗(부사): 어즈럽(←어즈럽다, ㅂ불: 어지럽다, 亂, 형사)- + -이(부접)] ※ '어즈럽다'는 [[어즐(어찔: 불어) + -업(형접)-]- + -다]로 분석할 수가 있다. cf. '어즐ᄒ다'

5) 戩剪ᄒ시니: 戩剪ᄒ[감전하다: 戩剪(감전) + -ᄒ(동접)-]- + -시(주높)- + -니(연어, 설명 계속) ※ '戩剪(감전)'은 잘라서 없애 버리는 것이다.

6) 졔티다: 졔티(←져티다: 제치다, 戩剪)- + -∅(과시)- + -다(평종) ※ '져티다(제치다)'는 거치적거리지 않게 처리하는 것이다.

7) 飮光: 음광. 가섭(迦葉)을 이르는 말이다. ※ '음광(飮光)'의 원래 뜻은 '광명을 마시는 것'이다. 곧, 몸의 광명이 솟아나서 다른 광명을 가리어 나지 못하게 한다는 것이다.

8) ㅎ오사: 혼자, 홀로, 獨(부사)

9) ᄀ리쪄: ᄀ리쪄[가리끼다: ᄀ리(가리다, 蔽)- + ᄭ(끼다, 挾)-]- + -어(연어) ※ 'ᄀ리ᄭ다(가리끼다)'는 사이에 가려서 일이나 행동 따위를 하는 데에 걸려서 방해가 되는 것이다.

10) 몯게: 몯[← 몯ᄒ다(못하다, 不能: 보용, 부정): 몯(못, 不能: 부사, 부정) + -ᄒ(동접)-]- + -게(연어, 사동)

11) 씨니라: 씨(← ᄉ: 것, 의명)- + -ㅣ(←-이-: 서조)- + -∅(현시)- + -니(원칙)- + -라(←-다: 평종)

12) 五濁: 오탁. 세상의 다섯 가지 더러움이다. 명탁(命濁), 중생탁(衆生濁), 번뇌탁(煩惱濁), 견탁(見濁), 겁탁(劫濁)을 이른다.

13) ᄒᆞᆫ디: [함께, 한데, 同(부사): ᄒᆞᆫ(한, 一: 관사, 양수) + 디(데, 處: 의명)]

14) 잇븐: 잇브(고단하다, 懈倦)- + -∅(현시)- + -ㄴ(관전)

15) 버디: 벋(벗, 友) + -이(보조)

16) 魔事옷: 魔事(마사) + -옷(← -곳: 보조사, 한정 강조)

17) 惡世라: 惡世(악세) + -∅(← -이-: 서조)- + -∅(현시)- + -라(← -다: 평종) ※ '惡世(악세)'는 악한 일이 성행하는 나쁜 세상이다.

18) 지티: 짛(이름을 붙이다, 附)- + -디(-지: 연어, 부정)

라 飮光(음광)이 成(셩)佛(뿛)ᅘᅳᇙ저긘도ᄒᆞᆫ
國(귁)土(통)를 當(당)ᄒᆞᆯ씨 비록 魔(망)ᅵ이
셔도 다 佛(뿛)法(법)을 그 㰠大(땡)目(목)揵(건)
護(ᅘᅩᇂ)持(띵)ᄒᆞ리라·
連(련)과 須(슝)菩(뽕)提(뗑)와 摩(망)訶(항)
迦(강)旃(젼)延(연) 돌히 다 두리여 一(ᅙᅵᇙ)心(심)
ᄋᆞ로 合(ᅘᅡᆸ)掌(쟝)ᄒᆞ야 尊(존)顔(안)을
우러러보ᅀᆞᄫᅡ눈ᄭᅡᆳ간도ᄇᆞ리디아니
ᄒᆞ야 ᄒᆞᆫ소리로 偈(꼥)를ᄉᆞᆯᄫᅩᄃᆡ 이 偈(꼥)ᄂᆞᆫ 授(ᄊᆛᇢ)

飮光(음광)이 成佛(성불)할 적에는 좋은 國土(국토)를 當(당)하므로, 비록 魔(마)가 있어도 다 佛法(불법)을 護持(호지)하리라. 】 그때에 大目揵連(대목건련)과 須菩提(수보리)와 摩訶迦栴延(마하가정연) 등이 다 두려워하여, 一心(일심)으로 合掌(합장)하여 (부처님의) 尊顔(존안)을 우러러 보아서, (부처님께) 눈을 잠깐도 떼지 아니하여 한 소리로 偈(게)를 사뢰되【이 偈(게)는 授記(수기)를

飲_흠光_광이 成_쎵佛_뿛홀 저긘[19] 됴ᄒᆞᆫ 國_귁土_통를 當_당홀씨 비록 魔_망ㅣ 이셔도 다 佛_뿛法_법을 護_뽕持_띵ᄒᆞ리라[20] 】 그 ᄢᅴ 大_땡目_목揵_껀連_련[21]과 須_슝菩_뽕提_똉[22]와 摩_망訶_항迦_강栴_젼延_연[23] ᄃᆞᆯ히[24] 다 두리여[25] 一_힗心_심ᄋᆞ로 合_{ᅘᅡᆸ}掌_쟝ᄒᆞ야 尊_존顔_안ᄋᆞᆯ 울워러[26] 보ᅀᆞᄫᅡ 누늘 ᄌᆞ간도[27] ᄇᆞ리디[28] 아니ᄒᆞ야 ᄒᆞᆫ 소리로 偈_꼥를 술보ᄃᆡ[29]【 이 偈_꼥ᄂᆞᆫ 授_쓩記_긩를

---

19) 저긘: 적(적, 때, 時: 의명) + -의(-에: 부조, 위치) + -ㄴ(←-는: 보조사, 주제)

20) 護持ᄒᆞ리라: 護持ᄒᆞ[호지하다: 護持(호지) + -ᄒᆞ(동접)-]- + -리(미시)- + -라(←-다: 평종) ※ '護持(호지)'는 보호하여 지니는 것이다.

21) 大目揵連: 대목건련. 산스크리트어의 '마우드갈리아야나(Maudgalyayana)'를 음차한 말이다. 석가모니의 십대 제자 가운데 한 사람이다. 마가다의 브라만 출신으로, 부처의 교화를 펼치고 신통(神通) 제일의 성예(聲譽)를 얻었다.

22) 須菩提: 수보리. '수부티(Subhūti)'이다. 석가모니의 십대 제자 가운데 한 사람이다. 온갖 법이 공(空)하다는 이치를 처음 깨달은 사람이다.

23) 摩訶迦栴延: 마하가전연(Mahākauṣṭhila). 서인도 아반티국의 수도 웃제니에서 태어났다. 왕명으로 석가모니 부처를 초청하러 갔다가 출가한 뒤 왕과 많은 사람들을 불교에 귀의시켰다. 부처의 말을 논리 정연하게 해설하여 논의제일(論議第一)이라는 말을 들었다. 인도 전역을 돌아다니며 중생 교화에 힘쓴 포교사이기도 하다.

24) ᄃᆞᆯ히: ᄃᆞᆯㅎ(들, 等: 의명) + -이(주조)

25) 두리여: 두리(두려워하다, 恐怖)- + -여(←-어: 연어)

26) 울워러: 울월(우러르다, 仰)- + -어(연어)

27) ᄌᆞ간도: ᄌᆞ간[잠깐: 잠(잠, 暫: 불어) + -ㅅ(관조, 사잇) + 간(간, 間: 불어)] + -도(보조사, 강조)

28) ᄇᆞ리디: ᄇᆞ리(버리다, 깜박이다. 捨)- + -디(-지: 연어, 부정) ※ 『묘법연화경』의 원문에는 '누늘 ᄌᆞ간도 ᄇᆞ리디 아니하여'를 '目不蹔捨'로 기술되어 있다. '捨'는 '버리다'나 '쉬다'의 뜻이므로 '떼다'로 의역하여 옮긴다.

29) 술보ᄃᆡ: 숣(←ᄉᆞᆲ다, ㅂ불: 사뢰다, 아뢰다, 奏)- + -오ᄃᆡ(-되: 연어, 설명 계속)

請(청)하였느니라. ○ 法說(법설)에 이르되 "千二百(천이백)의 羅漢(나한)이 다 부처
가 되겠다."고 하시니, 記(기)를 주는 것을 이미 마치셨되, 여기에 各別(각별)히
迦葉(가섭) 上首(상수)에게 전하시니, 三聖(삼성)의 記(기)는 아니 일러도 가히 알
것이거늘, 目連(목련) 等(등)이 마음에 스스로 便安(편안)히 못 여겨 王膳(왕선)을
만나

膳(선)은 음식이다.

문득 (왕선을) 먹지 못하듯 하여, 이러므로 두려워하여 (부처님께 수기를) 請(청)하였
느니라. 】, 그때에 世尊(세존)이 大弟子(대제자)들의 마음에 있는 念(염)을

請_청ᄒᆞᅀᆸᄂᆞ니라³⁰⁾ ○ 法_법說_셯에 닐오딕 千_쳔二_싱百_빅 羅_랑漢_한³¹⁾이 다 부톄 드

외리라 ᄒᆞ시니 記_긩 주믈 ᄒᆞ마 ᄆᆞᄎᆞ샤딕³²⁾ 이에³³⁾ 各_각別_볋히 迦_강葉_셥 上_쌍首_{ᄼᅳᇢ}

를³⁴⁾ 심기시니³⁵⁾ 三_삼聖_셩³⁶⁾의 記_긩ᄂᆞᆫ 아니 닐어도 어루³⁷⁾ 아롫³⁸⁾ 디어늘³⁹⁾ 目_목

連_련⁴⁰⁾ 等_{ᄃᆞᇰ}이 ᄆᆞᅀᆞ매 제 便_뼌安_한히 몯 너겨 王_{ᅌᅪᇰ}膳_쎤⁴¹⁾을 맛나⁴²⁾

　　膳_쎤은 차바니라⁴³⁾

믄득 먹디 몯ᄃᆞᆺ⁴⁴⁾ ᄒᆞ야 이럴ᄊᆡ⁴⁵⁾ 두리여 請_쳥ᄒᆞ니라 】 그 ᄢᅴ 世_셍尊_존이 大

_땡弟_똉子_{ᄌᆞᇰ}ᄃᆞᆯ히 ᄆᆞᅀᆞ미 念_념을

---

30) 請ᄒᆞᅀᆸᄂᆞ니라: 請ᄒᆞ[청하다: 請(청) + -ᄒᆞ(동접)-] + -ᅀᆸ(←-ᅀᆸ-: 객높) + -Ø(과시) + -ᄋᆞ니(원칙) + -라(←-다: 평종)

31) 羅漢: 나한. 소승 불교의 수행자 가운데서 가장 높은 경지에 오른 이다. 온갖 번뇌를 끊고, 사제(四諦)의 이치를 바로 깨달아 세상 사람들의 존경을 받을 만한 공덕을 갖춘 성자를 이른다.

32) ᄆᆞᄎᆞ샤딕: 몿(마치다, 終) + -ᄋᆞ샤(←-ᄋᆞ시-: 주높) + -딕(←-오딕: -되, 연어, 설명 계속)

33) 이에: 이에(여기에, 此處: 지대, 정칭)

34) 上首를: 上首(상수) + -를(←-에게: 목조, 보조사적 용법, 의미상 부사격) ※ '上首(상수)'는 윗머리에 앉는 사람, 곧 가장 높은 사람이다.

35) 심기시니: 심기(전하다, 傳) + -시(주높) + -니(연어, 설명 계속)

36) 三聖: 삼성. 세 성인이다. 여기서는 대목건련, 수보리, 마하가전연을 이른다. ※ 사리불과 마하가섭은 부처님게 수기를 달라고 청하지 않았는데 부처님이 수기를 주셨다. 반면에, 대목건련과 수보리와 마하가전연 등은 모두 부처님게 수기를 달라고 청한 경우이다.

37) 어루: 가히, 능히, 可, 能(부사)

38) 아롫: 알(알다, 知) + -오(대상) + -ㅭ(관전)

39) 디어늘: ㄷ(← ᄃᆞ: 것, 의명) + -이(서조) + -어늘(←-거늘: 연어, 상황)

40) 目連: 목련. 대목건련이라고도 한다. 석가모니의 십대 제자 가운데 한 사람이다. 마가다의 브라만 출신으로, 부처의 교화를 펼치고 신통(神通) 제일의 성예(聲譽)를 얻었다.

41) 王膳: 왕선. 왕의 반찬이다. 몇 날을 굶은 사람이 왕의 반찬을 대했을 때에, 마음에 의심이 생겨서 먹지 못함을 이른 것이다.

42) 맛나: 맛나[만나다, 遭: 맛(← 맞다: 맞다, 迎) + 나(나다, 現)-] + -아(연어)

43) 차바니라: 차반(음식, 반찬, 膳) + -이(서조) + -Ø(현시) + -라(←-다: 평종)

44) 몯ᄃᆞᆺ: 몯ᄒᆞ[← 몯ᄒᆞ다(못하다, 不能): 몯(못: 부사, 부정) + -ᄒᆞ(동접)-] + -ᄃᆞᆺ(-듯: 연어, 흡사)

45) 이럴ᄊᆡ: 이러[← 이러ᄒᆞ다(이러하다, 如此: 형사): 이러(이러: 불어) + -Ø(←-ᄒᆞ-: 형접)-] + -ㄹᄊᆡ(-므로: 연어, 이유)

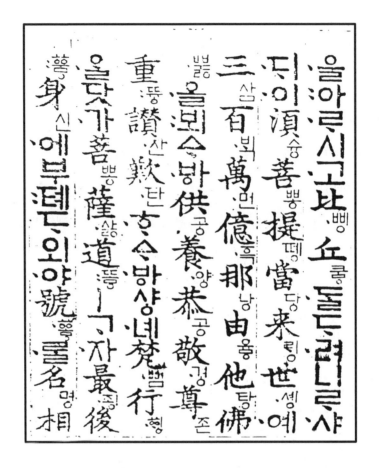

아시고 比丘(비구)들에게 이르시되, "이 須菩提(수보리)가 當來世(당내세)에 三百萬億(삼백만억)의 那由他(나유타) 佛(불)을 뵈어 供養(공양)·恭敬(공경)· 尊重(존중)·讚歎(찬탄)하여, 항상 梵行(범행)을 닦아 菩薩道(보살도)가 갖추 어져 있어, 最後身(최후신)에 부처가 되어 號(호)를 名相如來(명상여래)·

아르시고 比_뼁丘_쿨들 두려⁴⁶⁾ 니르샤디 이 須_슝菩_뽕提_똉 ⁴⁷⁾ 當_당來_링世_셍 ⁴⁸⁾

예 三_삼百_빅萬_먼億_흑 那_낭由_율他_탕⁴⁹⁾ 佛_뿛을 뵈ᅀᄫᅡ⁵⁰⁾ 供_공養_양 恭_공敬_경

尊_존重_뜡 讚_잔歎_탄ᄒᅀᄫᅡ 샹녜⁵¹⁾ 梵_뻠行_혱ᄋᆞᆯ ⁵²⁾ 닷가 菩_뽕薩_삻道_뜰 ㅣ

ᄀᆞ자⁵³⁾ 最_죙後_뿔身_신 ⁵⁴⁾에 부톄 ᄃᆞ외야 號_뿔를 名_명相_샹如_셩來_링⁵⁵⁾

---

46) 比丘들두려: 比丘들[비구들: 比丘(비구) + -들(←-둘ㅎ: -들, 복접)] + -두려(-더러, -에게: 부조, 상대) ※ '-두려'는 [-에게, -더러(부조): 두리(데리다, 伴)- + -어(연어▷부접)]로 분석되는 파생 조사이다.

47) 須菩提: 수보리. '수부티(Subhūti)'이다. 석가모니의 십대 제자 가운데 한 사람이다. 온갖 법이 공(空)하다는 이치를 처음 깨달은 사람이다.

48) 當來世: 당래세. 삼세(三世)의 하나이다. 죽은 뒤에 다시 태어나 산다는 미래의 세상을 이른다.

49) 那由他: 나유타. 아승기(阿僧祇)의 만 배가 되는 수이다. 또는 그런 수의. 즉, 10의 60승을 이른다.

50) 뵈ᅀᄫᅡ: 뵈[뵈다, 뵙다, 謁見: 보(보다, 見)- + -ㅣ(←-이-: 사접)-]- + -ᅀᅳᇦ(←-ᅀᅳᆸ-: 객높)- + -아(연어)

51) 샹녜: 늘, 항상, 恒(부사)

52) 梵行ᄋᆞᆯ: 梵行(범행) + -ᄋᆞᆯ(목조) ※ '梵行(범행)'은 맑고 깨끗한 행실이다.

53) ᄀᆞ자: ᄀᆞᆽ(갖추어져 있다, 具)- + -아(-아: 연어)

54) 最後身: 최후신. 유전윤회(流轉輪迴)의 생사(生死)가 끊기는 마지막 몸이다. 수행이 완성되어 불과(佛果)에 이르려고 하는 몸이다. 소승에서는 무여열반을 증득(證得)하는 아라한의 몸이며, 대승에서는 불과를 증득하는 보살의 몸이다.

55) 名相如來: 명상여래. '여래십호(如來十號)'의 하나이다.

如來應供正遍知 明行足善逝世間解 無上士調御丈夫 天人師佛世尊이리니 劫일후믄有寶ㅣ오나랏일후믄寶生이리니 色心을처섬 헐어며 法이다비며 理事ㅣ根고源에 도라가면一切쳬真진實호ᄂᆞ

應供(응공) · 正遍知(정변지) · 明行足(명행족) · 善逝(선서) · 世間解(세간해) · 無上士(무상사) · 調御丈夫(조어장부) · 天人師(천인사) · 佛世尊(불세존)이겠으니, 劫(겁)의 이름은 有寶(유보)이요 나라의 이름은 寶生(보생)이겠으니, 【色心(색심)을 처음 헐어버리면 萬法(만법)이 다 비며, 理事(이사)가 根源(근원)에 돌아가면 一切(일체)가 眞實(진실)하나니,

應_{ᅙᅵᇰ}供_공 正_{져ᇰ}遍_변知_딩 明_{며ᇰ}行_{혀ᇰ}足_죡 善_쎤逝_쎼 世_셰間_간解_{해ᇰ} 無_{무ᇰ}上_{쌰ᇰ}士_{쓰ᇰ} 調_{뚀ᇢ}御_{어ᇰ}丈_{따ᇰ}夫_{부ᇰ} 天_텬人_{ᅀᅵᆫ}師_{스ᇰ} 佛_뿛世_셰尊_존이리니 劫_겁 일후믄 有_{우ᇢ}寶_{보ᇢ}ㅣ오⁵⁶⁾ 나랏 일후믄 寶_{보ᇢ}生_{ᄉᆡᇰ}이리니⁵⁷⁾【色_{ᄉᆡᆨ}心_심⁵⁸⁾을 처ᅀᅥᆷ ᄒᆞ야ᄇᆞ리면⁵⁹⁾ 萬_먼法_법이 다 뷔며 理_{리ᇰ}事_{ᄊᆞᇰ}⁶⁰⁾ㅣ 根_근源_원에 도라가면 一_{ᅙᅵᇙ}切_촁 眞_진實_씷ᄒᆞᄂᆞ니

---

56) 有寶ㅣ오: 有寶(유보) + -ㅣ(←-이-: 서조)- + -오(←-고: 연어, 나열) ※ '有寶(유보)'는 보배를 가졌다는 뜻인데, 중생을 교화하는 시기가 모두 보배로 되어 있는 것을 이른다.

57) 寶生이리니: 寶生(보생) + -이(서조)- + -리(미시)- + -니(연어, 설명 계속) ※ '寶生(보생)'은 명상여래가 교화하는 시기에 태어나는 것들은 모두 보배로 되어 있다는 것이다.

58) 色心: 색심. 색법(色法)과 심법(心法)이다. 곧 유형(有形)의 물질(物質)과 무형(無形)의 정신(精神)을 아울러서 이르는 말이다.

59) ᄒᆞ야ᄇᆞ리면: ᄒᆞ야ᄇᆞ리(헐어버리다, 破)- + -면(연어, 조건)

60) 理事: 이사. 깨달음의 진리와 차별 현상. 혹은 본체와 차별 현상. 여기서 '이(理)'는 진리. 이성 즉 보편적인 진리나 평등한 본체를 말하고, '사(事)'는 사상(事相) 사법(事法) 등의 차별적인 현상을 말한다.

須菩提(수보리)가 옛날에 空(공)을 알아 이름이 없으며 相(상)이 없으니, 色心(색심)을 처음 헐어버리는 것이다. 이제 (수보리가) 實果(실과)를 證(증)하여 돌이켜 名相(명상)을 이름 붙이니, (이는) 理事(이사)가 根源(근원)에 돌아간 것이다. 또 날 적에 집의 것이 문득 비거늘, 이제 劫(겁)의 이름이 有寶(유보)이요 나라의 이름이 寶生(보생)이 또 그 뜻이다. 那由他(아유타)는 곧 該數(해수)이다. 萬億(만억)이 該(해)이다. 】 그 땅이 平正(평정)하여 玻瓈(파려)의 땅이 되고, 寶樹(보수)로 莊嚴(장엄)하고, 두둑과 구덩이와 砂礫(사력)과

須_슝菩_뽕提_똉 네 空_콩을 아라⁶¹⁾ 일훔 업스며 相_샹 업스니⁶²⁾ 色_식心_심을 처섬 ᄒᆞ야

ᄇᆞ료미라⁶³⁾ 이제 實_씷果_광를 證_징ᄒᆞ야 도ᄅᆞ혀⁶⁴⁾ 名_명相_샹을 일훔 지ᄒᆞ니 理_링事_{ᄊᆞᆼ}

ㅣ 根_{ᄀᆞᆫ}源_원에 도라가미라⁶⁵⁾ ᄯᅩ 낧 저긔 집 거시 믄득 뷔어늘⁶⁶⁾ 이제⁶⁷⁾ 劫_겁 일후

미 有_{ᅌᅮᆸ}寶_봄ㅣ오 나랏 일후미 寶_봄生_싱이 ᄯᅩ 그 ᄠᅳ디라 那_낭由_{ᅌᅲᆸ}他_탕⁶⁸⁾ᄂᆞᆫ 곧 該_갱

數_숭⁶⁹⁾ㅣ라 萬_먼億_흑이 該_갱라】 그 ᄯᅡ히 平_뼝正_졍ᄒᆞ야 玻_팡瓈_롕⁷⁰⁾ ᄯᅡ히

ᄃᆞ외오 寶_봄樹_{ᄊ�}⁷¹⁾로 莊_장嚴_엄ᄒᆞ고 두듥과⁷²⁾ 굳과⁷³⁾ 砂_상礫_럭⁷⁴⁾과

---

61) 空_콩을 아라: 만유 제법이 공(空)하다는 이치를 깨닫는 것이다.(解空)

62) 일훔 업스며 相_샹 업스니: (성품을) 이름 지을 수도 없고 상(相)으로 나타낼 수도 없으니(無名無相)

63) ᄒᆞ야ᄇᆞ료미라 : ᄒᆞ야ᄇᆞ리(헐어버리다)- + -옴(명전) + -이(서조)- + -Ø(현시)- + -라(←-다: 평종)

64) 도ᄅᆞ혀: [도리어, 猶(부사): 돌(돌다, 回: 자동)- + -ᄋᆞ(사접)- + -혀(강접)- + -어(연어 ▷부접)]

65) 도라가미라: 도라가[돌아가다, 歸: 돌(돌다, 會)- + -아 + 가(가다, 去)-]- + -ㅁ(←-옴: 명전) + -이(서조)- + -Ø(현시)- + -라(←-다: 평종)

66) 뷔어늘: 뷔(비다, 空)- + -어늘(←-거늘: 연어, 상황) ※ 수보리가 태어날 때(生時)에 (부왕이) 집안 물건(왕의 창고)이 홀연히 텅 비어버리는 꿈을 꾸었던 일을 이른다. ※ 수보리는 사위국 왕의 큰아들로 태어났는데, 태어날 때에 왕의 꿈에 창고가 텅 비어버리는 꿈을 꾸어서 이름을 공생(空生)이라고 붙였으나, 일주일 후에 꾼 꿈에는 창고가 다시 가득 찬 꿈을 꾸었기 때문에 선현(善現)이라고 했다고 한다.

67) 이제: [이제, 今(부사): 이(이, 此: 관사, 지시, 정칭) + 제(제, 때, 時: 의명)]

68) 那由他: 나유타. 아승기(阿僧祇)의 만 배가 되는 수. 또는 그런 수의. 즉, 10^{60}을 이른다.

69) 該數: 해수. 만 억의 수이다.

70) 玻瓈: 파려. 일곱 가지 보석 가운데 수정(水精)을 이르는 말이다.

71) 寶樹: 보수. 극락정토(極樂淨土) 일곱 줄로 벌여 있다고 하는 보물(寶物) 나무이다. 곧 '금, 은, 유리(琉璃), 산호, 마노(瑪瑙), 파리(玻璃), 거거(車渠)'의 나무이다.

72) 두듥과: 두듥(두둑, 丘) + -과(접조)

73) 굳과: 굳(구덩이, 坑) + -과(접조)

74) 砂礫: 사력. 강이나 바다의 바닥에서 오랫동안 갈리고 물에 씻겨 반질반질하게 된 잔돌이다.

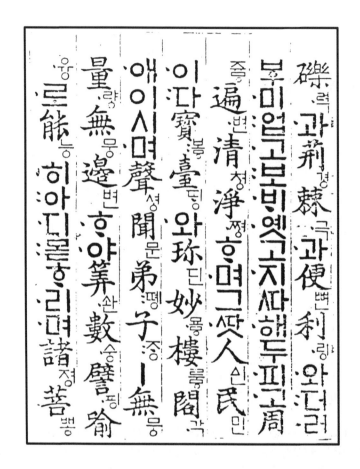

荊棘(형극)과 便利(변리)와 (같은) 더러움이 없고, 보배로 된 꽃이 땅에 덮히고 周遍(주변)이 淸淨(청정)하며, 그 땅의 人民(인민)이 다 寶臺(보대)와 珎妙(진묘)한 樓閣(누각)에 있으며, 聲聞(성문)인 弟子(제자)가 無量無邊(무량무변)하여 算數(산수)와 譬喩(비유)로 能(능)히 알지 못하겠으며, 諸菩薩(제보살)

荊_경棘_극75)과 便_뼌利_리와76) 더러부미77) 업고 보비옛78) 고지 싸해 두피

고79) 周_즇遍_변 淸_쳥淨_쪙ᄒ며 그 짜80) 人_신民_민이 다 寶_봏臺_띵81)와 珎

_딘妙_묳82) 樓_륳閣_각애 이시며 聲_셩聞_문83) 弟_뗑子_즁ㅣ 無_뭉量_량無_뭉邊_변ᄒ

야 算_솬數_숭 譬_핑喩_융로 能_능히 아디 몯ᄒ리며 諸_경菩_뽕薩_삻

---

75) 荊棘: 형극. 가시나무이다.

76) 便利: 변리. 똥과 오줌이다.

77) 더러부미: 더럽(← 더럽다, ㅂ불: 더럽다, 汚)- + -움(명전) + -이(주조)

78) 보비옛: 보비(보배, 寶) + -예(← -에: 부조, 위치) + -ㅅ(-의: 관조) ※ '보비옛'은 '보배로 된'으로 의역하여 옮긴다.

79) 두피고: 두피[덮이다, 覆: 둪(덮다, 覆: 타동)- + -이(피접)-]- + -고(연어, 계기)

80) 짜ㅅ: 짜(← 짷: 땅, 곳, 地, 處) + -ㅅ(-의: 관조)

81) 寶臺: 보대. 귀한 돌로 대를 쌓은 것이다.

82) 珎妙: 진묘. 진기하고 오묘한 것이다.

83) 聲聞: 성문. 설법을 듣고 사제(四諦)의 이치를 깨달아 아라한(阿羅漢)이 되고자 하는 불제자이다.

薩_삻衆_즁이 無_뭉數_숭ㅣ 千_쳔萬_먼億_즉

那_낭由_율他_탕ㅣ며 부텻목수미 十_씹

二_싱小_숗劫_겁이오 正_졍法_법住_뜡世_솅

성二_싱十_씹小_숗劫_겁이오 像_썅法_법

이또三_삼十_씹小_숗劫_겁을住_뜡ᄒᆞ리

니그부톄샹녜虛_헝空_콩애이셔한사

ᄅᆞᆷ爲_윙ᄒᆞ야說_쉃法_법ᄒᆞ야無_뭉量_량

의 衆(중)이 無數(무수)한 千萬億(천만억)의 那由他(나유타)이며, 부처의 목숨이 十二(십이) 小劫(소겁)이요, 正法(정법)의 住世(주세)가 二十(이십) 小劫(소겁)이요, 像法(상법)이 또 二十(이십) 小劫(소겁)을 住(주)하겠으니, 그 부처가 항상 虛空(허공)에 있어서 많은 사람을 爲(위)하여 說法(설법)하여, 無量(무량)한

衆_즁이 無_뭉數_숭 千_쳔萬_먼億_흑 那_낭由_율他_탕ㅣ며 부텻 목수미[84] 十_씹

二_싱 小_숗劫_겁[85]이오 正_졍法_법[86] 住_뜡世_셍[87] 二_싱十_씹 小_숗劫_겁이오 像

_쌍法_법[88]이 쏘 二_싱十_씹 小_숗劫_겁을 住_뜡ᄒ리니 그 부톄 샹녜 虛_헝

空_콩애 이셔 한 사ᄅᆞᆷ 爲_윙ᄒ야 說_쉃法_법ᄒ야 無_뭉量_량

---

84) 목수미: 목숨[목숨, 壽: 목(목, 喉) + 숨(숨, 息)] + -이(주조)

85) 小劫: 소겁. 1증겁(增劫)과 1감겁(減劫)을 각각(各各) 이르는 말이다. 또는 1증겁과 1감겁을 합(合)하여 이르기도 한다. '1증겁'은 사람의 목숨이 8만 살부터 100년마다 한 살씩 줄어서 열 살이 되기까지의 동안이다. '1감겁'은 열 살에서 100년마다 한 살씩 늘어서 8만 살에 이르는 동안이다.

86) 正法: 정법. 삼시법(三時法)의 하나. 석가모니가 열반한 뒤 오백 년 또는 천 년 동안이다. 교법·수행·증과가 다 있어, 정법이 행하여진 시기이다.(= 정법시)

87) 住世: 住世(주세) + -∅(←-이: 주조) ※ '住世(주세)'는 세상에 머무는 것이다.

88) 像法: 상법. 삼시법의 하나이다. 정법시 다음의 천 년 동안이다. 이 동안에는 교법이 있기는 하지만 진실한 수행은 이루어지지 않으며, 증과를 얻는 사람도 없다.(= 像法時)

菩뽕薩삻·와 聲聞문 衆·즁을 度·똥脫·뙇ᄒᆞ리·라【드·러 니르샨 十·씹號·ᅘᅩᇢᄂᆞᆫ 正·졍報·봉ㅣ러·니 불기시·고 劫·겁 國·귁 莊장嚴엄·은 依ᅙᅵᆼ報·봉ᄅᆞᆯ 불기·니·라 華ᅘᅪᆼ樹쓩臺띵閣·각이 일후 ᄆᆞᆯ뫼 說·쒏法·법ᄒᆞ샤ᄆᆞᆫ 空콩을 브·터 아·라 空콩을 브·터 實·씷證·징케 호·물 뵈·샤 미·라】 世·솅尊존이 ᄯᅩ 比·삥丘쿵 衆·즁ᄃ·려 니르·샤ᄃᆡ 내·이제 너더브러 니르ᄂᆞ·니·이

菩薩(보살)과 聲聞(성문)의 衆(중)을 度脫(도탈)하리라.【(예를) 들어서 이르신 十號(십호)는 正報(정보)를 밝히시고, 劫(겁)·國(국)·莊嚴(장엄)은 依報(의보)를 밝히셨느니라. 華(화)·樹(수)·臺(대)·閣(각)이 다 보배로 이루어진 것은 劫(겁)과 國(국)의 이름에 맞았느니라. 그 부처가 항상 虛空(허공)에 있어서 說法(설법)하신 것은 空(공)을 의지하여 알아서, 空(공)을 의지하여 實證(실증)하게 한 것을 보이신 것이다. 】 그때에 世尊(세존)이 또 比丘(비구)의 衆(중)에게 이르시되 "내가 이제 너를 더불어 이르니, 이

菩뽕薩삻와 聲셩聞문 衆즁을 度똥脫퇋ᄒᆞ리라[89)]【드러[90)] 니ᄅᆞ샨 十씹號ᅘᅩᇢ[91)]ᄂᆞᆫ 正졍報ᄇᆞᇢ[92)]ᄅᆞᆯ ᄇᆞᆰ기시고[93)] 劫겁 國귁 莊장嚴엄[94)]은 依ᅙᅴᆼ報ᄇᆞᇢ[95)]ᄅᆞᆯ ᄇᆞᆰ기시니라 華ᅘᅪᆼ 樹쓩 臺ᄄᆡᆼ 閣각이 다 보ᄇᆡ로 이로ᄆᆞᆫ[96)] 劫겁國귁 일후메[97)] 마ᄌᆞ니라[98)] 그 부톄 샹녜 虛헝空콩애 이셔 說쉟法법ᄒᆞ샤ᄆᆞᆫ 空콩ᄋᆞᆯ 브터[99)] 아라 空콩ᄋᆞᆯ 브터 實씷證징케 호ᄆᆞᆯ 뵈샤미라[100)]】 그 ᄢᅴ 世솅尊존이 ᄯᅩ 比삥丘쿻[1)] 衆즁ᄃᆞ려 니ᄅᆞ샤ᄃᆡ 내 이제 너 더브러[2)] 니ᄅᆞ노니[3)] 이

---

89) 度脫ᄒᆞ리라: 度脫ᄒᆞ[←度脫ᄒᆞ다(도탈하다): 度脫(도탈: 명사) + -ᄒᆞ(동접)-]- + -리(미시)- + -라(← -다: 평종) ※ '度脫(도탈)'은 번뇌의 얽매임에서 풀리고 미혹의 괴로움에서 벗어나는 것이다.(= 해탈, 解脫)

90) 드러: 들(들다, 擧)- + -어(연어)

91) 十號: 십호. 부처의 공덕을 기리는 열 가지 이름이다. 곧 여래(如來), 응공(應供), 정변지(正遍知), 명행족(明行足), 선서(善逝), 세간해(世間解), 무상사(無上士), 조어장부(調御丈夫), 천인사(天人師), 불세존(佛世尊)을 이른다.

92) 正報: 정보. 과거의 업인(業因)에 따라 내생(來生)에 어떠한 몸으로 나타나느냐로 받는 과보이다. 부처나 중생의 몸이다.

93) ᄇᆞᆰ기시고: ᄇᆞᆰ기[밝히다, 照明: ᄇᆞᆰ(밝다, 明: 형사)- + -이(사접)-]- + -시(주높)- + -고(연어, 나열)

94) 莊嚴: 장엄. 좋고 아름다운 것으로 국토를 꾸미고, 훌륭한 공덕을 쌓아 몸을 장식하고, 향이나 꽃 따위를 부처에게 올려 장식하는 일이다.

95) 依報: 의보. 부처나 중생이 과거에 지은 행위의 과보로 받아서 몸을 의지하는 국토와 의식주 등이다.

96) 이로ᄆᆞᆫ: 일(이루어지다, 成)- + -옴(명전) + -ᄋᆞᆫ(보조사, 주제)

97) 일후메 : 일훔(이름, 名) + -에(부조, 위치)

98) 마ᄌᆞ니라: 맞(맞다, 當)- + -Ø(과시)- + -ᄋᆞ니(원칙)- + -라(← -다: 평종)

99) 브터: 븥(붙다, 의지하다, 말미암다, 依)- + -어(연어)

100) 뵈샤미라: 뵈[보이다, 示: 보(보다, 見)- + -이(사접)-]- + -샤(← -시-: 주높)- + -ㅁ(← -옴: 명전)- + -이(서조)- + -Ø(현시)- + -라(← -다: 평종)

1) 比丘: 비구. 출가하여 구족계를 받은 남자 승려이다. '구족계(具足戒)'는 비구와 비구니가 지켜야 할 계율로서, 비구에게는 250계, 비구니에게는 348계가 있다.

2) 더브러: 더블(더불다, 伴)- + -어(연어)

3) 니ᄅᆞ노니: 니ᄅᆞ(이르다, 語)- + -ㄴ(← -ᄂᆞ-: 현시)- + -오(화자)- + -니(연어, 설명 계속)

[68 앞]

大땡迦강㫼延연이 當당來링世솅
예여러가짓供養양호거스로八
千쳔億億佛뿛을供養양호수방諸
기수방恭敬공尊重뜡호수방諸
佛뿛滅度똥後땋에各각各각塔
廟룡·를셰요딘노피千쳔由윰旬쓘
이오縱종廣광이正졍히티五五百

大迦栴延(대가전연)이 當來世(당래세)에 여러 가지의 供養(공양)을 할 것으
로 八千億(팔천억)의 佛(불)을 供養(공양)하여 섬기어 恭敬(공경) · 尊重(존중)
하여, 諸佛(제불)이 滅度(멸도)한 後(후)에 各各(각각) 塔廟(탑묘)를 세우되,
높이가 千(천) 由旬(유순)이요, 縱廣(종광)이 正(정)히 같이 五百(오백)

大ৼ땡迦강梅견延연⁴⁾이 當당來링世솅⁵⁾예 여러 가짓 供공養양 을 거스로

八밣千천億흑 佛뿛을 供공養양ᄒᆞᅀᆞᄫᅡ 셤기ᅀᆞᄫᅡ 恭공敬경 尊존重뜡ᄒᆞᅀᆞ

ᄫᅡ 諸졍佛뿛 滅ᄆᆑ度똥⁶⁾ 後흫에 各각各각 塔탑廟묳⁷⁾를 셰요ᄃᆡ⁸⁾ 노ᄑᆡ⁹⁾

千천 由율旬쑨¹⁰⁾이오 縱종廣꾕¹¹⁾이 正졍히¹²⁾ ᄀᆞ티¹³⁾ 五옹百ᄇᆡᆨ

---

4) 大迦栴延: 대가전연. 서인도 아반티국의 수도 웃제니에서 태어났다. 크샤트리야 계급 출신이다. 또는 브라만 계급으로 베나레스에서 출가하였다고도 한다. 아버지는 국왕 악생왕(惡生王)의 보좌관이었다. 왕명으로 부처를 초청하러 갔다가 출가한 뒤 왕과 많은 사람들을 불교에 귀의시켰다. 부처의 말을 논리 정연하게 해설하여 논의제일(論議第一)이라는 말을 들었다. 인도 전역을 돌아다니며 중생 교화에 힘쓴 포교사이기도 하다. 특히 마두라에서 아반티풋 국왕을 만나 사성(四姓) 제도의 모순을 설득한 것은 유명하다.

5) 當來世: 당래세. 삼세(三世)의 하나. 죽은 뒤에 다시 태어나 산다는 미래의 세상을 이른다.

6) 滅度: 멸도. 모든 번뇌(煩惱)의 속박에서 벗어나고, 진리를 깨달아 불생(不生) 불멸(不滅)의 법을 체득한 경지이다. 불교의 최고 이상이다. 승려가 죽음을 뜻하기도 한다.

7) 塔廟: 탑묘. 탑(塔)과 사당(廟)을 아울러 이르는 말이다. 곧, 탑(塔)은 불탑(佛塔)이고, 묘(廟)는 불탑을 보호하기 위한 집이다.

8) 셰요ᄃᆡ: 셰[세우다, 起: 셔(서다, 立)- + -ㅣ(←-이-: 사접)-]- + -오ᄃᆡ(-되: 연어, 설명 계속)

9) 노ᄑᆡ: 노ᄑᆡ[높이, 高(명사): 높(높다, 高)- + -ᄋᆡ(명접)] + -Ø(←-이: 주조)

10) 由旬: 유순(의명: 단위) ※ '由旬(유순)'은 고대 인도의 이수(里數) 단위이다. 소달구지가 하루에 갈 수 있는 거리로서 80리인 대유순, 60리인 중유순, 40리인 소유순의 세 가지가 있다.

11) 縱廣: 종광. 세로(남북)와 가로(동서)이다.

12) 正히: [정히, 정확히(부사): 正(정: 불어) + -ᄒᆞ(←-ᄒᆞ-: 형접)- + -이(부접)]

13) ᄀᆞ티: [같이, 如(부사): ᄀᆞᇀ(같다)- + -이(부접)]

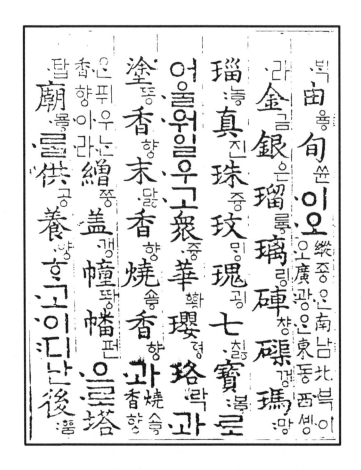

由旬(유순)이요【 縱(종)은 南北(남북)이요 廣(광)은 東西(동서)이다. 】, 金(금)
·銀(은)·瑠璃(유리)·硨磲(차거)·瑪瑙(마노)·眞珠(진주)·玫瑰(매괴) 등 七
寶(칠보)로 아울러서(합하여) 이루고, 衆華(중화)·瓔珞(영락)과 塗香(도향)·
末香(말향)·燒香(소향)과【 燒香(소향)은 피우는 香(향)이다. 】 繒蓋(증개)·幢
幡(당번)으로 塔廟(탑묘)를 供養(공양)하고, 이것이 지난 後(후)에

由율旬쓘이오【縱죵은 南남北북이오 廣광은 東동西셩라】金금 銀은 瑠류璃링 硨챵磲껑[14] 瑪망瑙놀[15] 眞진珠즁 玫밍瑰굉[16] 七칧寶봏[17]로 어울워[18] 일우고 衆즁華뺭[19] 瓔혇珞락[20]과 塗똥香향[21] 末맗香향[22] 燒숄香향[23]과【燒숄香향은 퓌우ᄂᆞᆫ[24] 香향이라】繒쯩蓋갱[25] 幢똥幡펀[26]으로 塔탑廟묳를 供공養양ᄒᆞ고 이 디난[27] 後홓에

---

14) 硨磲: 차거. 백산호(白珊瑚) 또는 대합(大蛤)이다.

15) 瑪瑙: 마노. 석영, 단백석(蛋白石), 옥수(玉髓)의 혼합물이다. 화학 성분은 송진과 같은 규산(硅酸)으로, 광택이 있고 때때로 다른 광물질이 스며들어 고운 적갈색이나 흰색 무늬를 띤다.

16) 玫瑰: 매괴. 중국 남방에서 나는 붉은빛의 돌이다.

17) 七寶: 칠보. 불교에서 7가지 보배를 일컫는 말인데, 경전에 따라 그 종류는 약간의 차이가 있다. 『묘법연화경』에서는 '금(金)·은(銀)·파리(頗梨)·車璖(거거)·마뇌(馬腦)·매괴(玫瑰)·유리(琉璃), 진주(珍珠)' 등을 칠보로 들고 있다.

18) 어울워: 어울우[어우르다, 竝: 어울(어울리다, 합하다, 合: 자동)- + -우(사접)-]- + -어(연어)

19) 衆華: 중화. 여러 가지 꽃이다.

20) 瓔珞: 영락. 구슬을 꿰어 만든 장신구로서, 목이나 팔 따위에 두른다.

21) 塗香: 도향. 향나무 가루로 만든 향료이다. 수행자의 몸에 발라 부정을 씻고 사기(邪氣)를 없앤다.

22) 末香: 말향. 가루로 된 향이다.

23) 燒香: 소향. 제사나 예불(禮佛) 의식 따위에서, 향로에 불을 붙인 향을 넣고 향기로운 연기를 피우는 향을 이른다.

24) 퓌우ᄂᆞᆫ: 퓌우[피우다, 焚: 퓌(←프다: 피다, 發, 자동)- + -우(사접)-]- + -ᄂᆞ(현시)- + -ㄴ(관전)

25) 繒蓋: 증개. 비단으로 만든 큰 양산이다.

26) 幢幡: 당번. 당(幢)과 번(幡)이다. '幢(당)'은 불법회 따위의 의식이 있을 때에, 절의 문 앞에 세우는 기이다. 장대 끝에 용머리를 만들고, 깃발에 불화(佛畫)를 그려 불보살의 위엄을 나타내는 장식 도구이다. 그리고 '幡(번)'은 부처와 보살의 성덕(盛德)을 나타내는 깃발이다. 꼭대기에 종이나 비단 따위를 가늘게 오려서 단다.

27) 디난: 디나(지나다, 過)- + -∅(과시)- + -ㄴ(관전)

［ 69 앞 ］

어〔ᄻ〕三삼萬먼億흑佛뿛을供養양

ᅙᅳᇇ보ᇇᄯᅩ익ᄐᅙᄀᅌ諸정佛뿛

供공養양ᄒᅀᅥ고菩뽕薩ᇙ道ᅙᅳᇰ

자ᄇᆡ든야號ᅘ閻염浮뿌那낭

提똉金금光광如셩來링應ᅙᅴᆼ供공正

遍변知딩明명行ᅘᆡᆼ足족善쎤逝쎙

世셍間간解ᅘᆡᇹ無뭉上썅士ᄊᆞᆼ調똏御

또 二萬億(이만억) 佛(불)을 供養(공양)하되 또 이와 같이 하고, 이 諸佛(제불)을 供養(공양)하고, 菩薩道(보살도)가 갖추어져 있어 부처가 되어, 號(호)가 閻浮那提金光如來(염부나제금광여래)·應供(응공)·正遍知(정변지)·明行足(명행족)·善逝(선서)·世間解(세간해)·無上士(무상사)·調御丈夫(조어장부)·

쏘²⁸⁾ 二_싱萬_먼億_흑 佛_뿛을 供_공養_양ᄒᅀᆞᆸ더 또 이²⁹⁾ ᄀᆞ티 ᄒᆞ고 이

諸_졍佛_뿛 供_공養_양ᄒᆞᅀᆸ고 菩_뽕薩_삻道_뚤ㅣ ᄀᆞ자³¹⁾ 부톄 ᄃᆞ외야 號_{ᅘᅩᇢ}ㅣ

閻_염浮_뿧那_낭提_똉金_금光_광如_셩來_링³²⁾ 應_{ᅙᅳᆼ}供_공 正_졍遍_변知_딩 明_명行_{ᅘᆼ}足_죡

善_쎤逝_쏑 世_솅間_간解_{ᅘᅢᆼ} 無_뭉上_썅士_쏭 調_뚤御_{ᅌᅥᆼ}丈_땅夫_붕

---

28) 쏘: 또, 又(부사)

29) 이: 이(이, 此: 지대, 정칭) + -∅(-와: 부조, 비교)

30) 菩薩道: 보살도. 보살이 불과(佛果)를 구하려고 닦는 길이다.

31) ᄀᆞ자: ᄀᆞᆽ(갖추어져 있다, 具)- + -아(-아: 연어)

32) 閻浮那提金光如來: 염부나제금광여래. 부처의 명호이다. '염부(閻浮)'는 나무의 이름이고, '나제(那提)'는 주(州)이므로, '염부나제'는 남섬부주(南贍部洲)를 가리킨다. 강가에 염부나무가 있어서 과실이 익어 물가에 떨어지면 모래를 금빛으로 물들이는데, 그 빛깔이 아름답기가 최상이라고 한다. 또 '가전연'은 논의제일(論議第一)이니 성품이 금의 몸(金體)가 같아서 변색하거나 무너지지 않으며, 지혜가 금빛(金光)가 같아서, 이보다 더 빼어날 수가 없으므로 '염부나제금광'이라고 하였다.

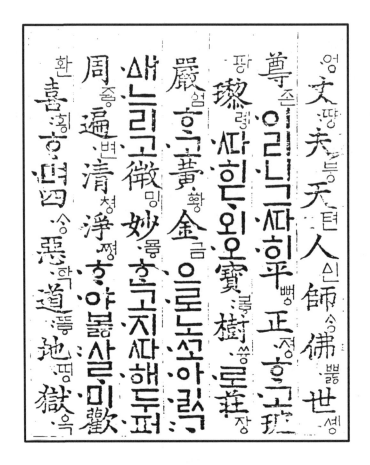

天人師(천인사)·佛世尊(불세존)이겠으니, 그 땅이 平正(평정)하고 玻瓈(파려)
로 땅이 되고, 寶樹(보수)로 莊嚴(장엄)하고 黃金(황금)으로 끈을 꼬아 길가
에 늘어뜨리고, 微妙(미묘)한 꽃이 땅에 덮어 周遍(주변)이 淸淨(청정)하여
보는 사람이 歡喜(환희)하며, 四惡道(사악도)인 地獄(지옥)·

天텬人신師ᄉᆞᆼ 佛뿛世솅尊존이리니 그 ᄯᅡ히 平뼝正졍ᄒᆞ고[33] 玻팡瓈령 ᄯᅡ히[34] ᄃᆞ외오[35] 寶봉樹쓩[36]로 莊장嚴엄ᄒᆞ고 黃ᅘᅪᆼ金금으로 노[37] ᄭᅩ아[38] 긼ᄀᆞᅀᅢ[39] 느리고[40] 微밍妙묳ᄒᆞᆫ 고지 ᄯᅡ해 두퍼 周즇遍변[41] 淸쳥淨쪙ᄒᆞ야 봆 사ᄅᆞ미 歡환喜힁ᄒᆞ며 四ᄉᆞᆼ惡학道똫[42] 地띵獄옥[43]

---

33) 平正ᄒᆞ고: 平正ᄒᆞ[평정하다: 平正(평정) + -ᄒᆞ(형접)-] + -고(연어, 나열) ※ '平正(평정)'은 평탄한 것이다.

34) ᄯᅡ히: ᄯᅡᇂ(땅, 地) + -이(보조)

35) ᄃᆞ외오: ᄃᆞ외(되다, 爲)- + -오(← -고: 연어, 나열)

36) 寶樹: 보수. 극락정토(極樂淨土) 일곱 줄로 벌여 있다고 하는 보물(寶物) 나무이다. 곧 '금, 은, 유리(琉璃), 산호, 마노(瑪瑙), 파리(玻璃), 거거(車渠)'의 나무이다.

37) 노: 끈, 繩.

38) ᄭᅩ아: ᄭᅩ(꼬다, 爲繩)- + -아(연어)

39) 긼ᄀᆞᅀᅢ: 긼ᄀᆞᇫ[길가: 길(길, 路) + -ㅅ(관조, 사잇) + ᄀᆞᇫ(← ᄀᆞᆺ: 가, 邊)] + -애(-에: 부조, 위치)

40) 느리고: 느리[늘어뜨리다, 散: 늘(늘다, 長)- + -이(사접)-]- + -고(연어, 나열)

41) 周遍: 주변. 모든 면에 두루 걸침. 또는 그렇게 아주 넓은 범위.

42) 四惡道: 사악도. 악인(惡人)이 죽어서 가는 네 가지 고통(苦痛)스러운 길이다. '지옥(地獄), 아귀(餓鬼), 축생(畜生), 아수라(阿修羅)' 등이다.

43) 地獄: 지옥. 사악도(四惡道)의 하나이다. 죄업을 짓고 매우 심한 괴로움의 세계에 난 중생이나 그런 중생의 세계이다. 또는 그런 생존을 이른다.

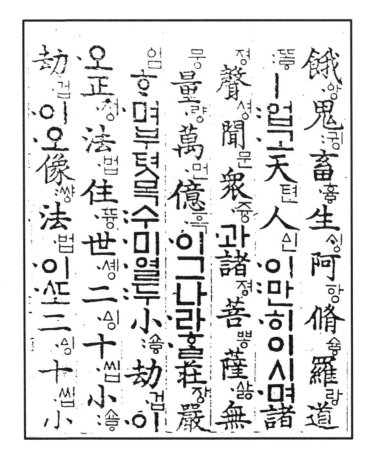

餓鬼(아귀)·畜生(축생)·阿脩羅道(아수라도)가 없고, 天人(천인)이 많이 있으며, 諸聲聞(제성문) 衆(중)과 諸菩薩(제보살)의 無量(무량)한 萬億(만억)이 그 나라를 莊嚴(장엄)하며, 부처의 목숨이 열두 小劫(소겁)이요, 正法住世(정법주세)가 二十(이십) 小劫(소겁)이요, 像法(상법)이 또 二十(이십) 小劫(소겁)을

餓_앙鬼_귕⁴⁴⁾ 畜_츙生_싱⁴⁵⁾ 阿_항脩_슣羅_랑道_뚱⁴⁶⁾ㅣ 업고 天_텬人_신⁴⁷⁾이 만히⁴⁸⁾

이시며 諸_졍聲_셩聞_문 衆_즁과 諸_졍菩_뽕薩_삻 無_뭉量_량 萬_먼億_흑이 그 나

라홀⁴⁹⁾ 莊_장嚴_엄ᄒ며 부텻 목수미⁵⁰⁾ 열두 小_숕劫_겁⁵¹⁾이오 正_졍法_법住_뜡

世_솅⁵²⁾ 二_{ᅀᅵᆼ}十_씹 小_숕劫_겁이오 像_쌍法_법이 ᄯᅩ 二_{ᅀᅵᆼ}十_씹 小_숕劫_겁을

---

44) 餓鬼: 아귀. 사악도의 하나이다. 아귀들이 모여 사는 세계이다. 이곳에서 아귀들이 먹으려는 음식은 불로 변하여 늘 굶주리고, 항상 매를 맞는다고 한다.

45) 畜生: 축생. 사악도의 하나이다. 죄업 때문에 죽은 뒤에 짐승으로 태어나 괴로움을 받는 세계다.

46) 阿脩羅道: 아수라도. 사악도의 하나이다. 항상 싸움이 그치지 않는 세계로, 교만심과 시기심이 많은 사람이 죽어서 간다.

47) 天人: 천신(天神)과 사람을 아울러 이르는 말이다.

48) 만히: [많이, 多(부사): 만ᄒ(← 만ᄒ다: 많다, 多: 형사)- + -이(부접)]

49) 나라홀: 나라ㅎ(나라, 國) + -올(목조)

50) 목수미: 목숨[목숨, 壽: 목(목, 喉) + 숨(숨, 息)] + -이(주조)

51) 小劫: 소겁. 1증겁(增劫)과 1감겁(減劫)을 각각(各各) 이르는 말이다. 또는 1증겁과 1감겁을 합(合)하여 이르기도 한다. '1증겁'은 사람의 목숨이 8만 살부터 100년마다 한 살씩 줄어서 열 살이 되기까지의 동안이다. '1감겁'은 열 살에서 100년마다 한 살씩 늘어서 8만 살에 이르는 동안이다.

52) 正法住世: 정법주세. 정법이 이 세상에 머무는 것이다.

劫·겁·을住·뜡 ·ᄒᆞ·리·라그 ᄢᅴ 世·솅尊존
·이 쏘 大·땡 衆·즁 ·ᄃᆞ·려니·ᄅᆞ·샤·ᄃᆡ내·이제
너·ᄅᆞ·려니·ᄅᆞ·노니·이 大·땡 目·목 揵連련
·이 種·쥬 種·쥬 供·공 養·양 ·ᄒᆞ·거스·로八
千·쳔 諸·졍 佛·뿛 ·을 供·공 養·양 ·ᄒᆞ·ᅀᆞᄫᅡ
恭·공 敬·경 尊·존 重·뜡 ·ᄒᆞᅀᆞᆸ고 諸·졍 佛·뿛
滅·몋 度·똥 ·ᄒᆞ·신 後·흏 ·에 各·각 各·각 塔·탑

住(주)하리라." 그때에 世尊(세존)이 또 大衆(대중)에게 이르시되 "내가 이제 너에게 이르니, 이 大目揵連(대목건련)이 種種(종종)의 供養(공양)할 것으로 八千(팔천) 諸佛(제불)을 供養(공양)하여 恭敬(공경) · 尊重(존중)하고, 諸佛(제불)이 滅度(멸도)하신 後(후)에 各各(각각) 塔廟(탑묘)를

住뜌ᇰᄒᆞ리라[53] 그 ᄢᅴ 世세ᇰ尊존이 ᄯᅩ 大때ᇰ衆쥬ᇰᄃᆞ려 니ᄅᆞ샤ᄃᆡ 내 이제 너ᄃᆞ려 니ᄅᆞ노니[54] 이[55] 大때ᇰ目목揵껀連련[56]이 種죠ᇰ種죠ᇰ 供고ᇰ養야ᇰᄒᆞᇙ 거스로 八바ᇙ千쳔 諸졍佛뿌ᇙ을 供고ᇰ養야ᇰᄒᆞᅀᆞᄫᅡ 恭고ᇰ敬겨ᇰ 尊존重뜌ᇰᄒᆞᅀᆞᆸ고 諸졍佛뿌ᇙ 滅며ᇙ度또ᇢᄒᆞ신[57] 後후ᇢ에 各각各각 塔탑廟묘ᇢ[58]ᄅᆞᆯ

---

53) 住ᄒᆞ리라: 住ᄒᆞ[주하다(머물다)]: 住(주: 불어) + -ᄒᆞ(동접)-]- + -리(미시)- + -라(← -다: 평종)

54) 니ᄅᆞ노니: 니ᄅᆞ(이르다, 語)- + -ㄴ(← -ᄂᆞ-: 현시)- + -오(화자)- + -니(연어, 설명 계속)

55) 이: 이(관사, 정칭, 강조 용법)

56) 大目揵連: 대목건련. 산스크리트어의 '마우드갈리아야나(Maudgalyayana)'를 음차한 말이다. 석가모니의 십대 제자 가운데 한 사람이다. 마가다의 브라만 출신으로, 부처의 교화를 펼치고 신통(神通) 제일의 성예(聲譽)를 얻었다.

57) 滅度ᄒᆞ신: 滅度ᄒᆞ[멸도하다: 滅度(멸도) + -ᄒᆞ(동접)-]- + -시(주높)- + -Ø(과시)- + -ㄴ(관전)
※ '滅度(멸도)'는 모든 번뇌(煩惱)의 속박에서 벗어나고, 진리를 깨달아 불생(不生) 불멸(不滅)의 법을 체득한 경지이다. 불교의 최고 이상이다. 승려가 죽음을 뜻하기도 한다.

58) 塔廟: 탑묘. 탑(塔)과 사당(廟)을 아울러 이르는 말이다. 탑(塔)은 불탑(佛塔)이고, 묘(廟)는 불탑을 보호하기 위한 집이다.

廟
룰
세
욘
딕
노
픠
千
천
由
융
旬
쓘
이

오
縱
중
廣
광
이
正
정
히
틔
五
종
百
빅

由
융
旬
쓘
이
오
金
금
銀
은
瑠
륭
璃
링
硨
챵
硨
갱
瑪
瑙
눃
瑠
링
真
진
珠
즁
玟
밍
瑰
굉

七
칧
寶
뇰
로
어
울
워
일
우
고
眾
즁
華
황

瓔
형
珞
락
과
塗
똥
香
향
抹
맗
香
향
燒
숗

香
향
과
繒
쯩
蓋
갱
幢
땅
幡
펀
으
로
供
공

세우되, 높이가 千(천) 由旬(유순)이요 縱廣(종광)이 正(정)히 같이 五百(오백) 由旬(유순)이요, 金(금)·銀(은)·瑠璃(유리)·硨磲(차거)·瑪瑙(마노)·眞珠(진주)·玟瑰(매괴) (등의) 七寶(칠보)로 아울러서 이루고, 眾華(중화)·瓔珞(영락)과 塗香(도향)·抹香(말향)·燒香(소향)과 繒蓋(증개)·幢幡(당번)으로 供養(공양)하고,

세요딕⁵⁹⁾ 노픠 千_쳔 由_율旬_쑨⁶⁰⁾이오 縱_죵廣_광⁶¹⁾이 正_졍히 ᄀᆞ티 五_옹 百_{ᄇᆡᆨ} 由_율旬_쑨이오 金_금 銀_은 瑠_륳璃_링 硨_챻磲_껗⁶²⁾ 瑪_망瑙_놓⁶³⁾ 眞_진珠_즁 玫_밍瑰_굉⁶⁴⁾ 七_칧寶_봏⁶⁵⁾로 어울워⁶⁶⁾ 일우고 衆_즁華_{ᅘᅪᆼ}⁶⁷⁾ 瓔_{ᅙᅧᆼ}珞_락⁶⁸⁾과 塗_똥香_향⁶⁹⁾ 抹_맗香_향⁷⁰⁾ 燒_숗香_향⁷¹⁾과 繒_즁蓋_갱⁷²⁾ 幢_뙁幡_펀⁷³⁾으로 供_공養_양ᄒᆞ고

---

59) 셰요딕: 셰[세우다, 起: 셔(서다, 立)- + -ㅣ(←-이-: 사접)-]- + -오딕(-되: 연어, 설명 계속)
60) 由旬: 유순(의명: 단위) ※ '由旬(유순)'은 고대 인도의 이수(里數) 단위이다. 소달구지가 하루에 갈 수 있는 거리로서 80리인 대유순, 60리인 중유순, 40리인 소유순의 세 가지가 있다.
61) 縱廣: 종광. 세로(남북)와 가로(동서)이다.
62) 硨磲: 차거. 백산호(白珊瑚) 또는 대합(大蛤)이다.
63) 瑪瑙: 마노. 석영, 단백석(蛋白石), 옥수(玉髓)의 혼합물이다. 화학 성분은 송진과 같은 규산(硅酸)으로, 광택이 있고 때때로 다른 광물질이 스며들어 고운 적갈색이나 흰색 무늬를 띤다.
64) 玫瑰: 매괴. 중국 남방에서 나는 붉은빛의 돌이다.
65) 七寶: 칠보. 불교에서 7가지 보배를 일컫는 말인데, 경전에 따라 그 종류는 약간의 차이가 있다. 『묘법연화경』에서는 '금(金)·은(銀)·파리(頗梨)·車璖(거거)·마뇌(馬腦)·매괴(玫瑰)·유리(琉璃), 진주(珍珠)' 등을 칠보로 들고 있다.
66) 어울워: 어울우[어우르다, 立: 어울(어울리다, 합하다, 合: 자동)- + -우(사접)-]- + -어(연어)
67) 衆華: 중화. 여러 가지 꽃이다.
68) 瓔珞: 영락. 구슬을 꿰어 만든 장신구로서, 목이나 팔 따위에 두른다.
69) 塗香: 도향. 향나무 가루로 만든 향료이다. 수행자의 몸에 발라 부정을 씻고 사기(邪氣)를 없앤다.
70) 末香: 말향. 가루로 된 향이다.
71) 燒香: 소향. 제사나 예불(禮佛) 의식 따위에서, 향로에 불을 붙인 향을 넣고 향기로운 연기를 피우는 향을 이른다.
72) 繒蓋: 증개. 불상을 덮는 양산같이 만들어 쓰던 의장의 한 가지인데, 비단으로 만들었다.
73) 幢幡: 당번. 당(幢)과 번(幡)이다. '幢(당)'은 불법회 따위의 의식이 있을 때에, 절의 문 앞에 세우는 기이다. 장대 끝에 용머리를 만들고, 깃발에 불화(佛畫)를 그려 불보살의 위엄을 나타내는 장식 도구이다. 그리고 '幡(번)'은 부처와 보살의 성덕(盛德)을 나타내는 깃발이다. 꼭대기에 종이나 비단 따위를 가늘게 오려서 단다.

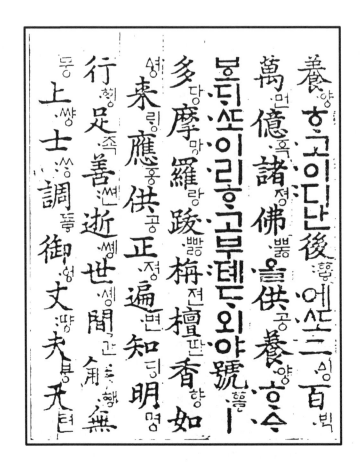

이것이 지난 後(후)에 또 二百萬億(이백만억) 諸佛(제불)을 供養(공양)하되 또 이리 하고, 부처가 되어 號(호)가 多摩羅跋栴檀香如來(다마라발전단향여래) · 應供(응공) · 正遍知(정변지) · 明行足(명행족) · 善逝(선서) · 世間解(세간해) · 無上士(무상사) · 調御丈夫(조어장부) · 天人師(천인사) ·

이⁷⁴⁾ 디난⁷⁵⁾ 後_홀에 ᄯᅩ 二_{ᅀᅵᆼ}百_빅萬_먼億_흑 諸_졍佛_뿛을 供_공養_양ᄒᆞᅀᆞᄫᆞ디 ᄯᅩ 이리⁷⁶⁾ ᄒᆞ고 부톄 ᄃᆞ외야 號_{ᅘᅶᇢ}ㅣ 多_당摩_망羅_랑跋_{빠ᇙ}栴_젼檀_딴香_향⁷⁸⁾ 如_{ᅀᅧ}來_링⁷⁹⁾ 應_{ᅙᅳᆼ}供_공 正_졍遍_변知_딩 明_명行_{ᅘᆡᇰ}足_죡 善_쎤逝_쎼 世_솅間_간解_{ᅘᆡᆼ} 無_뭉上_썅士_쏭 調_{ᄠᅭᇢ}御_{ᅌᅥᆼ}丈_땽夫_붕 天_텬人_{ᅀᅵᆫ}師_숭

---

74) 이: 이(이것, 此: 지대, 정칭) + -∅(← -이: 주조)

75) 디난: 디나(지나다, 過)- + -∅(과시)- + -ㄴ(관전)

76) 이리: [이리, 然(부사, 지시): 이(이, 此: 지대, 정칭) + -리(부접, 방향)] ※ '이리'는 '전과 같이'라는 뜻으로 쓰였다.

77) 號: 호. 본명이나 자 이외에 쓰는 이름. 허물없이 쓰기 위하여 지은 이름이다.

78) 多摩羅跋栴檀香: 다마라발전단향. 다마라발은 향기로운 풀의 하나이다. 전단향은 인도에서 나는 향나무의 하나이다. 목재는 불상을 만드는 재료로 쓰고 뿌리는 가루로 만들어 단향(檀香)으로 쓴다. ※ 다마라발전단향(多摩羅跋栴檀香)은 청정하여 멀리까지 은근히 통하나니, 목련존자 신통제일(神通第一)의 과덕(果德)이 그와 같다. 서북방 부처님 이름이 다마라발전단향신통(多摩羅跋栴檀香神通)이니, 곧 향(香)은 신통에 비유한 것이 분명하다.

79) 多摩羅跋栴檀香如來: 다마라발전단향여래. 여래 십호의 하나이다. '다마라발'은 전단나무의 일종인데, 부처님의 지혜와 공덕이 미묘하여 법계에 충만하기 때문에 이 이름이 붙여진 것이다.

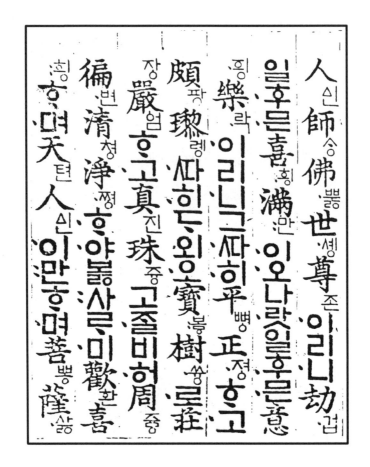

佛世尊(불세존)이겠으니, 劫(겁)의 이름은 喜滿(희만)이요 나라의 이름은 意
樂(의락)이겠으니, 그 땅이 平正(평정)하고 頗瓈(파려)의 땅이 되고, 寶樹(보
수)로 莊嚴(장엄)하고 眞珠(진주)의 꽃을 흩뿌려, 周徧(주변)이 淸淨(청정)하
여 보는 사람이 歡喜(환희)하며, 天人(천인)이 많으며 菩薩(보살)과

佛_뿛世_셍尊_존이리니 劫_겁⁸⁰⁾ 일후믄 喜_휭滿_만⁸¹⁾이오 나랏⁸²⁾ 일후믄 意_힁樂_락이리니 그 싸히 平_뼁正_정ᄒ고⁸³⁾ 頗_팡瓈_롕⁸⁴⁾ 싸히 ᄃᆞ외오 寶_봏樹_쓩로 莊_장嚴_엄ᄒ고 眞_진珠_즁 고졸⁸⁵⁾ 비허⁸⁶⁾ 周_즣徧_변 淸_쳥淨_쪙ᄒ야 봀 사ᄅᆞ미 歡_환喜_휭ᄒ며 天_텬人_신⁸⁷⁾이 만ᄒ며 菩_뽕薩_삻

---

80) 劫: 겁. 어떤 시간의 단위로도 계산할 수 없는 무한히 긴 시간이다. 하늘과 땅이 한 번 개벽한 때에서부터 다음 개벽할 때까지의 동안이라는 뜻이다. ※ 여기서는 다마라발전단향여래가 출현하여 교화가 끝날 때까지의 기간을 이른다.

81) 喜滿: 희만. 그 불국토에는 모든 이들이 생사를 벗어나 사교(四敎)의 가르침을 받았기 때문에 기쁨으로 가득 차 있다. 이에 따라서 겁의 이름을 희만(喜滿)이라 한 것이다.

82) 나랏: 나라(← 나라ㅎ, 國) + -ㅅ(-의: 관조)

83) 平正ᄒ고: 平正ᄒ[평정하다: 平正(평정) + -ᄒ(형접)-] + -고(연어, 나열) ※ '平正(평정)'은 평탄한 것이다.

84) 頗瓈: 파려. 일곱 가지 보석 가운데 '수정(水晶)'을 이르는 말이다.

85) 고졸: 곶(꽃, 花) + -올(목조)

86) 비허: 빟(흩뿌리다, 散)- + -어(연어)

87) 天人: 천인. 천신(天神)과 사람(人)을 아울러서 이르는 말이다.

聲聞이 그 數ㅣ 그지업스며 부텻 목수믄 二十四 小劫이·오 正法住世 四十 小劫이·오 像法이·오 四十 小劫을 住ᄒᆞ리·라 多摩羅跋栴檀香ᄋᆞᆫ ᄆᆞᆯ·기 머·리 ᄀᆞ마·니 通ᄒᆞᄂᆞ·니 目連·이 神通 第一·일씨 光德·이 곧ᄒᆞ·니·라 西北方ᄋᆞᆫ 多摩羅跋栴檀香…

聲聞(성문)이 그 數(수)가 그지없으며, 부처의 목숨은 二十四(이십사) 小劫(소겁)이요, 正法住世(정법주세)가 四十(사십) 小劫(소겁)이요, 像法(상법)이 또 四十(사십) 小劫(소겁)을 住(주)하리라. 【多摩羅跋栴檀香(다마라발 전단향)은 맑게 멀리 가만히 통하나니, 目連(목련)이 神通(신통) 第一(제일)이므로 (다마라발 전단향이 목련의) 果德(과덕)과 같으니라. 西北方(서북방) 부처의 이름은 多摩羅跋栴檀香神通(다마라발 전단향 신통)이라고

聲_셩聞_문이 그 數_승ㅣ 그지업스며⁸⁸⁾ 부텻 목수믄⁸⁹⁾ 二_싱十_씹四_승 小_숑劫_겁이오 正_졍法_법住_뚱世_셍⁹⁰⁾ 四_승十_씹 小_숑劫_겁이오 像_썅法_법이 또 四_승十_씹 小_숑劫_겁을 住_뚱ᄒ리라【多_당摩_망羅_랑跋_빲栴_젼檀_딴香_향⁹²⁾은 믈기⁹³⁾ 머리⁹⁴⁾ ᄀᄆ니⁹⁵⁾ ᄉᄆᆺᄂ니⁹⁶⁾ 目_목連_련⁹⁷⁾이 神_씬通_통⁹⁸⁾ 第_뗑一_{ᅙᅵᆶ}일씨 果_광德_득이⁹⁹⁾ ᄀᄐᄒ니라 西_셩北_븍方_방 부텻 일후믄 多_당摩_망羅_랑跋_빲栴_젼檀_딴香_향神_씬通_통이라

---

88) 그지업스며: 그지없[그지없다, 끝없다: 그지(끝, 한도, 限: 명사) + 없(없다, 無: 형사)-]- + -으며(연어, 나열)

89) 목수믄: 목숨[목숨, 命: 목(목, 喉) + 숨(숨, 息)] + -은(보조사, 주제)

90) 正法住世: 정법주세. 정법이 이 세상에 머무는 것이다.

91) 多摩羅跋: 다마라발. 향기로운 풀의 하나이다.

92) 栴檀香: 전단향. 인도에서 나는 향나무의 하나. 목재는 불상을 만드는 재료로 쓰고 뿌리는 가루로 만들어 단향(檀香)으로 쓴다.

93) 믈기: [맑게, 淨(부사): 몱(맑다)- + -이(부접)]

94) 머리: [멀리, 遠(부사): 멀(멀다)- + -이(부접)]

95) ᄀᄆ니: [가만히, 靜(부사): ᄀ만(가만: 불어) + -Ø(←-ᄒ-: 형접)- + -이(부접)]

96) ᄉᄆᆺᄂ니: ᄉᄆᆺ(←ᄉᄆᆾ다: 통하다, 通)- + -ᄂ(현시)- + -니(연어, 설명 계속)

97) 目連: 목련. 본명은 '마우드갈리아야나(Maudgalyayana)'로서, 석가모니의 십대 제자 가운데 한 사람이다. 마가다의 브라만 출신으로, 부처의 교화를 펼치고 신통(神通) 제일의 성예(聲譽)를 얻었다.

98) 神通: 신통. 신통력. 무슨 일이든지 해낼 수 있는 영묘하고 불가사의한 힘이나 능력이다.

99) 果德이: 果德(과덕) + -이(부조, 비교) ※ '果德(과덕)'은 수행의 결과로 얻어지는 공덕이다.

神씬香향을 神씬通통애 가ᄌᆞᆯ비샤미 ᄇᆞᆯ기니라 ᄒᆞᆫ 由윻旬쓘은 四十씹 里링라 目목連련이 부텨를 供養ᄒᆞᅀᆞᄫᅡ 塔탑 셰ᅀᆞ보미 노ᄑᆡ 千쳔 由윻旬쓘이론 神씬通통 셰윤 젼ᄎᆞ라 因힌에 行ᄒᆞᆼ을 記긩호ᄆᆞᆫ 다 聲聞을 나ᅀᅡ가 큰 ᄆᆞᅀᆞᄆᆞᆯ 여러 너펴 空寂쪅을 ᄇᆞ리고 큰 行ᄒᆞᆼ을 너비 닷가 佛道 일우게 ᄒᆞ시니라 ○ 잇ᄀᆞ장 授記品 ᄆᆞᆾ고 아래ᄂᆞᆫ 化城喩品이니 化城이 本본來링 업거늘 權꿘으로 ᄆᆡᇰᄀᆞ라

하시니, 香(향)을 神通(신통)에 비유하신 것이 밝으니라. 한 由旬(유순)은 四十(사십) 里(리)이니, 目連(목련)이 부처를 供養(공양)하여 塔(탑)을 세운 것이 높이가 千(천) 由旬(유순)인 것은 神通(신통)을 세운 때문이다. 因(인)에 行(행)을 記(기)한 것은, 다 聲聞(성문)을 나아가게 하여, 큰 마음을 열어 넓히어 空寂(공적)을 버려, 큰 行(행)을 널리 닦아 佛道(불도)를 이루게 하셨니라. ○ 이까지는 授記品(수기품)을 마치고 아래는 化城喩品(화성유품)이니, 化城(화성)이 本來(본래) 없거늘 權(권)으로 (화성을) 만들어, 먼 길에 막혀 쉬고자 하는 사람을 구제하여, 나아가게 하여 보배가 있는 곳(一乘의 涅槃城)에 가게 하니, 작은 果(과)가

ᄒ시니 香향ᄋᆞᆯ 神씬通통애 가ᄌᆞᆯ비샤미 ᄇᆞᆯᄀ니라¹⁰⁰⁾ ᄒᆞᆫ 由율旬쓘은 四ᄉᆞ十씹里링니 目목連련이 부텨 供공養양ᄒᆞᅀᆞᄫᅡ 塔탑 셰요미 노픠¹⁾ 千쳔 由율旬쓘은 神씬通통이 셰욘²⁾ 젼ᄎᆞ라³⁾ 因ᅙᅵᆫ에 行ᄒᆡᆼᄋᆞᆯ 記긩호ᄆᆞᆫ⁴⁾ 다 聲셩聞문ᄋᆞᆯ 나소아⁵⁾ 큰 ᄆᆞᅀᆞᄆᆞᆯ 여러 너펴 空콩寂쪅⁶⁾을 ᄇᆞ려 큰 行ᄒᆡᆼᄋᆞᆯ 너비⁷⁾ 닷가 佛뿛道똘ᄅᆞᆯ 일우게 ᄒᆞ시니라 ○ 잇⁸⁾ ᄀᆞ장⁹⁾ 授쓩記긩品픔¹⁰⁾ ᄆᆞᆺ고¹¹⁾ 아래ᄂᆞᆫ 化황城쎵喩융品픔¹²⁾이니 化황城쎵이 本본來ᄅᆡᆼ 업거늘 權꿘¹³⁾으로 ᄆᆡᇰᄀᆞ라 먼 길헤 마쳐 쉬오져¹⁴⁾ ᄒᆞᄂᆞᆫ 사ᄅᆞ믈 거리쳐¹⁵⁾ 나소아 보빗¹⁶⁾ 고대¹⁷⁾ 가긔¹⁸⁾ ᄒᆞ니 져근 果광ㅣ

---

100) ᄇᆞᆯᄀ니라: ᄇᆞᆰ(밝다, 明)-+-∅(현시)-+-ᄋᆞ니(원칙)-+-라(←-다: 평종)

1) 노픠: 노픠[높이, 高: 높(높다, 高: 형사)-+-의(명접)]+-∅(←-이: 주조)

2) 셰욘: 셰[세우다, 立: 셔(서다, 立: 자동)-+-ㅣ(←-이-: 사접)-]+-∅(과시)-+-오(대상)-+-ㄴ(관전)

3) 젼ᄎᆞ라: 젼ᄎᆞ(까닭, 때문, 故)+-ㅣ(←-이-: 서조)-+-∅(현시)-+-라(←-다: 평종)

4) 因에 行ᄋᆞᆯ 記홈: 인위(因位)에서의 행(行)을 수기(授記)한 것이다. ※ '因位(인위)'는 불과(佛果)를 얻기 위하여 수행하는 지위나 불법의 수행이 아직 성불에 이르지 아니한 보살의 지위이다.

5) 나소아: 나소[나아가게 하다: 났(← 낫다, 步: 나아가다)-+-오(사접)-]+-아(연어)

6) 空寂: 공적. 불변하는 고유한 실체가 없는 상태이다.

7) 너비: [널리(부사): 넙(넓다, 廣: 형사)-+-이(부접)]

8) 잇: 이(이, 여기, 此: 지대, 정칭)+-ㅅ(-의: 관조)

9) ᄀᆞ장: 가장, 매우, 殊(부사)

10) 授記品: 수기품. 『묘법연화경』의 28품 중에서 제6품이다. 부처님께서 중근의 능력을 가지 가섭 등 사대 성문들에게 그들이 나중에 부처가 되어 나타나리라는 수기를 설한 품이다.

11) ᄆᆞᆺ고: ᄆᆞᆺ(← ᄆᆞᆾ다: 마치다, 終)-+-고(연어, 나열, 계기)

12) 化城喩品: 화성유품. 『묘법연화경』의 28품 중에서 제7품이다. ※ '化城(화성)'은 번뇌를 막아주는 안식처를 성(城)에 비유한 것이다. 법화도사(法華道師)가 험한 길 가운데에서 변화를 부려 한 성(城)을 만들고 피로한 대중들을 그 안에 들어가 쉬게 했다고 한다.

13) 權: 권. 부처나 보살이 사용하는 '방편(方便)'이다.

14) 쉬오져: 쉬(쉬다, 休)-+-오져(←-고져: 고자, 연어, 의도)

15) 거리쳐: 거리치(구제하다, 濟)-+-어(연어)

16) 보빗: 보비(보배, 寶)+-ㅅ(-의: 관조) ※ '보빗'은 '보배로 된'으로 의역하여 옮긴다.

17) 고대: 곧(곳, 處: 의명)+-애(-에: 부조, 위치)

18) 가긔: 가(가다, 去)-+-긔(-게: 연어, 사동)

實(실)이 아니거늘, 權(권)으로 일러서 작은 法(법, 소승법)을 즐겨 證(증)을 求(구)하는 사람을 濟渡(제도)하시어, (그를) 이끌어서 佛慧(불혜)에 들게 하신 것을 비유하셨느니라. 因緣說(인연설)이라고 이른 것은 앞에 있는 喩說(유설, 비유품)로부터서 藥草(약초, 약초품)에 이르도록 다 法(법)이 하나이되, (중생들의) 機(기)가 다르므로 下根(하근)이 여기되, "(나는) 끝내 (일승법에) 못 미칠 것이구나."라고 하여 게을러서 물러날 뜻을 낼까 두려워하여, 예전의 因(인, 因位)에서 化(화, 敎化)하던 일을 밝히시어, 이제 緣(연)이 이미 익어 勝果(승과)가 가까이 있는 것을 보이시어 (중생들이) 물러나 뒤떨어지는 것(退墮心)이 없게 하시어, 化城(화성)을 버리고 보배가 있는 곳에 가게 하셨느니라. 】

實_씷¹⁹⁾ 아니어늘 權_꿘으로 닐어²⁰⁾ 져근 法_법 즐겨 證_징²¹⁾ 求_꿇ᄒᆞᄂᆞᆫ 사ᄅᆞ믈 濟_곙渡_똥ᄒᆞ샤 혀²²⁾ 佛_뿛慧_훾²³⁾예 들의²⁴⁾ ᄒᆞ샤믈 가ᄌᆞᆯ비시니라 因_힌緣_원說_쉃²⁵⁾이라 닐오ᄆᆞᆫ 앏핏²⁶⁾ 喩_융說_쉃²⁷⁾을 브터 藥_약草_촗애 니르리²⁸⁾ 다 法_법이 ᄒᆞ나히로ᄃᆡ²⁹⁾ 機_긩 다ᄅᆞᆯᄊᆡ 下_행根_근이 너교ᄃᆡ 乃_냉終_즁내³⁰⁾ 몯 미츻³¹⁾ 거시로다³²⁾ ᄒᆞ야 게을어³³⁾ 믈롫³⁴⁾ ᄠᅳᆮ 냃가³⁵⁾ 저ᄒᆞ샤³⁶⁾ 아랫³⁷⁾ 因_힌에 化_황ᄒᆞ던 이ᄅᆞᆯ 닐기샤 이제 緣_원이 ᄒᆞ마 니거³⁸⁾ 勝_싱果_광³⁹⁾ㅣ 갓가비⁴⁰⁾ 잇ᄂᆞᆫ 들 뵈샤 믈러듀미⁴¹⁾ 업게 ᄒᆞ샤 化_황城_쎵 ᄇᆞ리고 보빗 고대 가게 ᄒᆞ시니라 】

---

19) 實: 실. 모든 존재의 있는 그대로의 진실한 모습이다.

20) 닐어: 닐(← 니ᄅᆞ다: 이르다, 曰)- + -어(연어)

21) 證: 증. 깨달음이다.

22) 혀: 혀(끌다, 引) + -어(연어)

23) 佛慧: 불혜. 부처의 지혜이다.

24) 들의: 들(들다, 入)- + -의(← -긔: -게, 연어, 사동)

25) 因緣說: 인연설. 모든 것은 인(因)과 연(緣)의 화합에 의한 결과라고 하는 주장이다.

26) 앏핏: 앒(앞, 前) + -이(-에: 부조, 위치) + -ㅅ(-의: 관조)

27) 喩說: 유설. 비유하여서 하는 말이다. 여기서는 앞서 제시한 '비유품(譬喩品)'을 가리킨다.

28) 니르리: [이르도록, 至(부사): 니를(이르다, 至: 동사)- + -이(부접)]

29) ᄒᆞ나히로ᄃᆡ: ᄒᆞ낳(하나, 一: 수사, 양수) + -이(서조)- + -로ᄃᆡ(← -오ᄃᆡ: -되, 연어, 설명 계속)

30) 乃終내: [끝내(부사): 乃終(내종, 나중, 끝: 명사) + -내(부접)]

31) 미츻: 및(미치다, 及)- + -읋(관전)

32) 거시로다: 것(것, 者: 의명) + -이(서조)- + -∅(현시)- + -로(← -도-: 감동)- + -다(평종)

33) 게을어: 게을(← 게으르다: 게으르다, 怠)- + -어(연어)

34) 믈롫: 믈르(← 므르다: 물러나다, 退)- + -오(대상)- + -ᇙ(관전)

35) 냃가: 내[내다, 出: 나(나다, 生)- + -ㅣ(← -이-: 사접)-]- + -ᇙ가(의종, 미시, 판정)

36) 저ᄒᆞ샤: 젛(두려워하다, 畏)- + -ᄋᆞ샤(← -ᄋᆞ시-: 주높)- + -∅(← -아: 연어)

37) 아랫: 아래(예전, 옛날, 昔) + -ㅅ(-의: 관조)

38) 니거: 닉(익다, 熟)- + -어(연어)

39) 勝果: 승과. 훌륭한 과보(果報)이다.

40) 갓가비: [가까이, 近(부사): 갓갑(← 갓갑다, ㅂ불: 가깝다, 近, 형사)- + -이(부접)]

41) 믈러듀미: 믈러디디[물러나 뒤떨어지다: 還退墜: 믈르(← 므르다: 물러나다)- + -어 + 디(떨어지다, 落)-]- + -움(명전)

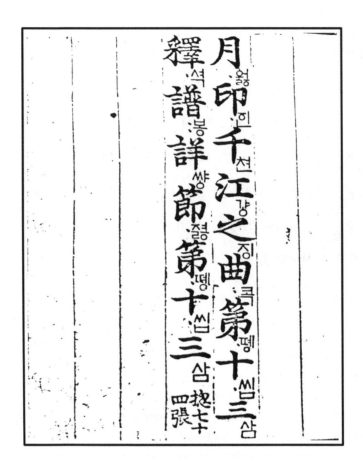

月印千江之曲(월인천강지곡)　　第十三(제십삼)

釋譜詳節(석보상절)　第十三(제십삼)【　總七十四(총칠십사)　張(장)　】

月_윓印_힌千_쳔江_강之_징曲_콕　第_똉十_씹三_삼

釋_셕譜_봉詳_썅節_졇　第_똉十_씹三_삼【 總_{七十四} 張 】

부록

'원문과 번역문의 벼리' 및
'문법 용어의 풀이'

부록 1. 원문과 번역문의 벼리

　　(가)『월인석보 제십삼』의 원문 벼리

　　(나)『월인석보 제십삼』의 번역문 벼리

부록 2. 문법 용어의 풀이

　　1. 품사
　　2. 불규칙 활용
　　3. 어근
　　4. 파생 접사
　　5. 조사
　　6. 어말 어미
　　7. 선어말 어미

[부록 1] 원문과 번역문의 벼리

(가) 『월인석보 제십삼』 원문의 벼리

[2앞

月_웛印_힌千_천江_강之_징曲_콕 第_똉十_씹三_삼

釋_셕譜_봉詳_썅節_졇 第_똉十_씹三_삼

其_끵二_싱百_빅八_밢十_씹一_힗

아비 方_방便_뼌에 □오솔 니버늘 아들이 親_친히 너기니

부텻 方_방便_뼌에 三_삼乘_씽을 닐어시늘 聲_셩聞_문이 수비 너기니

其_끵二_싱百_빅八_밢十_씹二_싱

命_몡終_즁이 거의어늘 보비를 다 주□ 깃그니 [2뒤]

涅_녏槃_빤이 거의어시늘 一_힗乘_씽을 니르시니 菩_뽕薩_삻이 ᄀᆞ장 깃ᄉᆞᄫᆞ시니

묘법연화경(妙法蓮華經) **제이권**(第二卷)

제사(第四) **신해품**(信解品)

그 ᄢᅴ 慧_휑命_몡須_슝菩_뽕提_똉와 摩_망訶_항迦_강栴_젼延_연과 摩_망訶_항迦_강葉_셥과 摩_망訶_항目_목揵_껀連_련괘 부텨씌 녜 업던 法_법을 듣ᄌᆞᄫᆞ며 世_셩尊_존이 [3앞] 舍_샹利_링弗_붏

의 게 阿ᇙ耨녹多당羅랑三삼藐막三삼菩뽕提똉 記긩 심기거시늘 希힁有ᇮ心심을 내야 깃거 ᄂᆞ소사 즉재 座쫭로셔 니러 옷 고티고 올ᄒᆞᆫ 엇게 메밧고 올ᄒᆞᆫ 무룹 ᄭᅮ러 ᄒᆞᆫ ᄆᆞᅀᆞ모로 合ᅘᅡᆸ掌쟝ᄒᆞ야 몸 구펴 恭공敬경ᄒᆞᅀᆞᄫᅡ 尊존顔안ᄋᆞᆯ 울워러 보ᅀᆞᄫᅡ 슬ᄫᅩ듸

우리 중의 게 爲윙頭뚱ᄒᆞ야 [4앞 나히 다 늘글씨 ᄒᆞ마 涅넗槃빤ᄋᆞᆯ 得득ᄒᆞ야 맛들이리 업소라 ᄒᆞ고 阿ᇙ耨녹多당羅랑三삼藐막三삼菩뽕提똉를 ᄂᆞ외야 求꿀티 아니타이다 世솅尊존이 녜 說ᅌᅯᇙ法법을 오래 커시늘 내 그 제 座쫭애 이셔 모미 잇버 오직 空콩과 無뭉相샹과 無뭉作작ᄋᆞᆯ 念념코 부텻 國귁土통를 조케 ᄒᆞ야 衆즁生ᄉᆡᆼ 일우오매 ᄆᆞᅀᆞᆷ 즐기디 아니타니, 엇뎨어뇨 ᄒᆞ란듸 世솅尊존이 우리를 三삼界갱예 나 涅넗槃빤 證징을 得득게 ᄒᆞ시며 ᄯᅩ 우리 나히 ᄒᆞ마 늘거 부텻 菩뽕薩삻 教ᄀᆈ化황ᄒᆞ시논 阿ᇙ耨녹多당羅랑三삼藐막三삼菩뽕提똉예 ᄒᆞᆫ 念념도 즐기논 ᄆᆞᅀᆞᆷ [6앞 아니 내다니

우리 오늘 부텻 알ᄑᆡ 聲셩聞문을 阿ᇙ耨녹多당羅랑三삼藐막三삼菩뽕提똉 記긩 심거시늘 듣ᄌᆞᆸ고 ᄆᆞᅀᆞ매 甚씸히 歡환喜휭ᄒᆞ야 녜 업던 이를 得득ᄒᆞ야 아니 너기온 오늘 믄득 希힁有ᇮᄒᆞᆫ 法법을 듣ᄌᆞᆸ고 기피 제 慶켱幸ᅘᅢᆼᄒᆞ야 [6뒤 큰 善쎤利링를 어더 그지업슨 보ᄇᆡ를 아니 求꿀ᄒᆞ야셔 얻ᄌᆞᆸ과이다

世솅尊존하 우리 오늘 譬핑喩윳를 즐겨 닐어 이 ᄠᅳᆮ들 불교리이다 가ᄌᆞᆯ비건댄 ᄒᆞᆫ 사ᄅᆞ미 나히 져머셔 아비 ᄇᆞ리고 逃똫亡망ᄒᆞ야 가 다ᄅᆞᆫ 나라해 오래 이셔 열 히 스믈 히 쉰 히예 니르더니 나히 ᄒᆞ마 ᄌᆞ라 더욱 窮꿍困콘ᄒᆞ야 四ᄉᆞᆼ方방애 ᄃᆞ녀 옷 밥 求꿀ᄒᆞ야 漸쪔漸쪔 ᄃᆞ녀 믿나라ᄒᆞᆯ 마초아 向향ᄒᆞ니, 그 아비 아ᄅᆡ 아ᄃᆞᆯ 求꿀ᄒᆞ다가 몯 어더 ᄒᆞᆫ 城쎵에 잇더니 그 지비 ᄀᆞ장 가ᅀᆞ며러 쳔량 보ᄇᆡ 그지업서 金금 銀은 瑠률璃링 珊산瑚뽕 琥홍珀픽 玻광梨령 珠즁 들히 倉창庫콩애 다 ᄀᆞ득ᄒᆞ

야 넓디며 죠이며 臣씬下행ㅣ며 [8앞]百빅姓셩이 만ᄒᆞ며 象쌍 馬망 車겅乘씽과 牛울羊양이 數숭 업스며 내며 드리며 利링 불우미 다ᄅᆞᆫ 나라해 ᄀᆞ득ᄒᆞ며 商샹估공 賈공客킥이 ᄯᅩ 甚씸히 하더니

그 제 貧삔窮꿍ᄒᆞᆫ 아ᄃᆞ리 ᄆᆞᅀᆞᆯ들해 노녀 國귁邑흡을 디나 아비 잇ᄂᆞᆫ 城썽에 다ᄃᆞ르니 아비 每밍常쌍 아ᄃᆞᆯ를 念념ᄒᆞ오ᄃᆡ 아ᄃᆞᆯ와 여희연 디 쉬나ᄆᆞᆫ ᄒᆡ어다 호ᄃᆡ ᄂᆞᆷᄃᆞ려 이런 이ᄅᆞᆯ 잢간도 니르디 아니ᄒᆞ고 오직 [10앞]제 ᄉᆞ랑ᄒᆞ야 ᄆᆞᅀᆞ매 뉘읏브며 애완부ᄆᆞᆯ 머거 제 念념ᄒᆞ오ᄃᆡ 늙고 쳔랴이 만ᄒᆞ야 金금銀은 珎딘寶봉ㅣ 倉창庫콩애 ᄀᆞ득ᄒᆞ야 넚듀ᄃᆡ 子ᄌᆞ息식이 업수니 ᄒᆞᄅᆞᆺ 아ᄎᆞ미 주그면 쳔랴ᄋᆞᆯ 일허 맛듏 싸히 업스리로다 ᄒᆞ야 브즈러니 每밍常쌍 아ᄃᆞᆯ를 ᄉᆡᆼ각ᄒᆞ야 ᄯᅩ 너교ᄃᆡ ᄒᆞ다가 [10뒤] 아ᄃᆞᆯ를 어더 쳔랴ᄋᆞᆯ 맛디면 훤히 快쾡樂락ᄒᆞ야 ᄂᆞ외야 分분別ᄫᅧᆯ 업스리로다 ᄒᆞ더니

世솅尊존하 [11앞]그 ᄢᅴ 窮꿍子ᄌᆞㅣ 傭용賃님ᄒᆞ야 그우녀 마초아 아비 지븨 다ᄃᆞ라 門몬ㅅ 겨틔 셔셔 머리셔 보ᄃᆡ 제 아비 師ᄉᆞ子ᄌᆞ床쌍이 걸앉고 寶봉几ᄀᆔ 발 받고 婆빵羅랑門몬과 利찷利링와 居겅士ᄊᆞᆼ들히 다 恭공敬경 圍윙繞ᅀᅭᆸᄒᆞ며 眞진珠즁 瓔ᅙᅧᆼ珞락이 갑시 千쳔萬먼이 ᄊᆞ니로 모매 莊장嚴엄ᄒᆞ고 吏링民민과 [12앞]僮똥僕뽁괘 白뺵拂뿛 잡고 左장右ᅌᅮᆸ에 셔며 보ᄇᆡ옛 帳댱 둪고 빗난 幡펀 드리우며 香ᄒᆞᆼ水쉉를 ᄯᅡ해 ᄲᅳ리고 한 일훔난 곳 비ᄒᆞ며 보ᄇᆡ옛 것 느러니 버리고 내며 드리며 가지며 주어 이 ᄀᆞ티 種죵種죵ᄋᆞ로 ᄉᆡᆨᄉᆡᆨ기 ᄭᅮ미며 威ᅙᅱᆼ德득이 [12뒤]特뜩別ᄫᅧᆯ히 尊존터니

窮꿍子ᄌᆞㅣ 아비 큰 力륵勢솅 잇거늘 보고 곧 두리븐 ᄆᆞᅀᆞᆯ 머거 예 온 이ᄅᆞᆯ 뉘으처 ᄀᆞᄆᆞ니 너교ᄃᆡ 이 王왕이어나 王왕等등이로소니 내 傭용力륵 ᄒᆞ야 物ᄆᆞᆶ 어둟 싸히 아니니 艱간難난ᄒᆞᆫ ᄆᆞᅀᆞᆯ히 가 힘드룷 싸히 이셔 옷 밥 쉬ᄫᅵ [13앞]어드니만 몯다 ᄒᆞ다가 이에 오래 이시면 시혹 우기눌러 일 시기리로다 ᄒᆞ고 ᄲᆞᆯ리 ᄃᆞ라가거늘

그 제 가ᄉᆞ면 長ᄄ〮ᅡᆼ者쟝ㅣ 師ᄉᆞᆼ子ᄌᆞᆼ座쫭애셔 아ᄃᆞᆯ 보고 아라보아 ᄆᆞᅀᆞ매 ᄀᆞ장 깃거 너교ᄃᆡ 내 쳔량 庫콩藏짱ᄋᆞᆯ 이제 맛듏 ᄃᆡ 잇거다 [15뒤] 내 샹녜 이 아ᄃᆞᆯ ᄅᆞᆯ 思ᄉᆞᆼ念념ᄒᆞ요ᄃᆡ 봄 주리 업다니 믄득 제 오니 내 願원에 甚씸히 맛거다 내 비록 나히 늙고도 순지 貪탐ᄒᆞ야 앗기노라 ᄒᆞ고 즉재 겨틧 사ᄅᆞᆷ ᄋᆞᆯ 보내야 ᄲᆞᆯ리 미조차 가ᄃᆞ려 오라 ᄒᆞ야ᄂᆞᆯ [16앞]

그 ᄢ〮 使ᄉᆞᆼ者쟝ㅣ ᄲᆞᆯ리 ᄃᆞ라가 자본대 窮꿍子ᄌᆞᆼㅣ 놀라 怨원讐쓩ㅣ여 ᄒᆞ야 ᄀᆞ장 우르고 내 犯뻠혼 일 업거늘 엇뎨 잡ᄂᆞᆫ다 [16뒤] 使ᄉᆞᆼ者쟝 더욱 急급히 자바 구틔여 잇거 ᄃᆞ려오거늘

그 제 窮꿍子ᄌᆞᆼㅣ 너교ᄃᆡ 罪쬥 업시 잡가티노니 一ᅵᆳ定띠ᇰᄒᆞ야 주그리로다 ᄒᆞ야 더욱 두리여 것ᄆᆞᆯ 주거 ᄯᅡ해 디거늘 [18뒤] 아비 ᄇᆞ라고 使ᄉᆞᆼ者쟝ᄃᆞ려 닐오ᄃᆡ 구틔여 이 사ᄅᆞᆷ 말라 强깡히 ᄃᆞ려오디 말라 ᄒᆞ고 ᄎᆞᆫ믈로 ᄂᆞ치 ᄲᅳ려 ᄭᆡ에 ᄒᆞ고 더브러 말 아니 ᄒᆞ니 [18앞] 엇뎨어뇨 ᄒᆞ란ᄃᆡ 아비 제 아ᄃᆞᆯᄋᆡ ᄠᅳ디 사오납고 저는 豪ᅘᅩᇢ貴귕ᄒᆞ야 아ᄃᆞ리 어려ᄫᅵ 너기ᄂᆞᆫ ᄃᆞᆯ 아라 아ᄃᆞᆯ ᄂᆡᆫ 고ᄃᆞᆯ ᄉᆞ외 아로ᄃᆡ 方바ᇰ便뼌으로 ᄂᆞᆷᄃᆞ려 이 내 아ᄃᆞᆯ 이라 니ᄅᆞ디 아니코 使ᄉᆞᆼ者쟝 ᄒᆞ야 닐오ᄃᆡ 내 이제 너를 노ᄒᆞ노니 ᄠᅳ들 [19뒤] 조차 가라

窮꿍子ᄌᆞᆼㅣ 깃거 녜 업던 이를 得득과라 ᄒᆞ야 ᄯᅡ해셔 니러 艱간難난ᄒᆞᆫ ᄆᆞ술해 가 옷 밥 求꿀ᄒᆞ더니 그 ᄢ〮 長ᄄ〮ᅡᆼ者쟝ㅣ 쟝ᄎᆞᆺ 제 아ᄃᆞᆯ ᄅᆞᆯ 달애야 혀 오리라 ᄒᆞ야 方바ᇰ便뼌으로 양ᄌᆡ 셩가시오 威ᅙᅱᆼ德득 업슨 두 사ᄅᆞᆷ ᄋᆞᆯ ᄀᆞᄆᆞ니 보내요ᄃᆡ 네 가 ᄌᆞᄂᆞᆨ ᄌᆞᄂᆞ기 窮꿍子ᄌᆞᆼᄃᆞ려 닐오ᄃᆡ 이어긔 일홇 ᄯᅡ히 잇ᄂᆞ니 네 갑슬 [20뒤] 倍뼁히 주리라 ᄒᆞ라 窮꿍子ᄌᆞᆼᄋᆞᆺ 그리ᄒᆞ려 커든 ᄃᆞ려와 일 시기라 ᄒᆞ다가 무로ᄃᆡ 므슷 일 시교려 ᄒᆞᄂᆞᆫ다 커든 닐오ᄃᆡ ᄠᅩᇰ 츼유리니 우리 둘토 ᄒᆞᆫᄃᆡ ᄒᆞ오리라 ᄒᆞ라

그 ᄢ〮 두 사ᄅᆞ미 窮꿍子ᄌᆞᆼ 어더 웃 이ᄅᆞᆯ 다 니ᄅᆞᆫ대 그 ᄢ〮 窮꿍子ᄌᆞᆼㅣ 몬져 갑슬

가지고 [21뒤]미조차 쏭을 츠더니 그 아비 아들 보고 어엿비 너겨 荒황唐땅히 너겨 또 다른 나래 窓챵애셔 브라니 아드리 모미 시드러 여위오 쏭 몬지 무더 더럽거늘 즉재 瓔영珞락과 보드라본 爲윙頭뚤호 옷과 嚴엄飾식엣 거슬 바사 브리고 멀터본 헌 쁴 무든 옷 닙고 [22앞]드틀 모매 무티고 올혼소내 쏭 츨 그릇 잡고 양지 두리본 일 잇눈 드시 ᄒ야 일 ᄒ눈 사름들 더브러 닐오ᄃᆞᆯ 너희 브즈러니 ᄒ야 게으르디 말라 ᄒ야 方방便뼌으로 아드리 게 갓가비ᄒ니라

後薔에 쏘 닐오ᄃᆞᆯ 咄돓 男남子중아 네 샹녜 이에셔 일ᄒ고 다른 ᄃᆡ 가디 말라 네 갑슬 더 주리니 믈읫 [23뒤]求꿀ᄒ논 盆뿐器킁며 米몡麵면이며 鹽염醋총 들흘 네 어려비 너기디 말며 쏘 늘근 늘근 브륨 사ᄅᆞ미 잇ᄂᆞ니 求꿀ᄒ면 주리니 이대 ᄡᅳ들 便뼌安한히 가지라 내 네 아비 근ᄒ니 ᄂᆞ외야 시름 말라 엇뎨어뇨 ᄒ란ᄃᆡ 나ᄂᆞᆫ 나히 늙고 너는 져므니 네 샹녜 일ᄒᆞᆯ 저긔 소기며 게으르며 嗔친心심ᄒ며 怨훤歎탄앳 마리 업서 네 이런 왼 일들히 녀느 일ᄒᆞᆯ 사름 근호ᄆᆞᆯ [25앞]잢간도 몯 보리로소니 오늘브터 後薔엔 나혼 아들 ᄀᆞ티 호리라 ᄒ고 卽즉時씽예 長땽者쟝ㅣ 고텨 일훔 지허 일후믈 아히라 ᄒ니

그 ᄢᅴ 窮꿍子중ㅣ 비록 이 맛나ᄆᆞᆯ 깃그나 순지 제 너교ᄃᆡ 客킥ᄋᆞ로 와 일ᄒᆞᆫ 賤쪈人ᅀᅵᆫ이로라 ᄒ더니 이럴ᄊᆡ 스믈 ᄒᆡᆺ ᄉᆞᅀᅵᄅᆞᆯ 샹녜 쏭 츠게 ᄒ니 이 [26앞]디난 後薔에 ᄆᆞᅀᆞ매 서르 體톙信신ᄒ야 나며 드로ᄆᆞᆯ 어려비 아니 컨마ᄅᆞᆫ 그러나 잇논 짜히 순지 믿고대 잇더니 世솅尊존하 그 ᄢᅴ 長땽者쟝ㅣ 病뼝ᄒ야 아니 오라 주그ᇙ 제 아라 窮꿍子중ᄃᆞ려 닐오ᄃᆡ 내 이제 金금銀은 珎딘寶봏ㅣ 만히 이셔 倉챵庫콩애 ᄀᆞ득ᄒ야 넚디니 그 中듕에 하며 져근 거슬 가지거나 [27앞]주거나 호ᄆᆞᆯ 네 다 알라 내 ᄆᆞᅀᆞ미 이러ᄒ니 이 ᄠᅳ들 體톙ᄒ야ᅀᅡ ᄒ리라 엇뎨어뇨 ᄒ란ᄃᆡ 이제 나와 너왜 곧 다ᄅᆞ디 아니ᄒ니 더욱 ᄆᆞᅀᆞᄆᆞᆯ 뻐 일 틀유미 업게 ᄒ라

그 ᄢᅴ 窮꿍子ᄌᆞᆼㅣ 즉재 敎ᄀᆞᇢ勅틱 바다 한 金금銀ᅌᅳᆫ 珎딘寶봉와 여러 가짓 庫콩藏짱ᄋᆞᆯ ᄀᆞᅀᆞᆷ아로ᄃᆡ ᄒᆞᆫ 번 숤 밥도 가쥻 ᄠᅳᆮ 업고 잇ᄂᆞᆫ ᄡᅡ히 ᄉᆞᆫᄌᆡ ᄆᆞᆮ고대 이셔 사오나ᄫᆞᆫ ᄆᆞᅀᆞᄆᆞᆯ ᄯᅩ ᄇᆞ리디 몯더니

ᄯᅩ 아니한 時씽節젏 디나니 아비 아ᄃᆞᄅᆡ ᄠᅳ디 漸쪔漸쪔 ᄒᆞ마 通통泰탱ᄒᆞ야 큰 ᄠᅳ들 일워 아랫 ᄆᆞᅀᆞ믈 제 더러ᄫᅵ 너기ᄂᆞᆫ ᄃᆞᆯ 아라 ᄒᆞ마 주긇 저긔 아ᄃᆞᄅᆞᆯ 命명ᄒᆞ며 아ᅀᆞᆷ과 國귁王왕과 大땡臣씬과 刹찷利링와 [29뒤] 居겅士쑹와 조쳐 뫼화 다 ᄒᆞ마 몯거늘 펴 닐오ᄃᆡ 그듸내 알라 이 내 아ᄃᆞ리며 내 나호니러니 아모 城쎵中듕에 날 ᄇᆞ리고 逃똫亡망ᄒᆞ야 가 뷔듣녀 辛신苦콩호미 쉬나ᄆᆞᆫ ᄒᆡ러니 제 本본來ᄅᆡᆼㅅ 일후믄 아뫼오 내 일후믄 아모 甲갑이로니 아래 本본城쎵에 이셔 시름ᄒᆞ야 [30앞] 얻니다니 문득 이 ᄉᆞᅀᅵ예 맛나 어두니 이 實씷로 내 아ᄃᆞ리며 내 實씷로 제 아비로니 이제 내 뒷논 一힗切쳉 쳔랴이 다 이 아ᄃᆞᄅᆡ 거시며 아래 내며 드류미 이 아ᄃᆞᄅᆡ 아던 거시라 ᄒᆞ니

世솅尊존하 그 ᄢᅴ 窮꿍子ᄌᆞᆼㅣ [32뒤] 아비 이 말 듣고 즉재 ᄀᆞ장 歡환喜힁ᄒᆞ야 녜 업던 이ᄅᆞᆯ 得득호라 ᄒᆞ야 너교ᄃᆡ 내 本본來ᄅᆡᆼ 求꿇ᄒᆞᆯ ᄆᆞᅀᆞᆷ 업다니 오ᄂᆞᆯ 寶봉藏짱이 自쫑然션히 오나다 ᄒᆞ니 世솅尊존하 ᄀᆞ장 가ᅀᆞ면 長댱者쟝ᄂᆞᆫ 如셩來ᄅᆡᆼ시고 우리ᄂᆞᆫ 다 부텻 아ᄃᆞᆯ ᄀᆞᆮ호니 如셩來ᄅᆡᆼ 샹녜 우리ᄅᆞᆯ 아ᄃᆞ리라 [33앞] 니ᄅᆞ시ᄂᆞ니이다

世솅尊존하 우리 三삼苦콩ㅅ 젼ᄎᆞ로 生ᄉᆡᇰ死ᄉᆞᆼ 中듕에 여러 가짓 熱셣惱놓ᄅᆞᆯ 受쓯ᄒᆞ야 迷몡惑획ᄒᆞ야 아로미 업서 져근 法법을 즐기다니 오ᄂᆞᆳ날 世솅尊존이 우리ᄅᆞᆯ 諸졍法법 戱힁論론앳 ᄯᅩᇰᄋᆞᆯ ᄉᆞ랑ᄒᆞ야 덜에 ᄒᆞ실ᄊᆡ 우리 브즈러니 精졍進진ᄒᆞ야 涅녏槃빤애 니르러 ᄒᆞᄅᆞᆺ 갑ᄉᆞᆯ ᄒᆞ마 得득ᄒᆞ고 [34앞] ᄆᆞᅀᆞ매 ᄀᆞ장 깃거 제 足죡호라 ᄒᆞ야 닐오ᄃᆡ 佛뿛法법 中듕에 브즈러니 精졍進진홀ᄊᆡ 得득혼 거시 만호라 ᄒᆞ다니 그러나 世솅尊존이 우리ᄃᆞᆯᄒᆡ ᄆᆞᅀᆞ미 헌 欲욕ᄋᆞᆯ 著땩ᄒᆞ야 져근 法법 즐기ᄂᆞᆫ ᄃᆞᆯ 몯

져 아르샤 곧 브리샤 너희들히 如來ㅅ 知見 寶藏앳 分뿐을 [34뒤] 당다이 두리라 ᄒ야 ᄀᆯ히야 니르디 아니ᄒ시고 [35앞] 世尊이 方便力으로 如來ㅅ 智慧를 닐어시ᄂᆞᆯ 우리 부텨를 조쪼바 涅槃을 得ᄒ야 ᄒ룻 갑슬 ᄀᆞ장 得호라 ᄒ야 이 大乘에 求ᄒ홇 ᄠᅳᆮ 업다니

우리 ᄯᅩ 如來ㅅ 智慧를 因ᄒ야 菩薩ᄃᆞᆯ 爲ᄒ야 [35뒤] 여러 뵈야 불어 닐오ᄃᆡ 저ᄂᆞᆫ 이어긔 願ᄒ논 ᄠᅳ디 업다니 엇뎨어뇨 ᄒ란ᄃᆡ 부톄 우리들히 져근 法 즐기ᄂᆞᆫ 둘 아르시고 方便力으로 우리를 조차 니르시거든 우리ᄂᆞᆫ 眞實ㅅ 佛子ㅣㄴ 둘 모르다이다 오ᄂᆞᆯ사 [36앞] 世尊이 부텻 智慧예 앗굠 업스신 둘 처엄 아ᅀᆞ보니 엇뎨어뇨 ᄒ란ᄃᆡ 우리 아래 眞實ㅅ 佛子ㅣ로ᄃᆡ 다ᄆᆞᆫ 小法을 즐기다니 ᄒ다가 우리 큰 法 즐기ᄂᆞᆫ ᄆᆞᅀᆞ미 잇던댄 부톄 우리 爲ᄒ야 大乘法을 니르시리라ᅀᅵ이다

이 經 中듕에 오직 一乘을 니르시ᄂᆞ니 녜 菩薩ㅅ 알ᄑᆡ 聲聞의 小法 즐기ᄂᆞ니를 나므라시더니 그러면 부톄 實로 大乘으로 敎化ᄒ시다ᅀᅵ이다 이럴ᄊᆡ [37앞] 우리 닐오ᄃᆡ 本來 求ᄒ논 ᄆᆞᅀᆞᆷ 업다이다 ᄒ노니 오ᄂᆞᆯ 法王 大寶ㅣ 自然히 오니 佛子ㅣ 得ᄒ얌직 ᄒᆫ 거슬 다 ᄒᆞ마 得과이다

묘법연화경(妙法蓮華經) 제삼권(第三卷)

제오(第五) 약초유품(藥草喩品)

그 ᄢᅴ 世尊이 摩訶迦葉과 녀나ᄆᆞᆫ 大弟子ᄃᆞ려 니라샤ᄃᆡ 됴타 됴타 迦葉아 如來ㅅ 眞實功德을 이대 니르ᄂᆞ니 [39앞] 眞實로

닐옴 곧ᄒᆞ니라 如ᅀᅧᆼ來ᄅᆡᆼ 쏘 無뭉量량無뭉邊변 阿ᅙᅡᆼ僧ᄉᆕᆼ祇낑 功공德득을 ^[43앞]뒷ᄂᆞ니 너희 無뭉量량 億흑劫겁에 닐어도 몯다 니ᄅᆞ리라

迦강葉셥아 알라 如ᅀᅧᆼ來ᄅᆡᆼ 諸정法법엣 王왕이라 말옷 니ᄅᆞ면 다 虛헝티 아니ᄒᆞ니 一ᅙᅵᇙ切쳉法법에 ^[43뒤]智딩慧ᅘᅱᆼ 方방便뼌으로 너펴 니ᄅᆞ나 니ᄅᆞ논 法법이 다 一ᅙᅵᇙ切쳉智딩地띵예 다ᄃᆞᄅᆞ니라 如ᅀᅧᆼ來ᄅᆡᆼ 一ᅙᅵᇙ切쳉 諸정法법의 歸귕趣츙를 보아 알며 ^[44앞]쏘 一ᅙᅵᇙ切쳉 衆즁生ᄉᆡᆼ이 기픈 ᄆᆞᅀᆞᆷ로 行ᅘᆡᆼᄒᆞ논 이를 아라 ᄉᆞᄆᆞ차 마ᄀᆞ딘 업스며 쏘 諸정法법에 다 ᄇᆞᆯ겨 衆즁生ᄉᆡᆼ들히 게 一ᅙᅵᇙ切쳉 智딩慧ᅘᅱᆼ를 뵈ᄂᆞ니라

迦강葉셥아 가ᄌᆞᆯ비건댄 三삼千천大땡千천 世솅界갱옛 山산川쳔 谿켕谷곡 ^[45앞]土통地띵예 냇ᄂᆞᆫ 卉횡木목 叢쫑林림과 藥약草촐들히 種죵類뤙 여러 가지며 名명色ᄉᆞᆨ이 各각各각 다ᄅᆞ니 密밇雲운이 차 펴디여 三삼千천大땡千천世솅界갱를 다 두퍼 一ᅙᅵᇙ時씽예 ᄒᆞᆫ가지로 브서 그 澤띡이 너비 흐웍거든 卉횡木목叢쫑林림과 藥약草촐들히 小숗根ᄀᆞᆫ 小숗莖ᅘᆡᆼ 小숗枝징 小숗葉엽과 中듕根ᄀᆞᆫ 中듕莖ᅘᆡᆼ 中듕枝징 中듕葉엽과 大땡根ᄀᆞᆫ 大땡莖ᅘᆡᆼ 大땡枝징 大땡葉엽과 ^[46뒤]나모들히 大땡小숗ㅣ 上쌍中듕下ᅘᅡᆼ를 조차 各각各각 바다 ᄒᆞᆫ 구룸 온 비 種죵性셩에 마자 기러나믈 得득ᄒᆞ야 곳과 여름괘 펴디여 염그ᄂᆞ니 비록 ᄒᆞᆫ ᄯᅡ해 나며 ᄒᆞᆫ 비 저져도 草촐木목들히 各각各각 差창別병 잇ᄂᆞ니^[48앞]

迦강葉셥아 알라 如ᅀᅧᆼ來ᄅᆡᆼ 쏘 이 ᄀᆞᆮᄒᆞ야 世솅間간애 나미 큰 구루미 니듯 ᄒᆞ야 큰 音ᅙᅳᆷ聲셩으로 世솅界갱 天텬人ᅀᅵᆫ 阿ᅙᅡᆼ脩ᄉᆕ羅랑이 게 너비 ᄀᆞ둑호미 뎌 큰 구루미 三삼千천大땡千천國귁土통애 너비 둡듯 ᄒᆞ니라

大땡衆즁 中듕에 이 마ᄅᆞᆯ 닐오ᄃᆡ 내 如ᅀᅧᆼ來ᄅᆡᆼ 應ᅙᅳᆼ供공 正졍徧변知딩 明명行ᅘᆡᆼ足죡 善쎤逝쎙 世솅間간解ᅘᆡᆼ 無뭉上쌍士ᄊᆞᆼ ^[49앞]調뜔御엉丈땽夫붕 天텬人ᅀᅵᆫ師ᄉᆞ 佛뿛

世_솅尊_존이라 度_똥 몯 ᄒ니를 度_똥케 ᄒ며 解_{ᅘᅡᆼ} 몯 ᄒ니를 解_{ᅘᅡᆼ}케 ᄒ며 安_한 몯 ᄒ니를 安_한케 ᄒ며 涅_녏槃_빤 몯 ᄒ니를 涅_녏槃_빤케 ᄒ노니, 今_금世_솅 後_{ᅘᅮᇢ}世_솅를 實_{씨ᇙ}다비 아라 내 이 一_{ᅵᇙ}切_촁 아ᄂᆫ 사ᄅᆞ미며 一_{ᅵᇙ}切_촁 보ᄂᆫ 사ᄅᆞ미며 道_똫 아ᄂᆫ 사ᄅᆞ미며 道_똫 여는 사ᄅᆞ미며 道_똫 니ᄅᆞᄂᆫ 사ᄅᆞ미로니 너희 天_텬人_{ᅀᅵᆫ} 阿_항脩_슣羅_랑 ^[50앞]衆_즁이 다 이에 오라 法_법 드로ᄆᆞᆯ 爲_윙혼 젼ᄎᆞ라

그 ᄢᅵ 無_뭉數_숭 千_쳔萬_먼億_흑 種_죵 衆_즁生_{ᅀᅵᆼ}이 부텨ᄭᅴ 와 法_법 듣거늘 如_{ᅀᅥᆼ}來_{ᄅᆡᆼ} 그 ᄢᅵ 衆_즁生_{ᅀᅵᆼ}이 諸_졍根_근이 ᄂᆞᆯ카ᄫᆞ며 鈍_뚠ᄒ며 精_졍進_진ᄒ며 게을우믈 보아 흥대를 조차 ^[51앞]爲_윙ᄒᆞ야 法_법을 닐어 種_죵種_죵 無_뭉量_량이 다 歡_환喜_횡ᄒᆞ야 善_쎤利_링를 快_쾡히 得_득게 ᄒ니 이 衆_즁生_{ᅀᅵᆼ}ᄃᆞᆯ히 이 法_법 듣고 現_현世_솅예 便_뼌安_한ᄒ며 後_{ᅘᅮᇢ}에 善_쎤ᄒᆞᆫ 고대 나 道_똫로 樂_락ᄋᆞᆯ 受_{쓔ᇢ}ᄒᆞ야 ᄯᅩ 法_법을 드르며 ᄒᆞ마 法_법 듣고 여러 障_쟝碍_{ᅌᅢᆼ}를 여희여 諸_졍法_법 中_듕에 히미 ^[52앞]能_능히 흥대로 漸_쪔漸_쪔 道_똫애 들리니 뎌 큰 구루미 一_{ᅵᇙ}切_촁예 비와 卉_휭木_목 叢_쭝林_림과 藥_약草_촐ᄃᆞᆯ히 種_죵性_셩 다비 저저 各_각各_각 기러남 得_득호미 곧ᄒ니라 如_{ᅀᅥᆼ}來_{ᄅᆡᆼ} 니ᄅᆞᄂᆞᆫ 法_법은 ᄒᆞᆫ 相_샹 ᄒᆞᆫ 마시니 닐온 解_갱脱_{ᄠᅪᇙ}相_샹과 離_링相_샹과 滅_몂相_샹괘니 究_귷竟_경에 一_{ᅵᇙ}切_촁種_죵智_딩예 니르ᄂᆞ니라

衆_즁生_{ᅀᅵᆼ}이 ^[53뒤]如_{ᅀᅥᆼ}來_{ᄅᆡᆼ}ㅅ 法_법 듣고 ᄒᆞ다가 디녀 닐그며 외와 말 다비 修_슣行_{ᅘᅢᆼ}호ᄃᆡ 得_득혼 功_공德_득을 제 아디 몯ᄒᆞᄂᆞ니라 엇뎨어뇨 ᄒᆞ란ᄃᆡ 오직 如_{ᅀᅥᆼ}來_{ᄅᆡᆼ}옷 衆_즁生_{ᅀᅵᆼ}이 種_죵 相_샹 體_톙 性_셩을 아라 어느 이를 ^[54뒤]念_념ᄒᆞ며 어느 이를 ᄉᆞ랑ᄒᆞ며 어느 이를 닷ᄀᆞ며 엇뎨 念_념ᄒᆞ며 엇뎨 ᄉᆞ랑ᄒᆞ며 엇뎨 닷ᄀᆞ며 어느 法_법으로 念_념ᄒᆞ며 어느 法_법으로 ᄉᆞ랑ᄒᆞ며 어느 法_법으로 닷ᄀᆞ며 어느 法_법으로 어느 法_법을 得_득홇고

衆즁生싱이 種죵種죵 地띵예 住뜡ᄒᆞ얫거든 오직 如셩來링옷 [55앞 實씷다ᄫᅵ 보아 ᄇᆞᆯ가 마ᄀᆞᆫ ᄃᆡ 업수미 뎌 卉휑木목 叢쫑林림 藥약草촣ᄃᆞᆯ히 제 上썅中듕下ᅘᅡᆼ 性셩 아디 몯호미 ᄀᆞᆮᄒᆞ니라 如셩來링 이 ᄒᆞᆫ 相샹 ᄒᆞᆫ 맛 法법을 아ᄂᆞ니 니ᄅᆞ논 解갱脫퇋 相샹 離링相샹 滅몛相샹 究궇竟경涅녏槃빤 常썅寂쩍滅몛相샹이 ᄆᆞᄎᆞ매 空콩애 가ᄂᆞ니 부톄 이ᄅᆞᆯ 아나 衆즁生싱ᄋᆡ [56뒤 ᄆᆞᅀᆞᄆᆡ ᄒᆞ고져 호ᄆᆞᆯ 보아 將쟝護홍홀ᄊᆡ 곧 一힗切쳉種죵智딩ᄅᆞᆯ 니ᄅᆞ디 아니호니 너희 迦강葉셥이 甚씸히 希힁有웋ᄒᆞ야 能능히 如셩來링ㅅ 隨쒕宜읭說쉃法법을 아라 能능히 信신ᄒᆞ며 能능히 受쓯ᄒᆞᄂᆞ니 엇뎨어뇨 ᄒᆞ란ᄃᆡ [57앞 諸졍佛뿛世솅尊존ㅅ 隨쒕宜읭說쉃法법이 아로미 어려ᄫᅳ니라

묘법연화경(妙法蓮華經) **제삼권**(第三卷)

제육(第六) **수기품**(授記品)

그 ᄢᅴ 世솅尊존이 이 偈껭 니ᄅᆞ시고 大땡衆즁ᄃᆞ려 니ᄅᆞ샤ᄃᆡ [60앞 내 이 弟뗑子ᄌᆞᆼ 摩망訶항迦강葉셥이 未밍來링世솅예 三삼百빅萬먼億흑 諸졍佛뿛世솅尊존ᄋᆞᆯ 뵈ᅀᆞᄫᅡ 供공養양 恭공敬경 尊존重뜡 讚잔歎탄ᄒᆞᅀᆞᄫᅡ 諸졍佛뿛ㅅ 그지업슨 큰 法법을 너피며 最죙後흫身신에 부톄 ᄃᆞ외야 일후미 光광明명 如셩來링 [60뒤 應흥供공 正졍徧변知딩 明명行ᅘᆡᆼ足죡 善션逝쏑 世솅間간解갱 無뭉上썅士ᄊᆞᆼ 調뚈御엉丈땽夫붕 天텬人ᅀᅵᆫ 師ᄉᆞᆼ 佛뿛世솅尊존이리니 나랏 일후믄 光광德득이오 劫겁 일후믄 大땡莊장嚴엄이리라 부텻 목수미 열두 [61뒤 小ᄻᅳᇢ劫겁이오 正졍法법住뜡世솅 二ᅀᅵᆼ十씹 小ᄻᅳᇢ劫겁이오 像썅法법이 ᄯᅩ 二ᅀᅵᆼ十씹 小ᄻᅳᇢ劫겁을 住뜡ᄒᆞ리라

國귁界갱 싁싀기 ᄭᅮ미며 더러ᄫᅳᆫ 瓦왕礫력이며 荊경棘극이며 便뼌利링며 조티 몯ᄒᆞᆫ 거시 업고 그 ᄯᅡ히 平뼝正졍ᄒᆞ야 노ᄑᆞ며 ᄂᆞᆺ가ᄫᆞ며 구디며 두듥기 업서 琉륳璃링

따히 드외며 寶뽕樹슣ㅣ 느러니 벌오 黃勢金금으로 [62뒤]노 고아 긿ㄱ새 느리고 여러 가짓 寶뽕華勢를 비허 周즁遍변히 淸청淨쪙호리니 그 나랏 菩뽕薩삻이 無뭉量량 千쳔億흑이며 諸졍聲셩聞문 衆즁도 쏘 無뭉數숭ᄒ며 魔망事ᄊᆞᆼㅣ 업스며 비록 魔망와 魔망民민괘 이셔도 다 佛뿛法법을 護葬持띵ᄒ리라 그 ᄢᅴ 大땡目목揵껀連련과 須슝菩뽕提똉와 摩망訶항迦강栴젼延연 들히 다 두리여 一힗心심으로 合햅掌쟝ᄒ야 尊존顔안을 울워러 보ᅀᆞᄫᅡ 누늘 잢간도 ᄇᆞ리디 아니ᄒ야 ᄒᆞᆫ 소리로 偈꼥를 ᄉᆞᆲ보디 그 ᄢᅴ 世솅尊존이 大땡弟똉子중들히 ᄆᆞᅀᆞ미 念념을 [65앞]아ᄅᆞ시고 比삥丘쿻들ᄃᆞ려 니ᄅᆞ샤ᄃᆡ 이 須슝菩뽕提똉 當당來링世솅예 三삼百빅萬먼億흑 那낭由율他탕 佛뿛을 뵈ᅀᆞᄫᅡ 供공養양 恭공敬경 尊존重뜡 讚잔歎탄ᄒᆞᅀᆞᄫᅡ 샹녜 梵뻠行ᅘᆡᆼ을 닷가 菩뽕薩삻道뜰ㅣ ᄀᆞ자 最죙後뚷身신에 부톄 드외야 號ᅘᅩᇢ를 名명相샹如셩來링 [65뒤]應ᅙᆖᆼ供공 正졍遍변知딩 明명行ᅘᆡᆼ足죡 善쎤逝쎙 世솅間간解ᅘᆡᆼ 無뭉上썅士쏭 調뜳御ᅌᅥᆼ丈땽夫붕 天텬人ᅀᅵᆫ師ᄉᆞᆼ 佛뿛世솅尊존이리니 劫겁 일후믄 有ᅌᅮᇢ寶뽕ㅣ오 나랏 일후믄 寶뽕生ᄉᆡᆼ이리니 그 ᄯᅡ히 平뼝正졍ᄒᆞ야 玻팡瓈령 ᄯᅡ히 드외오 寶뽕樹슣로 莊장嚴엄ᄒᆞ고 두듥과 굳과 砂상礫력과 [66뒤]荊졍棘극과 便뻔利링와 더러우미 업고 보ᄇᆡ옛 고지 ᄯᅡ해 두피고 周즁遍변 淸청淨쪙ᄒ며 그 짯 人ᅀᅵᆫ民민이 다 寶뽕臺띵와 珎딘妙묳 樓륳閣각애 이시며 聲셩聞문 弟똉子중ㅣ 無뭉量량無뭉邊변ᄒᆞ야 算솬數숭譬핑喩융로 能능히 아디 몯ᄒ리며 諸졍菩뽕薩삻 [67앞]衆즁이 無뭉數숭ᄒᆞᆼ 千쳔萬먼億흑 那낭由율他탕ㅣ며 부텻 목수미 十씹二ᅀᅵᆼ 小숗劫겁이오 正졍法법 住뜡世솅 二ᅀᅵᆼ 十씹 小숗劫겁이오 像썅法법이 쏘 二ᅀᅵᆼ十씹 小숗劫겁을 住뜡ᄒ리니 그 부톄 샹녜 虛헝空콩애 이셔 한 사ᄅᆞᆷ 爲윙ᄒ야 說ᄉᆑᆯ法법ᄒ야 無뭉量량 菩뽕薩삻와 [67뒤]聲셩聞문 衆즁을 度똥脫퇋ᄒ리라 그 쁴 世_솅尊_존이 쏘 比_뼁丘_쿨 衆_즁ᄃᆞ려 니ᄅᆞ샤ᄃᆡ 내 이제 너 더브러 니ᄅᆞ노니 이 ^[68앞]大_땡迦_강栴_젼延_연이 當_당來_링世_솅예 여러 가짓 供_공養_양ᄒᆞᇙ 거스로 八_밣千_쳔億_흑 佛_뿛을 供_공養_양ᄒᆞᅀᄫᅡ 셤기ᅀᆞᄫᅡ 恭_공敬_경 尊_존重_뜡ᄒᆞᅀᄫᅡ 諸_졍佛_뿛 滅_몛度_똥 後_흫에 各_각各_각 塔_탑廟_묳ᄅᆞᆯ 셰요ᄃᆡ 노피 千_쳔 由_율旬_쓘이오 縱_죵廣_광이 正_정히 ᄀᆞ티 五_옹百_빅 由_율旬_쓘이오 ^[68뒤]金_금 銀_은 瑠_률璃_링 硨_챵磲_껑 瑪_망瑙_놀 眞_진珠_즁 玫_밍瑰_굉 七_칧寶_볼로 어울워 일우고 衆_즁華_행 瓔_{ᅙᅧᆼ}珞_락과 塗_똥香_향 末_맗香_향 燒_숄香_향과 繒_즁蓋_갱 幢_똥幡_편으로 塔_탑廟_묳ᄅᆞᆯ 供_공養_양ᄒᆞ고 이 디난 後_흫에 ^[69앞]쏘 二_{ᅀᅵᆼ}萬_먼億_흑 佛_뿛을 供_공養_양ᄒᆞᅀᆸ보ᄃᆡ 쏘 이 ᄀᆞ티 ᄒᆞ고 이 諸_졍佛_뿛 供_공養_양ᄒᆞᅀᆸ고 菩_뽕薩_삻 道_뜡ㅣ ᄀᆞ자 부톄 ᄃᆞ외야 號_{ᅘᅩᇢ}ㅣ 閻_염浮_뿔那_낭提_똉金_금光_광如_{ᅀᅧᆼ}來_링 應_{ᅙᅳᆼ}供_공 正_정遍_변知_딩 明_명行_{ᅘᅢᆼ}足_죡 善_쎤逝_쎙 世_솅間_간解_{ᄒᆡᆼ} 無_뭉上_썅士_쌍 調_뚤御_{ᅌᅥᆼ}丈_땽夫_붕 ^[69뒤]天_텬人_신師_{ᄉᆞᆼ} 佛_뿛世_솅尊_존이리니 그 ᄯᅡ히 平_뼁正_정ᄒᆞ고 玻_팡璨_령 ᄯᅡ히 ᄃᆞ외오 寶_볼樹_쓩로 莊_장嚴_엄ᄒᆞ고 黃_{ᅘᅪᆼ}金_금으로 노 ᄭᅩ아 긼ᄀᆞᄉᆡ 느리고 微_밍妙_묳ᄒᆞᆫ 고지 ᄯᅡ해 두퍼 周_즁遍_변 淸_청淨_쪙ᄒᆞ야 봄 사ᄅᆞ미 歡_환喜_횡ᄒᆞ며 四_{ᄉᆞᆼ}惡_학道_뜡 地_띵獄_옥 ^[70앞]餓_앙鬼_귕 畜_흉生_{ᄉᆡᆼ} 阿_항脩_슣羅_랑道_뜡ㅣ 업고 天_텬人_신이 만히 이시며 諸_졍聲_셩聞_문 衆_즁과 諸_졍菩_뽕薩_삻 無_뭉量_량 萬_먼億_흑이 그 나라ᄒᆞᆯ 莊_장嚴_엄ᄒᆞ며 부텻 목수미 열두 小_숗劫_겁이오 正_정法_법住_뜡世_솅 二_{ᅀᅵᆼ}十_씹 小_숗劫_겁이오 像_썅法_법이 쏘 二_{ᅀᅵᆼ}十_씹 小_숗劫_겁을 ^[70뒤]住_뜡ᄒᆞ리라

그 쁴 世_솅尊_존이 쏘 大_땡衆_즁ᄃᆞ려 니ᄅᆞ샤ᄃᆡ 내 이제 너ᄃᆞ려 니ᄅᆞ노니 이 大_땡目_목揵_껀連_련이 種_죵種_죵 供_공養_양ᄒᆞᇙ 거스로 八_밣千_쳔 諸_졍佛_뿛을 供_공養_양ᄒᆞᅀᄫᅡ 恭_공敬_경 尊_존重_뜡ᄒᆞᅀᆸ고 諸_졍佛_뿛 滅_몛度_똥ᄒᆞ신 後_흫에 各_각各_각 塔_탑廟_묳ᄅᆞᆯ ^[71앞]셰요ᄃᆡ 노피 千_쳔 由_율旬_쓘이오 縱_죵廣_광이 正_정히 ᄀᆞ티 五_옹百_빅 由_율旬_쓘이오

金금 銀은 瑠륳璃링 硨챵磲꺙 瑪망瑙눃 眞진珠즁 玫밍瑰굉 七칧寶볼로 어울워 일우고 衆즁華勢 瓔형珞락과 塗똥香향 抹맗香향 燒會香향과 繒즁蓋갱 幢똥幡펀으로 供공養양ᄒ고 [71뒤]이 디난 後롷에 ᄯ 二ᅀᅵᆼ百빅萬먼億즉 諸졍佛뿛을 供공養양ᄒᅀᆞᆸᄫᅩ디 ᄯᅩ 이리 ᄒ고 부톄 ᄃ외야 號뽕ㅣ 多당摩망羅랑跋뻞栴젼檀딴香향如셩來링應흥供공正졍遍변知딩 明명行혱足죡 善쎤逝쎼 世솅間간解행 無뭉上썅士쏭 調뚭御엉丈땅夫붕 天텬人ᅀᅵᆫ師ᄉᆞᆼ [72앞]佛뿛世솅尊존이리니 劫겁 일후믄 喜힁滿만이오 나랏 일후믄 意힁樂락이리니 그 ᄯᅡ히 平뼝正졍ᄒ고 頗팡瓈령 ᄯᅡ히 ᄃ외오 寶봏樹쓩로 莊장嚴엄ᄒ고 眞진珠즁 고즐 비허 周즇徧변 淸쳥淨쪙ᄒ야 봃 사ᄅᆞ미 歡환喜힁ᄒ며 天텬人ᅀᅵᆫ이 만ᄒ며 菩뽕薩삾 [72뒤]聲셩聞문이 그 數숭ㅣ 그지업스며 부텻 목수믄 二ᅀᅵᆼ十씹四숭 小숳劫겁이오 正졍法법住뜡世솅 四숭十씹 小숳劫겁이오 像쌍法법이 ᄯᅩ 四숭十씹 小숳劫겁을 住뜡ᄒ리라 [74앞]

月윓印힌千쳔江강之징曲콕第똉十씹三삼
釋셕譜봉詳썅節졇 第똉十씹三삼【總七十四 張】

月印千江之曲(월인천강지곡) 第十三(제십삼)

釋譜詳節(석보상절) 第十三(제십삼)

其二百八十一(기이백팔십일)

아버지의 方便(방편)에 □옷을 입거늘 아들이 親(친)히 여겼으니

부처의 方便(방편)에 三乘(삼승)을 이르시거늘 聲聞(성문)이 쉽게 여겼으니

其二百八十二(기이백팔십이)

命終(명종)이 거의 가까이 되거늘 보배를 다 주□□□□ 기뻐하였으니

涅槃(열반)이 거의 가까이 되거늘 一乘(일승)을 이르시니 菩薩(보살)이 매우 기뻐하셨으니

묘법연화경(妙法蓮華經) **제이권**(第二卷)

제사(第四) **신해품**(信解品)

그때에 慧命須菩提(혜명수보리)와 摩訶迦栴延(마하가전연)과 摩訶迦葉(마하가섭)과 摩訶目揵連(마하목건련)이 부처께 옛날에 없던 法(법)을 들으며, 世尊(세존)이 [3앞] 舍利弗(사리불)에게 阿耨多羅三藐三菩提(아뇩다라삼먁삼보제)의 記(기)를 전하시거늘, (사리불이) 希有心(희유심)을 내어 기뻐하여 솟아날아 즉시 座(좌)로부터서 일어나, 옷을 고치고 오른 어깨를 벗어 메고, 오른 무릎을 꿇어 한 마음으로 合掌(합장)하여, 몸을 굽혀 恭敬(공경)하여 尊顔(존안)을 우러러 보아서 사뢰되,

"우리가 중(僧)의 중(中)에서 으뜸가서 [4앞] 나이가 다 늙으므로, 이미 涅槃(열반)을 得(득)하여 '(더 이상) 맡을 일이 없다.'고 하고, 阿耨多羅三藐三菩提(아뇩다라삼먁삼보리)를 다시 求(구)하지 아니하였더이다. 世尊(세존)이 옛날에 說法(설법)을 오래 하시거늘, 내가 그때에 座(좌)에 있어서 몸이 고단하여 오직 空(공)과 無相

(무상)과 無作(무작)을 念(염)하고, [4뒤] 菩薩(보살)의 法(법)과 遊戱神通(유희신통)과 부처의 國土(국토)를 깨끗하게 하여 衆生(중생)을 성취시키는 데에 마음을 즐기디 아니하더니, "(그것이) 어째서이냐?"라고 한다면, 世尊(세존)이 우리를 三界(삼계)에서 나가서 涅槃(열반)의 證(증)을 得(득)하게 하시며, 또 우리가 나이가 이미 늙어 부처가 菩薩(보살)을 敎化(교화)하시는 阿耨多羅三藐三菩提(아뇩다라삼먁삼보리)에 한 念(염)도 즐기는 마음을 [6앞] 아니 내었더니,

우리가 오늘 부처의 앞에서 (부처가) 聲聞(성문)에게 阿耨多羅三藐三菩提(아뇩다라삼먁보리)의 記(기)를 전하시거늘, (그 記를) 듣고 마음에 甚(심)히 歡喜(환희)하여 옛날에 없던 일을 得(득)하여, 뜻밖에 오늘 문득 希有(희유)한 法(법)을 듣고 깊이 스스로 慶幸(경행)하여 [6뒤] 큰 善利(선리)를 얻어, 그지없는 보배를 아니 求(구)하지 않고서도 얻었습니다.

世尊(세존)이시여, 우리가 오늘 譬喩(비유)를 즐겨 일러 이 뜻을 밝히겠습니다.

비유하건대 한 사람이 나이가 젊어서 아버지를 버리고 逃亡(도망)하여 가, 다른 나라에 오래 있어 열 해 스물 해 쉰 해에 이르더니, [7앞] 나이가 이미 자라 더욱 窮困(궁곤)하여, 四方(사방)에 다녀 옷과 밥을 求(구)하여, 漸漸(점점) 다녀 본국(本國)을 우연히 向(향)하니, [7뒤] 그 아버지가 예전에 아들을 求(구)하다가 못 얻어 한 城(성)에 있더니, 그 집이 매우 부유하여 재물과 보배가 그지없어 金(금)·銀(은)·瑠璃(유리)·珊瑚(산호)·琥珀(호박)·玻梨(파리)·珠(주) 들이 倉庫(창고)에 다 가득하여 넘치며, 종(僕)이며 臣下(신하)며 [8앞] 百姓(백성)이 많으며, 象(상)·馬(마)·車乘(거승)과 牛(우)·羊(양)이 數(수)가 없으며, (상품을) 내며 들이며 (하여) 利(이)를 불린 것이 다른 나라에 가득하며, 商估(상고)와 賈客(고객)이 또 甚(심)히 많더니, [9앞]

그때 貧窮(빈궁)한 아들이 마을들에 노닐어서 國邑(국읍)을 지나 아버지가 있는 城(성)에 다다르니, [9뒤] 아버지가 每常(매상, 늘) 아들을 念(염)하되 "아들과 이별한 지가 쉰남은 해이다."라고 하되, 남에게 이런 일을 잠깐도 이르지 아니하고, 오직 [10앞] 스스로 생각하여 마음에 뉘우치며 애달픔을 먹어 스스로 念(염)하되, "(내가) 늙고 재물이 많아 金銀(금은)과 珍寶(진보)가 倉庫(창고)에 가득하여 넘치되 子息(자식)이 없으니, 하루 아침에 죽으면 재물을 잃어 맡길 데가 없겠구나."라고 하여,

부지런히 每常(매상, 늘) 아들을 생각하여 또 여기되, "만일 [10뒤] 아들을 얻어 재물을 맡기면 훤히 快樂(쾌락)하여 다시 分別(분별, 걱정)이 없겠구나."라고 하더니,

世尊(세존)이시여, [11앞] 그때에 窮子(궁자)가 傭賃(용임)하여 굴러다녀, 우연히 아버지의 집에 다다라 門(문)의 곁에 서서 멀리서 보되, 자기의 아버지가 師子床(사자상)에 걸터앉고 寶几(보궤)로 발을 받치고, 婆羅門(바라문)과 利利(찰리)와 居士(거사)들이 다 恭敬(공경) · 圍繞(위요)하며, 眞珠(진주) · 瓔珞(영락)이 값이 千萬(천만)의 가치가 있는 것으로 몸에 莊嚴(장엄)하고, 吏民(이민)과 [12앞] 僮僕(동복)이 白拂(백불)을 잡고 左右(좌우)에 서며, 보배로 된 帳(장)을 덮고, 빛난 幡(번)을 드리우며, 香水(향수)를 땅에 뿌리고, 많은 이름난 꽃을 흩뿌리며, 보배로 된 것을 죽 벌이고, (보배를) 내며 들이며 가지며 주어서, 이와 같이 種種(종종)으로 장엄하게 꾸며 威德(위덕)이 [12뒤] 特別(특별)히 尊(존)하더니,

窮子(궁자)가 아버지가 큰 力勢(역세)가 있거늘 보고 곧 두려운 마음을 먹어 여기에 온 일을 뉘우쳐 가만히 너기되, "이이가 王(왕)이거나 王等(왕등)이니, (이곳은) 내가 傭力(용력)을 하여 物(물)을 얻을 데가 아니니, 艱難(간난)한 마을에 가 힘들일 데가 있어서 옷과 밥을 쉽게 [13앞] 얻는 것만 못하다. 만일 여기에 오래 있으면 혹시 욱여 눌러 일을 시키겠구나."라고 하고 빨리 달려가거늘

그때에 부유한 長者(장자)가 師子座(사자좌)에서 아들을 보고 알아보아 마음에 매우 기뻐하여 여기되, "내가 재물과 庫藏(고장)을 이제 맡길 데가 있다. [15뒤] 내가 항상 이 아들을 思念(사념)하되 볼 수가 없더니, 문득 제가 오니 나의 願(원)에 甚(심)히 맞았다. 내가 비록 나이가 늙고도 오히려 (재물을) 貪(탐)하여 아낀다."고 하고,

즉시 곁에 있는 사람을 보내어 "빨리 (아들을) 뒤따라 가서 데려오라."고 하거늘, 그때에 使者(사자)가 빨리 달려가 (궁자를) 잡으니, 窮子(궁자)가 놀라 "怨讐(원수)여!"라고 하여 크게 부르짖고, "내가 (죄를) 犯(범)한 일이 없거늘 어찌 (나를) 잡는가?" [16뒤] 使者(사자)가 더욱 急(급)히 (궁자를) 잡아 억지로 이끌어 데려오거늘,

그때에 窮子(궁자)가 여기되 "(내가) 罪(죄) 없이 잡혀 갇히니 틀림없이 죽으리라."고 하여, 더욱 두려워하여 기절하여 땅에 넘어지거늘, [18뒤] 아버지가 바라보고 使者(사자)에게 이르되, "억지로 이 사람을 (데려오지) 말라. 强(강)히 데려오지 말

라."고 하고, 찬물로 낯에 뿌려서 깨게 하고 (아들과) 더불어 말을 아니 하니, "(그 것이) [19앞]어째서이냐?"라고 한다면, 아버지가 자기의 아들의 뜻이 사납고 자기(= 아버지)는 豪貴(호귀)하여, 아들이 (자기를) 어렵게 여기는 것을 알아서, (아버지는 그가 자기의) 아들인 것을 확실히 알되, 方便(방편)으로 남에게 "이이가 내 아들이 다."라고 이르지 아니하고, 使者(사자)를 시키어 이르되 "내가 이제 너를 놓아 주 나니 (네) 뜻을 [19뒤] 좇아서 가라."

窮子(궁자)가 기뻐하여 "(내가) 옛날에 없던 일을 得(득)하였다."고 하여, 땅에서 일어나 艱難(간난, 가난)한 마을에 가 옷과 밥을 求(구)하더니, [20앞] 그때에 長者(장 자)가 장차 제 아들을 달래어 끌어 오리라 하여, 方便(방편)으로 모습이 초라하고 威德(위덕)이 없는 두 사람을 가만히 보내되, "네가 가서 자늑자늑이 窮子(궁자)에 게 이르되, '여기에 일할 데가 있으니, 너의 값(품삯)을 [20뒤] 倍(배)로 주리라.'고 하라. 窮子(궁자)야말로 그리하려 하거든 (궁자를) 데려와 일을 시켜라. 만일 (궁자 가 너희에게) 묻되 '무슨 일을 시키려 하는가?'라고 하거든, 네가 이르되 '똥을 치 우겠으니 우리 둘도 함께 하겠다.'고 하라."

[21앞] 그때에 두 사람이 窮子(궁자)를 만나 위의 일을 다 이르니, 그때에 窮子(궁 자)가 먼저 품삯을 받고 [21뒤] 뒤미처 좇아 똥을 치더니, 그 아버지가 아들을 보고 불쌍히 여기고 荒唐(황당)히 여겨, 또 다른 날에 窓(창)에서 바라보니 아들의 몸이 시들어 여위고 똥 먼지가 묻어 더럽거늘, 즉시로 瓔珞(영락)과 보드라운 爲頭(위 두)한 옷과 嚴飾(엄식)한 것을 벗어 버리고, 거칠고 헐고 때가 묻은 옷을 입고 [22 앞] 티끌을 몸에 묻히고, 오른손에 똥을 칠 그릇을 잡고, 모습이 두려운 일이 있는 듯이 하여 일하는 사람들을 더불어서 이르되 "너희가 부지런히 하여 게으르지 말 라."고 하여, 方便(방편)으로 아들에게 가까이하였니라.

後(후)에 또 이르되 "咄(돌)! 男子(남자)야, 네가 항상 여기서 일하고 다른 데에 가지 말아라. 네 품삯을 더 주겠으니 모든 [23뒤] 求(구)하는 盆器(분기)이며 米麵(미 면)이며 鹽醋(염초) 들을 네가 어렵게 여기지 말며, 또 노쇠한 부릴 사람(= 하인)이 있나니 네가 求(구)하면 (그 사람을) 주겠으니, 좋게 뜻을 便安(편안)히 가져라. 내 가 너의 아버지와 같으니 다시 시름을 말라. [24앞] "(그것이) 어째서이냐?"고 한다 면, 나는 나이가 늙고 너는 젊은데, 네가 항상 일할 적에 속이며 게으르며 嗔心

(진심)을 하며 怨歎(원탄)하는 말이 없어서, 네가 (하는) 이런 그른 일들이 다른 일 하는 사람과 같음을 ^[25앞] 잠깐도 못 보겠으니, 오늘부터 後(후)에는 낳은 아들 같이 하리라."고 하고, 卽時(즉시)에 長者(장자)가 고쳐 이름을 붙여 이름을 '아이'라고 하니, ^[25뒤]

그때에 窮子(궁자)가 비록 이 만남을 기뻐하나, 오히려 스스로 여기되 "(나는) 客(객)으로 와서 일하는 賤人(천인)이구나."라고 하더니 이러므로 스물 해의 동안을 항상 똥을 치게 하니, 이것이 ^[26앞] 지난 後(후)에 마음에 서로 體信(체신)하여 나며 드는 것을 어렵게 아니 하건마는, 그러나 있는 곳이 아직 원래 있던 곳에 있더니, ^[26뒤] 世尊(세존)이시여, 그때에 長者(장자)가 病(병)하여 아니 오래어서 죽을 것을 스스로 알아, 窮子(궁자)에게 이르되 "내가 이제 金銀(금은) · 珎寶(진보)가 많이 있어 倉庫(창고)에 가득하여 넘치니, 그 中(중)에 크며 작은 것을 가지거나 ^[27앞] 주거나 한 것을 네가 다 알라. 내 마음이 이러하니 이 뜻을 體(체)하여야 하리라. ^[28앞] "(그것이) 어째서이냐?" 한다면, 이제 나와 너가 곧 다르지 아니하니, 더욱 마음을 써서 하나도 틀리는 것이 없게 하라." ^[28뒤]

그때에 窮子(궁자)가 즉시 敎勅(교칙)을 받아, 많은 金銀(금은) · 珎寶(진보)와 여러 가지의 庫藏(고장)을 주관하되 한 번 삼킬 밥도 가질 뜻이 없고, 있는 곳이 아직 원래 있던 곳에 있어서 사나운 마음을 또 버리지 못하더니, ^[29앞]

또 많지 아니한 時節(시절)을 지나니, 아버지가 아들의 뜻이 漸漸(점점) 이미 通泰(통태)하여, 큰 뜻을 이루어 예전의 마음을 스스로 더럽게 여기는 것을 알아, 장차 (아버지가) 죽을 적에 아들에게 命(명)하며 친척과 國王(국왕)과 大臣(대신)과 利利(찰리)와 ^[29뒤] 居士(거사)를 아울러 모아서, (그들이) 다 이미 모이거늘 펴 이르되 "그대들이 알라. 이이가 내 아들이며 내가 낳은 이더니, 아모 城中(성중)에 나를 버리고 逃亡(도망)하여 가서, 비틀거리면서 다녀서 辛苦(신고)한 것이 오십여 해이더니, 자기(아들)의 本來(본래)의 이름은 아무개요 나(장자)의 이름은 아무 甲(갑)이더니, 예전에 (내가) 本城(본성)에 있어서 시름하여 ^[30앞] (아들을) 찾아 다니더니, 문득 이 곳에서 만나서 얻으니, 이이가 實(실)로 내 아들이며 내가 實(실)로 저의 아버지이니, 이제 내가 둔 一切(일체)의 재물이 다 이 아들의 것이며, 예전에 내며 들인 것(출납한 재물)이 이 아들이 알던 것이다."고 하니, ^[32앞]

世尊(세존)이시여, 그때에 窮子(궁자)가 [32뒤] 아버지의 이 말을 듣고 즉시 매우 歡喜(환희)하여 "예전에 없던 일을 得(득)하였다."고 하여, 여기되 "내가 本來(본래) (寶纗을) 求(구)할 마음이 없더니, 오늘 寶藏(보장)이 自然(자연)히 왔다."고 하니, 世尊(세존)이시여, 매우 부유한 長者(장자)는 如來(여래)이시고 우리는 다 부처의 아들과 같으니, 如來(여래)가 항상 우리를 아들이라고 [33앞] 이르십니다.

世尊(세존)이시여, 우리가 三苦(삼고)의 까닭으로 生死(생사) 中(중)에 여러 가지의 熱惱(열뇌)를 受(수)하여, 迷惑(미혹)하여 아는 것이 없어 작은 法(법)을 즐기더니, [33뒤] 오늘날 世尊(세존)이 우리에게 諸法(제법)의 戲論(희론)인 똥을 생각하여 덜게 하시므로, 우리가 부지런히 精進(정진)하여 涅槃(열반)에 이르러 하루의 품삯을 이미 得(득)하고, [34앞] 앞 마음에 매우 기뻐하여 스스로 "足(족)하다."고 하여 이르되, "(우리가) 佛法(불법) 中(중)에 부지런히 精進(정진)하므로 得(득)한 것이 많다."고 하였더니, 그러나 世尊(세존)이 우리들의 마음이 헌 欲(욕)에 著(착)하여 작은 法(법)을 즐기는 줄을 먼저 아시어, 곧 (우리들을) 내버려 두시어 "너희들이 如來(여래)의 知見(지견)인 '寶藏(보장)의 分(분)'을 [34뒤] 마땅히 두리라."고 하여, 가려서 이르지 아니하시고, [35앞] 世尊(세존)이 方便力(방편력)으로 如來(여래)의 智慧(지혜)를 이르시거늘, 우리가 부처를 좇아서 "涅槃(열반)을 得(득)하여 하루의 품삯을 크게 得(득)하였다."고 하여, 이 大乘(대승)을 求(구)할 뜻이 없더니,

우리가 또 如來(여래)의 智慧(지혜)를 因(인)하여 菩薩(보살)들을 爲(위)하여 [35뒤] (부처의 지혜를) 열어 보이어 퍼트려 이르되, "자기(= 보살)는 여기에 願(원)하는 뜻이 없더니, '(그것이) 어째서이냐?'고 한다면, 부처가 우리들이 작은 法(법)을 즐기는 것을 아시고 方便力(방편력)으로 우리를 좇아 이르시는데, 우리는 眞實(진실)한 佛子(불자)인 것을 몰랐더이다. 오늘에야 [36앞] 世尊(세존)이 부처의 智慧(지혜)에 아낌이 없으신 것을 (우리가) 처음 알았으니, '(그것이) 어째서이냐?'고 한다면, 우리가 예전에 眞實(진실)한 佛子(불자)이되 다만 小法(소법)을 즐기더니, 만일 우리가 큰 法(법)을 즐기는 마음이 있다면 부처가 우리를 爲(위)하여 大乘法(대승법)을 이르시겠더이다.

이 經(경)의 中(중)에 오직 一乘(일승)을 이르시나니, 예전에 菩薩(보살)의 앞에서 聲聞(성문)이 小法(소법)을 즐기는 것을 나무라시더니, 부처가 實(실)로 大乘(대

숭)으로 敎化(교화)하시더이다. 이러므로 ^[37앞] 우리가 이르되 "本來(본래) 求(구)하는 마음이 없더이다."라고 하나니, 오늘 法王(법왕)의 大寶(대보)가 自然(자연)히 오니, 佛子(불자)가 得(득)함직 한 것을 다 이미 得(득)하였습니다.

묘법연화경(妙法蓮華經) 제삼권(第三卷)
제오(第五) 〈약초유품〉(藥草喩品) ^[38뒤]

그때에 世尊(세존)이 摩訶迦葉(마하가섭)과 다른 大弟子(대제자)에게 이르시되 "좋다, 좋다, 迦葉(가섭)아, (네가) 如來(여래)의 眞實功德(진실공덕)을 잘 이르나니, ^[39앞] 眞實(진실)로 (네가) 이른 것과 같으니라. ^[42뒤] 如來(여래)가 또 無量無邊(무량무변)한 阿僧祇(아승기)의 ^[43앞] 功德(공덕)을 두어 있나니, 너희가 無量(무량)한 億劫(억겁)에 (무량 공덕을 말로써) 일러도 못다 이르리라.

迦葉(가섭)아 알라. 如來(여래)가 諸法(제법)의 王(왕)이라서 말만 이르면 다 虛(허)하지 아니하니, 一切法(일체법)에 (대하여) ^[43뒤] 智慧(지혜)의 方便(방편)으로 널리 이르나, 이르는 法(법)이 다 一切智地(일체지지)에 다다랐느니라. 如來(여래)가 一切(일체) 諸法(제법)의 歸趣(귀취)를 보아 알며, ^[44앞] 또 一切(일체) 衆生(중생)이 깊은 마음으로 行(행)하는 일을 알아서 통달하여 막은 데가 없으며, 또 諸法(제법)에 다 밝히어, 衆生(중생)들에게 一切(일체)의 智慧(지혜)를 보이느니라. ^[44뒤]

迦葉(가섭)아, 비유한다면 三千大千(삼천대천) 世界(세계)에 있는 山川(산천)·谿谷(계곡)· ^[45앞] 土地(토지)에 나 있는 卉木(훼목)·叢林(총림)과 藥草(약초)들이 種類(종류)가 여러 가지이며 名色(명색)이 各各(각각) 다르니, ^[45뒤] 密雲(밀운)이 차서 퍼지어 三千大千世界(삼천대천세계)를 다 덮어, 一時(일시)에 한가지로 부어서 그 澤(택)이 널리 흡족하거든, ^[46뒤] 卉木(훼목)·叢林(총림)과 藥草(약초)들이 小根(소근)·小莖(소경)·小枝(소지)·小葉(소엽)과 中根(중근)·中莖(중경)·中枝(중지)·中葉(중엽)과 大根(대근)·大莖(대경)·大枝(대지)·大葉(대엽)과 ^[46뒤] 나무들의 大小(대소)가 上(상)·中(중)·下(하)를 좇아 各各(각각) (비를) 받아, 한 구름에서 온 비가 (초목의) 種性(종성)에 맞아서 자라남을 得(득)하여, 꽃과 열매가 퍼지어 여무나니, ^[47뒤] 비록 한 땅에 나며 한 비가 적셔도 草木(초목)들이 各各(각각) 差別(차별)

이 있나니, [48앞]

迦葉(가섭)아 알라. 如來(여래)가 또 이와 같아서 世間(세간)에 나는 것이 큰 구름이 일듯 하여, 큰 音聲(음성)으로 世界(세계)·天人(천인)·阿脩羅(아수라)에게 널리 가득한 것이, 저 큰 구름이 三千大千國土(삼천대천국토)에 널리 덮듯 하였니라. [48뒤]

大衆(대중) 中(중)에 이 말을 이르되, "내가 如來(여래)·應供(응공)·正徧知(정변지)·明行足(명행족)·善逝(선서)·世間解(세간해)·無上士(무상사)· [49앞] 調御丈夫(조어대부)·天人師(천인사)·佛世尊(불세존)이라서, 度(도)를 못 한 이를 度(도)하게 하며, 解(해)를 못 한 이를 解(해)하게 하며, 安(안)을 못 한 이를 安(안)하게 하며, 涅槃(열반)을 못 한 이를 涅槃(열반)하게 하니, [49뒤] 今世(금세)·後世(후세)를 사실대로 알아서, 내가 이 一切(일체)를 아는 사람이며, 一切(일체)를 보는 사람이며, 道(도)를 아는 사람이며, 道(도)를 여는 사람이며, 道(도)를 이르는 사람이니, 너희 天人(천인)과 阿脩羅(아수라)의 [50앞] 衆(중)이 다 여기에 오라. (이는) 法(법)을 듣는 것을 爲(위)한 까닭이다. [50뒤]

그때에 無數(무수)한 千萬億(천만억) 種(종)의 衆生(중생)이 부처께 와서 法(법)을 듣거늘, 如來(여래)가 그때에 衆生(중생)의 諸根(제근)이 날카로우며 鈍(둔)하며 精進(정진)하며 게으른 것을 보아, (중생이) 감당할 수 있는 바를 좇아서 [51앞] (중생을) 爲(위)하여 法(법)을 일러, 種種(종종)의 無量(무량)이 다 歡喜(환희)하여 善利(선리)를 快(쾌)히 得(득)하게 하니, [51뒤] 이 衆生(중생)들이 이 法(법)을 듣고 現世(현세)에 便安(편안)하며, 後(후)에 善(선)한 곳에 나서 道(도)로 樂(낙)을 受(수)하여 또 法(법)을 들으며, 이미 法(법)을 듣고 여러 障碍(장애)를 떨쳐 버려, 諸法(제법)의 中(중)에 힘에 [52앞] 能(능)히 감당할 수 있는 바로 漸漸(점점) 道(도)에 들겠으니, 저 큰 구름이 一切(일체)에 비와 卉木(훼목)·叢林(총림)과 藥草(약초)들이 種性(종성)대로 갖추 젖어서, 各各(각각) 자라남을 得(득)한 것과 같으니라. [53뒤] 如來(여래)가 이르는 法(법)은 한 相(상) 한 맛(味)이니, 이른바 解脫相(해탈상)과 離相(이상)과 滅相(멸상)이니 究竟(구경)에 一切種智(일체종지)에 이르느니라. [53뒤]

衆生(중생)이 如來(여래)의 法(법)을 듣고, 만일 (여래의 법을) 지녀서 읽으며 외워 말대로 修行(수행)하되, 得(득)한 功德(공덕)을 스스로 알지 못하느니라. [54앞] "(그것이) 어째서이냐?"라고 한다면, 오직 如來(여래)야말로 衆生(중생)의 種(종)·

相(상)·體(체)·性(성)을 알아서, '어느 일을 [54뒤]念(염)하며 어느 일을 생각하며 어느 일을 닦으며, 어찌 念(염)하며 어찌 생각하며 어찌 닦으며, 어느 法(법)으로 念(염)하며 어느 法(법)으로 생각하며 어느 法(법)으로 닦으며 어느 法(법)으로 어느 法(법)을 得(득)하겠는가?'를 아느니라.

衆生(중생)이 種種(종종)의 地(지)에 住(주)하여 있는데, 오직 如來(여래)야말로 [55앞] 사실대로 보아서 밝아 막은 데가 없는 것이, 저 卉木(훼목)·叢林(총림)·藥草(약초)들이 스스로 上(상)·中(중)·下(하)의 性(성)을 알지 못하는 것과 같으니라. [56앞] 如來(여래)가 이 한 相(상), 한 맛의 法(법)을 아나니, 이른바 解脫相(해탈상), 離相(이상), 滅相(멸상), 究竟涅槃(구경열반)과 常寂滅相(상적멸상)이 마침내 空(공)에 가나니, 부처가 이를 알지만 衆生(중생)이 [56뒤] 마음에 하고자 함을 보아 (중생을) 將護(장호)하므로, 곧 一切種智(일체종지)를 이르지 아니하니, 너희 迦葉(가섭)이 甚(심)히 希有(희유)하여 能(능)히 如來(여래)의 隨宜說法(수의설법)을 알아 能(능)히 信(신)하며 能(능)히 受(수)하나니, "(그것이) 어째서이냐?"라고 한다면, [57앞] 諸佛世尊((제불세존)의 隨宜說法(수의설법)이 (그것을) 아는 것이 어려우니라.

묘법연화경(妙法蓮華經) 제삼권(第三卷)
제육(第六) 〈수기품〉(授記品) [59뒤]

그때에 世尊(세존)이 이 偈(게)를 이르시고 大衆(대중)에게 이르시되, [60앞] "나의 이 弟子(제자)인 摩訶迦葉(마하가섭)이 未來世(미래세)에 三百萬億(삼백만 억)의 諸佛世尊(제불세존)을 뵈어, 供養(공양)·恭敬(공경)·尊重(존중)·讚歎(찬탄)하여 諸佛(제불)의 그지없는 큰 法(법)을 넓히며, 最後身(최후신)에 부처가 되어 이름이 光明如來(광명여래)·[60뒤] 應供(응공)·正遍知(정변지)·明行足(명행족)·善逝(선서)·世間解(세간해)·無上士(무상사)·調御丈夫(조어장부)·天人師(천인사)·佛世尊(불세존)이겠으니, 나라의 이름은 光德(광덕)이요 劫(겁)의 이름은 大莊嚴(대장엄)이리라. 부처의 목숨이 [61뒤] 열두 小劫(소겁)이요 正法住世(정법주세)가 二十(이십) 小劫(소겁)이요 像法(상법)이 또 二十(이십) 小劫(소겁)을 住(주)하리라.

國界(국계)를 장엄하게 꾸며서 더러운 瓦礫(와력)이며 荊棘(형극)이며 [62앞] 便利(변리)며 깨끗하지 못한 것이 없고, 그 땅이 平正(평정)하여 높으며 낮으며 구덩이며 두둑이 없어 琉璃(유리)의 땅이 되며, 寶樹(보수)가 죽 벌여서 나열되고, 黃金 (황금)으로 ^[62뒤] 끈을 꼬아 길가에 늘어뜨리고, 여러 가지의 寶華(보화)를 흩뿌려 周遍(주변)히 淸淨(청정)하겠으니, ^[63앞]그 나라의 菩薩(보살)이 無量(무량)한 千億 (천억)이며 諸聲聞(제성문) 衆(중)도 또 無數(무수)하며, 魔事(마사)가 없으며, 비록 魔(마)와 魔民(마민)이 있어도 다 佛法(불법)을 護持(호지)하리라." ^[64앞]

그때에 大目揵連(대목건련)과 須菩提(수보리)와 摩訶迦栴延(마하가정연) 등이 다 두려워하여, 一心(일심)으로 合掌(합장)하여 (부처님의) 尊顏(존안)을 우러러 보아서, (부처님께) 눈을 잠간도 떼지 아니하여 한 소리로 偈(게)를 사뢰되, ^[64뒤] 그때에 世尊(세존)이 大弟子(대제자)들의 마음에 있는 念(염)을 ^[65앞] 아시고 比丘(비구)들에게 이르시되, "이 須菩提(수보리)가 當來世(당내세)에 三百萬億(삼백만억)의 那由他(나유타) 佛(불)을 뵈어 供養(공양)·恭敬(공경)·尊重(존중)·讚歎(찬탄)하여, 항상 梵行(범행)을 닦아 菩薩道(보살도)가 갖추어져 있어, 最後身(최후신)에 부처가 되어 號(호)를 名相如來(명상여래)·^[65뒤] 應供(응공)·正遍知(정변지)·明行足(명행족)·善逝(선서)·世間解(세간해)·無上士(무상사)·調御丈夫(조어장부)·天人師(천인사)·佛世尊(불세존)이겠으니, 劫(겁)의 이름은 有寶(유보)이요 나라의 이름은 寶生(보생)이겠으니, ^[66앞] 그 땅이 平正(평정)하여 玻璨(파려)의 땅이 되고, 寶樹(보수)로 莊嚴(장엄)하고 두둑과 구덩이와 砂礫(사력)과 ^[66뒤] 荊棘(형극)과 便利(변리)와 더러움이 없고, 보배로 된 꽃이 땅에 덮히고 周遍(주변)이 淸淨(청정)하며, 그 땅의 人民(인민)이 다 寶臺(보대)와 琦妙(진묘)한 樓閣(누각)에 있으며, 聲聞(성문)인 弟子(제자)가 無量無邊(무량무변)하여 算數(산수)와 譬喻(비유)로 能(능)히 알지 못하겠으며, 諸菩薩(제보살) ^[67앞] 衆(중)이 無數(무수)한 千萬億(천만억)의 那由他(나유타)이며, 부처의 목숨이 十二(십이) 小劫(소겁)이요, 正法(정법)의 住世(주세)가 二十(이십) 小劫(소겁)이요, 像法(상법)이 또 二十(이십) 小劫(소겁)을 住(주)하겠으니, 그 부처가 항상 虛空(허공)에 있어서 많은 사람을 爲(위)하여 說法(설법)하여, 無量(무량)한 菩薩(보살)과 ^[67뒤] 聲聞(성문)의 衆(중)을 度脫(도탈)하리라.

그때에 世尊(세존)이 또 比丘(비구)의 衆(중)에게 이르시되 "내가 이제 너를 더불어 이르니, 이 ^[68앞] 大迦栴延(대가전연)이 當來世(당내세)에 여러 가지의 供養(공양)할 것으로 八千億(팔천억)의 佛(불)을 供養(공양)하여 섬기어 恭敬(공경)·尊重

(존중)하여, 諸佛(제불)이 滅度(멸도)한 後(후)에 各各(각각) 塔廟(탑묘)를 세우되, 높이가 千(천) 由旬(유순)이요, 縱廣(종광)이 正(정)히 같이 ^[68뒤] 五百(오백) 由旬(유순)이요, ^[68뒤] 金(금) · 銀(은) · 瑠璃(유리) · 硨磲(차거) · 瑪瑙(마노) · 眞珠(진주) · 玫瑰(매괴) 등 七寶(칠보)로 아울러서 이루고, 衆華(중화) · 瓔珞(영락)과 塗香(도향) · 末香(말향) · 燒香(소향)과 繒蓋(증개) · 幢幡(당번)으로 塔廟(탑묘)를 供養(공양)하고, 이것이 지난 後(후)에 ^[69앞] 또 二萬億(이만억) 佛(불)을 供養(공양)하되 또 이와 같이 하고, 이 諸佛(제불)을 供養(공양)하고, 菩薩(보살)의 道(도)가 갖추어져 있어 부처가 되어, 號(호)가 閻浮那提金光如來(염부나제금광여래) · 應供(응공) · 正遍知(정변지) · 明行足(명행족) · 善逝(선서) · 世間解(세간해) · 無上士(무상사) · 調御丈夫(조어장부) · ^[69뒤] 天人師(천인사) · 佛世尊(불세존)이겠으니, 그 땅이 平正(평정)하고 玻瓈(파려)로 땅이 되고, 寶樹(보수)로 莊嚴(장엄)하고 黃金(황금)으로 끈을 꼬아 길가에 늘어뜨리고, 微妙(미묘)한 꽃이 땅에 덮어 周遍(주변)이 淸淨(청정)하여 보는 사람이 歡喜(환희)하며, 四惡道(사악도)인 地獄(지옥) · ^[70앞] 餓鬼(아귀) · 畜生(축생) · 阿脩羅道(아수라도)가 없고, 天人(천인)이 많이 있으며, 諸聲聞(제성문) 衆(중)과 諸菩薩(제보살)의 無量(무량)한 萬億(만억)이 그 나라를 莊嚴(장엄)하며, 부처의 목숨이 열두 小劫(소겁)이요, 正法住世(정법주세)가 二十(이십) 小劫(소겁)이요, 像法(상법)이 또 二十(이십) 小劫(소겁)을 ^[70뒤] 住(주)하리라."

그때에 世尊(세존)이 또 大衆(대중)에게 이르시되 "내가 이제 너에게 이르니, 이 大目揵連(대목건련)이 種種(종종)의 供養(공양)할 것으로 八千(팔천) 諸佛(제불)을 供養(공양)하여 恭敬(공경) · 尊重(존중)하고, 諸佛(제불)이 滅度(멸도)하신 後(후)에 各各(각각) 塔廟(탑묘)를 ^[71앞] 세우되, 높이가 千(천) 由旬(유순)이요 縱廣(종광)이 正(정)히 같이 五百(오백) 由旬(유순)이요, 金銀(금은) · 瑠璃(유리) · 硨磲(차거) · 瑪瑙(마노) · 眞珠(진주) · 玫瑰(매괴) (등의) 七寶(칠보)로 아울러서 이루고, 衆華(중화) · 瓔珞(영락)과 塗香(도향) · 抹香(말향) · 燒香(소향)과 繒蓋(증개) · 幢幡(당번)으로 供養(공양)하고, ^[71뒤] 이것이 지난 後(후)에 또 二百萬億(이백만억) 諸佛(제불)을 供養(공양)하되 또 이리 하고, 부처가 되어 號(호)가 多摩羅跋栴檀香如來(다마라발전단향여래) · 應供(응공) · 正遍知(정변지) · 明行足(명행족) · 善逝(선서) · 世間解(세간해) · 無上士(무상사) · 調御丈夫(조어장부) · 天人師(천인사) · ^[72앞] 佛世尊(불세존)이겠으니, 劫(겁)의 이름은 喜滿(희만)이요 나라의 이름은 意樂(의락)이겠으니, 그 땅이 平正(평정)하고 頗瓈(파려)의 땅이 되고, 寶樹(보수)로 莊嚴(장엄)하고 眞珠(진주)의 꽃을 흩뿌려, 周徧(주변)이 淸淨(청정)하여 보는 사람이 歡喜(환희)하며, 天人(천인)이 많으며 菩薩(보살)과 [72뒤] 聲聞(성문)이 그 數(수)가 그지없으며, 부처의 목숨은 二十四(이십사) 小劫(소겁)이요, 正法住世(정법주세)가 四十(사십) 小劫(소겁)이요, 像法(상법)이 또 四十(사십) 小劫(소겁)을 住(주)하리라. [74앞]

月印千江之曲(월인천강지곡)　第十三(제십삼)

釋譜詳節(석보상절)　第十三(제십삼)【 總七十四(총칠십사) 張(장) 】

[부록 2] 문법 용어의 풀이

1. 품사

한 언어에 속하는 수많은 단어를 문법적인 특징에 따라서 갈래지어서 그 범주를 설정한 것이다.

가. 체언

'체언(體言, 임자씨)'은 어떠한 대상의 이름이나 수량(순서)을 나타내거나 명사를 대신하는 단어들의 부류들이다. 이러한 체언에는 '명사', '대명사', '수사'가 있다.

① 명사(명사): 어떠한 '대상, 일, 상황' 등의 이름을 나타내는 단어이다.
　▪자립 명사: 문장 내에서 관형어의 도움 없이 홀로 쓰일 수 있는 명사이다.
　　(1) ㄱ. 國은 <u>나라</u>히라 (<u>나라ㅎ</u> + -이- + -다)
　　　　ㄴ. 國(국)은 나라이다.
　▪의존 명사(의명): 홀로 쓰일 수 없어서 반드시 관형어와 함께 쓰이는 명사이다.
　　(2) ㄱ. 어린 百姓이 니르고져 홇 <u>배</u> 이셔도 (<u>바</u> + -이)　　　　　　[훈언 2]
　　　　ㄴ. 어리석은 百姓(백성)이 이르고자 할 바가 있어도…
② 인칭 대명사(인대): 사람을 직시하거나 대용하는 대명사이다.
　　(3) ㄱ. <u>내</u> 太子를 셤기ᅀᆞᄫᅩᄃᆡ (<u>나</u> + -이)　　　　　　　　　　　[석상 6:4]
　　　　ㄴ. 내가 太子(태자)를 섬기되…
③ 지시 대명사(지대): 명사를 직접 가리키거나 대용하는 말이다.
　　(4) ㄱ. 내 <u>이</u>를 爲ᄒᆞ야 어엿비 너겨 (<u>이</u> + -를)　　　　　　　　　[훈언 2]
　　　　ㄴ. 내가 이를 위하여 불쌍히 여겨…
④ 수사(수사): 사람이나 사물의 수량이나 차례를 나타내는 체언이다.

---

* 이 책에서 사용된 문법 용어와 약어에 대하여는 '경진출판'에서 간행한 『학교 문법의 이해』와 『중세 국어의 이해』, 『중세 근대 국어의 강독』의 내용을 참조하기 바란다.

(5) ㄱ. 點이 둘히면 上聲이오 (둘ㅎ + -이- + -면)　　　　　　[훈언 14]

　　ㄴ. 點(점)이 둘이면 上聲(상성)이고…

나. 용언

'용언(用言, 풀이씨)'은 문장 속에서 서술어로 쓰여서 주어로 표현되는 대상(주체)의 움직임이나 상태, 혹은 존재의 유무(有無)를 풀이한다. 이러한 용언에는 문법적 특징에 따라서 '동사'와 '형용사', '보조 용언' 등으로 분류한다.

① 동사(동사): 주어로 쓰인 대상의 움직임을 표현하는 용언이다. 동사에는 목적어를 취하는 타동사(＝타동)와 목적어를 취하지 않는 자동사(＝자동)가 있다.

　　(6) ㄱ. 衆生이 福이 다ᄋ거다 (다ᄋ- + -거- + -다)　　　　[석상 23:28]

　　　　ㄴ. 衆生(중생)이 福(복)이 다했다.

　　(7) ㄱ. 어마님이 毘藍園을 보라 가시니 (보- + -라)　　　　[월천 기17]

　　　　ㄴ. 어머님이 毘藍園(비람원)을 보러 가셨으니.

② 형용사(형사): 주어로 표현되는 대상의 성질이나 상태를 풀이하는 용언이다.

　　(8) ㄱ. 이 東山은 남기 됴ᄒᆞᆯ씨 (둏- + -ᄋᆞᆯ씨)　　　　　[석상 6:24]

　　　　ㄴ. 이 東山(동산)은 나무가 좋으므로…

③ 보조 용언(보용): 문장 안에서 홀로 설 수 없어서 반드시 그 앞의 다른 용언에 붙어서 문법적인 뜻을 더해 주는 기능을 하는 용언이다.

　　(9) ㄱ. 勞度差ㅣ 또 ᄒᆞᆫ 쇼를 지서 내니 (내- + -니)　　　[석상 6:32]

　　　　ㄴ. 勞度差(노도차)가 또 한 소(牛)를 지어 내니…

다. 수식언

'수식언(修飾言, 꾸밈씨)'은 체언이나 용언 등을 수식(修飾)하면서 그 의미를 한정(限定)한다. 이러한 수식언으로는 '관형사'와 '부사'가 있다.

① 관형사(관사): 체언을 수식하면서 체언의 의미를 제한(한정)하는 단어이다.

　　(10) ㄱ. 녯 대예 새 竹筍이 나며　　　　　　　　　　　　　[금삼 3:23]

　　　　ㄴ. 옛날의 대(竹)에 새 竹筍(죽순)이 나며…

② 부사(부사): 특정한 용언이나 부사, 관형사, 체언, 절, 문장 등 여러 가지 문법적인

단위를 수식하여, 그들 문법적 단위의 의미를 한정하거나 특정한 말을 다른 말에 이어 준다.

    (11) ㄱ. 이거시 <u>더듸</u> 뻐러딜씩   [두언 18:10]
          ㄴ. 이것이 더디게 떨어지므로

    (12) ㄱ. <u>반드기</u> 甘雨ㅣ 느리리라   [월석 10:122]
          ㄴ. 반드시 甘雨(감우)가 내리리라.

    (13) ㄱ. <u>ᄒ다가</u> 술옷 몯 먹거든 너덧 번에 ᄂ화 머기라   [구언 1:4]
          ㄴ. 만일 술을 못 먹거든 너덧 번에 나누어 먹어라.

    (14) ㄱ. 道國王과 <u>밋</u> 舒國王은 實로 親ᄒ 兄弟니라   [두언 8:5]
          ㄴ. 道國王(도국왕) 및 舒國王(서국왕)은 實(실로)로 親(친)한 兄弟(형제)이니라.

라. 독립언

감탄사(감사): 문장 속의 다른 말과 문법적인 관계를 맺지 않고 독립적으로 쓰인다.

    (15) ㄱ. <u>의</u> 丈夫ㅣ여 엇뎨 衣食 爲ᄒ야 이 ᄀᆞᄐ호매 니르뇨   [법언 4:39]
          ㄴ. 아아, 丈夫여, 어찌 衣食(의식)을 爲(위)하여 이와 같음에 이르렀느냐?

    (16) ㄱ. 舍利佛이 술보ᄃᆡ <u>엥</u> 올ᄒ시이다   [석상 13:47]
          ㄴ. 舍利佛(사리불)이 사뢰되, "예, 옳으십니다."

2. 불규칙 용언

용언의 활용에는 어간이나 어미가 불규칙적(개별적)으로 바뀌어서 교체되어) 일반적인 변동 규칙으로는 설명할 수 없는 것이 있다. 이처럼 불규칙하게 활용하는 용언을 '불규칙 용언'이라고 한다. 여기서는 'ㄷ 불규칙 용언, ㅂ 불규칙 용언, ㅅ 불규칙 용언'만 별도로 밝힌다.

① 'ㄷ' 불규칙 용언(ㄷ불): 어간이 /ㄷ/으로 끝나는 용언 중에서, 어간에 모음으로 시작하는 어미가 붙어서 활용할 때에, 어간의 끝 소리 /ㄷ/이 /ㄹ/로 바뀌는 용언이다.

    (1) ㄱ. 甁의 므를 <u>기러</u> 두고ᅀᅡ 가리라 (긷- + -어)   [월석 7:9]
          ㄴ. 甁(병)에 물을 길어 두고야 가겠다.

② 'ㅂ' 불규칙 용언(ㅂ불): 어간이 /ㅂ/으로 끝나는 용언 중에서, 어간에 모음으로 시작

하는 어미가 붙어서 활용할 때에, 어간의 끝 소리 /ㅂ/이 /ㅸ/으로 바뀌는 용언이다.

    (2) ㄱ. 太子ㅣ 性 고ᄫᆞ샤 (곱- + -ᄋᆞ시- + -아)　　　　　　[월석 21:211]

        ㄴ. 太子(태자)가 性(성)이 고우시어…

    (3) ㄱ. 벼개 노피 벼여 누우니 (눕- + -으니)　　　　　　　　[두언 15:11]

        ㄴ. 베개를 높이 베어 누우니…

③ 'ㅅ' 불규칙 용언(ㅅ불): 어간이 /ㅅ/으로 끝나는 용언 중에서, 어간에 모음으로 시작
하는 어미가 붙어서 활용할 때에, 어간의 끝 소리인 /ㅅ/이 /ㅿ/으로 바뀌는 용언이다.

    (4) ㄱ. (道士돌히) … 表 지ᅀᅥ 열ᄌᆞᄫᆞ니 (짓- + -어)　　　　[월석 2:69]

        ㄴ. 道士(도사)들이 … 表(표)를 지어 여쭈니…

3. 어근

어근은 단어 속에서 중심적이면서 실질적인 의미를 나타내는 실질 형태소이다.

    (1) ㄱ. 골가마괴 (골- + ᄀᆞ마괴), 싀어미 (싀- + 어미)

        ㄴ. 무덤 (묻- + -엄), 늘개 (ᄂᆞᆯ- + -개)

    (2) ㄱ. 밤낮 (밤 + 낮), ᄡᆞᆯ밥 (ᄡᆞᆯ + 밥), 불뭇골 (불무 + -ㅅ + 골)

        ㄴ. 검븕다 (검- + 븕-), 오ᄂᆞ느리다 (오ᄂᆞ- + ᄂᆞ리-), 도라오다 (돌- + -아 + 오-)

▪불완전 어근(불어): 품사가 불분명하며 단독으로 쓰이는 일이 없고, 다른 말과의
통합에 제약이 많은 특수한 어근이다(=특수 어근, 불규칙 어근).

    (3) ㄱ. 功德이 이러 당다이 부톄 ᄃᆞ외리러라 (당당 + -이)　　[석상 19:34]

        ㄴ. 功德(공덕)이 이루어져 마땅히 부처가 되겠더라.

    (4) ㄱ. 그 부텨 住ᄒᆞ신 짜히 … 常寂光이라 (住 + -ᄒᆞ- + -시- + -ㄴ)　　[월석 서:5]

        ㄴ. 그 부처가 住(주)하신 땅이 이름이 常寂光(상적광)이다.

4. 파생 접사

  접사 중에서 어근에 새로운 의미를 더하거나 단어의 품사를 바꿈으로써, 새로운 단어
를 만들어 주는 것을 '파생 접사'라고 한다.

가. 접두사(접두)

접두사는 어근의 앞에 붙어서 새로운 단어를 형성하는 파생 접사이다.

(1) ㄱ. 아ᅀᆞ와 <u>아춘</u>아ᄃᆞᆯ왜 비록 이시나 (<u>아춘-</u> + 아ᄃᆞᆯ)　　　　　[두언 11:13]

　　　ㄴ. 아우와 조카가 비록 있으나…

나. 접미사(접미)

접미사는 어근의 뒤에 붙어서 새로운 단어를 형성하는 파생 접사이다.
① 명사 파생 접미사(명접): 어근에 뒤에 붙어서 명사를 파생하는 접미사이다.

(2) ㄱ. ᄇᆞᄅᆞᆷ<u>가비</u>(ᄇᆞᄅᆞᆷ + -<u>가비</u>), 무덤(묻- + -<u>엄</u>), 노픽(높- + -<u>인</u>)

　　　ㄴ. 바람개비, 무덤, 높이
② 동사 파생 접미사(동접): 어근의 뒤에 붙어서 동사를 파생하는 접미사이다.

(3) ㄱ. 풍류ᄒᆞ다(풍류 + -<u>ᄒᆞ</u>- + -다), 그르ᄒᆞ다(그르 + -<u>ᄒᆞ</u>- + -다), ᄀᆞᄆᆞᆯ다(ᄀᆞᄆᆞᆯ
　　　 + -<u>∅</u>- + -다)

　　　ㄴ. 열치다, 벗기다; 넓히다; 풍류하다; 잘못하다; 가물다
③ 형용사 파생 접미사(형접): 어근의 뒤에 붙어서 형용사를 파생하는 접미사이다.

(4) ㄱ. 녇갑다(녇- + -<u>갑</u>- + -다), 골프다(곯- + -<u>ᄇ</u>- + -다), 受苦롭다(受苦 + -
　　　<u>롭</u>- + -다), 외룹다(외 + -<u>룹</u>- + -다), 이러ᄒᆞ다(이러 + -<u>ᄒᆞ</u>- + -다)

　　　ㄴ. 얕다, 고프다, 수고롭다, 외롭다
④ 사동사 파생 접미사(사접): 어근의 뒤에 붙어서 사동사를 파생하는 접미사이다.

(5) ㄱ. 밧기다(밧- + -<u>기</u>- + -다), 너피다(넙- + -<u>히</u>- + -다)

　　　ㄴ. 벗기다, 넓히다
⑤ 피동사 파생 접미사(피접): 어근의 뒤에 붙어서 피동사를 파생하는 접미사이다.

(6) ㄱ. 두피다(둪- + -<u>이</u>- + -다), 다티다(닫- + -<u>히</u>- + -다), 담기다(담- + -<u>기</u>-
　　　 + -다), 듐기다(듐- + -<u>기</u>- + -다)

　　　ㄴ. 덮이다, 닫히다, 담기다, 잠기다
⑥ 관형사 파생 접미사(관접): 어근의 뒤에 붙어서 부사를 파생하는 접미사이다.

(7) ㄱ. 모ᄃᆞᆫ(몯- + -<u>ᄋᆞᆫ</u>), 오ᄋᆞᆫ(오ᄋᆞᆯ- + -<u>ㄴ</u>), 이런(이러- + -<u>ㄴ</u>)

　　　ㄴ. 모든, 온, 이런

⑦ 부사 파생 접미사(부접): 어근의 뒤에 붙어서 부사를 파생하는 접미사이다.

    (8) ㄱ. 몯내(몯 + -내), 비르서(비릇- + -어), 기리(길- + -이), 그르(그르- + -∅)

        ㄴ. 못내, 비로소, 길이, 그릇

⑧ 조사 파생 접미사(조접): 어근의 뒤에 붙어서 조사를 파생하는 접미사이다.

    (9) ㄱ. 阿鼻地獄브터 有頂天에 니르시니 (븥- + -어)   [석상 13:16]

        ㄴ. 阿鼻地獄(아비지옥)부터 有頂天(유정천)에 이르시니…

⑨ 강조 접미사(강접): 어근의 뒤에 붙어서 강조의 뜻을 더하면서 새로운 단어를 파생하는 접미사이다.

    (10) ㄱ. 니르왇다(니르- + -왇- + -다), 열티다(열- + -티- + -다), 니르혀다(니르- + -혀- + -다)

        ㄴ. 받아일으키다, 열치다, 일으키다

⑩ 높임 접미사(높접): 어근의 뒤에 붙어서 높임의 뜻을 더하면서 새로운 단어를 파생하는 접미사이다.

    (11) ㄱ. 아바님(아비 + -님), 어마님(어미 + -님), 그듸(그 + -듸), 어마님내(어미 + -님 + -내), 아기씨(아기 + -씨)

        ㄴ. 아버님, 어머님, 그대, 어머님들, 아기씨

5. 조사

'조사(助詞, 관계언)'는 주로 체언에 결합하여, 그 체언이 문장 속의 다른 단어와 맺는 관계를 나타내거나 특별한 뜻을 더해 주는 단어이다.

가. 격조사

그 앞에 오는 말이 문장 안에서 일정한 문장 성분으로서의 기능함을 나타내는 조사이다.

① 주격 조사(주조): 주어로서 기능하는 것을 나타내는 격조사이다.

    (1) ㄱ. 부텻 모미 여러 가짓 相이 ㄱ자샤 (몸 + -이)   [석상 6:41]

        ㄴ. 부처의 몸이 여러 가지의 相(상)이 갖추어져 있으시어…

② 서술격 조사(서조): 서술어로서 기능하는 것을 나타내는 격조사이다.

    (2) ㄱ. 國은 나라히라 (나라ㅎ + -이- + -다)[훈언 1]

ㄴ. 國(국)은 나라이다.

③ 목적격 조사(목조): 목적어로서 기능하는 것을 나타내는 격조사이다.

　　(3) ㄱ. 太子를 하늘히 굴히샤 (太子 + -를)　　　　　　　[용가 8장]

　　　　ㄴ. 太子(태자)를 하늘이 가리시어…

④ 보격 조사(보조): 보어로서 기능하는 것을 나타내는 격조사이다.

　　(4) ㄱ. 色界 諸天도 ᄂᆞ려 仙人이 ᄃᆞ외더라 (仙人 + -이)　　[월석 2:24]

　　　　ㄴ. 色界(색계) 諸天(제천)도 내려 仙人(선인)이 되더라.

⑤ 관형격 조사(관조): 관형어로서 기능하는 것을 나타내는 격조사이다.

　　(5) ㄱ. 네 性이 … 죵이 서리예 淸淨ᄒᆞ도다 (죵 + -이)　　[두언 25:7]

　　　　ㄴ. 네 性(성: 성품)이 … 종(從僕) 중에서 淸淨(청정)하구나.

　　(6) ㄱ. 나랏 말ᄊᆞ미 中國에 달아 (나라 + -ㅅ)　　　　　　[훈언 1]

　　　　ㄴ. 나라의 말이 中國과 달라…

⑥ 부사격 조사(부조): 부사어로서 기능하는 것을 나타내는 격조사이다.

　　(7) ㄱ. 世尊이 象頭山애 가샤 (象頭山 + -애)　　　　　　[석상 6:1]

　　　　ㄴ. 世尊(세존)이 象頭山(상두산)에 가시어…

⑦ 호격 조사(호조): 독립어로서 기능하는 것을 나타내는 격조사이다.

　　(8) ㄱ. 彌勒아 아라라 (彌勒 + -아)　　　　　　　　　　[석상 13:26]

　　　　ㄴ. 彌勒(미륵)아 알아라.

나. 접속 조사(접조)

체언과 체언을 이어서 명사구를 형성하는 조사이다.

　　(9) ㄱ. 입시울와 혀와 엄과 니왜 다 됴ᄒᆞ며 (혀 + -와)　　[석상 19:7]

　　　　ㄴ. 입술과 혀와 어금니와 이가 다 좋으며…

다. 보조사(보조사)

체언에 화용론적인 특별한 뜻을 덧보태는 조사이다.

　　(10) ㄱ. 나ᄂᆞᆫ 어버ᅀᅵ 여희오 (나 + -ᄂᆞᆫ)　　　　　　[석상 6:5]

　　　　ㄴ. 나는 어버이를 여의고…

(11) ㄱ. 어미도 아ᄃ·ᄅ·ᆯ 모ᄅ·며 (어미 + -도)   [석상 6:3]

　　 ㄴ. 어머니도 아들을 모르며…

6. 어말 어미

‘어말 어미(語末語尾, 맺음씨끝)’는 용언의 끝자리에 실현되는 어미인데, 그 기능에 따라서 ‘종결 어미, 연결 어미, 전성 어미’로 나누어진다.

가. 종결 어미

① 평서형 종결 어미(평종): 말하는 이가 자신의 생각을 듣는 이에게 단순하게 진술하는 평서문에 실현된다.

　　 (1) ㄱ. 네 아비 ᄒ·마 주그니라 (죽- + -Ø(과시)- + -으니- + -다)　[월석 17:21]
　　　　 ㄴ. 너의 아버지가 이미 죽었느니라.

② 의문형 종결 어미(의종): 말하는 이가 듣는 이에게 대답을 요구하는 의문문에 실현된다.

　　 (2) ㄱ. 엇뎨 겨르리 업스리오 (없- + -으리- + -고)　　　　　　[월석 서:17]
　　　　 ㄴ. 어찌 겨를이 없겠느냐?

③ 명령형 종결 어미(명종): 말하는 이가 듣는 이에게 어떠한 행동을 하도록 요구하는 명령문에 실현된다.

　　 (3) ㄱ. 너희들히 … 부텻 마ᄅ·ᆯ 바다 디니라 (디니- + -라)　　[석상 13:62]
　　　　 ㄴ. 너희들이 … 부처의 말을 받아 지녀라.

④ 청유형 종결 어미(청종): 말하는 이가 듣는 이에게 어떠한 행동을 함께 하도록 요구하는 청유문에 실현된다.

　　 (4) ㄱ. 世世예 妻眷이 ᄃ·외져 (ᄃ·외- + -져)　　　　　　　　[석상 6:8]
　　　　 ㄴ. 世世(세세)에 妻眷(처권)이 되자.

⑤ 감탄형 종결 어미(감종): 말하는 이가 듣는 이를 의식하지 않고 자신의 감정을 표출하는 감탄문에 실현된다.

　　 (5) ㄱ. 義ᄂ·ᆫ 그 큰뎌 (크- + -Ø(현시)- + -ㄴ뎌)　　　　　[내훈 3:54]
　　　　 ㄴ. 義(의)는 그것이 크구나.

나. 전성 어미

용언이 본래의 서술 기능을 유지하면서도 다른 품사처럼 쓰이도록 문법적인 기능을 바꾸는 어미이다.

① 명사형 전성 어미(명전): 특정한 절 속의 서술어에 실현되어서, 그 절을 명사처럼 쓰이게 하는 어미이다.

    (6) ㄱ. 됴흔 法 닷고믈 몯ᄒ야 (닭- + -옴 + -올)   [석상 9:14]

        ㄴ. 좋은 法(법)을 닦는 것을 못하여…

② 관형사형 전성 어미(관전): 특정한 절 속의 용언에 실현되어서, 그 절을 관형사처럼 쓰이게 하는 어미이다.

    (7) ㄱ. 어미 주근 後에 부텨쯰 와 묻ᄌᆞᄫ면(죽- + -Ø- + -ㄴ)   [월석 21:21]

        ㄴ. 어미 죽은 後(후)에 부처께 와 물으면…

다. 연결 어미(연어)

이어진 문장의 앞절과 뒷절을 잇거나, 본용언과 보조 용언을 잇는 어미이다. 연결 어미에는 '대등적 연결 어미, 종속적 연결 어미, 보조적 연결 어미'가 있다.

① 대등적 연결 어미: 앞절과 뒷절을 대등한 관계로 잇는 연결 어미이다.

    (8) ㄱ. 子는 아ᄃᆞ리오 孫은 孫子ㅣ니 (아들 + -이- + -고)   [월석 1:7]

        ㄴ. 子(자)는 아들이고 孫(손)은 孫子(손자)이니…

② 종속적 연결 어미: 앞절을 뒷절에 이끌리는 관계로 잇는 연결 어미이다.

    (9) ㄱ. 모딘 길헤 ᄠᅥ러디면 恩愛ᄅᆞᆯ 머리 여희여 (ᄠᅥ러디- + -면)   [석상 6:3]

        ㄴ. 모진 길에 떨어지면 恩愛(은애)를 멀리 떠나…

③ 보조적 연결 어미: 본용언과 보조 용언을 잇는 연결 어미이다.

    (10) ㄱ. 赤眞珠ㅣ ᄃᆞ외야 잇ᄂᆞ니라 (ᄃᆞ외야: ᄃᆞ외- + -아)   [월석 1:23]

        ㄴ. 赤眞珠(적진주)가 되어 있느니라.

7. 선어말 어미

'선어말 어미(先語末語尾, 안맺음 씨끝)'는 용언의 끝에 실현되지 못하고, 어간과 어말 어미 사이에 실현되어서 문법적인 기능을 나타내는 어미이다.

① 상대 높임의 선어말 어미(상높): 말을 듣는 '상대(相對)'를 높여서 표현하는 선어말 어미이다.

    (1) ㄱ. 이런 고디 업스이다 (없- + -∅(현시)- + -으이- + -다)   [능언 1:50]

        ㄴ. 이런 곳이 없습니다.

② 주체 높임의 선어말 어미(주높): 문장에서 주어로 실현되는 대상인 '주체(主體)'를 높여서 표현하는 선어말 어미이다.

    (2) ㄱ. 王이 그 蓮花롤 ㅂ리라 ㅎ시다   [석상 11:31]

        (ㅎ- + -시- + -∅(과시)- + -다)

        ㄴ. 王(왕)이 "그 蓮花(연화)를 버리라." 하셨다.

③ 객체 높임의 선어말 어미(객높): 문장에서 목적어나 부사어로 표현되는 대상인 '객체(客體)'를 높여서 표현하는 선어말 어미이다.

    (3) ㄱ. 벼슬 노픈 臣下ㅣ 님그믈 돕ᄉᆞ바 (돕- + -ᅀᆞᆸ- + -아)   [석상 9:34]

        ㄴ. 벼슬 높은 臣下(신하)가 임금을 도와 …

④ 과거 시제의 선어말 어미(과시): 동사에 실현되어서 발화시 이전에 어떠한 일이 일어났음을 무형의 선어말 어미인 '-∅-'이다.

    (4) ㄱ. 이 ᄢᅴ 아들들히 아비 죽다 듣고(죽- + -∅(과시)- + -다)   [월석 17:21]

        ㄴ. 이때에 아들들이 "아버지가 죽었다." 듣고…

⑤ 현재 시제의 선어말 어미(현시): 발화시에 어떠한 일이 일어나고 있음을 나타내는 선어말 어미이다. 동사에는 선어말 어미인 '-ᄂᆞ-'가 실현되어서, 형용사에는 무형의 선어말 어미인 '-∅-'가 현재 시제를 나타낸다.

    (5) ㄱ. 네 이제 또 묻ᄂᆞ다 (묻- + -ᄂᆞ- + -다)   [월석 23:97]

        ㄴ. 네 이제 또 묻는다.

    (6) ㄱ. 이런 고디 업스이다 (없- + -∅(현시)- + -으이- + -다)   [능언 1:50]

        ㄴ. 이런 곳이 없습니다.

⑥ 미래 시제의 선어말 어미(미시): 발화시 이후에 어떠한 일이 일어날 것임을 나타내는 선어말 어미이다.

    (7) ㄱ. 아들ᄯᆞᆯ 求ㅎ면 아들ᄯᆞᆯ 得ㅎ리라 (得ㅎ- + -리- + -다)   [석상 9:23]

        ㄴ. 아들딸을 求(구)하면 아들딸을 得(득)하리라.

⑦ 회상 표현의 선어말 어미(회상): 말하는 이가 발화시 이전에 직접 경험한 어떤 때(경험시)로 자신의 생각을 돌이켜서, 그때를 기준으로 해서 일이 일어난 시간을

나타내는 선어말 어미이다.

(8) ㄱ. 匹데 몯 마존 이리 다 願 ㄱ티 드외더라 [월석 10:30]

　　(드외- + -더- + -다)

　　ㄴ. 뜻에 못 맞은 일이 다 願(원)같이 되더라.

⑧ 확인 표현의 선어말 어미(확인): 심증(心證)과 같은 말하는 이의 주관적인 믿음에
근거하여, 어떤 일을 확정된 것으로 표현하는 선어말 어미이다.

(9) ㄱ. 安樂國이는 시르미 더욱 깁거다 [월석 8:101]

　　(깊- + -Ø(현시)- + -거- + -다)

　　ㄴ. 安樂國(안락국)이는 … 시름이 더욱 깊다.

⑨ 원칙 표현의 선어말 어미(원칙): 말하는 이가 객관적인 믿음에 근거하여, 어떤 일을
확정된 것으로 표현하는 선어말 어미이다.

(10) ㄱ. 사ᄅᆞ미 살면 … 모로매 늙ᄂᆞ니라 [석상 11:36]

　　(늙- + -ᄂᆞ- + -니- + -다)

　　ㄴ. 사람이 살면 … 반드시 늙느니라.

⑩ 감동 표현의 선어말 어미(감동): 말하는 이의 '느낌(감동, 영탄)'의 뜻을 나타내는
태도 표현의 선어말 어미이다.

(11) ㄱ. 그듸내 貪心이 하도다 [석상 23:46]

　　(하- + -Ø(현시)- + -도- + -다)

　　ㄴ. 그대들이 貪心(탐심)이 크구나.

⑪ 화자 표현의 선어말 어미(화자): 주로 종결형이나 연결형에서 실현되어서, 문장의
주어가 말하는 사람(화자, 話者)임을 나타내는 선어말 어미이다.

(12) ㄱ. ᄒᆞ오ᅀᅡ 내 尊호라 (尊ᄒᆞ- + -Ø(현시)- + -오- + -다) [월석 2:34]

　　ㄴ. 오직(혼자) 내가 존귀하다.

⑫ 대상 표현의 선어말 어미(대상): 관형절이 수식하는 체언(피한정 체언)이, 관형절
에서 서술어로 표현되는 용언에 대하여 의미상으로 객체(목적어나 부사어로 쓰인
대상)일 때에 실현되는 선어말 어미이다.

(13) ㄱ. 須達이 지순 精舍마다 드르시며 [석상 6:38]

　　(짓- + -Ø(과시)- + -우- + -ㄴ)

　　ㄴ. 須達(수달)이 지은 精舍(정사)마다 드시며…

(14) ㄱ. 王이 … 누븐 자리예 겨샤 (눕- + -Ø(과시)- + -<u>우</u>- + -은)   [월석 10:9]

ㄴ. 王(왕)이 … 누운 자리에 계시어…

〈 인용된 약어의 정보 〉

약어	문헌 이름		발간 연대	
	한자 이름	한글 이름		
용가	龍飛御天歌	용비어천가	1445년	세종
석상	釋譜詳節	석보상절	1447년	세종
월천	月印千江之曲	월인천강지곡	1448년	세종
훈언	訓民正音諺解 (世宗御製訓民正音)	훈민정음 언해본 (세종 어제 훈민정음)	1450년경	세종
월석	月印釋譜	월인석보	1459년	세조
능언	愣嚴經諺解	능엄경 언해	1462년	세조
법언	妙法蓮華經諺解(法華經諺解)	묘법연화경 언해(법화경 언해)	1463년	세조
구언	救急方諺解	구급방 언해	1466년	세조
내훈	內訓(일본 蓬左文庫 판)	내훈(일본 봉좌문고 판)	1475년	성종
두언	分類杜工部詩諺解 初刊本	분류두공부시 언해 초간본	1481년	성종
금삼	金剛經三家解	금강경 삼가해	1482년	성종

▌참고 문헌

〈 중세 국어의 참고 문헌 〉

강성일(1972), 「중세국어 조어론 연구」, 『동아논총』 9, 동아대학교.

강신항(1990), 『훈민정음연구』(증보판), 성균관대학교 출판부.

강인선(1977), 「15세기 국어의 인용구조 연구」, 석사학위 논문, 서울대학교.

고성환(1993), 「중세국어 의문사의 의미와 용법」, 『국어학논집』 1, 태학사.

고영근(1981), 『중세국어의 시상과 서법』, 탑출판사.

고영근(1995), 「중세어의 동사형태부에 나타나는 모음동화」, 『국어사와 차자표기 ─ 소곡 남
　　　풍현 선생 화갑 기념 논총』, 태학사.

고영근(2010), 『제3판 표준 중세국어 문법론』, 집문당.

곽용주(1986), 「'동사 어간 ─다' 부정법의 역사적 고찰」, 『국어연구』 138, 국어연구회.

교육인적자원부(2010), 『고등학교 교사용 지도서 문법』, (주)두산동아.

교육인적자원부(2010), 『고등학교 문법』, (주)두산동아.

구본관(1996), 「15세기 국어 파생법에 대한 연구」, 박사학위 논문, 서울대학교.

국립국어원, 『표준 국어 대사전』, 인터넷판.

권용경(1990), 「15세기 국어 서법의 선어말어미에 대한 연구」, 『국어연구』 101, 국어연구회.

김문기(1999), 「중세국어 매인풀이씨 연구」, 석사학위 논문, 부산대학교.

김소희(1996), 「16세기 국어의 '거/어'의 교체에 대한 연구」, 『국어연구』 142, 국어연구회.

김송원(1988), 「15세기 중기 국어의 접속월 연구」, 박사학위 논문, 건국대학교.

김영배(2010), 『역주 월인석보 4』, 세종대왕기념사업회.

김영욱(1990), 「중세국어 관형격조사 '이/의, ㅅ'의 기술과 관련된 문제 해결을 위하여」, 『주
　　　시경학보』 8, 탑출판사.

김영욱(1995), 『문법형태의 역사적 연구』, 박이정.

김정아(1985), 「15세기 국어의 '─ㄴ가' 의문문에 대하여」, 『국어국문학』 94.

김정아(1993), 「15세기 국어의 비교구문 연구」, 박사학위 논문, 서울대학교.

김진형(1995), 「중세국어 보조사에 대한 연구」, 『국어연구』 136, 국어연구회.

김차균(1986), 「월인천강지곡에 나타나는 표기체계와 음운」, 『한글』 182, 한글학회.

김충회(1972), 「15세기 국어의 서법체계 시론」, 『국어학논총』 5, 6, 단국대학교.

나벼리(2020), 「중세 국어의 '니'와 '리' 종결문의 어미 생략 현상」, 우리말연구 61집, 우리말

학회.

나벼리(2021), 중세 한국어 '이사'의 문법적 성격과 실현 양상 -『법화경언해』를 중심으로
　　　-, 우리말연구 67집, 우리말학회.

나벼리(2024), 「중세국어 문법상 체계의 변화 연구」, 박사학위 논문, 부산대학교.

나진석(1971), 『우리말 때매김 연구』, 과학사.

나찬연(2011), 『수정판 옛글 읽기』, 월인.

나찬연(2013ㄴ), 제2판『언어·국어·문화』, 월인.

나찬연(2013ㄷ), 제2판『훈민정음의 이해』, 월인.

나찬연(2017), 제5판『현대 국어 문법의 이해』, 월인.

나찬연(2018ㄱ), 제2판『학교 문법의 이해』 1, 경진출판.

나찬연(2018ㄴ), 제2판『학교 문법의 이해』 2, 경진출판.

나찬연(2019ㄱ), 『국어 어문 규정의 이해』, 월인.

나찬연(2019ㄴ), 『현대 국어 의미론의 이해』, 경진출판.

나찬연(2020ㄱ), 『국어 교사를 위한 고등학교 문법』, 경진출판.

나찬연(2020ㄴ), 『중세 국어의 이해』, 경진출판.

나찬연(2020ㄷ), 『중세 근대 국어의 강독』, 경진출판.

남광우(2009), 『교학 고어사전』, (주)교학사.

남윤진(1989), 「15세기 국어의 접속어미에 대한 연구」, 『국어연구』 93, 국어연구회.

노동헌(1993), 「선어말어미 '-오-'의 분포와 기능 연구」, 『국어연구』 114, 국어연구회.

류광식(1990), 「15세기 국어 부정법의 연구」, 박사학위 논문, 건국대학교.

리의도(1989), 「15세기 우리말의 이음씨끝」, 『한글』 206, 한글학회

민현식(1988), 「중세국어 어간형 부사에 대하여」, 『선청어문』 16, 17집, 서울대학교 국어교육과.

박태영(1993), 「15세기 국어의 사동법 연구」, 석사학위 논문, 단국대학교.

박희식(1984), 「중세국어의 부사에 대한 연구」, 『국어연구』 63, 국어연구회

배석범(1994), 「용비어천가의 문제에 대한 일고찰」, 『국어학』 24, 국어학회.

성기철(1979), 「15세기 국어의 화계 문제」, 『논문집』 13, 서울산업대학교.

손세모돌(1992), 「중세국어의 'ᄇᆞ리다'와 '디다'에 대한 연구」, 『주시경학보』 9, 탑출판사.

안병희·이광호(1993), 『중세국어문법론』, 학연사.

양정호(1991), 「중세국어의 파생접미사 연구」, 『국어연구』 105, 국어연구회.

유동석(1987), 「15세기 국어 계사의 형태 교체에 대하여」, 『우해 이병선 박사 회갑 기념 논총』.

이광정(1983), 「15세기 국어의 부사형어미」, 『국어교육』 44, 45.

이광호(1972), 「중세국어 '사이시옷' 문제와 그 해석 방안」, 『국어사 연구와 국어학 연구-안

병희 선생 회갑 기념 논총』, 문학과지성사.

이광호(1972), 「중세국어의 대격 연구」, 『국어연구』 29, 국어연구회.

이광호(1995), 「후음 'ㅇ'과 중세국어 분철표기의 신해석」, 『국어사와 차자표기-남풍현 선
　　　생 회갑기념』, 태학사.

이기문(1963), 『국어표기법의 역사적 연구-신정판』, 한국연구원.

이기문(1998), 『국어사개설 - 신정판』, 태학사.

이숭녕(1981), 『중세국어문법 - 개정 증보판』, 을유문화사.

이승희(1996), 「중세국어 감동법 연구」, 『국어연구』 139, 국어연구회.

이정택(1994), 「15세기 국어의 입음법과 하임법」, 『한글』 223, 한글학회.

이주행(1993), 「후기 중세국어의 사동법」, 『국어학』 23, 국어학회.

이태욱(1995), 「중세국어의 부정법 연구」, 박사학위 논문, 성균관대학교.

이현규(1984), 「명사형어미 '-기'의 변화」, 『목천 유창돈 박사 회갑 기념 논문집』, 계명대학
　　　교 출판부.

이홍식(1993), 「'-오-'의 기능 구명을 위한 서설」, 『국어학논집』 1, 태학사.

임동훈(1996), 「어미 '시'의 문법」, 박사학위 논문, 서울대학교.

전정례(995), 「새로운 '-오-' 연구」, 한국문화사.

정 철(1954), 「원본 훈민정음의 보존 경위에 대하여」, 『국어국문학』 제9호, 국어국문학회.

정재영(1996), 「중세국어 의존명사 'ᄃᆞ'에 대한 연구」, 『국어학총서』 23, 태학사.

최동주(1995), 「국어 시상체계의 통시적 변화에 관한 연구」, 박사학위 논문, 서울대학교.

최현배(1961), 『고친 한글갈』, 정음사.

최현배(1980=1937), 『우리말본』, 정음사.

한재영(1984), 「중세국어 피동구문의 특성에 대한 연구」, 『국어연구』 61, 국어연구회.

한재영(1986), 「중세국어 시제체계에 관한 관견」, 『언어』 11-2, 한국언어학회.

한재영(1990), 「선어말어미 '-오/우-'」, 『국어 연구 어디까지 왔나』, 동아출판사.

한재영(1992), 「중세국어의 대우체계 연구」, 『울산어문논집』 8, 울산대학교 국어국문학과.

허웅(1975=1981), 『우리 옛말본』, 샘문화사.

허웅(1981), 『언어학』, 샘문화사.

허웅(1986), 『국어 음운학』, 샘문화사.

허웅(1989), 『16세기 우리 옛말본』, 샘문화사.

허웅(1992), 『15·16세기 우리 옛말본의 역사』, 탑출판사.

허웅(1999), 『20세기 우리말의 통어론』, 샘문화사.

허웅(2000), 『20세기 우리말의 형태론(고침판)』, 샘문화사.

허웅·이강로(1999), 『주해 월인천강지곡』, 신구문화사.

홍윤표(1969), 「15세기 국어의 격연구」, 『국어연구』 21, 국어연구회.

홍윤표(1994), 「중세국어의 수사에 대하여」, 『국문학논집』, 단국대학교 국어국문학과.

홍종선(1983), 「명사화어미의 변천」, 『국어국문학』 89, 국어국문학회.

황선엽(1995), 「15세기 국어의 '-(으)니'의 용법과 기원」, 『국어연구』 135, 국어연구회.

〈불교 용어의 참고 문헌〉

곽철환(2003), 『시공불교사전』, 시공사.

국립국어원(2016), 인터넷판 『표준국어대사전』(http://stdweb2.korean.go.kr/main.jsp).

두산동아(2016), 인터넷판 『두산백과사전』(http://www.doopedia.co.kr/).

운허·용하(2008), 『불교사전』, 불천.

원광대학교 종교문제연구소(1974), 인터넷판 『원불교사전』, 원광대학교 출판부.

한국불교대사전 편찬위원회(1982), 『한국불교대사전』, 보련각.

한국학중앙연구원(2016), 인터넷판 『한국민족문화대백과』(http://encykorea.aks.ac.kr/).

홍사성(1993), 『불교상식백과』, 불교시대사.

〈불교 경전 및 불교 자료 인터넷 사이트〉

『妙法蓮華經』(2016), 천태불교문화연구원 편찬.

『妙法蓮華經』 戒環 解, https://blog.naver.com/hkhy0101

불교문화유산 아카이브, https://kabc.dongguk.edu/

『釋迦譜』 제2권 제15. 〈釋迦父淨飯王泥洹記〉(석가부정반왕니원기)

『釋迦譜』 제2권 제14. 〈釋迦姨母大愛道出家記〉(석가이모대애도출가기)

『大方便佛報恩經』 자품(慈品) 제7. 〈華色比丘尼緣 五百群賊的佛緣〉(화색비구니연 오백군적적
          불연〉

『大雲輪請雨經』(대운수청우경)